CSSCI 来源集刊

现代中国文化与文学

31

MODERN CHINESE
CULTURE AND LITERATURE

李怡 毛迅 主编

四川大学文学与新闻学院 主办

巴蜀书社

图书在版编目(CIP)数据

现代中国文化与文学.31/李怡,毛迅主编.—成都:
巴蜀书社,2020.3
ISBN 978-7-5531-1275-6

Ⅰ.①现… Ⅱ.①李…②毛… Ⅲ.①中华文化-文化研究-现代-丛刊②中国文学-现代文学-文学研究-丛刊 Ⅳ.①G122-55 ②I206.6-55

中国版本图书馆 CIP 数据核字(2020)第 040830 号

现代中国文化与文学(31)

李怡　毛迅　主编

责任编辑	李　蓓
出　　版	巴蜀书社
	成都市槐树街 2 号　邮编 610031
	总编室电话:(028)86259397
网　　址	www.bsbook.com
发　　行	巴蜀书社
	发行科电话:(028)86259422　86259423
经　　销	新华书店
印　　刷	成都蜀通印务有限责任公司(028)64715762
照　　排	成都完美科技有限责任公司
版　　次	2020 年 3 月第 1 版
印　　次	2020 年 3 月第 1 次印刷
成品尺寸	185mm×260mm
印　　张	21.5
字　　数	510 千
书　　号	ISBN 978-7-5531-1275-6
定　　价	56.00 元

本书如有印装质量问题,请与工厂调换

编委会名单

编委会主任

曹顺庆

编委

(以汉语拼音为序)

柏　桦	蔡　震	陈国恩	程光炜	陈方竞	崔民选
丁　帆	范智红	高远东	高旭东	郜元宝	何锡章
黄美娥	金龙云(韩)	孔范今	孔庆东	李　今	李继凯
刘福春	刘　勇	刘秀美	栾梅健	罗振亚	逄增玉
朴宰雨(韩)	宋如珊	谭桂林	王兆胜	王中忱	魏　建
解志熙	岩佐昌暲(日)	袁国兴	杨剑龙	张福贵	张　健
张堂锜	张中良	赵学勇	郑家建	朱栋霖	朱晓进
朱寿桐	邹　红	周晓明			

目录

特 稿

寻找原乡人 …………………………………………… 王德威 1

反思古代史，想象现代乌托邦 ………………………… 马悦然 4

"文"与"中国最早的文学史" …………………………… 陈国球 8

徐志摩和中国的浪漫主义 ……………………………… 奚 密 11

新视界

概念与文本的谱系
——重新理解抗战电影 ………………………… 黎 风 丰云鹏 16

《新新新闻》中的"看电影"
——报刊与现代文化生活方式的互动 ………… 操 慧 高 敏 26

日本文人眼中的近代成都
——以东亚同文书院大旅行记为中心 ………………… 寇淑婷 39

在"人生"与"艺术"间摇摆
——茅盾选集本篇目变化探析 ………………………… 王棋君 49

从青岛到台北
——流动的《白棺》与台湾乡土文学的寻根 ………… 李 莹 60

"大文学"视野

革命的思想逻辑
——郭沫若《中国古代社会研究》再解读 ………………………… 熊　权　71

鲁迅的先秦思想图景 ………………………………………… 郭君臣　张　莉　84

"铁屋子"与想象中国的方式
——鲁迅与爱罗先珂的空间体验与文学表达 ……………………… 赵陕君　96

抗战地理空间与穆旦诗风流变 ……………………………………… 庞云芳　113

郭沫若新诗创作中的《诗经》元素 ………………………………… 赵希杰　128

文学档案

穆木天、彭慧夫妇著译年表勘误及补遗 …………………………… 孙晓博　140

抗战时期国民政府教育部剧教队史实考述 ………………………… 黄爱华　148

民国文学研究

"新"文学里的"旧"人物
——废名与"五四"新文学 ………………………………………… 王晓冬　160

创伤记忆与抗争性书写
——沈从文都市题材创作心理论 …………………………………… 魏　巍　170

隐语、译词、方言和俗语
——论晚清诗歌中的白话词汇 ……………………………………… 谢君兰　183

《儿童世界》对现代中国儿童文学本土化发展的影响 …………… 谭　梅　200

译介《秘密的中国》与周立波报告文学观的形成 ………………… 吴　旭　213

从大众文艺到人民文艺

——以40年代沙鸥方言诗为中心 ················· 邱域埕 225

共和国文学研究

《文艺报》与改革开放初期文学的经典化建构（1978—1985） ············· 尹　林 239

国家意志下移与现代文学史建构

——以1959年《山东大学中国现代文学史教学大纲（初稿）》为考察中心 ····· 慕江伟 250

启蒙的反向叙事与非虚构文学的突围与困境

——以梁鸿的《中国在梁庄》《出梁庄记》为考察中心 ················· 徐文泰 260

降解政治的尝试与阐释

——论李準前后期叙事性作品中"国"、"家"主题之嬗变 ················· 李　阳 274

1986年的莫言与2018年的莫言

——从小说《红高粱家族》到戏曲文学剧本《高粱酒》 ················· 朱文久 286

著述·综述

华文文学研究批评话语的建构

——以《全球化与新移民叙事》为中心的考察 ················· 刘雪娥 297

中国文学海外传播：困境、策略与前景

——兼评"中国文学海外传播研究书系" ················· 曹　霞 312

在当代文学研究的学理性道路上

——读《陈美兰文集》 ················· 文　宽 324

编后语 ················· 段从学 333

Contents

Feature Articles

The Man Who Longed For A Faraway Home ·················· Wang Dewei 1

Imaging Modern Utopia by Rethinking Ancient Historiography
·················· Ma Yueran 4

"Wen" and the "First History (-ies) of Chinese Literature"
·················· Chen Guoqiu 8

Xu Zhimo and Chinese Romanticism ·················· Xi Mi 11

New Vision

The Genealogy of Concepts and Texts
——A reinterpretation of Anti-War film ·················· Li Feng Feng Yunpeng 16

"Watching Movies" in *Xin Xin News*
——The Interaction between Newspapers and Modern Cultural Lifestyle ··················
·················· Cao Hui Gao Min 26

Modern Chengdu in the Eyes of Japanese Literati
——Taking the Travel Records of the East-Asian University of Foreign Studies as the Central Topic ·················· Kou Shuting 39

Swing Between "Life" and "Art"
——On the Changes of the Contents of Mao Dun's Selected Works ·········· Wang Qijun 49

From Tsingtao to Taipei
——Jiang Kui's Rewriting *Bai Guan* and Taiwan Local Literature's Search of Root
·················· Li Ying 60

Contents

The View of Great Literature

The Ideology of Revolution
—— Re-interpretation of Guo Mo-ruo's *Study on Ancient Chinese Society*
.... Xiong Quan 71

Lu Xun's View on the Pre-Qin Ideological Tradition .... Guo Junchen Zhang Li 84

"The Iron House" and the Way of Imagining China
——A Study on Spatial Experience and Literary Expression of Lu Xun and Vasili Eroshenko
.... Zhao Shanjun 96

The Geographical Space of the Anti-Japanese War and the Change of Mu Dan's Poetic Style
.... Pang Yunfang 113

Elements of *the Book of Songs* in Guo Moruo's New Poetry Creation .... Zhao Xijie 128

Literary Files

Corrigendum and Addenda to the Chronology of Translation and Works of Mu Mu-tian, Peng Hui Couples .... Sun Xiaobo 140

Research on the Drama Education Teams of the Ministry of Education during the Anti-Japanese War .... Huang Aihua 148

Literary Study of the Republic of China

"Old" People in "New" Literature
——Feiming and May 4th New Literature .... Wang Xiaodong 160

Traumatic Memory and Writing as Resistance
——A Discussion of Shen Congwen's Mentality of Urban Literature Creation
.... Wei Wei 170

Argots, Translated Words, Dialects and Slangs
——On Vernacular Vocabulary in Poetry of the Late Qing Dynasty .... Xie Junlan 183

The Influence of *Children's World* on the Localization of Modern Chinese Children's Literature
.... Tan Mei 200

Translation of *Secret China* as the Formation of Zhou Libo's Reportage Opinion
.... Wu Xu 213

From Mass Literature to People's Literature and Art
——Taking the Dialect Poetry of Shaou in the 1940s as the Center ...... Qiu Yucheng 225

Literary Study of the People's Republic of China

On the Relationship between *Journal of Literature and Art* and the Creation of Literary Classics in the Early Years of the Reform and Opening-up Policy (1978—1985) ...... Yin Lin 239

The Influence of the National Will and the Construction of Modern Literature History
——Taking the 1959 *Syllabus of Chinese Modern Literature History of Shandong University* (*Preliminary Draft*) as the Center of Observation .... Mu Jiangwei 250

The Reverse Narration of Enlightenment and the Breakthrough and Dilemma of Non-fiction Literature
——Taking Lianghong's *China in Liangzhuang* and *The Story of Leaving Liangzhuang* as the Research Center .... Xu Wentai 260

Interpretation to the Effort at Weakening the Politics
——On the Transmutation of the Themes of "Country" and "Family" in Li Zhun's Early and Later Narrative Works .... Li Yang 274

Mo Yan in 1986 and Mo Yan in 2018
——From the Novel *Red Sorghum Family* to the Libretto *Sorghum Liquor*
.... Zhu Wenjiu 286

Scholars · Works

The Construction of Criticism Discourse in Overseas Chinese Literature Research
—— An Investigation Centered on *Globalization and the Narrative of New Immigrants*
.... Liu Xuee 297

The Overseas Dissemination of Chinese Literature: Dilemma、Tactics and Prospect
——Comments on "Overseas Dissemination of Chinese Literature Studies"
.... Cao Xia 312

On the Rational Road of the Study of Contemporary Literature
——Reading *Collected Works of Chen Meilan* .... Wen Kuan 324

Afterword .... Duan Congxue 333

特 稿

编者按：2017年5月，哈佛大学东亚系讲座教授、著名汉学家王德威主编的《新编中国现代文学史》（*A New Literary History of Modern China*）由哈佛大学出版社推出。该书由美、亚、欧三大洲的一百多位学者历时五年编撰而成，叙述了从1635年至2066年的"中国现代文学"。全书由161篇短小精悍的文章组成，别具一格，引人注目。该书英文版刚一问世，就引起了汉语学术界的关注和讨论。本刊获得王德威教授的特别授权，选登中文版《哈佛新编中国现代文学史》（将于近期出版）的部分篇章，分两期刊出。

【1938年6月】台湾客家青年钟理和前往中国东北

寻找原乡人

王德威

1938年夏，屏东美浓客家青年钟理和（1915—1960）只身前往中国东北——那时称"满洲国"。他进入"满洲自动车学校"学习驾驶，1940年秋取得驾驶执照后任职"奉天交通株式会社"。同年返台，八月带领钟台妹（1911—2008）搭乘"马尼拉丸"经日本门司，转从下关搭船抵沈阳。1941年夏，迁居北平。沦陷时期北平生活困难，钟理和曾短暂担任三个月的翻译员，也曾经营石炭零售店。尔后得自一位表兄接济，专事写作。北平时期，钟理和深受鲁迅影响，加上自身遭遇的传统束缚，此后批判封建传统成为他一生的文学理念。日本战败，钟氏夫妻于1946年历经千辛万苦，搭乘难民船辗转回到台湾。

钟理和是日据时代少数能以流利白话汉文创作的台裔作家，虽仅有日据时期长治公学高等科学历，但曾于私塾学习汉文二年。私塾期间，举凡当时能够搜罗的古体小说，皆广加阅读。时逢大陆新文学风起云涌，部分作品也见于台湾，鲁迅、巴金、郁达夫、张资平等人的作品令他废寝忘食，偶尔也创作一二，只是不曾打算成为作家，纯粹满足"模仿的本能"而已。根据钟的回忆，最初创作一篇不知该如何归属文类的两三千字短文《由一个叫化子得到的启示》，阅读《红楼梦》后又发想写了与当时流行歌曲同名长篇小说《雨夜花》，这是他的文学初体验。

18岁升学失败的钟理和往返故居大路关、屏东商行和美浓尖山（笠山）间，一方面协助父兄农场事业，一方面在依山傍水的田园间创新自己的生命意义。沉浸文学阅读的辽阔之路，开启了这位青年以文学为唯一追寻的生命契机。完成于1937年的《理发匠的恋爱》是钟理和今存最早作品的原稿。1943年间，他翻译一些日本作家的散文和小说。1945年，钟理和自称为"习作"的《夹竹桃》出版，却是他生前唯一出版的作品。《夹竹桃》共收录四篇作品《夹竹桃》、《新生》、《游丝》、《薄芒》，其中只有《薄芒》书写故乡美浓，其余三篇均为北平纪闻。

钟理和出身富家，19岁那年恋上自家工厂女工钟台妹，传统社会"同姓不婚"的禁忌形成巨大的压力。被压迫的苦闷和悲愤无处排解，他借笔抒发内心无以名状的情感风暴，此时"成为作家"的梦想在心中萌发了小小的芽，北平正是他坚定作家梦的地方。而这段"同姓苦恋"其实只是一场艰辛人生的起头，日后他们共同经历的忧患自不在话下，然而始终信守不渝的情义成为现代台湾文学史上令人难忘的一章。

在钟理和成长的岁月里，台湾所受日本的影响已根深柢固。以钟的家世而言，本可如大部分台裔知识分子赴日深造，但钟理和对他心目中的原乡——中国——有着深沉的爱恋。尽管父亲唐山生意失败及课堂教师对"支那"冷嘲热讽，钟理和的原乡情怀未曾稍减，反而与日俱增。其中启发他最深的是同父异母的同龄兄弟钟和鸣（1915—1950）。和鸣的浪漫血性及秘而不宣的进步思想，令钟理和心向往之。中日战争爆发后，台籍志愿军列队为效忠天皇而战，钟和鸣与妻子蒋碧玉（1921—1995）却前往大陆参加抗日组织。

钟理和偕同钟台妹出奔东北，除了追求挣脱封建体制的爱情自主外，在当时东亚历史格局的氛围下，似乎还带着一份对于原乡的想望。他在《奔逃》中写道，"九一八"事件后，日本计划性开发"满洲国"，吸引当时所谓的"大东亚共荣圈"内的日本、朝鲜以及殖民台湾人争相前往谋求新发展。对于钟理和而言，他心目中的祖国山河仿佛承诺着情感、伦理与政治主体的无限可能。他以如是情怀述说着满心的孺慕之情："我不是爱国主义者，但原乡人的血，必须流返原乡，才会停止沸腾！"从中国台湾到日本，从日本到"满洲国"，再从"满洲国"到北平，钟理和原乡之旅的终点是故国文化的核心。然而文化故都的一切却让他失望，战时北平的惨淡脏乱、周遭人事的麻木，使得钟理和魂系梦萦的原乡梦碎。《夹竹桃》记录了此时期的所见所闻，笔锋冷冽，却难掩忧郁落寞之情。

日本战败，一夕间所有人仿若被卷入了翻腾的历史大洪流。旅居北平台籍人士间发生龃龉。长一辈的张我军在《台湾人的国家观念》中论断台湾二三十岁以下的年轻人缺乏国家观念。钟理和无法认同，撰《为台湾青年申冤》反驳。事实上，就他自己而言，战争时期一心投向祖国，战后祖国政府却视他们为二等公民，情何以堪！《白薯的悲哀》恰恰反映他此时期的心境。1947年，返归台湾后一年，钟理和肺结核病情恶化，北上就医时目睹"二二八"事件，尔后在疗养院期间写下了《祖国归来》总结大陆去来。他的原乡情结至此已消磨殆尽，健康每况愈下。《祖国归来》成为情感最为昂扬、文辞最为严厉的遗世作品。

钟理和生命最后三年的文学生涯中，除了积极索回1956年参加"中华文艺基金奖"获长篇小说二等奖的《笠山农场》稿件外，他计划了台湾三部曲——大武山之歌的写作，首开大河小说写作的先河。遗憾的是，因健康问题，最终只完成三节而停笔。1959年是他一生中作品发表量最丰盛的一年，《钱的故事》、《苍蝇》等旧作获得发表机会，新作陆续完成，《原乡人》、《假黎婆》正是此阶段的创作；又在钟肇政鼓励下埋首创作《雨》，虽然《雨》的诞生树立了钟理和创作的新里程碑，由生活小说走向全面性的农民社会，可惜它也伴随着钟理和走向生命终点，成为最后一曲挽歌。

论者每每强调钟理和后期对家乡台湾的深情观照，用以对比他的中国经验。他在20世纪50年代初期创作的"故乡四作"——《竹头庄》、《火山》、《阿煌叔》、《亲家与山歌》堪称未来台湾乡土文学的源头。内容为其战后重见故乡的深刻感受，既有巨变的农村面貌，也呈现人性崩毁的一面。"故乡四作"相较于奉天、北京时期作品虽仍具批判、透视的写实，但趋近台湾乡村色调的明快与简朴。1958年为寻求刊登机会，钟曾三易其稿，且于文后加上附记，阐明作品乃1946年初返台所见。"作者于三十五年春返台。当时台湾在久战之后，元气丧尽。……虽短短十数年，其间差别，岂可以数字计。沧海桑田，身历其境，难免隔世之感。本篇所记，即为作者返台时所见一斑。"而今这段附记，恰恰可作为那个时代作家处境的另类旁白。

然而，作家的原乡想象不必为政治正确的论述所局限，钟理和对中国的复杂情愫，一直持续至他的生命末期。1958年，他写下《原乡人》，记述自己从小对祖国的浪漫憧憬，也不讳言在台大陆人猥琐、漂泊不定的形象。这篇作品与其说是符应时潮的应景之作，不如说是回首来时之路的真诚告白。《原乡人》里福佬人、日本人、客家人交相往来，为少年钟理和上了难得的一课"人种学"。这对应生命经验而未臻完整的人种学课程，两年后钟为它补上了。

1960年，钟理和发表了《假黎婆》。"假黎"是当时美浓客家人对原住民的通称。故事里的假黎指的是钟的继祖母,这手上文着图案、与汉人形貌有异的老奶奶对钟疼爱无比,他也深爱着祖母。直到一日他随奶奶穿越所谓的"番界"来到奶奶的故乡,老奶奶娓娓唱起"番曲",浑然忘我,仿佛拾回遗失多年的乡愁。年幼的钟理和"内心却感到一种迷惶,一种困扰","好像觉得这已不是我那原来的可亲可爱的奶奶了"。假黎奶奶的原乡不是钟理和的原乡,乡愁的界线竟是如此难以跨越。

作为客家子弟,钟理和显然早已为自己族群身份归属的不确定性敏锐地反思。所谓原乡,无非是他安顿自己的终极向往:原乡可以是土地国家,是至亲挚爱,更可以是他一生的文学志业。终其一生,钟理和不断思索着原乡的定义与代价。然而,他所呈现的乡土写作,却是从大陆到台湾,其幽微曲折处,有待来者细细体会。

回首来时路,当年启发钟理和文学与原乡信念的兄弟钟和鸣,早在钟理和过世前十年,即已成为白色恐怖的牺牲者。钟和鸣以另一名字——钟浩东——见知于世。1949 年他任职基隆中学校长期间,因"光明报"事件遭罪处死。当时同案者尚有知名左翼作家吕赫若。他们为建立左翼乌托邦理想,死而后已。这又是另外一种原乡故事了。

参考书目:

王德威:《寻找原乡的人》,《台湾:从文学看历史》,台湾麦田出版社 2005 年版,第 247—250 页。

彭瑞金:《钟理和传》,台湾省文献委员会 1994 年版。

【1904 年 8 月 19 日】康有为抵达斯德哥尔摩

反思古代史,想象现代乌托邦

马悦然(Nils Göran David Malmqvist)撰　唐海东译

光绪三十年农历七月初九(1904 年 8 月 19 日)晨,发自奥斯陆(Oslo)的火车走下一位中国绅士和年轻女士,两人迈向斯德哥尔摩(Stockholm)中央车站。如果斯德哥尔摩的记者们知道来者身份,必定守候两人即将下榻的大饭店柜台。他们正是流亡海外的改革家康有为及其女儿康同璧（1887—1969）。

半个世纪之后，居住北京期间，康同璧给我一份她父亲访问瑞典两年期间的日记手稿。1970年，我将日记译成瑞典语并附上注释。鉴于日记未在中国出版，我遂将附有注释的手稿，交付香港商务印书馆于2007年出版。

旅居瑞典期间，康有为怀着强烈的好奇心参观了中小学校、大学、图书馆、博物馆、宫殿、劳工家庭居住的公寓、音乐会、托儿所、教养院、监狱、公共澡堂、游乐场和工厂，还受到瑞典国王和外交部部长接见。初时他下榻斯德哥尔摩大饭店，之后搬迁至首都附近时尚的索茨约尔巴登（Saltsjöbaden）宾馆，因而得以充分利用机会观察上流社会的风俗生活。

参观孤儿院的经验，让康有为觉得自己穿越时空，来到心目中的大同社会。年轻时他曾写过一本著作《大同书》，草稿在1884年业已完成，但全书直到1935年，康有为去世八年之后才问世。他对未来世界政府的乌托邦想象热情奔放，当中许多激进观念与他1898年短暂掌权期间试图推行的温和改革大异其趣。对康有为而言，私心是一切罪恶的渊薮。在《大同书》中，他打破一切人类为保护自身及其家族私有财产而建立的制度。

大同社会由一个民选议会管理，消弭国家边界。取而代之的是，地球被划分为一定数量的方形区域，每一区域拥有一定的自主权。为防止异己之分，人口应定期转换区域。由于气候条件决定了种族差异，定期迁移最终可以抹平这种差异。康有为认为，婚姻制度比其他任何制度在制造社会不公方面，为害更甚。为此，他呼吁两性绝对平等，建议以有效期一年的婚姻合同取代结婚证书。双方同意之下合同便能无限期延长。从托儿所到大学，政府保证每个孩童人生起步的机会均等，并享有受教权。康有为知道大同社会无法一蹴而及。在他看来，社会终将演化为世界政府，因此强调联合各国对于成就世界议会的重要。

康有为不谙外语，他透过阅读译本而得知天下事。尽管《大同书》的许多观点与《共产党宣言》（1848）相似，但《共产党宣言》的中文节译本1906年问世，全译本直到1920年才出版。因此，无法证明他曾接触过马克思（Karl Marx）的著作。

马克思与康有为乌托邦梦想的共同之处，在于私有产权的废除、国家教育制度的引入、解放妇女、消弭国界，并让国家集中所有生产手段。但两人的出发点、动机和提出方法完全不同。马克思的观点来自工业化的欧洲，拥有儒家背景的康有为则从世界的角度抨击弊端。马克思预言，无产阶级革命将带来生产手段的集中，从而有效根除阶级对立。康有为断言，随着公共机构最终取代家庭和其他社会单位，新社会将和平循序形成。马克思没有为共产主义社会提供任何伦理道德规范，反而宣称任何宗教、哲学和意识形态价值体系，都是由个人的经济地位所决定。康有为将其乌托邦建立在儒家信念上，他认为人心本善，对同类和他者都有恻隐之心。这种对社会良知的坚定信念构成了康有为乌托邦思想的特性。马克思视所有人类苦难为经济剥削的后果，而年轻时曾钻研佛学的康有为则更全面地分析苦难形成的诸多因素。

所有乌托邦著作都包含某些共同特征，诸如废除私有制、引入国家教育体系、追求两性经济和性的平等。《大同书》和贝拉米（Edward Bellamy）1888年问世的著作《回顾：2000—1887》（*Looking Backward: 2000—1887*）有许多显而易见的相似之处。马丁·贝尔纳（Martin Bernal）在《1907年以前中国的社会主义思潮》（*Chinese Socialism to 1907*, 1976）中提到，康有为受到1891年12月到1892年4月间连载于《万国公报》的译文（题为《回头看纪略》）影响，其中"大同"即为贝拉米"乌托邦"（utopia）的对应。康有为从未提及贝拉米的著作，但我们知道康有为的改革派同僚谭嗣同（1865—1898）和梁启超都曾是该书1896年版的读者。同时，由于康有为和《万国公报》编辑林乐知（Young J. Allen, 1836—1907）、李提摩太（Timothy Richard, 1845—1919）相熟，他还可能读过《回顾：2000—1887》一书。不过，真正激发他的乌托邦思想的，其实是收录于十三经《礼记》中的《大同》，其中描绘了一个上古的理想社会。

抵达斯德哥尔摩第三天，康有为得知恩人翁同龢与世长辞。翁同龢担任过同治（1862—1874年在位）和光绪皇帝（1875—1908年在位）的老师。正是翁同龢把康有为推荐给年轻的光绪帝，但此举却也导致了他自身的失宠。在19世纪的最后十年，康有为领导、推动了一场将封建帝国改革为君主立宪制的运动。一如许多同时期的知识分子，康有为明白中国过时的社会政治结构和守旧的体制已经威胁到自身存亡。1895年兵败日本的惨痛教训强化了变法自强的要求，而年轻的皇帝也愿意信赖改革派人士。1898年夏天改革约百日，康有为说服皇帝公布一批较次要的改革措施。然而实权在握的慈禧太后挫败了改革派的意图，所有改革终止。谭嗣同和康有为胞弟康广仁（1867—1898）等戊戌六君子因而牺牲。往后20年，康有为辗转海外华人社群寻求支持，为了改革，也为了个人奢华的生活。

1891年康有为发表了《新学伪经考》，希望借此使自己的改革计划获得支持。他批评西汉刘歆（前50—23）出于政治目的伪造许多古代典籍。故事曲折如下略述。

刘歆为皇室宗族，其父刘向（前79—前6）学识渊博，奉命校勘宫中所藏哲学和诗歌典籍。刘歆根据刘向注解编写书籍目录，开中国目录学之先河。班固（32—92）之权威代表作《汉书·艺文志》便援引为基础。刘歆仕宦初期得王莽（前45—23）重用。公元9年，王莽篡位自立为帝，然而王朝短短14年便告寿终。中国史书中视王莽"新朝"

为一个过渡时期。王莽登基，刘歆晋升为国师。刘歆学问渊博，对《春秋》和《左传》的预兆阐释深感兴趣。《春秋》言简意赅，记载了鲁国公元前722年至公元前481年间的事件。《左传》涵盖时间（前722—前468）相近，但纪事更为详尽。西汉时期，《左传》文本经过重新编排和改写，用以评论诠释《春秋》。刘歆因阐释书中预兆之说，因而卷入政争。人们指责他伪造并利用《左传》，为王莽篡汉提供合法依据。

东汉时期，古文学派和今文学派两派掀起一场激烈的论争。前者认为先秦典籍以古文写作，时间早于秦始皇文字改革，更具权威性。后者则认为，流行于汉朝的典籍抄本，透过记忆书写传世，才是正统。今古文之争在18世纪卷土重来，由今文经学派首先发难。他们认为，《公羊传》为《春秋》的今文评论，完美体现了孔子的政治思想。今文派借助《公羊传》文本阐明孔子《春秋》寓褒贬别善恶的微言大义。康有为将今文派的思想发扬光大，视孔子为政治改革家。公羊学派称孔子为"素王"（无冕之王），给了康有为一个理论依据。今文派学者认为《公羊传》描述了社会发展从失序到循序的过程。康有为深信今文学派的文本来自孔子本人，所以真实可靠，而古文学派的文本包括《左传》在内，尽皆刘歆伪造。

瑞典汉学家高本汉（Bernhard Karlgren，1889—1978）和中国历史学家钱穆（1895—1990）各自为文替刘歆辩护。

高本汉以三篇重量级文章驳斥了康有为对刘歆带有政治动机的指控。他在1926年《〈左传〉真伪考》（*On the Authenticity and Nature of the Tso Chuan*）一文中指出，司马迁《史记》中许多篇章明显源于《左传》。他在《中国古籍的真伪》（*The Authenticity of Ancient Chinese Texts*，1929）一文中也指出，《左传》的语法系统体现了某些独一无二的特征，不可能出自伪造。其《〈周礼〉和〈左传〉的源流考》（*The Early History of the Chou Li and Tso Chuan Texts*，1931）再次论证康有为指控刘歆伪造《左传》与《周礼》等其他典籍完全错误。

钱穆在《刘向歆父子年谱》（1930）中令人信服地指出，刘歆不可能伪造《左传》。钱穆依据的不是语文学标准而是《汉书》内容，他提出了28个常识性的问题。假使康有为在世，这些问题当会令他相当难堪。钱穆巨著《中国近三百年学术史》中的一个章节（第633—709页），即以敏锐的眼光和古文文采，揭露康有为出于政治考虑而扭曲真相。

五年内，高本汉和钱穆各自以其学养，彻底粉碎了康有为带有政治目的的指控。两人出生之地相隔万里，各自发展学术生涯。高本汉生于1889年，钱穆生于1895年，他们的出生恰逢现代中国发展史上的关键年份。高本汉在一个和平的环境中开展研究，而钱穆泰半在内乱外患中从事学术活动。两人的相同之处在于为刘歆洗刷伪造经典的莫须有罪名，以及对学术活动必须外于政治的坚持。

【1905年1月6日】"文乃一国之本，国民教育之始。"

"文"与"中国最早的文学史"

陈国球（Kwok Kou Leonard Chan）撰　唐海东译

　　1905年1月6日（光绪三十年腊月初一），京师大学堂优级师范科学期结束。经过数月的艰辛，林传甲（1877—1922）编订完成授课讲义，并依照大学堂规定呈缴报告于学术委员会主席。讲义末尾写道："文乃一国之本，国民教育之始。"尔后，他在编撰的文学史前言重申此一观点："中国文学是我们国民教育的基础。"这也是《中国文学史》一书的主要观点。学术界普遍认为该书为第一部中国学者写成的《中国文学史》。

　　林传甲出生于福建省，早年就学于湖广总督张之洞（1837—1909）创建的西湖学院。在这所体现了张之洞"中学为体，西学为用"理念的学校，林传甲接触了地理、数学和其他西方知识，同时接受科举考试训练。1902年，他通过福建省乡试，考取举人，却在北京会试中落第。1904年6月，林传甲远赴北京，担任京师大学堂优级师范科中文教习。当时京师大学堂正处于变革之中，张之洞的《奏定大学堂章程》数月前甫获慈禧太后（1835—1908）批准，它是影响晚清教育发展三大章程的最后一个。林传甲来到大学堂不久旋即授课。他发现旧章程已失去意义，而刚颁布的新章程尚未提供实际指导，因此他依照自己对课程体系的理解规划教学。他的讲义是一系列古怪元素的组合，或曰是一种妥协，例如讲义需要为一门新学科提供定义，也要符合培养实用文写手的目标。这些目标恰到好处地体现了"文"这一晚清知识分子思想中不断变化的概念。

　　中国传统中"文"的含义甚广。广义而言，可以指任何形式的"纹理"，如："天的纹理"（天文）指天文学；"地的纹理"（地文）指地形学；"人性的纹理"（人文）意指文化，同时也意味着书写语言。在写作意义上，"文"的含义包括实用性，如官方档案；消遣和鉴赏目的，如赋、骈文；及表达个人内在情感的诗歌。"文"也意指高质量的文章、辞章，这些都是纯文学。就狭义而言，"文"指"散文"，是与"韵文"相对的概念。因此，"文"兼具实用性和非实用性（甚至趣味性），且就更宽泛的意义而言，也可视为民族文化精神的象征。但在前现代时期，小说和戏剧并不被视为"文"的一部分，到了改革已势不可挡的晚清,"文"的意义变得更为复杂。中国知识分子关于"文"和"文学"的观念,存在着巨大的模糊和暧昧性,这在教育现代化的过程中体现得最为明显。

京师大学堂——中国第一所现代综合大学——是1898年百日维新的产物。在光绪帝的支持下,康有为和梁启超启动了改良计划,梁启超受命筹办一个西式大学,用以培养具备现代知识的人才。但当慈禧太后夺回大权后,改良计划因而功败垂成,唯独筹办大学的计划得以保留。1902年,慈禧太后敕令高级官员、教育家张百熙(1847—1907)修订国家教育制度。此后张百熙掌管京师大学堂,直至1904年迫于政治压力举荐张之洞继任。林传甲入校之际,张百熙的课程目录才刚实施。相较于之前的改良主义者梁启超的设计,这份课程目录更偏重中国文学。梁启超的课程视文学为一般性的研究领域和练习写作技巧的科目。

尽管张之洞是保守派政治家,但他计划借中国文学学程将传统中国文学推广至世界,将"文"或"文学"的研究,从定义含糊的概念转变为独立的知识体。该学程兼容并蓄,结构合理,包括一系列经典文学课程,如"历代文章流变"、"古人论文要言"、"周秦至今文章名家",以及西方文学史、世界历史等国外相关课程。但大学面临着各式各样的问题,不仅难有合适的教学材料,对旧教学体制下的学生也没有过渡期安排。林传甲负责教授学生第二阶段的中国文学学程,他发现学生对第一阶段课程并不熟悉;更精确地说,他们欠缺中国文学史的知识。为补救这一缺失,林传甲准备了新讲义,并开设专门课程。他因而成为后世研究者眼中,第一位撰写文学史的中国人。

因无前例可循,张之洞设计的中国文学史课程缺乏具体范本。意识到这一事实,他在章程中暗示教师备课时,可参考日本人的中国文学史著作。林传甲因此从日本学者笹川种郎(1870—1949)的《支那文学史》(1898)中汲取灵感,他写成的文学史讲义被认为是中国文学史的开拓之作。但许多人质疑该书的立足点。这本著作主要讨论词源、语音和散文(主要为古文和骈文)风格的历史变迁,对通俗小说和戏剧避而不谈,对诗歌着墨亦少。林传甲认为小说、戏剧为下里巴人之作,文学价值乏善可陈,诗歌则缺乏实际用途。林传甲的文学观一再被批评为过于传统和教条,原因在于晚清之际中西思想交汇,有趣而新颖的观念层出不穷,作为一本代表性论著,林著欠缺人们所期待的活力和原创性。

就在林传甲授课讲义即将完成之际,一名苏州学者开始着手另一部后来成为名著的文学史。当时,东吴大学副校长孙乐文(1850—1911)建议编写大学自用讲义。因此,同校文学教授黄人(1866—1913)开始着手撰写一部翔实的中国文学史。与林传甲认为"文学是一国文化之精髓"的信念相似,黄人指出:"保存文学,实无异保存一切国粹,而文学史之能动人爱国、保种之感情，亦无异于国史焉。"但这一位自诩为摩西的人物，想象文学的方式却与林传甲大相径庭，他的文学观念比林传甲"西化"得多。他的著作大量借鉴日本学者太田义雄（1880—?）的《文学概论》（1896），此书借鉴了许多西方的文学论述观念。黄人以极大的热情向国人介绍西方以情感、美学价值来定义的文学观念："美为构成文学的最要素，文学而不美，犹无灵魂之肉体……美则属于感情，故文学之实体可谓之感情云。"这一论述有助于厘清"文学"的边界，也可视为对这门学科的另一种界定。

1910年，林传甲的讲义以《中国文学史》为书名出版，或许为了说明该书颇有来源，封面附"京师大学堂讲义"字样。此后该书历经多次重印。黄人的著作原为课堂授课之用，后拓展为一部29卷的专著，于1926年印行，但流传不广，数十年默默无闻，直到20世纪80年代中期，才引起文学研究者的注意，其人其书所受的关注与日俱增。如今，林传甲仍被视为中国文学史写作的草创者，但更具学术价值的则是黄人的著作。黄著在当时可谓相当前卫，书中观点与现代读者对文学的认知颇具共通性。不同于林传甲，黄人不仅肯定小说和诗歌的价值，且认为这些都是"最纯粹的文学形式"。在《明朝通俗小说》的导言中，他对小说如何反映当时普遍存在的不平等、不公正的社会弊病有所剖析。他指出"文学为言语思想自由之代表"，依据此理念，他把文学的人文主义价值置于重要地位。

1905年，林传甲离开京师大学堂，游走各地担任地方官，并专注妇女、儿童教育以及地名的研究。短暂的大学教习生涯过后，他再也没写过任何关于文学的著作，晚年编撰了许多关于浙江、江苏、安徽等省的地名词典。45岁时，林传甲病逝于吉林省教育官员任内。林传甲没有文学雄心，其讲义主要是为了贯彻张之洞的教学大纲。这是一段历史的巧合，林著借用了日本学者的书名，予人一种拟编写一部贯通的、系统性的中国文学史的期待。然而，这一期待是错置的，因为作者从未有此意。但就某种程度上而言，或许可以从此书出发，反思张之洞借由将"文"制度化以维系传统文化的谋虑。张之洞的思考不乏创新之处，但除了从日本引入文学术语，面对如何在现代世界中重构"文"这一问题，他失败了。

文学是黄人持续一生激情的志业。因此，他也从事其他丰富多彩的文学活动，如撰写《小说小话》，编写《普通百科新大辞典》，出版文学杂志《小说林》，并译介多种外国文学作品。这位多才的学者于1913年去世，年仅47岁。同年，国民党领导人宋教仁（1882—1913）遇刺，孙中山流亡日本，发起针对临时大总统袁世凯（1859—1916）的"二次革命"。黄人是一位具有强烈爱国情怀的知识分子，据说当时混乱不堪的政治形势最终令他狂疾发作，脆弱的身体也进一步恶化，导致英年早逝。

"文乃一国之本，国民教育之始。"相同的理念催生了两部截然不同的文学史论著，因作者对"文"的观念不同使然。林传甲的著作与京师大学堂密切相关，代表了主流文人的立场。与此相对，黄人任教于一所由美国南方监理会（Methodist Episcopal Church, South）建立的具有西方背景的大学，因此，通过西方视角检视中国文学，对他而言并无不妥。黄人的超时代观点却也引发了一系列的提问：何谓"现代化"中国文学？它等同于"西化"文学吗？中西文学文化间的共同点何在？现代性下的传统文学价值和角色是什么？这是即将到来的五四知识分子所不得不正视的"大哉问"！

参考书目：

陈国球：《文学史书写形态与文化政治》，北京大学出版社 2004 年版。

陈平原：《作为学科的文学史》，北京大学出版社 2011 年版。

Milena Doleželova-Velingelová, "Literary Historiography in Early Twentieth-Century China (1904—1928): Constructions of Cultural Memory", in *The Appropriations of Cultural Capital: China's May Fourth Project*, ed. Milena Doleželova-Velingelová and O. Kárl (Cambridge, MA, 2001), 133—166.

潘懋元、刘海峰编：《中国近代教育史资料汇编：高等教育》，上海教育出版社 1993 年版。

【1924 年 4 月 12 日】"我是个崇拜青春，欢乐与光明的灵魂。"——徐志摩《默境》

徐志摩和中国的浪漫主义

奚 密（Michelle Yeh）撰　唐海东译

1924 年 4 月 12 日，诺贝尔文学奖得主罗宾德拉纳特·泰戈尔（Rabindranath Tagore, 1861—1941）莅临上海，开启为期两周的中国之行。此行是应著名文化人梁启超（1873—1929）创办的讲学社之邀来访。梁启超派了得意门生徐志摩（1897—1931）——两年前刚从英国留学归来、崭露头角的年轻诗人——担任泰戈尔的翻译和向导。在那张中国现代文学史上最具标志性的照片中，这位白发苍苍的孟加拉诗哲居中，左边是温文儒雅的徐志摩，右边是迷人的女诗人林徽因（1904—1955）。徐志摩等人于 1923 年创立的文学社团，使用的名称正是泰戈尔1913年出版的散文诗选集之名《新月》（The Crescent Moon）。

徐志摩无疑是中国现代诗歌史上最著名的诗人，他的名字不仅在学术界和诗歌读者群中如雷贯耳，在华文世界也广为人知。虽然他早已闻名全国，但诗歌创作开始的时间相对较晚，1920年他二十三岁，从纽约移居伦敦后才开始。对英国文学的浸淫及与英国文化人的友谊，激发了他写诗的欲望，并形塑其文学品味与风格。

徐志摩在书信里提及阅读弗吉尼亚·吴尔芙（Virginia Woolf，1882—1941）和詹姆斯·乔伊斯（James Joyce，1882—1941）的作品，由此可知他熟悉20世纪20年代的盛期现代主义（high modernism）。然而，出于天性和美学选择，他对浪漫主义更感兴趣，此后遂成为中国最重要的浪漫主义者。他的创作生涯从1920年至1931年，尽管短暂却借由引入这一新的美学范式，进而改变了现代中国诗歌的路径。

1917年，当时正留学美国的胡适呼吁革新令人窒息的、颓败的中国诗歌传统，徐志摩受此影响对现代诗产生兴趣。胡适主张抛弃文言，转而用现代白话写作新诗——因此，现代中国诗歌也被称为"白话诗"（vernacular poetry）。胡适和其他新诗先驱抛却了古典诗歌的固定形式和韵律，实验性地采用自由诗和其他从西方引进的诗歌形式。他们也不再运用中国古典诗歌中惯用的意象和熟悉的母题，转而提出"诗的经验主义"（poetic empiricism）概念，将诗歌创作建立在个人经验而非文学常规的基础上。一如他的诗作《梦与诗》所写："你不能做我的诗，正如我不能做你的梦。"

在开明知识分子的支持下，特别是北京大学，现代诗歌一片繁荣，但其严重缺点在于，甫获自由的诗歌以及诗人强调诗歌的浅显易懂，导致中国早期现代诗充斥着肤浅的倾诉或散文化现象。基于对此情况的回应，徐志摩和新月社的同仁，尤其是闻一多（1899—1946）和朱湘（1904—1933），为现代诗歌引入了一种新的结构感。在徐志摩看来，结构对诗歌而言至关重要；通过诗节形式（stanzaic form）和声音模式，意义才得以彰显。

徐志摩写于1925年的著名诗作《偶然》，就是最佳范例。该诗只有两小节。

> 我是天空里的一片云，
> 偶尔投影在你的波心——
> 你不必讶异，
> 更无须欢喜——
> 在转瞬间消灭了踪影。
> 你我相逢在黑夜的海上，

你有你的我有我的方向；
　　你记得也好，
　　最好你忘掉，
　　在这交会时互放的光亮！

　　第一小节的音节模式是9—9—5—5—9，第二小节则是10—10—5—5—10，整首诗的形式寓变化于严整之中，以平行的形式响应了不幸的恋人这一主题。两者永不相遇，除了短短的瞬间——短暂得如浮云在水中的倒影，或黑夜里两艘擦肩而过的船。尾韵加强了诗的情感力量。

　　有别于许多早期现代中国诗，《偶然》的诗歌语言令人称道，它没有中国古典诗的痕迹，措辞和节奏具有令人耳目一新的现代感。此诗朗诵起来，入耳自然、真挚、悦耳。诗歌处理的是爱情这一永恒主题，确切地说，是转瞬即逝的爱情。然而，这首诗所传达的微妙情感与绝大多数爱情诗不同，显得别具一格。它没有表现惆怅与苦涩中的难以自拔，在表面的淡然（"你记得也好／最好你忘掉"）背后，是对生活之美的倾情拥抱和对自我超越的颂赞。正因如此，《偶然》深受读者喜爱，还被谱成流行歌曲。

　　实际上，徐志摩至少有17首诗被谱成歌曲，包括《月下待杜鹃不来》（1923）、《为要寻一颗明星》（1923）、《海韵》（1925）、《再别康桥》（1928）、《我不知道风是在哪一个方向吹》（1928）等。《海韵》先是由语言学家赵元任（1892—1982）谱成带有女高音独唱的混声四部合唱作品，1974年再由庄奴和古月根据徐志摩和赵元任原作改编，由超级巨星邓丽君（1953—1995）演唱并录制成唱片。这首诗包含五小节，唱词对象是唤作"你"的一位"女郎"。夜幕降临，女郎徘徊在海滩上，她不顾叙述者对即将涨潮的警告，拒绝回家且在沙滩上纵情歌舞。诗的末尾，女郎不见踪影，也许为大海所吞没。

　　《海韵》可以读作一则寓言，歌舞不羁的女郎是诗人的代表，最终吞没女郎的大海则象征着无边无际的自由和想象力。女郎消失于大海并非悲剧，而是隐喻着某种浸礼与体认。作为浪漫主义者，徐志摩信奉一种多层面的诗学。他视爱情为神圣不可侵犯之物，咏唱孩童的纯真和自然的灵感，他从不倦于追求精神之自由。《海韵》和其他几首成熟期的诗，可说是徐志摩艺术成就巅峰之代表作。

　　在抗日战争（1937—1945）及国共内战期间，徐志摩的作品因政治动荡而黯然失色，这是可想而知的。1949年中华人民共和国成立后，徐志摩成为不受欢迎的人物，除了作为"小资产阶级颓废思想"的代表而成为批判的标靶，读者再也无法接触他的作品。

　　然而，在海峡另一岸，徐志摩却重新流行，原因有二。首先，当时绝大多数"五四"时期作家，或因其左翼倾向，或因身陷大陆，作品不见容于当时的国民党政权，徐志摩是少数被认为"安全"的1949年前的作家。他的诗与散文,为20世纪五六十年代的新一代台湾作家提供了灵感,也为许多诗人提供了重要范式。他们模仿徐的诗歌形式、押韵方法和语言的流畅运用。徐志摩的散文诗《我所知道的康桥》、《翡冷翠山居闲话》、《自剖》在读者中广为传诵;《我所知道的康桥》还被选入教材。他写给陆小曼(1903—1965)的书信体日记,以大胆的个人主义色彩和饱满的情感受到热烈欢迎。第一则日记即如此开头:"幸福还不是不可能的,这是我最近的发现。"他又说:"我恨的是庸凡,平常,琐细,俗;我爱个性的表现。"

"徐志摩热"经久不衰的另一个原因,是由其诗与散文的棱镜所折射的富于传奇色彩的个人生活。他的理想主义、叛逆精神和浪漫主义令一代又一代的读者着迷。对其同时代人而言,他天生的魅力和讨人喜欢的个性具有不可抵抗的魔力。著名作家和翻译家梁实秋(1903—1987)在《谈徐志摩》一文中回忆:"真正一团和气使四座并欢的是志摩。他有时迟到,举座奄奄无生气,他一赶到,像一阵旋风卷来,横扫四座。又像是一把火炬把每个人的心都点燃……弄得大家都欢喜不置。"1931年12月3日,诗人因飞机失事身亡13天后,他的密友胡适在《追悼志摩》一文中回忆道:

> 朋友里缺不了他。他是我们的连索,他是黏着性的,发酵性的。在这七八年中,国内文艺界里起了不少的风波,吵了不少的架,许多很熟的朋友往往弄得不能见面。但我没有听见有人怨恨过志摩;谁也不能抵抗志摩的同情心,谁也不能避开他的黏着性。他才是和事的无穷的同情,使我们老,他总是朋友中间的"连索"。他从没有疑心,他从不会妒忌。

除了自身魅力,徐志摩富于戏剧性的感情生活也让他为同时代人所熟知。他追求林徽因不果的经历,都写在早期的诗里,而他对陆小曼爱的自白,则无疑成为热恋中青年男女的至高典范。他的离婚和第二次婚姻不仅震撼文学界,甚至还在全国掀起轩然大波。据当时报道,徐志摩邀请老师梁启超在自己与陆小曼的婚礼上致贺词,而梁启超却当着全体客人的面斥责他。婚后,为了支撑陆小曼奢华的生活方式,徐志摩不得不四处兼课,缓解财务困窘,间接导致了他的遇难。这个说法也广为人所接受。但无论外界如何看待他的私生活,徐志摩一心一意依照自己宣称的理想生活。不管在诗中还是现实中,他始终坚信爱情的神圣性,为此宁牺牲一切,包括生命。《为要寻一颗明星》体现的即是这种英雄式的追求,诗中的主人公骑着一匹跛脚的瞎马,义无反顾地冲入昏黑之夜,破晓时分,瞎马和骑士都精疲力竭地倒在荒野之中。诗人以朝圣者之姿出发,最终却成为一名殉道者。

20世纪70年代后期，中国重新向西方敞开大门，"徐志摩"不仅以戏剧性的姿态回归，且成为中国最知名的诗人。在20世纪80年代的"文艺复兴"和"文化热"中，学者和一般读者重新发现徐志摩的诗，并着迷于他丰富多彩的生活。如今，徐志摩已然成为家喻户晓的名字，一个诗人所能期望的莫过于此。其中原因部分应归功于1999年以徐志摩生活故事为脚本的电视连续剧《人间四月天》，该剧受到观众的热烈欢迎。

当然，成名的代价就是人们视其诗作为诗人精彩生活的描述，而忽略诗中蕴含的精美艺术特色。例如他的代表作《偶然》和《再别康桥》，尤其是后者的结尾处：

悄悄的我走了，
正如我悄悄的来；
我挥一挥衣袖，
不带走一片云彩。

如此呈现了诗歌的优美意象和悦耳语言的作品，以迷魅般的力量吸引读者，使他们无形间忽略了诗中的深意。一些中国诗人批评徐志摩乃至整个浪漫主义派感伤、肤浅，这一看法在21世纪初期的诗坛引起了一场论争。这类批评源于对浪漫主义和徐志摩两者的误解，并受到文学史进化观点的加持。正如前文所述，徐志摩与浪漫主义间的密切关系是基于诗人的天性和美学选择，有其广泛而深刻之处。对浪漫主义和徐志摩而言，与自然的精神融合、孩童的救赎力量、爱的永恒延续，以及对富创造性的想象力和自由的强调，这些一再出现的主题，其深度远远超出了肤浅的抒情或爱情。

在徐志摩身上，我们看到的不仅仅是一个天赋洋溢的诗人，而且是现代诗人的一种新典型：勇于突破旧俗、充满个人主义精神和创新意识。在徐志摩身上，我们看见的是中国现代诗歌发展的绝佳范例。在徐志摩身上，我们确认了如是信念：现代诗歌将拥有一个光明的未来。

参考书目：

Leo Ou-fan Lee, *The Romantic Generation of Modern Chinese Writers* (Cambridge, MA, 1973).

Michelle Yeh, *Modern Chinese Poetry: Theory and Practice since 1917* (New Haven, CT, 1991).

| 新视界 |

概念与文本的谱系
——重新理解抗战电影

黎 风 丰云鹏

1938年3月,"抗战电影"作为"中华全国电影界抗敌协会"的会刊名称被公开使用。随后,"关于国防电影之建立"(1938)与"中国电影的路线"(1940)两次讨论基本确立了战时抗战电影的题材范围、叙事形式和文化功效,使其成为具有实践性和规范性的概念。在战时阶段范围内,"抗战电影"与"新兴电影"、"国防电影"、"抗建电影"等概念存在密切的承继或交叠。战后,抗战电影超出战时阶段延续至今,其文本和现象与"革命历史题材电影"(或"主旋律电影")等电影文化现象存在交叠。面对这一多元状况,现有研究从共识性或约定性层面使用和论述抗战电影,并非因其已经具有一个准确且清晰的定义,而是由于我们很难给出这样的界定。抗战电影最初的生成范式和形式已经随着时代语境变迁和创作实践的变化发生了移位,一旦将之与其他有竞争或交叠关系的概念并置,许多问题便呈现出来。这些问题既有理论性的,也有历史性的。这种重叠与差异本身反映了在不同历史语境下抗战电影被赋予的身份的多元性及其背后的诠释规范。本文通过考察抗战电影概念、文本的生成和使用过程,勾勒其在不同诠释规范下的指向差异,阐述抗战电影与历史文化实践之间的复杂关联,尝试为抗战电影概念与文本的使用提供一种选择性的阐释路径。

一、"新兴电影运动"与抗战电影的原初形态

抗战电影的生成与确立建立在电影服务于抗日战争的基础上,存在一个逐渐明晰化的过程。中国电影的社会学话语传统、日本侵华导致的日渐严峻的民族危亡局势、不同党派意识形态的交锋、民族国家观念的凝聚等因素共同参与了这一过程。在其概念确立

之前，已经存在不同形式的相关电影作品。这些作品或者呈现日本侵华为中国民众带来的沉重灾难，或者引导、号召、呼吁民众的反抗与救亡，或者通过影像灌输、传播爱国主义与民族国家观念，只不过它们往往被归入"新兴电影"或"国防电影"等概念下。这就意味着"抗战电影"这一概念的提出与使用并非突如其来的现象，而是随着民族危亡形势的加剧，经过了一个题材凝缩和主题聚焦的过程。

20世纪20年代，以郑正秋、周剑云、洪深、侯曜等为代表的一批电影人主张和提倡电影在"改造人生"、"指导社会"、"针砭时弊"、"启发民智"等方面应该发挥重要作用，逐渐形成了中国电影的社会学阐释路径与现实主义实践立场。这种路径与立场将"为人生"和"为社会"相结合，既倡导自由精神和个性解放，又强调社会责任与现实关怀①。以他们为代表的电影创作者或批评者的电影观念呈现出一个突出特征：电影作品应该具有一种道德观念、政治维度与伦理关怀。对他们来说，扭转中国电影致力于纯粹盈利而忽视社会现实的电影观念与创作实践是在特殊社会历史语境中寻求中国电影前途和出路的必要方式。他们所提议或实践的电影路线的一个实质性内容在于引领中国电影介入当时的社会现实。如果说20世纪20年代中国电影的社会学功能还相对泛化，那么"九·一八"事变后，面对日趋严峻的民族生存与救亡形势，电影人在寻求中国电影出路与方向过程中具有了更为自觉的社会意识。这种"自觉"是指电影人充分意识到中国电影应该担负的文化价值和现实使命。1931年至1937年，中国电影在新的历史语境下寻求变革与创新的"新兴电影运动"成为这种自觉意识的重要实践。

1930年10月，有评论呼吁"中国应该有中国的新兴电影"，并将表现中国"民众的困苦生活"作为"它所负的唯一使命"②。继而，左翼力量将视线从文学、戏剧领域扩展至电影领域，提出创作电影剧本、"加盟参加各制片公司活动"、"设法筹款自制影片"、"组织'电影研究会'"等纲领要求③，组建了党的"电影小组"。1933年2月9日，中国电影文化协会在上海成立，标志着中国新兴电影运动的正式展开。在进步电影人士和左翼电影人的共同努力下，"联华"、"明星"、"电通"、"艺华"等电影公司摄制了一批具有浓重现实关怀的影片。诸如《共赴国难》（1932）、《小玩意》（1933）、《狂流》（1933）、《春蚕》（1933）、《民族生存》（1933）、《中国海的怒潮》（1933）、《大路》（1934）、《桃李劫》（1934）、《风云儿女》（1935）等影片有力地描绘了农村生活、工人斗争、城市贫民、女性命运，表现了反侵略、反封建、爱国主义的时代要求，对日本侵华以及中国民众的反侵略抵抗予以直接或间接的表现。同时，"新兴电影运动"通过国

---

① 郦苏元：《中国现代电影理论史》，文化艺术出版社2004年版，第43-44页。
② 唐崧高：《中国应该有中国的新兴电影》，《电影》1930年10月第4期。
③ 《中国左翼戏剧家联盟最近行动纲领》，《文学导报》1931年第1卷第6-7期合刊。

外理论的译介与电影批评积极主张电影的社会现实路径，提倡电影的宣传教育功能，研讨通俗化、大众化的影像形式，呼吁爱国主义与民族主义的意义导向。根据现实语境的变化，这些理论主张与创作立场融入了后来"国防电影"或抗战电影的创作与讨论之中。

然而，限于彼时社会的阶级矛盾和政治较量冲突、中国电影的文化生态和运作方式、"抗战"主题语态的形成过程等一系列因素，"抗日"或"反日本帝国主义侵略"尚未成为中国电影的主导性文化逻辑和支配性价值诉求。此时期国民政府的对日立场以及电影审查使"抗日"等表述受到限制，"抗战"主题在电影领域尚不明晰。

以中国左翼作家联盟为代表的左翼力量深受苏联无产阶级文艺思想和电影观念影响，其电影实践对"反帝国主义侵略"价值取向的表述始终与反封建、反资本主义紧密结合在一起。在以"求新兴阶级的解放"为目的的中国左翼作家联盟领导的文学运动中，"反对帝国主义战争"尚未明确指向反日本法西斯侵略战争。而且，这一任务始终与反对国民党政权、军阀混战等关联在一起①。1931年，左翼作家联盟针对"最近中国满洲的事实"，明确提出反对"日本帝国主义"，但由于此阶段其所理解和使用的无产阶级革命的意识形态立场与国内阶级矛盾尖锐的历史现实，左翼文化实践更大程度上倾向于对阶级诉求的强调。同时，面对左翼力量的文化行动，国民党当局进一步强化管制政策。1933年，浙江省政府主席鲁涤平撰写《关于挽救电影艺术为中共宣传呈》（附《电影艺术与共产党》），并递交国民政府中央执行委员会。该文着重批判左翼影人或共产党员参与电影生产和批评实践所形成的"'左'倾色彩影片"。同年11月12日发生的"艺华事件"是此阶段电影领域阶级矛盾和党派政治较量的典型体现。抗战电影的生成还深受国民政府对日立场和电影检查制度的影响。比如，《淞沪停战协定》签署后，国民党中宣部颁布禁止拍摄"关于战争及含有革命性之影片"的通令，"明星"的《上海二十四小时》被扣近一年，《战地历险记》被迫将影片中的"日军"改为"匪军"②；"天一"的《东北二女子》被迫停映修改；"艺华"的《中国海的怒潮》也被剪掉超过三分之一的内容③。

多种因素和社会力量的参与使"新兴电影"在电影社会学路径下体现出一致性的同时，也呈现出多线交织的冲突与繁杂。"新兴电影运动"结合当时中国社会历史语境，通过纲领宣言、理论译介与批评、创作实践等方式极大地改变了中国电影的原有风貌与格局，抗战电影正是在"新兴电影运动"中开始出现，并作为此运动的组成部分逐渐形成。尽管已经涌现了一大批呼吁民族救亡和抗战的影片，但是"抗日"或"抗战"表述

---

① 《中国无产阶级革命文学的新任务》，《文学导报》1931年第1卷第8期。
② 杜巧玲等：《中国抗战题材电影史略》，中国电影出版社2017年版，第11页。
③ 顾倩：《国民政府电影管理体制（1927—1937）》，中国广播电视出版社2010年版，第154页。

在电影中尚未明晰化。

二、"国防电影":一个"口号"的概念化与实践化

"国防电影"最初作为一个口号产生于"华北事变"后国内社会文化界积极呼吁反对日本侵略和拯救民族危亡的时代语境。该口号提出后不久,石凌鹤、王尘无、应云卫、郑伯奇、范烟桥、林予展、姚克等人就对其进行了解释和评述。在他们对这一口号的动机、性质、意义、功能、题材、现状等所进行的阐述中,这一口号逐渐规范化、概念化,具有了相对清晰的阶段性内涵与外延。这一概念化过程将"新兴电影"中的抗战表述进一步浓缩,形成了题材内容和功能指向的针对性规约。

"国防电影"产生于战时语境下日渐紧迫的民族救亡需要,其性质具有清晰的"抗日"指向,有着明确的时间性和行动性,其目的在于抗战动员。在石凌鹤看来,由于日益严峻的民族危亡形势以及深入人心的抗日民族统一战线,"国防电影"已经成为彼时中国电影"最明确的课题"①。王尘无认为"以'九·一八'开始的新的民族危机,发展到了现在,使我们不能不在'一切都归抗×的'这一前提下提出'国防电影'的口号"②。此时,"国防电影"的内涵与外延在石凌鹤、王尘无、应云卫等人的批评阐释中渐趋清晰。他们既认为"国防电影"不应该仅局限于义勇军抗战、军备、边防、军事训练等方面,又提出"凡是现实主义的电影都是国防电影"。这种界定过宽,容易削弱"国防电影"的特殊性。这种特殊性意味着"反帝"必须指向日本法西斯主义,"反封建"则需要与汉奸、卖国贼相联系。尽管受制于舆论环境,他们在表述中对"抗日"或"抗战"等术语的使用非常克制,甚至有意规避,但是毫无疑问,他们所阐述的"国防电影"就是抗战电影,有着明确的时间性和行动性。姚克提出,应该对"国防电影"与笼统的"反帝、反封建的电影"进行区分,认为"目前提出的国防电影应该就是抗×电影"③。这些阐述意味着"国防电影"从一个口号渐次转变为理论化的概念,预示着一个更为集中化、实践化阶段的到来。

随后,经由"国防电影之建立"(1938)和"中国电影的路线问题"(1940)两次集中的理论探讨,以及具体的生产、放映实践,抗战电影的文本形态与概念得以确立。此阶段,郑用之提出"抗建电影"这一概念,这是对抗战电影的回顾性总结与前瞻性拓展。具体而言,"抗建电影"既包括反侵略表述,也包括对"艰巨缔造之新中国的诞生"

---

① 凌鹤:《电影的国防动员》,《读书生活》1936年第4卷第9期。
② 尘无:《从"九一八"谈到"国防电影"》,《生活知识》1936年第2卷第9期。
③ 姚克:《我对于"国防电影"的意见》,《中流》1936年第1卷第1期。

的表现。郑用之将"抗建电影"的具体内容分为两部分。其中"抗战之部"主要针对日本法西斯主义侵略中国的策略及行动，伪政权、汉奸、卖国贼的行径，以及他们为中国人民带来的沉重灾难进行暴露、揭穿、说明、描写、解释和表现；针对前线将士、后方民众、各民族的联合御侮与抗争，历代民族英雄的伟大事迹等进行鼓励和宣扬。"建国之部"则重在民族美德、传统文化的发扬以及国家的建设等方面。这一概念在延续"国防电影"观念的同时，也注重"这伟大动作所引起的影响及效果"，意味着抗战电影已经不局限于"反侵略"，而具有了展望未来的视角①。

此阶段，中国电影涌现了一系列从题材内容到叙事形式均具有明确抗战与反侵略诉求的影片。随着中央电影摄影场（"中电"）、中国电影制片厂（"中制"）以及西北影业公司的南迁，战时官营电影体系基本确立。"中制"、"中电"除了摄制大量的抗战新闻片、纪录片、卡通片，还出品了《保卫我们的土地》(1938)、《八百壮士》(1938)、《东亚之光》(1940)、《胜利进行曲》(1941)、《长空万里》(1941)、《塞上风云》(1942)、《血溅樱花》(1945) 等抗战故事片。"孤岛"时期困留上海的爱国电影人通过寓言化、隐喻式的作品尽可能地呼应全民族抗战的要求，通过对民族历史文化的"现时化"，"从古人身上灌输以配合这大时代的新生命"②。《木兰从军》(1939)、《林冲雪夜歼仇记》(1939)、《费贞娥刺虎》(1939)、《岳飞尽忠报国》(1940)、《苏武牧羊》(1940)、《李香君》(1940)、《孔夫子》(1940) 等古装/历史片成为"孤岛"电影人有效表达抗战意识的途径。这些影片通过象征、隐喻等方式将特定的历史记忆召回银幕之上，实现一种"寓言化"抗战。共产党领导的敌后根据地在艰难的物质条件下通过电影记录抗战行动和军事建设。同时，在民族抗战语境下，香港地区也成为抗战电影生产与传播的重要阵地。"中制"与"中电"先后设立大地影片公司与新生影片公司，在夏衍、蔡楚生、司徒慧敏等电影人的主导、参与下摄制了《孤岛天堂》(1939)、《白云故乡》(1940)、《前程万里》(1941) 等影片。南洋影片公司、山月影片公司、爱国影片公司、大观声片有限公司等电影机构出品了《回祖国去》(1937)、《边防血泪》(1937)、《焦土抗战》(1937)、《烽火故乡》(1941) 等影片。在全民族抗战的呼声中，在抗日战争的外在历史驱力与电影人的主体自觉推动下，中国电影的社会学实践路径、文化使命与民族情感不断凝缩为具有针对性、工具性、面向性和时代性的"抗战主题"与功能指向。抗战电影承继"新兴电影运动"的电影表述倾向与精神价值，最终通过"国防电影"、"抗建电影"得到确立和普及。

---

① 郑用之：《抗建电影制作纲领》，《中国电影》1941 年第 1 卷第 1 期。
② 《〈木兰从军〉佳评集》，《新华画报》第 4 卷第 3 期。

在"国防电影"的概念化与实践化过程中,电影人明确声称电影的宣传和战斗功能。在这样一种主张下,抗战电影成为了与战时国家战略和民族救亡具有密切关联的"武器"和工具。这一时期对电影与战争关系的强调以及对"电影武器论"观念的强化既是电影人通过电影号召民众抗击日本法西斯的军事侵略,也是对日本侵略者通过电影进行文化殖民的有力回应。日本在沦陷区,尤其是长春、北京、上海等地,以投资、扶持、兼并等方式组建了一系列电影机构。对日本侵略者而言,如何使电影配合其军事侵略而发挥"宣抚"、"同化"的文化殖民效果成为他们关注的重心。"满映"第二任理事长甘粕正言曾指出,在战争情境中需要通过对电影"写实效果"的控制,尽可能地发挥其宣传鼓动功能,从而"使前线和敌后相结合"①。1938年6月10日,日本军方、电影人召开"日本电影的大陆政策及其动向座谈",集中讨论"有特殊目的的电影"如何实现"宣抚"作用以及日本电影在中国摄制、放映的扩张问题②。面对此种境况,如何使电影介入反侵略战争并发挥战斗宣传功能成为战时中国电影的重心。因此,此时期中国电影人对电影性质与功能的规划始终与抗日战争密切结合在一起,将电影比作"远程炮"、"机关枪",使其成为战时阶段中、日之间军事较量的另类方式。如同保罗·维利里奥(Paul Virilio)所阐述的:"真正的战争电影并不非要表现战争或哪一场战斗,原因在于,当电影有意于制造(技术的、心理的……)意外震撼的那一刻起,它在事实上就已经成了武器簿中的一种。"③但是,必须要廓清的是,抗战电影与日方的文化殖民电影存在根本差异。这种差异在当时国内电影人对"国防电影"的阐述中已经有明确的表达:"我们的国防不是侵略,所以我们的国防电影也不宣传任何侵略的思想。他和中国千万人民求生的事业密切地结合在一起,将发挥他特殊的作用于我们总的民族事业中。"④电影的宣传、战斗功能在侵略与反侵略的语境下具有截然不同的面向。

总之,此阶段,抗日民族统一战线的确立以及民族抗战的历史驱动力强烈要求电影发挥战时宣传、教育和动员作用,参与民族抗战的历史进程。"新兴电影运动"阶段电影中所呈现出来的浓烈的阶级立场与意识形态较量在全民族抗战的语境下得到弱化,"电影抗战"成为了1936年至抗战结束这一阶段中国电影的主导性、支配性文化逻辑。此概念及其统摄的电影作品序列与现象产生于抗日战争的特殊历史语境,以抗日战争作为题材内容和表现对象,以电影"用于抗战"作为直接的功能诉求。这意味着抗战电影对抗日战争的表述在一定程度上与抗战历史经验存在某种关系,其中必然会贯穿某种历史意

---

① [日]甘粕正彦:《战事与电影》,《电影画报》1942年第3卷第3期。
② 《日本电影的大陆政策及其动向座谈》,《文献》1938年第2卷第4期。
③ [法]保罗·维利里奥:《战争与电影》,孟晖译,南京大学出版社2011年版,第9页。
④ 未名:《论国防电影的题材和制作》,《明星》1936年第6卷第3期。

识与认知关联。

三、回溯、移位与重构中的抗战电影

战后初期，中国面临着从废墟中重建、从伤痛中恢复的艰难转型。遍布全国的通货膨胀、微妙的党派政治博弈、一触即发的内战阴云、政府官员的贪腐等社会状况转化为此阶段电影中的现实质感，通过电影回忆刚刚过去的抗日战争则成为对此种现实做出回应的重要方式。如同何非光所表示的："要求胜利和平的真正实现，乃非易事，须经多少人妻离子散，家破人亡，因此，欲保胜利之果，切宜回溯抗战的艰难，瞻望胜利的前程，以积极建设我们新的中国。"① 此阶段，内地摄制了《圣城记》（1946）、《忠义之家》（1946）、《八千里路云和月》（1947）、《松花江上》（1947）、《一江春水向东流》（1947）等一系列抗战电影。电影史往往从社会现实意义与现实主义风格的层面对这些影片进行阐发，然而我们不应忽视"抗战"的迫切现实诉求随着抗日战争的胜利得到弱化，内战的酝酿、爆发再一次使阶级斗争与意识形态较量成为抗战电影的表述重心。随着国民党政权的溃败以及中国共产党领导的新生政权的建立而逐渐发展起来的结构性、统合性力量，为概念和文本的使用带来了新因素。

1949 年后，内地抗战电影形成了新特点：在政治、经济和文化等方面的重建与整合中，"新兴电影"、"国防电影"、"战时中国电影"等概念及其意义指向被纳入"革命历史"书写范畴。此类电影的主导目的从"电影抗战"转变为"反映党的革命斗争"②。延续着这种记忆修辞，内地迎来了"十七年"期间抗战电影的崇高美学与政治偏向。在《吕梁英雄》（1950）、《鸡毛信》（1954）、《平原游击队》（1955）、《铁道游击队》（1956）、《柳堡的故事》（1957）、《回民支队》（1959）、《小兵张嘎》（1963）、《野火春风斗古城》（1963）、《地道战》（1965）等一系列影片中，形成了抗战电影与革命历史题材电影序列的互动、交叠。此阶段，内地抗战电影通过追述炮火纷飞的抗战记忆，使民族救亡的抗日主调经过调整后融入革命叙事的主导性逻辑，以正义/邪恶、胜利/失败、现代/传统、新/旧、进步/反动等二元对立模式，书写中国共产党领导的革命伟绩和人民

---

① 何非光：《关于〈芦花翻白燕子飞〉》，《诚报》1946 年 11 月 28 日。
② 在 1953 年 10 月 1 日发布的《1954—1957 年电影故事片主题、题材提示草案》中，抗战电影被归入"反映党的革命斗争的主题、题材提示"的范围序列，目的在于"通过塑造体现中国民族优秀品质的共产党员的令人难忘的鲜明形象，显示出中国共产党在各个革命时期的指导、组织、教育的作用和伟大的共产主义思想的力量，用我国历次伟大的革命斗争的英勇的伟大史诗，用共产党人的伟大理想和崇高品质教育千百万观众"。吴迪编：《中国电影研究资料：1949—1979》，文化艺术出版社 2006 年版，第 349 页。

战争的崇高历史。尽管抗日战争同时也是日本法西斯主义与军事侵略为中国人民带来深重的灾难和伤痛的历史，然而囿于意识形态、电影观念等多方面原因，在叙事逻辑和意义导向方面，抗战电影所集中展现的是抗日战争的"胜利史"与乐观激情。在革命叙事的主导性和支配性逻辑下，抗战电影有意地调整、改造和悬置战争期间的创伤经验，并通过对抗日战争的追述去完成新生政权合法性的印证。在这种回溯性的重构中，革命叙事话语在消减"电影抗战"这一抗战电影的原初含义的同时，也暂时遮蔽了抗战历史记忆中的许多关键议题，尤其是对抗日战争"正面战场"的表现以及对"南京大屠杀"、"慰安妇"等历史创伤的表现。

同时，台湾地区的电影"成为处于内战失败与政权瓦解阴影中的国民党政权进行文艺政策检讨的重要对象"①。海峡两岸的政治现实、台湾民众的社会心理、台湾的电影发展状况等因素使有关抗日战争及其历史的电影化实践不仅是电影的，更是历史的、政治的与文化的。一方面，台湾地区通过"旧片重映"达成在电影文本与历史经验层面的双重记忆展演②。这些影片的主要生产地上海与放映地台湾存在着空间与时间差异。这种差异不纯粹是影片时空坐标的变化，更是抗战电影及其观众所身置其中的由社会、政治、文化所构建的记忆场域的变化。影片中所呈现的两岸地理文化空间及其所展演的战争记忆，随着记忆主体的迁徙和记忆框架的移位经历了一个重塑过程。与冷战格局和起伏的国际政治密切相关，台湾地区在此阶段先后摄制了《天字第一号》（1964）、《扬子江风云》（1969）、《重庆一号》（1970）、《双枪王八妹》（1971）、《英烈千秋》（1974）、《八百壮士》（1975）、《笕桥英烈展》（1977）、《望春风》（1977）等一系列抗战影片。在这些影片中，对共产党政治与道德的双重负面化表述对应着彼时海峡两岸的历史政治现实。此阶段，大陆与台湾地区处于政治、经济、军事、文化相互对峙的状态，两地抗战记忆表述在割裂的历史话语表层之下潜藏着另类互动。在两地抗战记忆的跨地表述中，记忆的政治框架与国族框架相互碰撞，映照出彼此的抗战文化实践所显影或遮蔽的部分。

此阶段的香港电影在大陆与台湾地区对峙的历史语境下显得特别微妙。"在战后冷战格局的影响下，大陆、台湾、英美等多重意识形态交织，香港成为左右两派激战的阵地，

---

① 谢建华：《台湾电影与大陆电影关系史》，人民文学出版社2014年版，第51页。
② 此时期台湾地区的人才、资金、设备等制片条件匮乏，重映20世纪三四十年代内地和香港所摄制的影片成为了重要的市场补全策略，其中抗战电影占据重要比重。既有《马路天使》、《警魂歌》、《李香君》、《木兰从军》、《梁红玉》等战时抗战电影，也有《松花江上》、《民族的火花》、《鸡鸣早看天》、《八千里路云和月》等战后抗战电影作品。其中，《马路天使》更名为《何日君再来》，《胜利进行曲》更名为《长沙大会战》，《孔夫子》更名为《列国春秋》。有趣的是，考虑到"孤岛"抗战电影此时已经失去了抗战表述的"即时"语境，它们在台湾地区的重映更大程度上与台湾当局所倡导的"文化复兴"的记忆政治相关。

使这一时期的香港电影体现出深刻的冷战烙印。"① "长城"、"凤凰"、"新联"等影业公司与内地关联密切,而"大中华"、"永华"、"邵氏"等影业公司则靠拢台湾当局。于是,此阶段香港电影形成了"左"、"右"对立的两大阵营。在此,"抗战电影"概念在一个具有政治、党派差异性的文化地理空间中不断得到使用。

新时期以来,社会历史与学术语境再次发生变化,抗战电影以官方话语或民间话语的形式在电影创作实践和学术研究中得到"重写"。日本右翼势力否认、美化、歪曲侵略战争等一系列事件不断刺激和促使中国民众将抗战记忆拉回现实视野。国内官方和民间通过周年纪念、纪念碑、博物馆、文学艺术等方式不断强化抗战历史记忆。随着大陆与台湾地区政治局势的缓和以及历史意识、历史观念的调整,国民党的抗战再次回归内地抗战电影。另外,新时期改革带来的社会转型与文化消费促使电影在意识形态要求和市场利益的双重驱动下不断改写抗战电影传统,催生了更加多元化的话语表述与影像表现形态。

战后抗战电影的发展历程及其在此过程中的形态变迁始终与中国电影发展的社会生态密切相关。无论在内地,还是在港、台地区,抗战电影都通过对抗战历史记忆的选择、调整,通过不同的情节化模式将一系列散乱的历史记忆纳入有序化的讲述。这意味着抗战电影尽管需要依据一定的相关历史事件,但在叙述中遵循的是已经被概念化的文化阐述框架和解释规范。其中,那些被给定的历史记忆得以被编码或再编码,呈现为一种有意义的解释与认同导向。这种解释与认同导向在公共化的传播、接受中又不断重塑受众的抗战记忆。另外,此概念所涵盖的文本序列是敞开的,并且不断得到扩展。这种扩展既是文本数量的增加,也是文本叙事空间和题材内容的扩大与深化。就后者而言,随着历史视野、历史观念的调整与反思,抗战电影不仅呈现出较为多元化的影像风格,而且开始强化文化交流和历史反思的自觉性。抗战电影与社会语境的互动关联以及概念使用的重叠与差异体现了在不断变化的意义结构和评价模式下,抗战电影在历史表述与记忆重构中所扮演的角色和方式。

四、结语

在由切实的抗战历史事件向电影"抗战故事"的转变中,以及在以抗日战争及其历史作为背景的抗战电影中,关于抗日战争的电影与作为电影之对象的抗日战争统合在一起为受众建构起一个延伸的历史场景。抗战电影的"初始情境"与抗日战争的"电影情

---

① 黄瑞璐、袁忆瀛、史博公:《左右锋争与抗战电影——香港抗战电影侧论(1946—1979)》,《当代电影》2016 年第 5 期。

境"共同呈现了抗日战争可以被移交给大众的程度与方式。近年来,国家和社会对抗日战争的纪念仪式不断强化,抗战电影在建构和巩固民族认同与历史记忆方面的作用被不断提及,并被逐渐纳入全球性和跨文化交流语境。其中,抗战电影并非游离于历史的纯粹美学形式,其意义不仅体现于作为中国电影史的重要组成部分,更体现于再现与建构抗战记忆的功效。面对这一情境,回顾、审视和反思抗战电影传统,观照历史经验并发掘其在抗战历史记忆的塑造与延续中的文化功效,以及如何在新的条件下发挥跨文化生产力,构成了抗战电影研究的新的问题情境。在新的问题情境下,抗战电影阐释有赖于历史经验、当下诠释与未来导向的整体关联模式。在此,抗战电影既可以被理解为一个过程,即利用电影保存、传播、延续、解释抗日战争及其历史的过程;又可被理解为一个结果,即通过电影去调用、选择、编码抗日战争及其历史从而使其得以解释的产物。整体而言,抗战电影是在一个特定语境下生成与演变的文化形式,其核心特性与任务是在一个被给定的现实语境和文化框架下,通过对抗日战争及其历史的表述来展演和重构抗战历史记忆,从而实现由现在向未来有意义的声明和转变。在此种框架下,抗战电影可被理解为历史文化的一种特殊实践方式。

(作者单位:四川大学文学与新闻学院)

> 新视界

《新新新闻》中的"看电影"[①]
——报刊与现代文化生活方式的互动

操 慧 高 敏

> 电影院的拥挤,证明是文化确已进步,登封的阶段。看电影而不懂,或者懂而不肯看的人,可以说不是幼稚,便是老腐,也是说,不去上上电影院,简直不是现代化的人……
>
> ——摘自《新新新闻》[②]

20世纪初,电影登陆成都,它作为新鲜事物被报刊等媒介关注和引介,并通过多形式的报道和传播,激发起市民的好奇心,逐渐为市民了解和认知,进而使他们成为走入电影院看电影的"观众"。一时间,"看电影"不仅代表了一种新的文娱消费,也意味着一种现代文化生活方式的兴起。从报刊与电影的媒介属性及文化传播的功效来看,报刊对"电影"的呈现以及促发"看电影"这一媒介文化景观,为我们提供了考察报刊现代性与都市风尚,或曰报刊与现代文化生活方式互动的视角。基于此,本文以民国时期成都报刊《新新新闻》有关电影的呈现为分析对象,试图诠释这两类媒介在特定时空中的功能互补及文化互动,以此作为有关报刊现代性在都市文化生活方式形构与演进中的一种文化考察。

[①] 本文系国家社会科学基金项目"媒介融合背景下我国新型主流媒体的竞争力构建与评价研究"(16BXW024)的阶段性成果。
[②] 《再谈电影院的拥挤》,《新新新闻》1942年6月2日,第8版。

一、"看电影":两类媒介互动共构的媒介文化景观

1895年在巴黎咖啡馆首次放映的电影,在近代西风东渐的浪潮中,于1896年最先被带入中国城市现代转型的"桥头堡"——上海①。它被引入偏安西南一隅的内陆城市——成都则在20世纪初。起初,电影在成都这座城市并未得到大范围普及,大多是在茶园、戏园兼映②。直到成都第一家电影院——新明电影院创立,电影才开始为更多成都市民知晓与接受。此后,成都出现了诸如智育、蜀一、国民、蓉光、大华等电影院。这些影院均可容纳1000人以上,其中,蓉光的容纳量高达1500人以上,若以日均两场的放映量以及50%的上座率计算,去掉寒暑假停映的两个月,年均观影人数达200万人次,这个观影数量是成都人口的倍数③。由此可见,电影在成都这座走向现代化的城市中拥有深厚的市民基础与文化氛围。早期,成都电影院播放的电影均为无声影片,至1930年,才逐渐开始放映有声影片④。有声影片的出现是科学技术进步的必然结果,这也为电影进一步走向大众化奠定了基础。成都城市电影院数量以及容纳人数的不断增长,见证了电影产业在成都的"蒸蒸日上"以及电影艺术在成都的大众化演进。可以推测的是,从20世纪30年代以后,"看电影"逐渐成为一句"摩登的口号",一种新的城市生活风尚。其时,它已日渐走进成都市民的日常生活并且获得了一定的"可见性"。

当我们将这种"看电影"的热潮放置于现代出版系统加以审视时,不难发现,电影在成都走向大众化、日常化的过程中与现代报刊存在着某种紧密的文化关联与互动。假若缺失了现代报刊不遗余力的引介与呈现,倘若失去了铺天盖地的报刊广告的宣传,"看电影"这种文化气候与文娱风尚将难以在成都城市空间中得到迅速普及与扩散。换言之,电影之所以能够风行于成都,除了人们日益增长的视听观看的文化需求的驱动,还包括现代报刊日复一日地通过文化报道与文化消费所带动的启蒙。在此意义上,"看电影"便被赋予了双重含义。一方面,作为"舶来品"的电影艺术在成都城市的落地与生根,是一个具有新闻价值的新生事物,媒体对它的报道责无旁贷。此即"看电影"作为新闻的价值所在。另一方面,透过媒体报道的引介和助推,"看电影"成为可以有效满足市民文化娱乐需求的风尚和仪式;这就让电影这一视听媒介融入新的生活方式并能够构建其"看"的多种社会文化意义所在。而这两重含义使"看电影"具有了媒介引导之维与市民文化参与之维的消费自觉,令"电影"在城市社会中得以保持可以互动的"可见

---

① 李少白主编:《中国电影史》,高等教育出版社2006年版,第8-9页。
② 何一民:《成都通史(民国时期)》,四川人民出版社2011年版,第498-499页。
③ 何一民:《成都通史(民国时期)》,四川人民出版社2011年版,第10-12页。
④ 成都市文化局、成都市电影发行放映公司编:《成都电影志》,2000年,第2页。

度",这比有限的亲身实践与间歇性的文化参与,在城市市民中获得的"能见度"更高①。这体现了媒体在文化传播和现代风尚引领中的独到功用。

从电影作为新闻被报道的媒介现象来理解,电影不仅提供了客观观看的文化内容和新的观看方式,还是一种融入人与城的社会文化互动中的新型的媒介文化的生发。民国时期,作为"新事物"的电影与"求新求变"的报刊媒介在成都这座城市中互动"相遇",并试图借助报刊媒介广阔的社会网络,将自身推向城市生活的"前台",从而助推一种新的城市生活风尚的形成。在此过程中,电影也孕育着报刊媒介对城市文化现代转型的推动。具体而言,报刊媒介对电影的"可体验"呈现,激发出成都市民对电影的消费与感知的表达,进而培育了他们独特的文化想象力。其间,"读报者"可能转化为"观影者"(《新新新闻》中所言的"观客"),但这两类媒介文化的对象都是市民,三种身份可能构建新的文化身份与共享新型的文化融合。这就导致了媒介技术和文化混合的拼贴性所造就的"看电影",既代表了一种新型与新兴的媒介文化,还意味着这一媒介文化是包含着看自己、看生活、看艺术等社会文化生活方式及其文化参与仪式。与此同时,从媒介传播功能的覆盖空间拓展上看,现代报刊的介入,也使电影与城市的互动,表现为实体空间与虚拟空间并存的融合。因而,媒介对于电影的"观看"与审视,既嵌置于信息构筑的虚拟空间,又被纳入人城交互的实体空间。这种新形态的融合空间将媒介、电影与城市有机凝聚,从而组接为以往所不曾具备的媒介文化生产的动力机制,它合力包容着成都城市文化的多样性,同时也将此熔炼成与时俱进的现代文化生活方式。

无论是对电影形式还是内容的报道,其本身都是都市新兴文化的反映与传播;从报刊与电影这两类媒体的互动与互助角度看,它们作为媒体间的交错,又在客观上实现了文化传播与文化构建的循环共享,即:报刊对"电影"和"看电影"的报道成为社会生活媒介化驱动文化生活影像化的文化生产的现代化必然。依循这样的认知逻辑,本文试图解读成都报刊中的"看电影",以此探讨报刊媒介与城市文化现代性的动因及关联。

二、《新新新闻》对"电影"的媒介呈现

《新新新闻》创办于1929年9月1日,是近代成都地区出版时间最长、经济效益最好、影响面较广的"民营报纸"②,主要面向都市人群发行,发行范围"以成都为中心,

---

① 卞冬磊:《"可见的"共同体:报纸与民族国家的另一种叙述》,《国际新闻界》2017年第12期,第37页。
② 流沙河:《〈成都旧闻〉序言》,《巴蜀史志》2004年第2期,第56页。

以四川为主要发行地区"①。《新新新闻》的发刊词说道:"我们带着民众的声浪,奏起进行的歌曲,以催促此新中国、新社会、新生活的降临。"②"新中国、新社会、新生活"作为这份扎根于成都的地方报刊的愿景,既与"新新新闻"的报名相互呼应,又昭示着该报以"新"作为价值追求的定位及深刻涵义。选择《新新新闻》的"电影报道"作为个案考察其报城互动的现代性演进,既是出于它在近代成都报业史上持续出版20年的突出业绩,也是基于《新新新闻》作为"社会公物"的办报宗旨显示出其具有深广的民意基础和媒介认同,此外,还得益于它丰富多样的电影内容呈现。本文以"电影"为标题关键词在"四川大学图书馆新新新闻共享平台"③ 上共检索出3030条报道,包括新闻(包含评论)、广告以及副刊这三种截然不同的文本体裁,展现了不同面向的电影内容与文化风尚,使我们能够以此为研究参照,深入解析这份报刊"观看"成都电影的叙事策略及其媒体的文化取径。

(一) 新闻关注电影事业发展

新闻之"新",除了强调时间之新,还包括内容之新。《新新新闻》对于"新"之阐释,以"新中国、新社会、新生活"作为宏观愿景,本质上内蕴着"求新"的价值追求以及通往现代社会的渴望。电影虽是"舶来品",但被引入中国城市,"非但是娱乐品,并且有艺术上的真义,辅助社会教育的利器。所以智识阶级中人首先欢迎"④。随着电影事业的发展,电影开始从智识阶级扩散到普通市民,并逐步变成一种"大众"艺术,随之伴生的,是吸引了越来越多的报刊媒介关注和报道。这里的新闻,既包括《新新新闻》上的一般新闻报道,也涵盖具有新闻性的评论文章,以此区别于作为非新闻性内容的广告与副刊。

约定俗成的新闻界定中,其时新性决定了它对电影的呈现更为突出动态性与事件性,表现在新闻报道中即为:报道内容多为成都电影事业的新近动态、重要事件、建设现状、政策方针等。它们记录并见证着电影被成都市民、成都政府以及成都社会接受的复杂过程。

《新新新闻》上的一部分新闻报道直接反映了电影在成都这座城市中的风行,尽管它还未真正成为人们娱乐休闲的主流,但已成为人们消遣放松的一个新选择。如1948年的一篇报道关注少城公园、中正公园体育场放映露天电影的盛况,其中提到"民众前往

---

① 王伊洛:《〈新新新闻〉报史研究》,巴蜀书社2008年版,第89页。
② 陈祖武:《成都〈新新新闻〉始末亲历》,《新闻研究资料》1982年第15辑,第165页。
③ "四川大学图书馆新新新闻共享平台"收集了《新新新闻》的大量报道,时间覆盖1930—1950年。
④ 王定九:《上海门径》,中央书店1932年版,第14页。

观览者约万余人,情绪甚为热烈,一般市民甚望真能经常在蓉公开放映"①;而早在1932年的一篇报道称:由于电影院、戏园每逢酷暑之时都会放假数周,停止营业,为了顾及市民的日常娱乐,兴某等人在少城公园组织露天影院,专映夜场②。可见,从20世纪30年代开始,"看电影"便已成为一部分成都人热衷的娱乐休闲选择。

《新新新闻》中的大部分报道则聚焦于社会当局对于电影事业的建设与管理。这种聚焦既是一种媒介呈现,更是一种媒介助力,它以新闻报道"潜在而间接的社会力量"③配合着权力当局的建设与整治行动,推动了电影事业的发展。如《新新新闻》曾关注过成都大同电影学校的建设情况④,也曾报道教育电影协会以及教育电影蓉分会的成立⑤,还曾关注成都县在乡村放映巡回电影的景况⑥……这些报道呈现了作为社会事业的电影在成都城市的发展;又如《新新新闻》曾刊文报道陈立夫畅谈国产影片仍间有忽略时代与民族性的问题,其中提到"中国电影事业,较之往年,进展极为迅速,而观众欢迎国产影片,亦极热烈……不过从事影业之商人,仍间有不能认识国产影片,所应采取之途径,而忽略时代民族性之要求"⑦。类似报道包括非常时期省府对浪漫腐化等影片的取缔⑧、警局禁止买卖电影废胶片⑨、省府处罚违法电影商人⑩……这些报道反映了权力当局对电影事业的管理,一定程度上对电影事业的发展失范起到了规训与警示作用。

《新新新闻》的电影报道,还涉及相关评论文章。其特色"短评"中最有名的栏目为"老实话"(后更名为"小铁锤")与"七嘴八舌"(后更名为"大众园地")⑪,它们以针砭时弊、抨击时事著称,迎合"对现实不满的市民口味"⑫。它们曾多次刊文审视成都电影事业所存在的问题。如"七嘴八舌"栏目批评学生沉溺于外国电影、出没于娱乐

---

① 《公园放映电影 万余市民参观》,《新新新闻》1948年8月9日,第10版。
② 《露天电影 暑假期内开始营业》,《新新新闻》1932年6月21日,第10版。
③ [美]迈克尔·舒德森:《新闻的力量》,刘艺娉译,华夏出版社2011年版,第3页。
④ 《大同电影校 日内将广告招生 万籁天任校长》,《新新新闻》1933年11月1日,第10版。
⑤ 《教育电影协会 七月八日成立》,《新新新闻》1932年6月30日,第3版;《教育电影协会蓉分会将成立》,《新新新闻》1944年5月25日,第8版。
⑥ 《成都县在乡村 放巡回电影 派刘仲思等讲解》,《新新新闻》1938年1月13日,第9版;《看巡回电影 边人感兴趣》,《新新新闻》1938年1月20日,第5版。
⑦ 《陈立夫前日畅谈电影 国产影片仍间有忽略时代与民族性》,《新新新闻》1934年2月9日,版面不详。
⑧ 《行政院指定规程检查非常时期电影 取缔非战利敌浪漫腐化等影片省府转令所属知照》,《新新新闻》1938年7月18日,第10版。
⑨ 《电影胶废片 警局禁止买卖》,《新新新闻》1946年1月15日,第9版。
⑩ 《处分违法电影商人 政院颁布三项办法 川省府饬应遵照处分违法电影商人》,《新新新闻》1942年4月27日,第7版。
⑪ 王伊洛:《〈新新新闻〉报史研究》,巴蜀书社2008年版,第172—174页。
⑫ 成都市地方志编纂委员会编纂:《成都市志·报业志》,四川辞书出版社2000年版,第27页。

场所的不良学风①，还以"电影院要修得坚固"为题披露中山公园一平民电影院建筑草率不达标的问题②。"大众园地"刊出《电影院种种》③，揭示电影院存在的玻片广告数量违规、休闲时间不稳定、影院内吸烟导致空气差等问题，实际走访、调研影院的不文明、不规范行为；1947 年刊出的《蓉市电影院掠影》指出电影院拥挤、男女在影院中不注意形象、电影票价高昂等问题④……这些评论为我们观察成都电影百态提供了生动的资料。新闻媒体的"发声"表层来看关注的是电影事业，实则已经触及对城市空间、城市生活以及城市人的现代转型的讨论。

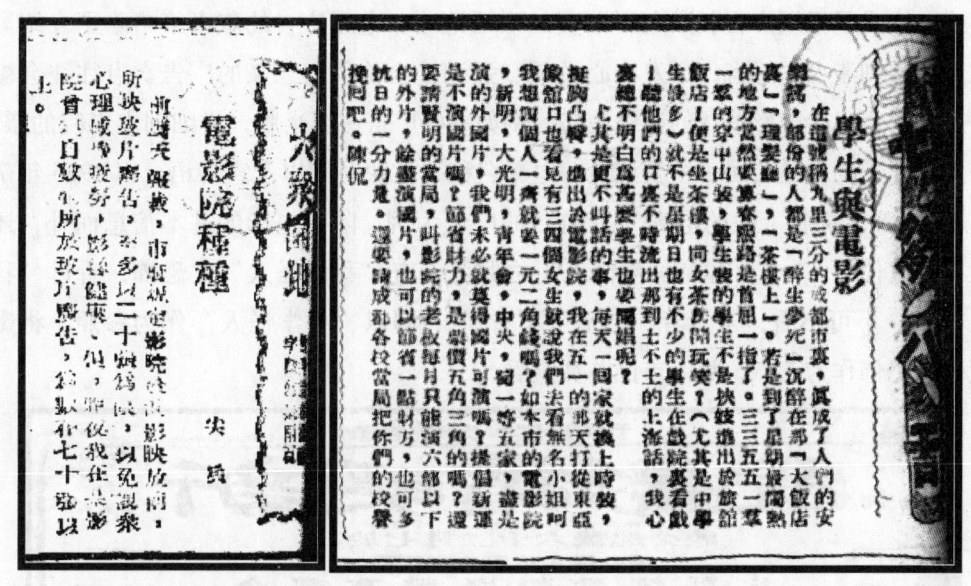

图1：《新新新闻》"大众园地"、"七嘴八舌"栏目有关电影的评论文章

（二）广告刺激电影消费

电影自 20 世纪引入近代成都伊始，只是在茶园、戏园兼映。而电影院的出现将电影这一之前还是小众的艺术向大众的艺术推进，主要的推动力量即为商业运作体系。仅靠观影市民以及影院自身的"口口相传"，电影很难刻上"大众"的烙印。因此，为了吸引更多的电影观众，一切能够利用的介质都成了电影的广告媒介。在诸如海报、宣传画、霓虹灯、店招牌、报刊等广告手段中，具有广泛社会影响力且持续出版的大众媒介——报刊，脱颖而出，成为辅助电影走向市民日常生活的"利器"。翻开《新新新闻》的广告版面，电影广告几乎无处不在，它是电影院影片海报的延伸，是报刊媒介在商家与市

---

① 《学生与电影》，《新新新闻》1938 年 5 月 16 日，第 8 版。
② 《电影院要修得坚固》，《新新新闻》1938 年 8 月 20 日，第 8 版。
③ 《电影院种种》，《新新新闻》1946 年 3 月 10 日，第 10 版。
④ 《蓉市电影院掠影》，《新新新闻》1947 年 2 月 13 日，第 10 版。

民间搭建的"商品橱窗"。一方面,商家向报社支付费用,影片信息便可在"橱窗"中予以展览;另一方面,人们通过阅读报纸的电影广告,即可在电影世界中尽情体验、参考决策。

《新新新闻》所刊载的电影广告形式多样,内容丰富。当时,成都的宜昌、光明、智育、新明、民众等电影院是《新新新闻》的重要广告主。它们的电影预告或集纳在"电影广告"专栏,简要预报各大电影院正在放映与即将放映的影片名称、放映时间,为观众的选择提供"橱窗式"的影片布展。"商品橱窗"内部所摆放的商品位置、内容及形式,构成了报纸广告刺激电影消费的话语策略。电影广告的叙事策略除了介绍影片信息,那些刺激人们感官、激发内心欲望、强调社会价值与意义的广告卖点往往会被提炼出来,作为引导电影消费的话语策略。例如一些广告占据半版,详细列出影院的票价、即将上映片子的出品公司、主要演员、电影名称、放映时间以及宣传语。以1936年7月"新明电影院"即将上映的电影《黑猫》的广告为例,除了电影的基本信息而外,还打出这样的宣传语:"本片有'科学怪人'之紧张,有'科学怪人'之恐怖,看过'科学怪人'者,不可不看,未看者,更不可不看。"① 即以"科学怪人"作为参照,将影片的紧张、恐怖作为卖点,吸引市民前往观看。

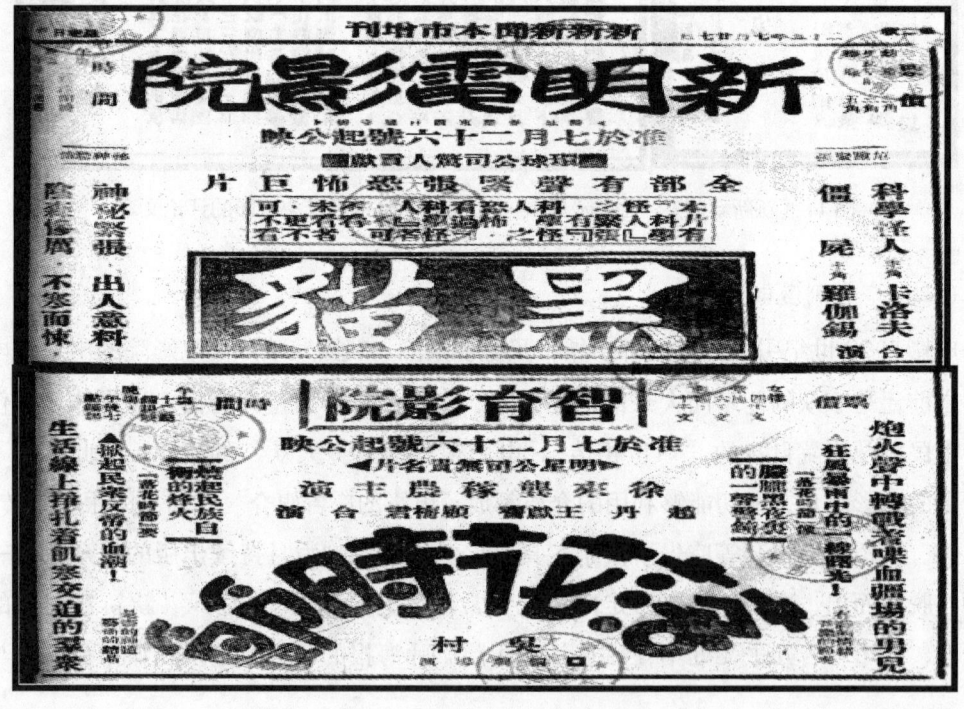

图2:《新新新闻》的电影广告

---

① 《新明电影院 黑猫》,《新新新闻》1936年7月27日,版面不详。

纵览《新新新闻》的电影报道可以发现，20世纪30年代，电影在《新新新闻》中多以"广告"的形式"现身"，其呈现数量高于同期"新闻"文本的数量，但到了20世纪40年代，"新闻"文本所占比例有所上升，"广告"文本所占比例相对有所下降。这是一个值得关注的现象。20世纪30年代电影广告的大量出现意味着电影这一新式娱乐，需要借助报刊媒介"广而告之"，它在等待更多市民观看与消费。同时，这也折射出电影事业在成都的"蒸蒸日上"。而20世纪40年代，电影广告所占比重的下降并不意味着电影这一休闲娱乐方式在成都的"退热"。电影内容在《新新新闻》的总量渐增以及新闻、副刊文本对电影的多元化呈现显示：电影较之于30年代，获得了更为广泛且多元的媒介呈现。可以从中预测的是，日复一日的电影广告使电影逐渐深入市民的日常生活，吸引着越来越多的市民走进电影院"看电影"。由此，媒介的"观看"与市民的"观看"形成了报端内外的互动，前者借助一定的话语策略将"看电影"与现代体验有机关联，为后者的观看提供信息服务指南且建构起作为现代文化生活方式的意义。

（三）副刊普及电影知识

副刊主要"刊载文艺性、知识性、学术性文章"①，它是报刊的有机组成，能够有效满足读者的文化需求，同时也可以为人们求知、学习提供包罗万象且生动有趣的媒介园地。这也印证了近代报刊首先是作为一种"新知"被人们接触、认识和使用的过程，同时也彰显出报刊引介新知、启发民智以及填补"夷夏"沟壑的重要功用②。《新新新闻》对电影的呈现，在副刊文本中，主要是以普及电影知识、介绍电影艺术以及讨论电影功用为主要内容，即通过报刊传播电影"新知"，深化人们对电影的认识，为电影艺术在成都市民中的普及、认同创造文化氛围。在此过程中，副刊也从电影这一日常生活的常见现象入手，阐释科学的意义，传播科学的理念和知识③。

自1930年有声电影引入成都影院后，《新新新闻》的"社会常识"副刊曾刊登数篇文章介绍"有声电影"的科学原理。如1932年，"社会常识"副刊中一篇题为《有声电影原理》的文章为人们详细科普了有声电影的物理原理④；1935年，再次刊文介绍电影成像、电影发声的原理与装置⑤。这些报道虽内容大同小异，但它试图引导民众站在科学立场审视电影这一"新事物"，从人们感兴趣的日常生活现象发问，并解疑释惑，具有一定的科普作用和文化生活方式的启蒙作用。

---

① 《辞海》，上海辞书出版社1999年版，第535页。
② 黄旦：《媒介就是知识：中国现代报刊思想的源起》，《学术月刊》2011年第12期，第139页。
③ 李文健：《记忆与想象：近代媒体的都市叙事》，南开大学出版社2015年版，第69-71页。
④ 《有声电影原理》，《新新新闻》1932年4月6日，第11版。
⑤ 《关于有声电影原理》，《新新新闻》1935年4月10日，第14版。

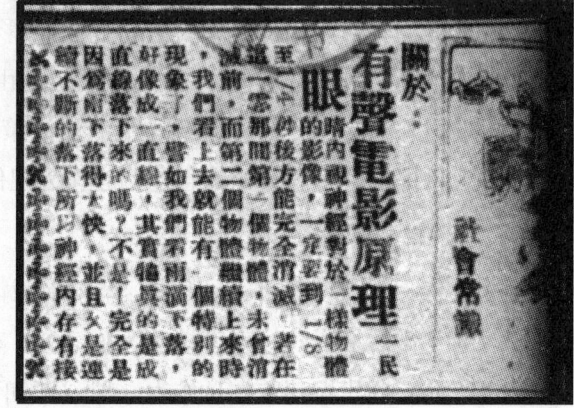

图3：《新新新闻》"社会常识"副刊关于有声电影的科普文章

电影深入到市民的日常生活中，多数情况下被人们视作一种日常娱乐消遣的方式，但在本质上，电影是一种现代视听艺术。《新新新闻》的"社会常识"副刊曾刊文尝试对电影艺术做出理论阐释：

> 电影能替代听觉与视觉，产生唯一的感觉。电影是具有通俗性的，所以能够普及和一般的成功，如果说这于电影的力及其意义，也是可以的。电影要它成为真正的艺术，必得盖上"大众的"烙印，而电影最特长的一点，就是易于使观客注意和易于使观客理解，因此，也就不妨如此地说，电影是最经济的大众艺术。电影艺术的开端是在组织观客的注意力，而努力于最初的意识，这样的结果，可以重新构成新的电影形式，切切实实的出发……①

以上内容涉及电影艺术的媒介特征、艺术属性以及运作技巧等，展现出作者对电影艺术的深刻认知，也为人们进一步深入理解电影艺术提供了知识园地。《新新新闻》"中

---

① 《关于电影》，《新新新闻》1933年11月7日，第14版。

学生"专刊的一篇文章则聚焦于电影的社会功用,其中谈到电影既是一种娱乐,还具有辅助教育的功用。通过看电影,人们获取社会常识以弥补教育不足的缺憾。当然,作者对电影的社会教育功用也做出了辩证的理解,指出电影对于社会有利有害,希望社会当局对于影片首先要严加甄别,然后再公开放映①。如"中学生"副刊的另一篇文章中同样关注了电影辅助教育的社会功效,有所不同的是,该文是以"媒介批评"的角度审视成都影片放映水平参差不齐的问题,并呼吁放映更多有社会价值的影片②。这些副刊文章指出了电影作为民众教育工具的特殊功用,又以媒介知识的形式将其扩散至更广泛的社会群体,开启公众对于电影的深思。

值得注意的是,《新新新闻》中一篇题为"说看电影"的文章谈道:"最好在未看电影之前,翻翻报纸期刊上的影评,参考一下影评作者的意见。"③ 可见,报刊所刊载的电影评论业已成为人们观影的重要参考,进而言之,即报刊媒介与观影活动之间已经展开了文化上的交流与互动。写影评与看影评,作为电影文化扎根成都的媒介文化表征,以相异的文化参与方式共同助推着一种现代文化生活方式在成都的兴起。

三、"看电影"与现代文化生活方式的建构

《新新新闻》对电影的媒介呈现显示:现代报刊辅助了电影作为一种新兴都市生活方式的生成,在此过程中,电影也依托报刊媒介日常化、嵌入式的文化传播网络,逐渐融入并走向成都市民文化生活的"前台"。正如沃尔特·李普曼(Walter Lippmann)所言,新闻就像是探照灯光束,把一个事物从暗处摆到了明处,再去照另一个,人们不可能仅凭这样的光束去照亮整个世界④。尽管报刊媒介的影响是"间接而潜在的",是有限的,然而,这本是人类的缺陷,观看普遍的全景几乎是不可能的。现代报刊努力地通过每日的点滴记录,试图连点成线,为我们勾勒出报刊、电影与成都城市互动互审的"素描"⑤。

数量繁多的影院广告映现出成都市民对电影日渐增长的文化需求,同时也凸显了报刊广告刺激市民电影消费的文化功用。报纸连续并重复刊登电影广告本身即构成了成都

---

① 《电影与社会教育之关系》,《新新新闻》1937年3月18日,第11版。
② 《谈电影》,《新新新闻》1938年9月9日,第11版。
③ 《说看电影》,《新新新闻》1948年12月1日,第2版。
④ [美]沃尔特·李普曼:《公众舆论》,阎克文、江红译,上海世纪出版集团2006年版,第259页。
⑤ 卞冬磊:《"可见的"共同体:报纸与民族国家的另一种叙述》,《国际新闻界》2017年第12期,第47页。

消费文化兴起与发展的重要部分，它鼓励人们走进电影院，体验摩登的生活，做一个现代化的市民。这也构成了文化生活影像化的现代化动力。换言之，"看电影"被置入资本主义消费文化的语境中，作为成都城市卷入资本主义世界市场的标志；借助"看电影即摩登"的日常话语生产，引导人们进行电影消费。1942年《新新新闻》的一篇报道称："看电影而不懂，或者懂而不肯看的人，可以说，不是幼稚，便是老实，也是说，不去上上电影院，简直不是现代化的人……"① 在作者看来，不看电影这种想法是"幼稚"、"老实"和"不现代"的。言下之意即为，看电影意味着一种现代化生活方式和文娱方式，不看电影则是一种落伍。可见，报刊媒介在反复的广告信息传递、策略性的话语表达中将电影与现代生活方式进行了连接，既确立了"看电影"这一都市文化行为的正当性与合法性，又推动了"看电影"作为一种现代生活方式的生成、接受及认同。

现代报刊对作为新式城市公共空间的电影院的高频关注，同样折射出电影在成都市民生活中的日渐普及。一部分市民在报刊媒介的感召下走进电影院，在观看影片之时也同步审视电影院这个城市公共空间。其中，"如何在电影院举措"作为一种新的社会礼仪之线索②，是《新新新闻》常常讨论的议题。如一些报道反复批评成都电影院中与现代城市形象格格不入的不文明、有伤风化的失范行为。在此，报刊媒介作为公众舆论的代言，反映及表达了人们对于一个秩序化、文明化的成都的渴望。与此同时，城市公共空间的文明与秩序也被纳入报刊媒介加以反复讨论，这在一定程度上重塑了人们对于一个现代城市公共空间的想象与深思，即通过反复聚焦于电影院空间的社会举措等问题，不断向成都市民引入和倡导文明的观念以及文明的生活方式。

前述所示，《新新新闻》在其创办的20余年间开辟了可观的版面空间对成都电影予以关注，这为我们审视电影在成都城市中所扮演的社会角色及其所具有的文化功能演进提供了可能。电影被引介到成都城市之初，主要是市民娱乐消遣的工具。当它被放置于近代成都的特定时空语境时，在角色功能上则出现了本土化的调适。首先是在抗战时期，电影捍卫国家、捍卫民族的特殊功用随之被开掘，作为增益民族士气、激发人民斗志的有效工具。《新新新闻》曾在抗战期间刊载多篇报道呼吁成都电影注重时代性，增强民族性。署名为"子丘八"的市民曾向"七嘴八舌"栏目来稿，倡议在川军出川训练之前向士兵播放有关抗战的影片以增其同仇敌忾的心理③。《新新新闻》对这一来稿的刊载表明，在川军出川的时代背景下，电影与报刊媒介的有效联结，推动了成都市民对于"民

---

① 《再谈电影院的拥挤》，《新新新闻》1942年6月2日，第8版。
② [美]李欧梵：《上海摩登：一种新都市文化在中国1930—1945》，毛尖译，生活·读书·新知三联书店2008年版，第85页。
③ 《要看电影》，《新新新闻》1938年5月5日，第8版。

族共同体"的想象。这一文化实践揭示出报刊媒介与电影艺术在城市历史洪流中的社会担当。

《新新新闻》的"社会常识"副刊,顾名思义,致力于传播社会常识,增益人民智识。其中许多文章往往从人们日常生活中的科学现象出发,阐释这些现象背后的科学原理,旨在引导市民以科学的思维认知世界,填补其时社会基础教育的不足。"看电影"作为一种日常生活现象,亦受到了"社会常识"副刊的多次关注。例如刊文解释电影成像发声的物理原理①,科普为什么人们会在看了电影以后出现眼痛的症状②。这些电影知识的普及既回应了市民的日常困惑,又增加了市民的科学素养。除此之外,"社会常识"副刊还曾刊文讨论如何欣赏电影艺术,批评那种单纯以明星作为影片看点的选片标准,呼吁人们关注电影的艺术价值,引导市民站在艺术审美的高度欣赏电影③。综上可见,报刊媒介在知识的引介中,试图传播一种科学的思维方式,并且有意识地培育市民对电影的艺术感知、对生活的诗意想象,由此体现报刊与市民思想观念现代转型的深层互动。

不容忽略的是,《新新新闻》中有关"电影"的呈现,除了传播其正面积极的作用,也有对电影融入成都公共生活的过程中的批评与反思。例如有报道批评电影对市民意志、抗战斗志的消磨④,抨击影院中的不文明行为⑤,批判电影院老板为了利益而不顾影片的社会效益⑥,反思成都电影院的"西洋化"倾向⑦……诚如一名到都市求学的知识青年的游记所提到的,他试图通过"看电影"融入城市生活,最后却厌倦了电影与都市生活,陷入人生的焦虑与迷茫之中⑧。有关电影的媒介批评在《新新新闻》的汇聚,体现了报刊媒介作为一个在当时可以"众声喧哗"的"容器",对成都电影百态的描摹与反思。实际上,这些报道也从侧面反映了电影在成都的风行,以及作为一种生活方式所遭遇到的多维碰撞,并在与时俱进中走近大众。这座城市的文化经验、文化想象、文化适应都以"看电影"的报城双重互视积累现代性,并引导文明。

本文以《新新新闻》的电影报道、广告传播、副刊知识介绍为例,分析了走向现代

---

① 《谈有声电影的发声原理》,《新新新闻》1936年6月21日,第14版。
② 《看了电影为什么眼痛》,《新新新闻》1933年10月16日,第14版。
③ 《电影应如何看法》,《新新新闻》1936年3月23日,第14版;《电影欣赏学》,《新新新闻》1949年7月30日,第2版。
④ 《电影应该停业》,《新新新闻》1939年11月7日,第8版。
⑤ 《电影院种种》,《新新新闻》1946年3月18日,第10版。
⑥ 《谈电影》,《新新新闻》1938年9月9日,第11版。
⑦ 《谈电影》,《新新新闻》1939年12月25日,第8版。
⑧ 《到花会去》,《新新新闻》1932年4月5日,版面不详。

的报刊与城市文化生活方式的互动。成都报刊通过报道电影，将成都市民引入了一个新的媒介世界。他们在"读报纸"与"看电影"的文化实践中循环往复，在"看"与"被看"之中既满足了精神层面的文化需求，又不断从中接收到新的价值观念，实现思想、行为层面的现代启蒙与渐进转变。这种转变发生于持续性的媒介生产与媒介接触，逐步渗透到人们的日常生活与社会交往之中，充实人们的精神生活，推动人们对于文明、进步、创新等观念的体认与追求，从而将"看电影"引向一种现代文化生活方式的构建，构成了近代成都城市早期现代性演进的一个重要侧面。

恰如钱穆先生所言："历史上之所谓'过去'，它并未真过去；历史上之所谓'未来'，它早已到来。"① 一座城市的历史时间，亦有它一种"绵延性"与凝然常在的"特殊性"。当下之成都，被誉为"具有标本意义的生活之城"②，其"标本意义"内含着迈向现代大都市的基础和趋势。在此节点回溯20世纪上半叶的成都之文化变迁，或许《新新新闻》中的"看电影"可以让我们从中立体且深刻地理解文化现代性的有效推动与报城互动的共构机理。所谓"看电影"，确实也让我们可以生动地看到生活、触摸艺术、观照自身，这可视作社会文化生活方式的现代性归旨与媒介文化的作用表征。

（作者单位：四川大学文学与新闻学院）

---

① 钱穆：《中国历史精神》，九州出版社2011年版，第8页。
② 费成鸿：《塑造成都城市品牌 2017城市品牌传播论坛今日举行》，《成都商报》2018年8月29日。

| 新视界 |

日本文人眼中的近代成都[①]
——以东亚同文书院大旅行记为中心

寇淑婷

近代以降,尤其是 1895 年《马关条约》将"四川省重庆府"列为通商口岸以来,日本势力逐渐向四川渗透,作为千年古都的成都,自然成为日本文人关注的焦点。在入川的诸多日本势力中,东亚同文书院是一支强劲的力量。

1901 年,东亚同文书院成立于中国上海,承袭了其前身 19 世纪 80 年代汉口乐善堂和 90 年代上海日清贸易研究所的传统,以培养服务日本"大陆政策"的"中国通"为目的,十分重视对中国社会状况的实地踏查。自创办之初开始,东亚同文书院学生组成不同的调查团,通过获得中国政府颁发的许可证,到中国各地进行为期三个月到半年的旅行,在旅行中记录各地的经济、政治、文化、社会、风俗等实态,并最终将这些旅行见闻整理成旅行报告书,称为"大旅行记"。这些大旅行记虽然被命名为类似《游蜀杂俎》等颇具文采的名字,然而这些调查报告却成为日本制定侵华政策的直接指导。至 1945 年日本战败,东亚同文书院共派出 5000 余人,旅行线路达 700 条,踏查了中国除西藏以外的所有省区。在他们撰写的大旅行记中,留下了大量关于成都的记录。这些旅行日记与一般游记类作品注重书写旅行地的风景、名胜古迹以及抒发见闻感受不同,更加注重对成都的实地踏查,成为研究近代成都不可多得的一手材料。

---

① 本文系四川省社会科学"十三五"规划 2019 年度项目"'成都'都市景观在日本文学中的衍生与流变"(SC19B066)、四川大学 2019 年春季创新火花项目库重点项目(2019hhs—22)、四川大学专职博士后研发基金项目(skbsh2019—47)及四川大学中央高校基本科研业务费专项项目的阶段性成果。

中日学界从日本文学的角度对成都的研究，虽然取得了一定的成果①，但是日本学者关注的重点仅局限在竹添进一郎及《栈云峡雨日记》上，中国学者的研究也大多停留在被翻译成中文的三部巴蜀游记上，即对《栈云峡雨日记》、《巴蜀旧影——一百年前一个日本人眼中的巴蜀风情》（以下简称《巴蜀》）、《横跨中国大陆——游蜀杂俎》（以下简称《游蜀杂俎》）的研究上。本文立足于东亚同文书院大旅行记中的成都书写，并将上述三部巴蜀游记作为"互文"对象，试图从日本观察者的角度再现近代成都的都市形象、教育现状及成都的新思想、革命活动等具体面向，揭示近代成都的发展轨迹及其在中外文化交流史上的重要地位。

一、"安逸之都"与他者之都：日本文人眼中的近代成都形象

日本文人对蜀都（成都）的憧憬由然已久，这是因为成都自古以来就是中华文化重镇，汉赋、唐诗、宋词的集大成者司马相如、扬雄、李白、杜甫、苏东坡一门的三苏父子等都与成都结下了不解之缘。成都又是古代蜀国及《三国演义》所描写的三国故事的发源地。据中国学者研究，《三国演义》在江户时代已经传入日本，而且"《三国演义》传入日本的时间肯定在1689年之前"②，这些经典在日本的传播对日本文人产生了很大影响，蜀都（成都）自然成为日本文人关注和憧憬的对象。

最早入蜀的日本文人可以追溯到元代。佛僧雪村友梅从长安辗转到达成都，并著有诗集《岷峨集》。在他之后，1876年竹添进一郎游览蜀地并撰写了《栈云峡雨日记》。这本游记在日本学界产生了很大影响，竹添所描写的蜀地风情使日本文人对成都产生了更

---

① 日本学者的研究主要有武部健一文的《蜀栈道纪行》（《交通》1994年第4-7期），该文已由中国学者周郢翻译为中文《日本名人与蜀道》（《汉中师院学报（社科版）》1995年第3期），文章主要介绍了日本作家竹添井井的《栈云峡雨日记》，以及竹添井井对蜀道的描写。类似的论文还有石川忠久的《竹添井井と〈栈云峡雨日记〉》（《学镫》2001年第4期）。除此之外，财木美树的《竹添井井と〈栈云峡雨日记〉訳注》，从1997年开始陆续发表于《东洋古典学研究》。中国学者的研究，主要有冯岁平的《竹添井井及其〈栈云峡雨日记〉》（《成都大学学报（社会科学版）》2003年第4期）、蓝勇的《山川早水〈巴蜀〉与近代四川风情》（《西南师范大学学报（人文社会科学版）》2004年第5期）、吴增辉的《穿越历史的沉重——〈横跨中国大陆——游蜀杂俎〉札记》（《书屋》2009年第11期）、蒋蕾的《山川早水与其〈巴蜀旧影〉研究》（四川师范大学2015年硕士学位论文）、王晓梅的《晚清时期日本学者的两部中国西南纪行》（《贵州大学学报（社会科学版）》2013年第3期）、薛玉楠的《近代日本人四川游记中的成都形象——以〈巴蜀〉〈横跨中国大陆——游蜀杂俎〉为史料的考察》（《剑南文学（经典教苑）》2011年第8期）、房锐的《清末日本人游记中的成都杜甫草堂》（《杜甫研究学刊》2015年第3期）、黄义华《清末日本人巴蜀游记研究——以四川的教育为中心》（四川师范大学2016年硕士学位论文）等。

② 赵莹：《〈三国演义〉在日本的译介与研究》，天津师范大学2012年博士学位论文，第9页。

加浓厚的憧憬之情。1905年,山川早水以四川高等学堂教习的身份入蜀任教,撰写了游记《巴蜀》。中野孤山的《游蜀杂俎》也是1906至1909年在成都任教期间的见闻录。东亚同文书院学生撰写的大旅行记与这些巴蜀游记几乎在同一时期,虽然内容上有某些重合之处,但是各有侧重。

首先,在大旅行记中,东亚同文书院的学生们既表现了对蜀都(成都)的憧憬之情,又流露出日本对中国的政治野心。明治四十四年(1911)6月末,东亚同文书院第9期的6名学生组成的"楚蜀队"从上海出发,经武汉到达四川省的重庆、成都,撰写了大旅行记《孤帆双蹄》。楚蜀队出发前,他们在墙上留了这样的字句:"巴蜀的山,湘楚的水呦,曾多少次入我梦中……会有看到美好的大和樱花与旭日国旗在蜀山之巅高高辉耀的那一天。"① 文中自然流露出对成都的憧憬之情,然而,字里行间却渗透着日本的政治野心。所谓"大和樱花与旭日国旗在蜀山之巅高高辉耀",也就是日本占领成都、占领四川之意。

对于这种政治野心,中野孤山在《游蜀杂俎》中已经表现得淋漓尽致。他说:"主宰着中国四百余州府之生死存亡、左右着世界之前途命运的是横贯大陆的扬子江。要洞察观望当今世界之大势,必将目光集中于扬子江流域。汉土十八省中,以扬子江干流为纽带,无论是占地面积或人口方面,还是在民族的强健和物产的富饶方面,最具优势者当推古代巴蜀,即现今的四川省。此地真可谓大清帝国之第一宝库。"② 可见,在游览巴蜀之前,中野孤山已经对四川在中国的重要性了解得一清二楚,《游蜀杂俎》虽是旅行见闻,实则以踏查记录为目的。

其次,在东亚同文书院的大旅行记中,日本文人也不惜笔墨地描写了对成都的印象以及一百余年前成都的都市面貌。"成都不愧是三国时代蜀国的都城,舒缓而整洁,使人感到安逸,3里城墙围起城区虽不免使人产生有点狭窄之感,但城内第一大道东大道却有10间之宽,其大气上海也比不了,赞之以'金铺交映,玉题相辉,比屋连甍,既丽且崇',也不为过。"③ 可见,当年的成都既干净又整洁,被认为是"安逸"之都,甚至其大气程度还超过了上海。

而且,他们遥想的成都与眼前的成都也有很大不同。"或许有人认为四川省都是山峦重叠,峻岭连绵,没有平地。我当初也认为如此。一旦登上巴峡进入省内,则是沃野千

---

① [日]沪友会编:《上海东亚同文书院大旅行记录》,杨华等译,商务印书馆2000年版,第33页。
② [日]中野孤山:《横跨中国大陆——游蜀杂俎》,郭举昆译,中华书局2007年版,第3页。
③ 冯天瑜、刘柏林、李少军编:《东亚同文书院中国调查资料选译》,李少军等译,社会科学文献出版社2012年版,第98页。

里，良田无际，与自己一贯的想象极为不同。"① "盛夏的成都平原归于宁静，极目都是青青的稻穗之海，白墙房子星星点点散处于绿色的沃野中。"② 日本文人所体验的"沃野千里"的成都，是孕育着丰收、富足的成都。并且，"我也见到在物质上表现出的蜀人的风雅。就近的成都而论，青羊宫开办的花市、草堂人日的参拜、四月八日锦江的放生会、祠庙园池的布置、盆景的赠答等等，要发现他们的雅趣这些都非看不可"③。从成都的这些社会风俗可知，成都不仅富足，而且蜀人极具风流雅趣。

在大旅行记中，日本文人还关注了成都的茶馆。"茶馆是华人的俱乐部，是最有益的社交场所。每日的物价以及政治上、社会上的事件，事无巨细，都是茶客口耳相传的内容。在没有报纸杂志的蜀都，这种场所显得尤为重要。"④ 可见，茶馆当时不仅是休闲场所，它更重要的作用是都市文化的载体。

再次，在大旅行记中，日本文人对成都都市景观也进行了重点描写。"过了锦官城锦江，拜访了英雄诸葛亮的武侯祠。它位于南门外五六里路处，路上的野草已渐渐变黄，整个四川平原都变成了黄色，只有武侯祠附近坐落在苍松翠柏中。"⑤ 从这里可以看出日本文人对诸葛亮的敬仰之情。另外，草堂寺、锦官城、万里桥、大慈寺等名胜古迹也是日本文人必须游览之地。竹添进一郎在《栈云峡雨诗草》中，曾为成都的都市景观赋诗多首。在《草堂寺》一诗中，他写道："大耳经营壁垒荒，三郎遗迹亦茫茫。水光竹影城西路，来访诗人旧草堂。"⑥ 这首诗表现了竹添对杜甫的缅怀崇敬之情。

除此之外，东亚同文书院大旅行记也表现出了当时成都的不尽人意之处。"成都城内名胜古迹众多，但该国不太注意加以保护，于是很多在风雨侵蚀下烟消云散，实在是太过可惜。"⑦ "人力车夫与普通人不同，头上没留辫子，只有一寸长左右的留海儿，很有趣。乍一看，他们个个营养不良，原来，他们就是那两个乞丐工厂的乞丐。"⑧ "听别人说某地的饭馆很干净，可是去了才知道跑堂的伙计身穿满是污垢的破衣烂衫端菜送饭并

---

① ［日］中野孤山：《横跨中国大陆——游蜀杂俎》，郭举昆译，中华书局2007年版，第64页。
② 冯天瑜、刘柏林、李少军编：《东亚同文书院中国调查资料选译》，李少军等译，社会科学文献出版社2012年版，第53页。
③ ［日］中野孤山：《横跨中国大陆——游蜀杂俎》，郭举昆译，中华书局2007年版，第93页。
④ ［日］中野孤山：《横跨中国大陆——游蜀杂俎》，郭举昆译，中华书局2007年版，第122页。
⑤ 冯天瑜、刘柏林、李少军编：《东亚同文书院中国调查资料选译》，李少军等译，社会科学文献出版社2012年版，第256页。
⑥ ［日］竹添进一郎：《栈云峡雨日记》，张明杰整理，中华书局2007年版，第104页。
⑦ 冯天瑜、刘柏林、李少军编：《东亚同文书院中国调查资料选译》，李少军等译，社会科学文献出版社2012年版，第98页。
⑧ ［日］中野孤山：《横跨中国大陆——游蜀杂俎》，郭举昆译，中华书局2007年版，第106页。

用极其肮脏的抹布擦拭碗筷……有人说，中国餐馆得闭着眼睛享用。"① 诸如此类的言辞，在大旅行记中也随处可见。日本文人作为一个外国观察者，实际上是将成都作为了一个他者化的对象。出于政治目的，他们在旅行见闻中纪实的同时，也不免掺杂着个人的主观判断和优越的日本民族主义意识。

由以上论述可知，日本文人在东亚同文书院大旅行记中表现出了对成都的憧憬之情，但是也夹杂着明显的政治目的。他们对成都印象、成都都市面貌以及都市景观等的书写，是以观察者的眼光审视成都，既有对现实中的成都的赞美，将成都描写成安逸之都、富足风雅之都，同时也充斥着将成都视为他者的对象化表达。

二、国际水准与文化殖民倾向：日本文人眼中的近代成都教育

东亚同文书院大旅行记中有大量关于成都教育状况的记录，这些记载对于认识四川当时的教育状况具有重要价值。1911 年 6 月，东亚同文书院第 9 期学生撰写的大旅行记《孤帆双蹄》记录了在成都工作的日本教习情况。"在成都的日本人，加上子女共 40 余人。除了一两个商人之外，其余都分别在学堂做教习和在工局做技师……这些大人执教的学堂有高等学堂、铁道学堂、师范学堂、中等工业学堂、陆军测绘学堂、农政学堂、中学堂等，所有中等以上的学堂全都在我同胞的指导下，吸取着文明的空气。"② 他们"在胡风吹拂的万里异域为祖国忘我地从事着邻邦教育"③。从这些文字可以看出，当时成都的教育已经有日本教育专家参与教学，但在日本文人的眼中，成都是不发达地区，是胡风吹拂下的异域，而在这里传播文明的日本教习，是在替日本向邻邦传播文明。这一逻辑具有强烈的国家主义色彩。

这种观点与中野孤山在《游蜀杂俎》中的论调几乎是一致的。

> 我们日本与其是近邻，而且人种相同，文字相近。我们以启发东洋为天职，因此，应该说我们对其有启发的义务。更何况我们期待的是维护东洋永久的和平，相互提携，共同富强呢？

---

① ［日］中野孤山：《横跨中国大陆——游蜀杂俎》，郭举昆译，中华书局 2007 年版，第 151-152 页。
② ［日］沪友会编：《上海东亚同文书院大旅行记录》，杨华等译，商务印书馆 2000 年版，第 91 页。
③ ［日］沪友会编：《上海东亚同文书院大旅行记录》，杨华等译，商务印书馆 2000 年版，第 91 页。

正好，四川总督锡良开办学校振兴教育，谋求本省发达，并遣使我国，择聘教育专家①。

可见，成都教育系统聘请日本教习这一举措，是在四川总督锡良的倡导下进行的，可知当时四川的教育已具有国际合作举措。中野孤山的观点是日本文明优越论的表现，同时也反映了近代以来日本宣扬的大东亚主义、大东亚共荣的思想意识。当时日本在中日甲午战争中取得了胜利，正在逐步加紧侵华步伐，东亚同文书院的禹域踏查，也正是为了给侵华战争政策的制定提供资鉴。

东亚同文书院第18期学生（"五四"运动前后）撰写的《粤射陇游》提及嘉定中学学生熊焕文因中秋节喝酒过多而性命危在旦夕，于是"我忙给他吃仁丹医治，大伙非常感恩戴德，我也因此得到中国人的信任，在月光下为他们治疗各种各样的病。这一晚我们大受欢迎。我们的所作所为已竭尽亲善之意，而日本之所以从大处着眼，帮助可爱的被压迫的中华民众正是源于真正的中日亲善之故吧"②。可见，东亚同文书院学生所表现出来的这种大东亚主义意识是他们共通的思想意识，他们认为其所作所为是在践行中日亲善，表现出强烈的国家主义意识。

除了日本教习对成都的教育发挥作用之外，西方传教士的势力也是不容忽视的存在。在大旅行记中，日本文人对传教士的记载与华西大学密切相关。在他们眼中，华西大学"自建立以来已有近20年历史，校舍高大雄伟，西洋式建筑，并在其中添加了红色、绿色，可谓是中西合璧的建筑"③。可见，华西大学是一座中西合璧、雄伟壮观的高校。回顾华西大学的历史可知，1910年，美、英、加等国的五个教会组织联合在成都华西坝创办了华西协和大学，该大学是西方基督教会创建的教会大学，旨在向中国西部介绍西方科学文化，并发展传教事业。

对于传教士在成都的活动，大旅行记有详细的描写："传教士所到之处对人亲切热情，这只能让人感到惊奇。他们向脏得像乞丐一样的中国人耐心解释，向他们问安，如果他们生病的话给他们药吃。他们给中国人讲神的教义，还教他们手工、甚至想到了副业，如果来了土匪，他们就去保护他们……另外，经过这些传教士的努力，还把优秀的学生源源不断地送到本国去，让他们学习、接受教育。对此，不光是中国人，连日本人

---

① ［日］中野孤山：《横跨中国大陆——游蜀杂俎》，郭举昆译，中华书局2007年版，第4页。
② ［日］沪友会编：《上海东亚同文书院大旅行记录》，杨华等译，商务印书馆2000年版，第248页。
③ ［日］沪友会编：《上海东亚同文书院大旅行记录》，杨华等译，商务印书馆2000年版，第257页。

也感动得流泪。正是因为有了一颗善良的心，才能忍受那样的不自由和贫困，在这未开化之地创造那精神的王国。"① 在日本文人的笔下，传教士所做的一切活动都充满仁爱，与此相反，中国人成为了一个他者的存在，诸如"脏得像乞丐一样"、"未开化之地"等，与前述日本文人的论调具有异曲同工之处。

据大旅行记记载，传教士兴办的"华西大学设医、理、文及神学四个专业，学制为5年……在四川，可以说中等以上的学校全部属教会经营管理。也许可以说从这些学校出来的中国新一代青年人正在变得与众不同"②。可见，当时成都的教育掌控在西方传教士的手中，他们对成都教育事业的发展的确做出了不可估量的贡献，然而其背后也隐藏着政治意图。

诚然，传教士的所作所为也引起了日本文人的质疑。"这家医院的正面挂着一个很大的时钟，据说这个时钟所显示的时间就成了成都的标准时间。由此可以窥见他所隐藏起来的真实意图究竟是什么。"③ 日本文人的质疑不无道理。西方传教士通过行医、创办学校来传播基督教精神，实际上，他们期待的是在基督教熏陶下培养中国掌握科技的人才，从而更好地为他们传播基督教的福音，具有明显的文化殖民倾向。

西方传教士的行为，也成为日本明鉴自身的一面镜子。于是，他们自省道："看到那些外国人的样子，我们不能不痛切深思。日本的与中国相关的研究者理推我们这些人，也就是就读于东亚同文书院的学生，如果我们不站在第一线高举旗帜，又有谁能够呢？在成都我们痛感到这一点。"④ 东亚同文书院的学生面对西方传教士，痛感日本研究中国的人数太少，研究力度不够，而作为以研究中国为第一要务的东亚同文书院，更要站在研究的第一线。可见，同样作为外国势力的传教士也成为他们激励自身的对象。

简言之，近代成都教育发展与日本教习和外国传教士的活动密不可分。当时的成都教育已开始与国际接轨，具有一定的国际水准，然而，无论是日本教习，还是西方传教士，他们的教育活动都带有明显的政治目的、宗教目的和文化殖民倾向。不可否认的是，这无疑在客观上也促进了四川教育事业的发展。

---

① ［日］沪友会编：《上海东亚同文书院大旅行记录》，杨华等译，商务印书馆2000年版，第258页。
② ［日］沪友会编：《上海东亚同文书院大旅行记录》，杨华等译，商务印书馆2000年版，第258-259页。
③ 冯天瑜、刘柏林、李少军编：《东亚同文书院中国调查资料选译》，李少军等译，社会科学文献出版社2012年版，第99页。
④ 冯天瑜，刘柏林，李少军编：《东亚同文书院中国调查资料选译》，李少军等译，社会科学文献出版社2012年版，第100页。

三、新思想与革命运动：日本文人眼中近代成都的报纸杂志与保路运动

在东亚同文书院的大旅行记中，近代成都的报纸杂志和当时发生的保路运动也是他们着力书写的对象。近代成都发行的报纸杂志是新思想的承载对象。

在《粤射陇游》中，有如下记载："走进一家书店，在那儿买了《四川学生救国报》及《半月刊杂志》，后者是本具有新思想的杂志，上面登了一些男女同学的观点……那份报纸是反日运动以来作为救国的义举而创办的。上海的学生们热衷于发行报纸，即使在四川的山村里也办得热火朝天。其中登载了用倭奴、劣等货等令人不堪入目的字眼来写的评论，日本的名声扫地，即使在领事馆，在发生反日运动时也有危险，听说他们都做好了随时阵亡的思想准备。成都与北京、广州不同，作为兴起某种特别文化的地方，自古以来就非常重要。"① 从这段记载可知，成都虽然位于中国西南部，但是成都的抗日运动、新思想并不落后，在成都既有宣传抗战思想的报纸，也有抗日运动，甚至在四川的山村里也洋溢着新思想。

关于成都的报纸杂志，中野孤山在《游蜀杂俎》中提到了 1905 年初开始发行的《成都日报》，而"杂志就是前面提到的《四川学报》，另外有《四川官报》、《成都启蒙通俗报》共三种"②。与中野孤山所看到的情况不同，实际上，1901 年清朝实施新政后，成都的改良派人士就开始积极创办报纸杂志。其中，"原《蜀学报》访事傅樵村等创办了《算学报》、《启蒙通俗报》、《通俗画报》。工商界创办了《成都商报》，官办的《四川官报》、《成都日报》也先后出版。辛亥革命前夕四川保路运动中，《蜀报》、《四川保路同志会报告》、《西顾报》等先后创刊。辛亥革命到五四运动前夕，成都的报业有较大发展，新政权创办了《四川军政府官报》、《四川督府政报》，各政党办了《天民报》、《西蜀新闻》等报，宣传政见。各路军人也办了《军报》、《公言报》等，宣传新思想新文化的报纸也产生了，如《川报》等。以后，中国共产党、国民党、地方军阀、实业人士等都纷纷办起了报纸。报纸之多，令人目不暇接，但很多报纸的生命力不强，有些就是昙花一现"③。当时成都报业之发达不言而喻。报纸杂志作为宣传新思想的载体，是近代成都新思想活跃的一种体现。上述东亚同文书院学生所记载的《四川学生救国报》及

---

① [日] 沪友会编：《上海东亚同文书院大旅行记录》，杨华等译，商务印书馆 2000 年版，第 255 页。
② [日] 中野孤山：《横跨中国大陆——游蜀杂俎》，郭举昆译，中华书局 2007 年版，第 94 页。
③ 蔡尚伟：《成都、重庆的城市文化与报业》，四川大学 2003 年博士学位论文，第 41 页。

《半月刊杂志》，应该是当时宣传抗日思想的学生群体创办的报刊，由此观之，近代成都的学生是积极投入到了抗战之中的。

关于成都的革命活动，东亚同文书院大旅行记中有大量关于四川"保路运动"的记载。他们不仅亲自见证了川汉铁路的施工进展，也亲历了四川人民参加保路运动的过程。

1911年6月末，东亚同文书院第9期学生在他们撰写的《孤帆双蹄》中记录了8月7日在宜昌参观川汉铁路工程进展的情形："从汉口到成都全长1300余里的川汉铁路，虽然距离不是长得惊人，但从工程的难度来讲，恐怕远非我鹿儿岛及中央线可比。"① 川汉铁路是四川总督锡良在四川人民的强烈要求下奏请清政府自办的铁路。1904年1月，成立了"官办川汉铁路公司"，以"租股"的办法兴建，即采用抽租的办法。也就是说，全四川人民都与川汉铁路发生了经济联系。1911年5月9日，清政府为了应对财政难关，宣布将川汉铁路收归国有并意欲将其拱手卖给帝国主义，这一举措引起了四川民众的强烈不满。6月7日，川汉铁路公司股东代表大会在成都召开，并当即成立了"保路同志会"，爆发了轰轰烈烈的保路运动。

关于四川的保路运动，日本文人有如下记载："保路同志会事件进而演变成地方暴徒土匪的飞扬跋扈，到处施行劫掠烧杀，其情状犹如无政府一样。在各地方的外国人及在成都的一部分外国人，在事态尚未白热化之前就已撤离到了重庆，而留在成都的外国人尤其是我40余名同胞，因为事件爆发以来音信断绝，一直生死不明，（日本）当局也大伤脑筋。"② "原以为到成都后调查就可成功，但实际上因为时局的原因连行动都不自由……保路同志会事件使全国十八省混乱如麻……四方的大路因为匪徒之因全部关闭，现在已无归路了。"③ 从这些记载可知，日本文人以自身为出发点，关注的是在保路事件进行过程中对滞留当地的日本人的影响等等，虽然有些片面，然而，这些记载却如实地反映了当时成都的实际情况以及保路同志会当时所处的危险境地。

实际上，在保路事件爆发后的9月7日，四川总督赵尔丰诱捕了保路同志会的领导人蒲殿俊、罗纶、张澜等，并屠杀手无寸铁的请愿民众，制造了骇人听闻的"成都血案"。这就可以理解为何东亚同文书院学生所看到的当时成都是处于"无政府状态"了。次日，成都附近的保路同志军爆发起义，围攻成都，四川同盟会员借机发动了武装起义。

---

① ［日］沪友会编：《上海东亚同文书院大旅行记录》，杨华等译，北京：商务印书馆2000年版，第54页。

② ［日］沪友会编：《上海东亚同文书院大旅行记录》，杨华等译，北京：商务印书馆2000年版，第81页。

③ ［日］沪友会编：《上海东亚同文书院大旅行记录》，杨华等译，商务印书馆2000年版，第88页。

这为武昌起义的爆发提供了条件，成为辛亥革命的导火线。这次起义在中国历史上的意义，正如孙中山先生所评价的那样，"若没有四川保路同志会的起义，武昌革命或者要迟一年半载的"。

要言之，在东亚同文书院大旅行记中，日本文人对成都的报纸杂志所承载的新思想以及四川保路运动给予了强烈的关注，从中可以清晰地看出成都抗日活动的高涨以及在抵抗封建主义、帝国主义的斗争中，成都人民是与全国人民一道并肩前行的。不仅如此，大旅行记的记载也真实地反映了成都革命群众的奋起反抗以及牺牲精神，进而反映了四川保路运动的重要历史意义。

综上所述，东亚东文书院大旅行记中的成都书写，聚焦近代成都形象、成都教育、报纸杂志和保路运动等方面。从日本文人对成都形象的描写可知，成都是近代的安逸之都，富足风雅。他们在对成都表现出憧憬、赞美之情的同时，也将成都作为了对象化的他者，对成都的踏查具有明显的政治目的。另外，从日本文人对成都教育现状的记载可知，近代成都也是日本、西方传教士等外国势力的角逐场，日本教习和西方传教士在成都的执教活动促进了成都教育、四川教育的发展，使之具有一定的国际水准，然而，这些执教活动的政治意图也暴露无遗。日本文人的大旅行记的字里行间渗透着强烈的大东亚主义、国家主义色彩，这与东亚同文书院对中国实地踏查的宗旨密切相关。这是基于日本对华政策的制定而进行的踏查，是为日本的"大陆政策"服务，是当时中日关系现状的反映。传教士的活动更是具有明显的文化殖民倾向。再者，作为以研究中国为主要任务的东亚同文书院学生，他们作为"闯入者"以及后来的"入侵者"，对于成都新思想、反日活动、革命运动的关注也是必然的。在成都，承载新思想的报纸杂志甚至在山村也办得如火如荼，发生在四川的保路运动更是轰轰烈烈。日本文人的亲眼所见、亲身经历为我们提供了认识近代成都的一个新途径。由此可知，成都进步人士及民众在宣传新思想、反抗日本及英美等西方帝国主义侵略斗争中做出了重要贡献，尤其是四川保路运动作为辛亥革命的导火索具有重要历史意义。

千年古都——成都所承载的厚重的历史文化底蕴，与近代成都的发展密不可分，而东亚同文书院的大旅行记，从日本文人的视野向我们呈现了近代成都的一条发展轨迹。近代成都不仅是安逸之都，也是具有国际水准的教育之都，同时也是宣传新思想、开展革命运动的前沿阵地。

（作者单位：四川大学文学与新闻学院）

|新视界|

在"人生"与"艺术"间摇摆
——茅盾选集本篇目变化探析

王棋君

从20世纪20年代至80年代,茅盾结集出版的书籍举不胜举,其中仅《茅盾选集》就出版过多次。《茅盾选集》的每一次出版都有新的作品选入,且每一次都是由不同的出版社出版的。1933年,上海天马书店出版过一次《茅盾自选集》;1935年,上海万象书屋出版《茅盾选集》,并且一直到1941年,这一版本的《茅盾选集》一直在印行;中华人民共和国成立以后的1951年,开明出版社出版了《茅盾选集》;1959年,人民文学出版社出版《茅盾选集》,这次选集的选文也是由茅盾本人决定的,人民文学出版社也基本尊重了茅盾本人的意见。在《茅盾文集》第一卷的《写在〈蚀〉的新版的后面》中,就提到曾有出版社的编辑同志建议他进行修改,但是被茅盾以"改呢,那就失去了本来面目,那就不是一九二七—二八年我的作品,而成为一九五四年的'新作'了"为理由拒绝了。他在1958年的回复更加坚定了。他说:"这一次,我很快就决定了答复:不必再改回去了!"由此可知,无论是1951年的开明出版社还是1959年的人民出版社,都是基本按照茅盾自己的想法来进行编撰的。因此,对茅盾的选集进行研究,将对茅盾文艺思想的理解有所帮助。目前,学者金宏宇在其著作《中国现代长篇小说名著版本校评》中对开明版《茅盾选集》予以关注;学者陈改玲也在其博士论文《重建新文学史秩序》中涉及开明版《茅盾选集》的意义;天津师范大学的张雨晴在其论文《左翼文化界的尴尬遭遇——以开明版〈茅盾选集〉为例》中,对开明版《茅盾选集》进行分析,认为茅盾凭借资深左翼作家的身份,并未完全归化于《在延安文艺座谈会上的讲话》。这些学者都对开明版《茅盾选集》给予了极大的重视,然而一个作家的一生是漫长的,也是发展的,作家的思想不会一直停留在一个原点,因此,分时期地对茅盾各个版本的选集进行分析与对比,才会全面地把握茅盾的主要思想。

至于 2004 年人民文学出版社再一次出版《茅盾选集》,则是在茅盾去世以后,它自然不能体现茅盾本人的文艺思想,故不在本文的讨论范围之内。

对前述几个版本的集子进行比较,会发现其中所包含的篇章数目差别较大,通过下表可以见出。

出版信息	选集篇目名称
1933 年 天马书店 《茅盾自选集》	序文:《我的回顾》 小说:《创造》、《陀螺》、《大泽乡》、《喜剧》、《林家铺子》、《小巫》《骚动》
1935 年 万象书屋 《茅盾选集》	序文:《现代创作文库序》、《题记》、《几句旧话》、《我的回顾》 小说:《拟浪花》、《赛会》、《右第二章》、《林家铺子》、《春蚕》、《大山上》、《骚动》、《诗与散文》
1951 年 开明出版社 《茅盾选集》	序文:《出版说明》、《编辑凡例》、《自序》 《春蚕》、《林家铺子》、《赵先生想不通》、《微波》、《夏夜一点钟》、《第一个半天的工作》、《官舱里》、《儿子去开会去了》、《列那和吉地》、《脱险杂记》
1959 年 人民文学出版社 《茅盾选集》	《春蚕》、《秋收》、《残冬》、《小巫》、《林家铺子》、《右第二章》、《大鼻子的故事》、《喜剧》、《赵先生想不通》、《微波》、《"一个真正的中国人"》、《官仓里》、《儿子去开会了》、《委屈》、《夏夜一点钟》、《第一个半天的工作》、《有志者》、《尚未成功》

因 1951 年开明出版社出版的《茅盾选集》只有短篇小说,而 1959 年人民文学出版社出版的《茅盾选集》里杂文太多,如果各种文体都进行比较,反而会失去重心而变为泛泛而谈,因此本文着重探讨的是茅盾的短篇小说。单从篇目上看,1933 年天马书店的《茅盾自选集》有短篇小说 7 篇,1935 年万象书屋的《茅盾选集》有短篇小说 8 篇,1951 年开明出版社的《茅盾选集》有短篇小说 10 篇,1959 年人民文学出版社的《茅盾选集》(第七卷)有短篇小说 18 篇。从篇目来看似乎是越来越多,更早的几个集子则数量不是很多。这其中有出版社字数要求、作家自我选择、读者诉求等一系列原因。因此,我们必定要对当时的历史场景、作家思想动态作出一定还原,要对作品的内容进行分析,才能找到根源,发现茅盾在文学创作过程中不断变化的思想动态。

一、作为前提的"艺术性":20 世纪 40 年代以前的茅盾

茅盾是最早加入"文学研究会"的成员之一。"文学研究会"松散的组织结构并未要求所有成员都高度一致地去做"为人生"的文学。"1921 年 1 月 4 日,郑振铎、耿济

之等经过多次商议,在北京成立了文学研究会,出席的会员21人,选举郑振铎为书记干事,耿济之为会计干事,不久,郑振铎去上海,和茅盾、叶绍钧、谢六逸、赵景深等组成了文学研究会上海分会。"① 茅盾可以说是"文学研究会"上海分会的发起人之一。一个作家加入一个社团,甚至发起分会,很大程度上是因为作家本人的人生观、艺术观和这一社团有着相契合之处。"文学研究会"在现代文学史上以著名的"为人生"而被人们所熟知,他们同旧文学、鸳鸯蝴蝶派等进行了长期的论战,对当时社会上腐败的官僚、黑暗的政治、白色恐怖等进行揭露和痛斥;他们的文学作为一门教育、启蒙的工具,对旧中国人们的思想进行改造。这是"文学研究会"的共同目标与使命,是社团成员的共性,也是茅盾文学创作的目的。不过,"文学研究会"的组织相当松散,这由其成立的宣言就可以看出:"我们发起这个会,有三个意思,要请大家注意。一,是联络感情……二,是增进知识……三,是建立著作工会的基础。"② 成立的宣言对于社团怎样联系、是否有一致的主张、社团的结构等均没有涉及,更别说有任何具体的事务安排。因此,社团成员中的个人独立性相对较强。茅盾自己也曾说:"就我所知,文学研究会是一个非常散漫的文学集团。文学研究会发起诸人,什么'企图',什么'野心',都是没有的;对于文艺的意见,大家也不一致——并且未尝求一致!如果有所谓'一致'的话,那亦无非是'将文艺当作高兴时的游戏或失意时的消遣的时候,现在已经过去了',这一基本的态度。"③ 因此,"文学研究会"的共同主张是发挥文学的社会功能,但是怎样发挥社会功能、发挥多大的社会功能,社团并没有统一的标准,成员之间也没有达成共识。

在这一时期,茅盾本人在对待"人生"与"艺术"的问题上,基本上保持着"艺术"的偏向,即文学的目的是为人生的,但文学创造的审美趣味也非常重要。两者相比较而言,他认为"艺术性"作为一个前提和基础更为重要。在评价新潮小说时,他将思想和艺术并列在一起探讨,并说:"文学是思想一面的东西,这话是不错的。然而文学的构成,却全靠艺术。"④ 不但如此,他还将文章的艺术性和思想性进行排位,将文章的艺术性放在了很高的位置。他评价文艺创作时说:"我以为创作文艺,有三种工夫,似乎是必不可少的:(一)是观察,(二)是艺术,(三)是哲理……三者之中,(二)最难;这是和'天才'有关的。"⑤ 在这里,茅盾将"艺术"排在"哲理"之前,并将艺术性归结为"天才"属性,足见他对艺术性多么重视。无论是对国内作家的创造还是对西方

---

① 范泉:《中国现代文学社团流派辞典》,上海书店出版社1993年版,第56页。
② 阿英:《文学研究会宣言》,《中国新文学大系》,良友图书印刷公司1936年版,第71-72页。
③ 阿英:《文学研究会宣言》,《中国新文学大系》,良友图书印刷公司1936年版,第84页。
④ 沈雁冰:《小说新潮栏宣言》,《小说月报》1920年1月25日。
⑤ 沈雁冰:《对于系统的经济的介绍西洋文学底意见》,《时事新报·学灯》1920年2月4日。

文学的译介，他都秉承着这一原则。新文化运动时期对西方文学的引进比较多，在多数启蒙者更注重思想性时，他却表示："文学作品虽然不同纯艺术品，然而艺术的要素一定是很具备的。介绍时一定不能只顾着这作品内所含的思想而把艺术的要素不顾，这是当然的。"① 这并不是说茅盾对于文学的"思想"就不重视了，只不过他认为作家应该做的是诗意地表现生活，"文学者表现的人生应该是全人类的生活……文学作品中的人也有思想，也有情感，但这些思想和情感一定确是属于民众的，属于全人类的，而不是作者个人的"②。因此，他将"艺术性"作为前提，"为人生"作为目的，如果前提缺乏，自然就没有办法达到目的。针对当时中国文坛的现象，茅盾在《什么是文学——我对于现文坛的感想》一文中表达了他的观念。他认为"道义的文学界限，说得太狭隘了。他的弊病犹在把真实的文学弃去，而把含有重义的非纯文学当作文学作品；因此以前的文人往往把经史子集，都看做文学，这真使我们中国文学掩没得暗无天日了"③。这时的茅盾反对将文学极度功利化。他认为文学之所以能够让人接受，首先要有一定的艺术形式，然后才能起到启迪心智的作用；要让文学为社会服务，文学本身必须是具有吸引力的，文学的艺术造诣是基础，文学的社会功能是目的。他说道："我自然不赞成托尔斯泰所主张的极端的'人生的艺术'，但是我们决然反对那些全然脱离人生的而且滥调的中国式的唯美的文学作品。"④ 茅盾此时的"为人生"是站在反对"中国式的唯美的文学作品"之上的。20世纪40年代以前的茅盾，在文学艺术的观念上还是趋于中立的，主张形式和内容的统一。那么，这种文艺观是怎样融入《茅盾选集》的文章选择中的呢？

1932年天马书店出版的《茅盾选集》的开篇有茅盾的序文《我的回顾》，文中一方面提到自己自始至终都未敢忘记"为人生"的使命，一方面用了大段的文字说明自己写作时的过程。作者认为，《自杀》等四五篇，大致和《创造》一致，而《陀螺》和以前的短篇小说相比较而言，在艺术上有一定的进步，"从前那种'无从剪短似的'拘束局促，是摆脱了一些了"。《自杀》等四五篇未入选，而《陀螺》入选，也是和当时茅盾对"艺术性"的偏重分不开的。《大泽乡》和《创造》、《陀螺》相比较而言，"在题材方面，我算是改换了"；《林家铺子》和《小巫》跟前面两部作品对比，题材又不同了，作品聚焦在乡镇上，虽然还是描写小资产阶级，但是他们所处的地位却完全不相同了。这一点，茅盾自己也比较满意，"在我自己，则颇以为我这几年来没有被自己最初铸定的形

---

① 沈雁冰：《新文学研究者的责任与努力》，《小说月报》1921年2月10日。
② 沈雁冰：《文学和人的关系以及中国古来对于文学者身分的误认》，《小说月报》1921年1月10日。
③ 沈雁冰：《什么是文学——我对于现文坛的感想》，《中国现代文学史参考资料》（第1卷），中国人民大学1958年版，第139页。
④ 沈雁冰：《大转变时期何时来呢》，《文学》1923年12月31日。

式所套住。我在第二短篇集《宿莽》的《弁言》里有过这样一句话：'一个已经发表过若干作品的作家的困难问题也就是怎样使自己不至于粘滞在自己所铸成的既定的模型中。'旁的作家怎样，我不知道；我自己是尝过此中味道的。所以当作我的短短五年的文学生涯的'里程碑'来看时，我就觉得《创造》，《陀螺》，《大泽乡》，《林家铺子》，《小巫》等篇对于我颇显得亲切了"①。茅盾对于"自选集"的选文要求，最低的一点是题材不能完全相同。从内容上看，有写青年知识分子的苦闷，如《创造》中的君实和娴娴；有写小资产阶级在风雨中摇曳的生活状态，如《林家铺子》中的林老板；也有写下层妇女任人践踏的悲惨命运，如《小巫》中的菱姐。这部选集正是茅盾自己的思想写照：文学不能千篇一律，文学题材要有所突破，在为人生的基础上，艺术价值也是一个首当其冲的标准。

那么，茅盾短篇小说中艺术价值较高的《春蚕》、《秋收》、《残冬》为什么没有入选呢？《春蚕》作于1932年12月，《秋收》和《残冬》分别作于1933年1月和2月，《茅盾自选集》的出版日期是在1933年4月，中间有两个月的时间，茅盾为什么没有将这三篇短篇小说选进自选集呢？这和当时的社会环境、市场需求、读者诉求有一定的关系。首先要考虑的是阅读对象到底是哪一个阶层的问题。新文化运动的目的是启发大众，唤醒沉睡的国民，但是在20世纪初期，这样的效果却并不明显。究其原因，其中一个非常重要的因素是当时的教育水平严重滞后，能够接受教育的人毕竟是少数，新文学虽然采用白话写作，比旧的文言文通俗易懂，但对于没有接受过多少教育的大众来说，还是存在接收困难的实际情况。茅盾自己也认识到了这一点。他说："什么是我们革命文艺的读者对象？或许有人要说：被压迫的劳苦群众。是的，我很愿意我很希望，被压迫的劳苦群众'能够'做革命文艺的读者对象。但是事实上怎样？请恕我又要说不中听的话了。事实上是你对劳苦群众呼吁说'这是为你们而作'的作品，劳苦群众并不能读，不但不能读，即使你朗诵给他们听，他们还是不了解……所以结果你的'为劳苦群众而作'的新文学是只有'不劳苦'的小资产阶级知识分子来阅读了。"② 这些所谓的"小资产阶级知识分子"到底由哪些人群组成呢？茅盾自己心里是有答案的。他从出版的期刊分析，认为在"此一百数十种的文艺和社会政治的定期刊中间，自然也有并不靠销路而存在的，然而大多数却因为尚有读者，而且不少的读者。而读者的大多数是青年知识分子（学生与非学生）"③。此时的茅盾认为，"中国革命的前途还不能全然抛开小资产阶级"。这一

---

① 茅盾：《我的回顾》，《茅盾自选集》，天马书店1933年版，第8页。
② 茅盾：《从牯岭到东京》，《中国现代文学史参考资料》（第1卷），中国人民大学1958年版，第205-206页。
③ 茅盾：《从〈怒吼吧，中国！〉说起》，《生活》1933年11月7日。

历史时期的新文学的阅读对象，还只是接受过教育的知识分子和青年学生，知识分子和青年学生由于文化水平较高，对于小说艺术性的要求也比较高。因此，作为出版社的天马书店，自然也要求书籍能够有市场，能够有人来购买，才可以赚取利润。茅盾作为一名作家，一方面要考虑自己的文艺准则，另一方面也要考虑到出版社的市场销量，因此，在这二者之间做出了权衡，将描写各个阶层的作品都选入了选集，对题材雷同的作品作了甄别，兼顾了社会效应与艺术价值的平衡。

二、自觉的改造者：20世纪50年代时期的茅盾

1948年，由周扬主编的《中国人民文艺丛书》出版，丛书所选的大多是解放区作家的作品。为了和《中国人民文艺丛书》做出分工，"中央人民政府文化部就成立了'新文学选集编辑委员会'，负责编选'新文学选集'，文化部部长茅盾任编委会主任，出版总署副署长叶圣陶，中宣部文艺处处长、作协党组书记兼副主席、《文艺报》主编丁玲，文艺理论家杨晦等任编委会委员"①。这一版本的封面设计就能让人感受到这一套选集具有浓厚的政策导向。将选集打开，一眼便能看见一副印有毛泽东和鲁迅头像的画面，占据了两个页面。根据出版社的出版说明，将毛泽东的头像与鲁迅的头像并列排在画面的最中央，一是表明"鲁迅的方向，就是中华民族新文化的方向"，二是说明新文学最终的方向即是实践毛泽东《在延安文艺座谈会上的讲话》。这一套选集，虽然明确选择"五四"以来至1942年以前就已有重要作品问世的作家们，但是其主题也不能脱离延安讲话的框架，或者更准确一点说，要能够和延安讲话的精神契合，要能够为"工人、农民、兵士和城市小资产阶级"服务，同时"必须站在无产阶级的立场上，而不能站在小资产阶级的立场上"。因此，在选择篇目的时候，就必须注意这些篇目是否合适新时代的政治要求，是否和《在延安文艺座谈会上的讲话》的标准一致。开明版的《茅盾选集》所选篇章，《春蚕》反映的是农村中农民的困苦生活；《林家铺子》虽然主人公是小资产阶级，但是从他身上我们可以看到旧官僚、大商贾对小资产阶级的合力绞杀，最后小资产阶级面临破产成为无产阶级；《赵先生想不通》、《微波》、《夏夜一点钟》、《第一个半天的工作》都是对小资产阶级的虚伪、爱慕虚荣进行讽刺；《儿子去开会去了》则表现了知识分子对于革命的支持以及革命的后继之火将要燃烧起来；《脱险杂记》记叙的是主人公在党的领导下，成功从香港回国进行反日斗争的故事。纵观所有的目次选择，可以说都是和新时代的政治要求一致的。不过，如果说这是茅盾为了适应政策要求而做的

---

① 茅盾：《茅盾选集》，开明出版社1951年版，第1页。

被动选择，则未免有些将结论简单化了。事实上，在亲历了解放区的发展以及解放区文艺的突破后，茅盾本人的思想也发生了较大的转变。

随着中国共产党在抗日战争时期在民众间声望的建立，解放区人民生活水平的提高和文艺工作的推进，解放区的文艺普及也取得了一定的效果。对这一点茅盾的感悟是比较深的。1944年的一张报纸上刊登了"图书刊物出版统计"，其中提到从民国三十年（1941）到民国三十二（1943）年的三年时间中，文艺出版物所占比重越来越大，达到了将近45%。茅盾在分析整个出版业萎缩和重版书数目巨大的情况外，还想到了读者群体的扩大。"抗战以后，文艺作者的视野是扩大了，题材的范围不知放宽了多少倍；文艺作品接受的对象也因战争的要求而空前地扩大了，人民大众迫切地需要精神食粮，文章非'入伍'不可，非'下乡'不行，'大众化'这旧课题被提到新的发展的阶段。"[①] 茅盾看到，由于抗日战争对整个中国大环境的影响，在中华民族存亡的关键时刻，更多的人开始更加关注时事和思想，因此，文学的读者不仅仅只是青年的学生，已经延伸到了广大的市民阶级甚至是工农阶级。在解放区，文艺工作在"大众化"方面取得的成绩就更多了，特别是诸如马烽、西戎的《吕梁英雄传》，赵树理的《李家庄的变迁》、《李有才板话》以及柯蓝的《洋铁桶的故事》、《红旗呼啦啦飘》等在广大群众中颇受欢迎。他在评价赵树理时说："赵树理也是解放区的新作家，他的第一篇为人所知的短篇小说《小二黑结婚》，在1943年发表之后，'立刻在群众中获得了大量的读者，仅在太行一个区就销行达三四万册。群众并自动地将这故事改编成剧本，搬上舞台。'（引见周扬《论赵树理的创作》）"[②] 群众阅读水平的上升与文艺大众化的效果，使茅盾认识到，读者群再也不仅仅是青年知识分子了，贴近于农村现实的文艺作品才能真正地实现文学的社会功能，因此他对《李家庄的变迁》评价颇高，认为其不但是"表现解放区生活的一部成功的小说，并且也是'整风'以后文艺作品所达到的高度水准之一例证……这是走向民族形式的一个里程碑，解放区以外的作者们足资借镜"[③]。赵树理在解放区取得的文艺反馈让茅盾更加认识到以往观念存在的一些问题，即文艺为谁而作。20世纪30年代的茅盾还认为文艺的读者只能是青年学生，但是到了40年代，当他看到解放区文艺在群众中的蓬勃发展时，他的文艺思想有了一次较大的转变。他认识到赵树理的"几部长篇都为解放区读者所喜爱。这是一种极有价值的'实验'，这启示我们：运用旧形式的尺度，他

---

① 茅盾：《从百分之四十五说起》，《茅盾全集》（第23卷），人民文学出版社1996年版，第19页。
② 茅盾：《关于〈李有才板话〉》，《群众》1946年9月29日。
③ 茅盾：《论赵树理的小说》，《文萃》1946年12月12日。

的伸缩性可以很大。人民接受新东西的能力并不像我们想象那样不行的"①。这一时期的茅盾,已经充分认识到了以往人民群众接受文艺困难,一方面固然和工农阶级所接受到的教育程度有关,另一方面也和作家创作作品的形式、内容存在着密切的关联;作家要想得到人民的认可,就必须走进群众中间去,用群众的语言、用群众的生活作为素材,才能得到群众的拥护,作家本人也才能真正实现"为人生"的理想,而文艺工作者的任务就是"为广大的人民服务,——民之所好好之,民之所恶恶之"。

1949年7月,中华全国文学艺术工作者代表大会在北京召开,中华人民共和国最高领导人莅临现场。朱德代表中国共产党中央、董必武代表华北局和华北人民政府、陆定一代表中共中央宣传部分别向大会致辞。周恩来向大会作了长篇政治报告。茅盾、周扬分别作了关于国统区和解放区文艺运动的报告。大会期间,毛泽东主席亲临会场向代表们致意,这表示了中央领导对文艺工作的极大关注,也是对作家们最大的鼓舞。作为国家领导人之一的周恩来,一方面肯定了文艺创作的成绩,一方面也给新时代的作家们提出了新的要求,即要和工农兵打成一片,因为"农民是中国人口中的最大多数,所有的文艺工作者都有熟悉农民了解战争的任务。一部中国长期的历史基本上是一部农民战争史,而近二十几年来乃是工人阶级领导下的农民战争史"②。周恩来的政治报告是第一次文代会的引风标,是对延安文艺座谈会精神的延续。他指明了文艺工作者所面临的工作和写作对象,并明确了这一方针的原因,使文艺工作者从思想上、从根本上理解这一文艺政策并主动付诸行动。在描写对象上,周恩来主张除了工农兵,小资产阶级、官僚资本家、国民党军队里的士兵和反动军官都是可以描写的,但是必须有正确的立场,知道主要的描写方向:"当然不是说文艺作品只能写工农兵。比方写工人在未解放以前的情况,就要写到官僚资本家的压迫;写现在的生产,就要写到劳资两利;写封建农村的农民,就要写到地主的残暴;写人民解放战争,就要写到国民党军队里的那些无谓牺牲的士兵和那些反动军官。"③ 对于文学作品中人物形象的描写,他也要求作家们在选择材料时要注意针砭什么人、赞扬什么人,广大的群众即使有缺点,也要抱着转变他们的态度,使他们在斗争中逐渐成熟起来;而对于封建势力和官僚资本则要给予无情的揭露和鞭笞。在这次的文代会上,茅盾也发了言。在谈到文艺的政治性和艺术性时,他说道:"有这样的相当普遍的意见:我们的文艺作品中的政治性不是没有,而是太多了,缺乏的是高度

---

① 茅盾:《再谈"方言文学"》,《茅盾全集》(第23卷),人民文学出版社1996年版,第19页。
② 《周恩来在中华全国文学艺术工作者代表大会上的政治报告》,《中国现代文学史参考资料》(第2卷),中国人民大学出版社1958年版,第547页。
③ 《周恩来在中华全国文学艺术工作者代表大会上的政治报告》,《中国现代文学史参考资料》(第2卷)中国人民大学出版社1958年版,第547页。

的艺术性……又有这样的说法：文艺的本质存在于艺术价值中，艺术的政治性虽是不可缺少的，然而不过是艺术价值的表现形态……以上两种意见，很明显是错误的。"① 可以看出，茅盾关于文艺的标准已经发生了变化。他不再将艺术的标准作为前提，而是明确地否定了将艺术性置于政治性之前的文学观念，甚至并行不悖也不行，因为"成功的艺术作品因为表现了高度的典型，其政治效果不仅是一时的，而且能保持久远，但是其所以有长远的效果正因为它最深刻地表现了现实的政治性的原故"②。在这段话中，茅盾将艺术作品成功与否的标准定义为是否表现政治性，将艺术性排除在作品之外。由此可见，茅盾对于开明版选集作品的选择是和他文艺思想的变化紧密相连的，是他在经历解放区文学翻天覆地般的变化以后，在思想观念上发生了巨大的改变造成的。这一改变，不是作家的被动接受，而是社会生活以及读者市场对作家进行的主动互动，是茅盾由内而发地认识到社会与文学的变化而形成的。

三、"目的"与"路径"的权衡：1959 年的茅盾

1959 年，茅盾应人民文学出版社之邀，"选取历来所写杂文（包括书评及文艺杂评）和短篇小说合为一册"，编撰为《茅盾选集》。这一版本的《茅盾选集》与 1933 年天马书店的《茅盾选集》相比，在目录上有很大的变动。最引人注目的是，1933 年天马书店版《茅盾选集》的开篇是《创造》，紧接着是《陀螺》。由此可以看出，30 年代的茅盾对这两篇短篇小说是比较满意的，否则不会放到如此重要的位置。在人民文学出版社的《茅盾选集》中，开篇的是《农村三部曲》，且有两篇开明版未选入的短篇，分别是《有志者》和《尚未成功》。这两篇小说是描写一个主人公，实际上可以说是一个人物在不同环境下的相同状态：一个小资产阶级在从教师到科员的过程中从未写出一篇作品，十分苦闷。这其中既有对旧知识分子脱离群众生活的讽刺，也有为其开出的药方——群众的生活经验。《有志者》、《尚未成功》正是对知识分子只注重主观意愿、忽略群众生活的批判。文中的"他"从一个穷中学教员到科员，生活也不富裕，却整日想着要写出"留给后代"的大作来，然而他的生活经验少得可怜，"他没有打过仗，甚至没有踏足进军营；他没有下过矿穴，爬过烟囱，甚至连任何工厂的大门都没进去过；他又没有办过实业，没有见过稻是怎样生长，怎样收获……他的生活是简单的！"总之，在茅盾的笔

---

① 茅盾：《在反动派压迫下斗争和发展的革命文艺——十年来国统区革命文艺运动报告提纲》，《中国现代文学史参考资料》（第 2 卷），中国人民大学出版社 1958 年版，第 570 页。
② 茅盾：《在反动派压迫下斗争和发展的革命文艺——十年来国统区革命文艺运动报告提纲》，《中国现代文学史参考资料》（第 2 卷），中国人民大学出版社 1958 年版，第 570 页。

下，主人公除了在讲台上唱独角戏和在办公桌上加套头便什么都没有做过，只知道在故纸堆里寻找中外"先贤"来获取灵感，这样的做法注定是要失败的。茅盾对这一类所谓的旧文人的批判恰好符合对"主观精神"的批判，也是其为了响应党的政策而做出的努力。从这个方面看，此时茅盾首先考虑的是作品的思想内容，至于是否具有艺术性，则是放在第二的位置。

人民文学出版社的《茅盾选集》与开明版相比，篇目明显多了许多，《秋收》、《残冬》、《小巫》等关注底层农民的小说都已经入选。这几篇短篇小说虽然反应的是旧社会农村生活的疾苦，但同样也反映了旧农民思想存在的问题。从艺术表现力来看，这几篇小说的艺术价值明显较高，"农村三部曲"之所以成为茅盾短篇小说的代表作，很大程度上也是因为其对广袤大地以及农民性格复杂性的描写。另外，对初期革命党人存在的问题进行揭露的《喜剧》也被选入选集，至于对资产阶级进行讽刺的《赵先生想不通》、《微波》、《官仓里》等符合主流价值观的作品也自然入选。这一时期的茅盾同1953年相比，在艺术观念上又呈现出相对接近"艺术性"的特征。1956年4月28日，中共中央召开政治局扩大会议，毛泽东提出，艺术问题上的"百花齐放"，学术问题上的"百家争鸣"，应该成为我国发展科学、繁荣文学艺术的方针。但1957年随之而来的整风运动和反"右"斗争，使得茅盾认真地去思考，怎样和党的政策相结合？怎样去将文艺的作用最大化？作为文化部长的茅盾，自然要比一般作家更加慎重。如何在"双百"方针和"反右倾"之间做到平衡，是茅盾更应该注意的事项。1957年3月，在"双百"方针提出八个月后，此时"反右倾运动"还未开始，茅盾在《人民日报》上谈如何贯彻"双百"方针，并注意到"右倾思想既已或多或少地见于文艺各部门，自然要引起普遍注意乃至忧虑"①。但是，在1957年的编辑会议上，茅盾向编辑建议道："过去看作品首先看思想性如何，目的性又是如何，反正'性'很多，有时就是艺术方面很差，也把它登上去了。现在我们去了不少清规戒律，且不问新老作家，我们先看它是否有艺术性，如果是论文的话，先要看它是否言之成理。"② 这种思路实际上还是将文学的"艺术性"抬高了一些，而"以前"是只看思想政治性。"双百"方针以后，在思想性正确的前提下，还要涉及"艺术性"，甚至各种形式、风格的艺术互相"争鸣"都在一定程度上得到认可。"在艺术的表现形式和风格上，以及在题材的选择上，作家就有充分的自由，而不受

---

① 茅盾：《贯彻"百花齐放、百家争鸣"，反对教条主义和小资产阶级思想》，《人民日报》1957年3月18日。

② 茅盾：《在编辑工作座谈会上的发言》，《茅盾全集》（第25卷），人民文学出版社1996年版，第38页。

任何拘束；在这些方面他们完全可以而且应该充分地展开自由竞赛。"① 那是不是说茅盾自己也在这个问题上摇摆不定呢？并不是如此。相反，茅盾在面对贯彻"双百方针"和《在延安文艺座谈会上的讲话》这一辩证关系时处理得非常恰当。他认为"双百"方针是促进文艺繁荣的手段与路径，而文艺繁荣的目的是为了更好地贯彻《在延安文艺座谈会上讲话》。在总结中华人民共和国的艺术成就时，茅盾认为"知识分子和工农群众相结合，也就是理论和实践相结合、文化和群众相结合、普及和提高相结合的关键。这是改造知识分子的根本道路，是建立一支无产阶级的文化艺术队伍的根本道路，也是繁荣文学艺术创作的根本道路"②。随后，茅盾又强调了"文化艺术工作必须为工农兵服务，为社会主义服务"的主要精神。由此可见，此时的茅盾认为，"双百方针"可以"放"的是不同的形式和写作艺术，可以鸣的是学术观点，但是都必须以《在延安文艺座谈会上的讲话》为前提和基本。因此，人民文学出版社的《茅盾选集》，虽然篇目有所增加，但是反映作者早期"幻灭"思想的《创造》、《陀螺》等都被删去，表现了革命早期一部分农民愚昧、一部分农民觉醒的《秋收》、《残冬》、《大鼻子的故事》等被选入了，《林家铺子》、《喜剧》、《赵先生想不通》、《微波》、《官仓里》中对资产阶级的揭露和讽刺因符合当时政治环境的要求，顺理成章地进入了选集。

茅盾的三个版本的选集本分别是三个时期思想的重要体现，代表着茅盾文艺观的变化。从偏重于对"艺术"的重视到完全忽视"艺术性"，再到将"人生"作为前提的"艺术性"，茅盾的思想是不断变化的。这种变化的促因是多方面的，有作者本人自觉的思想改造，也有读者群体转变的原因，更有时代政策的要求。其中，解放区文艺的繁荣以及解放区作家的兴起是茅盾思想自觉发生变化的一大原因，政治运动的要求也是茅盾自我调整文艺思想的主要动力。通过比较三个阶段茅盾的选集篇目，可以明显地见出这一过程，从而有益于从动态发展的角度去理解茅盾。

（作者单位：贵州师范大学文学院、铜仁学院写作研究院）

---

① 茅盾：《东风不久即将吹散飘在喜马拉雅山顶的一片乌云 印度野心家的阴谋一定要落空》，《人民日报》1959年4月25日。
② 沈雁冰：《新中国社会主义文化艺术的辉煌成就》，《人民日报》1959年10月9日。

| 新视界 |

从青岛到台北
——流动的《白棺》与台湾乡土文学的"寻根"

李 莹

一、从青岛到台北:《白棺》"重现"的意味

1978年5月,姜贵(1908—1980)的中篇小说《白棺》出版单行本(以下简称"台北版《白棺》")。小说后记有这样一段话:"我20岁前,有一个题名'白棺'的中篇小说,连载于青岛民报,可以出书而未出……可惜《白棺》今已不可复得了。"① 笔者查阅现存的《青岛民报》②,并没有发现《白棺》一文的连载信息。通过学者周怡在《姜贵遗失小说〈白棺〉前两章的发现》一文中的考证③,可知现存《青潮》月刊第1卷第2期④刊登了署名"王匠伯"⑤ 的小说《白棺》(以下简称"青岛版《白棺》"),即姜贵当年所作。

在现存的姜贵作品中,《白棺》是其第一部新文学小说。可惜,《青潮》只出版了两

---

① 姜贵:《白棺·后记》,台湾联亚出版社1978年版,第155页。
② 《青岛民报》创刊于1930年2月1日。现存的报纸一部分在国家图书馆,保存的日期为1932年5月至1937年7月;另一部分在山东省青岛市图书馆,但只有1930年部分日期的《民报副刊》合订本。
③ 参见周怡:《姜贵遗失小说〈白棺〉前两章的发现》,《现代中文学刊》2014年第4期。
④ 《青潮》月刊,由王统照主编,1929年9月1日创刊于青岛,1930年1月1日出刊第2期后停刊。
⑤ 在《青潮》第1卷第2期的目录中,与《白棺》对应的作者署名为"王匠伯",而内文署名则为"伯匠"。不知是排版错误,还是编者有意为之。

期便停刊了,原因大概是"印刷与经济两方的关系"①。主编王统照在第2期的《编辑后》曾提及"王匠伯君的长篇小说白棺是他最近的长篇创作,如能继续完刊,自饶趣味,可惜本期以篇幅所限不能多登"②,竟一语成谶。

姜贵回忆的"20岁前",即他在青岛胶澳中学读书时期。那时他本名王意坚,在《白棺》之后,曾以笔名"匠伯"发表过小说《负生的日记》。随后他辗转流离于广州、汉口、上海、北平、徐州、重庆等地,直至1948年冬移居台北,改名姜贵,又因经商失败,生活无经济来源,加上因官司欠下债务,无奈做起了职业作家。1949年以后,他共发表了20余部文学作品,其中,长篇小说居多。晚年,回顾自己的创作,姜贵谈道:"我承认我的小说分两种。一种是有感而发的,《旋风》、《重阳》各一部,《碧海青天夜夜心》半部而已。另一种为度小月赚稿费而为,我自己都不重视。"③《白棺》是姜贵晚年的作品,写成于1977年末。当时作者已还清债务,搬离台北至台中护国寺调养目疾等病症康复后,又回到台北,"有意放弃不为作者的这个老原则,索性下水,以创造事业的积极精神,好好地再写几部小说"④。由此而言,在作者的创作态度上,《白棺》不同于"有感而发"与"为度小月"所写之作。在台北版《白棺》即将出版的前夕,姜贵又作了《后记之二》,其中提到两版《白棺》"名同而实异,这《白棺》已经不再是那《白棺》了"⑤。这句话不能不引人思考,姜贵所谓的"不再"究竟意味着什么?

就小说内容而言,尽管青岛版《白棺》只保存了前两章,但是,作为作者时隔半个世纪后重写同名小说的"底版",它仍提供了可以参照和探讨的诸多线索。通过阅读青岛版《白棺》,再对照单行本《白棺》后记的这段文字:"北方某城有一青年热恋一少女,已论婚嫁。女家贫,与寡居多病之母相依为命。女病,情况危殆。青年为延医,亲侍汤药,夜深始去。次晨,亟往探视,遥见一白木之棺抬入女家,以为女死,不入。伤痛始归,并远走他乡,以逃避此伤心之地。"⑥ 到此,二者的主要情节一致,这说明姜贵对1930年刊载小说情节的记忆基本准确。

同时,单行本《白棺》的《后记》,为《青潮》丢失的《白棺》提供了情节上的补充,"后十年,偶慕名听某红伶之拿手好戏,始知此一红伶即当日所恋之少女。是夜,母以女病,焦急,死于心矣。而女幸告痊愈。卧白棺以去者,母也,非女也。母死,男友

---

① 王统照:《编辑后》,《青潮》1930年第1卷第2期,第141页。
② 王统照:《编辑后》,《青潮》1930年第1卷第2期,第141页。
③ 姜贵:《护国寺的燕子》,《白棺》,台湾联亚出版社1978年版,第170页。
④ 姜贵:《护国寺的燕子》,《白棺》,台湾联亚出版社1978年版,第180页。
⑤ 姜贵:《白棺·后记之二》,台湾联亚出版社1978年版,第157页。
⑥ 姜贵:《白棺·后记》,台湾联亚出版社1978年版,第155页。

不复至，女迫不得已，坐科学戏，竟成红伶。青年以少走一步，铸成大错，悔恨不已"①。简而言之，两版《白棺》，都有共同的故事元，即男主角因少走一步而错失爱情。由此，姜贵20岁前所作《白棺》的情节，基本可以复原了。

此外，台北版《白棺》封底有这样一段宣传文字："本书作者有年轻的热情、年老的智慧，世事百态透过他恬淡的心志，以浓烈的笔调写出，十分感人心志。《白棺》一书中，最深切的主题即为'凡事不可少走一步'。因为或许就为了少走的这一步，而铸成了终生大错。"② 封底的这段话，极有可能为出版社编辑添加，将《白棺》主题归结为"凡事不可少走一步"，如此一来，与20世纪20年代所写《白棺》则保持了主题的一致，那么，已到古稀之年的姜贵，重写《白棺》，是否真的只为旧事重提？

要回答上述问题，不得不提及姜贵重写《白棺》的历史背景。在《白棺》的文末，作者标记的写作时间为1977年11月20日至12月10日。同年8月，轰动台湾文坛的乡土文学论争由喧嚣而落幕。而通过阅读《白棺》，不难发现，这部小说完全符合中国现代文学史对乡土文学作品写作范式的界定。姜贵在如此的文坛氛围中重写《白棺》，可以看作是他对兴起于台湾的乡土文学论争的立场和反思。台湾乡土文学论争的萌芽，始于20世纪60年代中期乡土文学思潮的再崛起，由于文艺钳制政策的相对放松和民主意识的逐渐活跃，台湾省籍作家开始逐渐关注社会现实，反对文学的"西化"，主张描写本地人民的真实生活，意在回归台湾新文学的现实主义传统。在台湾地方文学史上，乡土文学"不是一般地指称反映农村乡土生活的文学。在日据时期殖民统治的文化压迫中，它所提出的以民族的语言——当时讨论中还提出的一种主张是用台湾话文——来表现台湾人民血泪斑斑的历史遭遇和现实人生"③，这种关注本土现实的主体意识在20世纪60年代的乡土文学思潮中得以承续。到了20世纪70年代，台湾政治、经济和社会文化等方面，都经历了急剧的变化。自1970年"保钓"事件起，台湾民众的爱国主义和民族主义精神日渐高涨。随后，台湾当局退出联合国、美国总统尼克松访华、日本与台湾断交等国际压力，以及台湾自身社会结构的种种变化，都使得整个台湾面临着巨大的考验。在此背景下，乡土文学也被赋予了新的时代内涵，即危机中凝聚的更为强烈的民族意识和现实批判精神。1972年，"唐文标事件"④ 点燃了论争的导火索，开启了乡土文学论者与现代诗派之间长达六年的笔战。

---

① 姜贵：《白棺·后记》，台湾联亚出版社1978年版，第155页。
② 见《白棺》封底，台湾联亚出版社1978年版。
③ 这里参照的是刘登翰、庄明萱主编《台湾文学史》（第2卷）中关于"乡土文学"的定义，现代教育出版社2007年版，第366页。
④ 1972年冬，台湾大学教授唐文标在《中外文学》杂志发表《先检讨我们自己吧》一文，着重批判现代诗派，强调文学应该面向现实，由此开始了乡土文学与现代派之间的论争。

但是，发端于台湾社会突变期的乡土文学论争，不可避免地染上了政治色彩，最终背离了以文学为本体的初衷。这场论战的参与者都为台湾籍作家。反观整个论战过程，双方极少关涉具体的文学作品和理论建设，而更多涉及的则是不同政治立场下的"口号"之争。从表面上看，论争属于文学领域的内部分歧，实则暗含了知识界对1949年以来台湾政治机制的文化批判，因此必然会引起台湾当局的遏止。1977年8月31日，随着台湾第二次文艺会谈的召开，官方直接介入，持续了几年的乡土文学论争也告一段落。论战的结果，未能给台湾乡土文学的进一步发展带来实际而有效的助益，乡土文学究竟要走向何处，仍旧是一团迷雾。

姜贵声称"我从不以为自己是'作家'。我不参加文艺团体，不奔走文艺领袖，辞谢文艺讲话，不赴文艺酒筵，完全置身于'文艺圈'之外"①，而且，他也未直接参与台湾文学界的这场大事件。但实际上，《白棺》的发表，可以看作是姜贵立足于乡土文学写作，对"乡土文学"论争的间接回应和反思。从他重写《白棺》这一做法本身，以及为《白棺》精心设计的"归乡叙事"② 结构、"娜拉"式的人物形象、未完成现代化的小城镇群像和个像等细节上，可以看出，姜贵的乡土文学写作，接续的是"五四"文学传统。具体而言，《白棺》写作于台湾，但故事从"我"在民国二十年自上海回到故乡滨城办事写起，"我"无意中发现了十年前自己误以为离世的女子季四春，在钩沉四春"起死回生"的事件中，极力描写了滨城的乡绅、官员、小资产者和贫苦劳力等不同阶级人物的世相百态。作者表面上写对自由爱情的"伤逝"，实则将笔触更多用力于描写故乡的现代性伤痛。在台北版《白棺》中，姜贵所借助的思想资源，是"五四"新文化运动所提倡的自由平等之精神；在小说的艺术手法上，他借鉴的则是鲁迅小说《故乡》的叙事手法。

二、《白棺》中的"五四"文学底色

《白棺》以回忆的方式开头。"民国二十年前后，上海纳灵制药公司出品的'金虎灵'，有丸有膏，内服外敷，无分男女老幼，号称百病皆治。广告上甚至说有起死回生、一见还魂之效，那就越发荒诞不经，为广告而广告，信不信全由顾客了"③，由此设置了

---

① 姜贵：《护国寺的燕子》，《白棺》，台湾联亚出版社1978年版，第164-165页。
② "归乡叙事"的说法，参照钱理群、吴福辉、温儒敏：《中国现代文学三十年》（修订版），北京大学出版社1998年版，第30-38页。
③ 姜贵：《白棺》，台湾联亚出版社1978年版，第1页。

一系列悬念。这"灵丹妙药",却出现了冒牌的仿版,而且仿版的疗效比真货更好。纳灵公司经调查得知仿版来自滨城,而滨城正是"我"的故乡。到此,作为纳灵公司调查假药的专员"我"才出场。但悬念并未结束——"我"与故乡相隔十年未见,为何却不愿回返故乡?"我"回故乡后究竟能否查出制假药者?故乡又发生了哪些变化?

《白棺》开头的写法,与鲁迅短篇小说《故乡》极为神似:"我冒了严寒,回到相隔二千余里,别了二十余年的故乡去。"① 再与青岛版《白棺》的开头对比,即可看出姜贵如此设计小说开头的用意所在:

> 青年的锐奇,挟着书包走出校门来的时候,他不断的想着:"再熬上两个星期,是学士的分儿了。哼,谁敢再瞧不起我!若先的病也渐有起色了,文凭一到手,先一块儿去西湖住上几天,再找差事。生活是独立了,一条广告登出去,和若先宣布结婚,找个律师做保障,家里不允许又有什么法儿!哈,哈……"他低头走着,想到得意处,不觉笑出声来②。

写于20世纪20年代的《白棺》,一开头就出现了追求自主婚姻的叛逆少年形象,随后以故事发生的时间顺序而成。在台北版《白棺》中,姜贵并没有简单地重复这个故事,而是将故事的时间倒置,缓缓展开回忆的视线。"我"之所以不愿返乡,原本在于不想揭开四春离世带给"我"的精神伤疤。但返乡后,"我"在调查仿制假药的过程中,看见滨城官商勾结,以现代化技术制售假药者依赖外国势力颠倒是非,扰乱市场秩序,牟取暴利,而当地带有手工业色彩的商业则停滞不前。在二者的对比和反差中,现代化进程中资本主义带来的种种弊端和不彻底性一览无余,由此更加重了"我"归乡的伤痛。这在滨城当地的"大帅"乡绅裘二爷,警察局工作的元奎,葡萄酒公司上班的四娘舅、满二姐等身份各异的人物身上,以及在"前岔坡"、"八道墙"等滨城商业地标的今昔对比中都有体现。

姜贵为台北版《白棺》精心设计了"归乡叙事"结构,内蕴着对台湾社会现实问题的批判视角。在小说中,滨城金虎灵的仿制者、大绅级人物裘二爷,依赖日本的技术研发假药,垄断市场,"找日本海军做背景,日本领事馆为他们撑腰,又雇了十几个亡命之徒白俄老毛子驻厂保镖,没有人上门找麻烦便罢,只要有人上门找麻烦,准定给他白刀

---

① 鲁迅:《故乡》,《鲁迅全集》(第1卷),人民文学出版社2005年版,第501页。初刊于《新青年》1921年第9卷第1号。
② 王匠伯(姜贵):《白棺》,《青潮》1930第1卷第2期,第83页。

子进，红刀子出，绝对没有客气"①。对于这种行为，当地的军政警界视而不见，甚至有意纵容。就连之前与"我"结拜为同宗兄弟、现为警察局巡官的元奎三哥，在"地头蛇"面前，也成为其"帮凶"，并不真正为"我"主张正义。这类问题在台湾经济高速发展的过程中有其原型。自20世纪50年代以来，台湾经历了从传统的农业社会逐渐向现代的工商社会过渡的历史进程。依赖美国、日本等国的各种援助，台湾的经济飞速发展，但同时，台湾传统社会在资本化过程中所表现出来的水土不服也开始显露，例如，片面追求最大效益而出现崇洋媚外、重利拜金、投机取巧、道德失序等社会问题。在《白棺》中，"我"的故乡滨城，这一虚构的城镇形象，集中了现实社会的种种群像。

经济畸形发展带来的文化观念上的扭曲，是小说的另一条线索。"我"回到故乡后，经历了各种花式的"被催婚"。元奎承诺帮"我"宴请滨城的各路人物以调查制假者，仅仅因为"大叔大婶去世的早，你是他们唯一的子嗣，帮着你把事情做好，你好尽快成家立业了"②；四舅妈在酒桌上用激将法硬让"我"立下结婚期限的"军令状"。不同的"催婚"艺术，代表了故乡人的典型婚姻观和女性观。元奎花600块钱从乡下买女人结婚，"管它落伍不落伍，我图个实惠，老婆面前称王，用不着低三下四"③。从这句"实话"，也可看出元奎在官场中的"狗相"。但是，小说并未将读者带入无边的绝望之渊，例如，在已经不流行女性裹小脚的"新"时代，恒每不接受父母包办婚姻，而独钟情于小脚女性曹小姐，说："我在争取我婚姻的自主之权。我的婚姻必须自主，任何人不能干预。"④ 这句宣言与子君"我是我自己的，他们谁也没有干涉我的权利"⑤ 如出一辙。同样，"我"求婚的对象是"无国者"白俄女孩妮卡，这种做法更是对当时世俗婚恋观的巨大冲击。几种不同的婚姻观、女性观，在人物关系上形成了内在的张力。就在张力的空间越来越大时，作者又以回忆的视角，插叙了十年前"我"与四春的故事。

如果说，姜贵在"归乡叙事"中，批判了传统乡村社会在现代化过程中的诸多问题，那么，在对四春"起死回生"过程的爱情伤逝中，又对古典形态的传统社会之痼疾予以讽刺。讲述十年前"我"与四春的故事时，作者将故事背景切换到滨城韩家名酒公司的葡萄园种植地，那时"我"还是这片园地的主人，但"我"不顾门第悬殊，与葡萄园里的绣工女儿季四春私订婚姻，承诺四年后即大学毕业立即与之正式结婚。但就在第三年整，"我"带四春去海水浴场游泳之后，四春突病。小说叙述到此，一改原来的从

---

① 姜贵：《白棺》，台湾联亚出版社1978年版，第33页。
② 姜贵：《白棺》，台湾联亚出版社1978年版，第25页。
③ 姜贵：《白棺》，台湾联亚出版社1978年版，第23页。
④ 姜贵：《白棺》，台湾联亚出版社1978年版，第42页。
⑤ 鲁迅：《伤逝》，《鲁迅全集》（第2卷），人民文学出版社2005年版，第115页。

容风格，节奏变得紧张而急促。四春母亲等葡萄园的众工人，强力拒绝"我"请来的法国医院的急救护士，也拒绝"我"探望四春，相信只有中医才能治好病。在台北版《白棺》中，连电灯也没有、纯手工劳作的"葡萄园"是传统乡土社会的象征。通过叙述"我"看见一口白棺抬入四春家门而误以为她离世的悲剧故事，姜贵意在传递古典形态社会中人们对生活的美好愿景，由理想而幻灭的过程。而促成悲剧发生的主要原因，是传统社会本身的迂腐与愚昧观念，例如，老管家陈大叔限于门户之见，不仅对"我"隐瞒四春未死的事实，而且还劝成为孤儿的四春做优伶等。然而，更重要的是，作者在对传统社会诸多弊病进行批判的同时，也暗含了对知识分子自身的反思之意。这与鲁迅在《故乡》中描绘的少年闰土和海边的沙地意象，具有相近的叙事功能。

青岛版《白棺》以第三人称的叙事视角展开，叙述者的叙事与故事的发展同步进行，如开头便是"我们的锐奇"。而台北版《白棺》则改用第一人称，"我"既是叙述者，也是故事的主要人物。"我"化名"雍奇"，其实扮演的仍是"锐奇"的角色。视角的转换，也是解读姜贵重写小说《白棺》的重要线索。在对台湾现代社会进行批判的同时，姜贵也有对知识分子自身的反思。在小说中，作为知识分子，"我"的种种叛逆、敏感、自尊以及怯懦软弱、优柔寡断的复杂性格，在与不同人物的关系网络中逐渐显露完整。通过"我"与公司经理、四舅一家人、裘二爷、四春、葡萄园众人等不同角色的交往，作者以语言、心理、白描等手法层层展现"我"的内心活动和情感变化。具体而言，十年之前，在"我"要送昏迷的四春到法国医院急救而众人不信任西医的闹剧中，"我"只能无力地逃离；见到四春家门口的"白棺"，缺乏勇气面对，不敢进门一探究竟，只能躲在角落流泪；十年之后，得知四春未死，"我"有意见面而不得，在对付束缚了四春自由的裘二爷和皮头儿等人物时，"我"表现出来阿Q般的滑稽与软弱；最后，四春与白俄女孩妮卡都不再可得，"我"为了履行对舅妈的结婚期限而妥协，托人在乡村买个老婆了事。"出走的娜拉"终究妥协，而成为空虚的"失猎者"。作者写"我"与命运挣扎的过程，既有对资本主义经济模式带给传统社会种种创伤的批判，也有对知识分子自身软弱性的毫不掩饰的反省和拷问。

在小说结尾，"我"带着无奈返乡，又带着遗憾离去，不仅未得到四春的原谅，妮卡也随父母远走他乡。但在最后，作者仍在失落中透出一抹微弱的光亮，离乡之前"我吃了恒每订婚的喜酒"。与恒每类似，在小说中，还有一些作者看似不经意提及的人物，闪着"五四"时代自由精神的个性光点。例如，"我"已逝去的祖母，小脚，未婚生子，在受尽了讥笑和苦楚后逃离到滨城，抚养儿子成家立业，俨然是成功出走的"娜拉"。但值得注意的是，在处理这类人物的命运时，作者的理想主义也在无形中显露出来，并在作品中借助"我"之口直接表达,例如,对于恒每追求婚姻自主,"我"回应道:"那是对的。从五四以来,这是普遍的醒觉。"① 而离家出走的小脚祖母如何在滨城安居,她的儿媳为何不嫌弃她,反而与之相处和谐等细节,作者都隐而不谈。此外,对恒每抗婚过程的叙述也略显粗糙。

到这里,可以看出,1977年末,姜贵凭借乡土文学论争的思潮,提取20世纪20年代写作的小说《白棺》的故事情节,在小说的叙事结构、人物形象等方面精雕细琢,传递了自己对"乡土文学"论争的立场。在此基础上,小说也暗含了对台湾经济过激化发展的批判、对片面追求金钱而不反思的讽刺,并将种种想法和情绪以文学的方式传递出来。如他所言,"若干人物的假借和感情的寄托,经过手术,或则缝合重塑,或则分尸锉骨,早已真相模糊,不可复按了"②。在这个意义上来说,这《白棺》的确已经不再是那《白棺》了。而"手术"所依托的资源和工具,则来自"五四"新文学传统。

三、"娜拉"到台湾以后的精神寻根

青岛版《白棺》写于20世纪20年代,是姜贵的第一部新文学小说,故事的背景由省城而至乡村,应该说属于乡土文学作品。按鲁迅对乡土文学的说法,"凡在北京用笔写出他的胸臆来的人们,无论他自称用主观或客观,其实往往是乡土文学,从北京这方面说,则是侨寓文学的作者。但这又非如勃兰兑斯(G. Brandes)所说的'侨民文学',侨寓的只是作者自己,却不是这作者写的文章,因此也只见隐着乡愁,很难有异域情调来开拓读者的心胸,或者炫耀他的眼界……"③ 1977年,受到台湾乡土文学论争的激发,姜贵重写《白棺》,一方面是姜贵对当下文艺思潮的回应和反思,另一方面,对于姜贵个人而言,也是他作为五四新文学游子的一次精神寻根。

姜贵将台北版《白棺》的故事背景设计为滨城,有着深深的用意。从小说或隐或显的种种迹象可知,滨城的意象取材于青岛。姜贵曾漂泊于多座城市,为何将《白棺》的背景集中于青岛?大概有以下两方面的原因。一方面,50年前的《白棺》,即姜贵的第一部新文学作品,成于青岛,并在青岛的报刊上发表;另一方面,在青岛胶澳中学读书期间,姜贵开始系统学习新文学写作,在某种程度上,青岛可以说是他接受新文学的启蒙之地。20世纪20年代中期,新文学的星火刚刚落入青岛。就胶澳中学来说,1924年9

---

① 姜贵:《白棺》,台湾联亚出版社1978年版,第43页。
② 姜贵:《我怎样写〈旋风〉》,《无违集》,台湾幼狮文艺社1974年版,第213页。
③ 鲁迅:《现代小说导论(二)》,《中国新文学大系导论集》,岳麓书社2011年版,第114页。

月,姜贵作为第一届学生到校注册。与他同时到达的,还有国文教师顾随。顾随不仅对鲁迅的作品极为推崇,也经常思考中国新文学与日本文学的差异等问题。"去年冬天,在'东海之滨'教村学的时候,费了不少的事,买到了一部鲁迅先生译的出了象牙之塔"①,由此可以推测,顾随在胶澳中学讲授新文学课程时难免提及鲁迅。胶澳中学的文学活动极为活跃,"青社"即当时学生组织的新文学社团。姜贵的自述和同学的回忆录都写过他接受新文学的缘起。

1922年,姜贵从山东诸城相州镇到济南读书。"当我初次进去的时候,又有什么洋文,书本子上的字,也比在国民小学里的时候,密小了许多——一切的事,都新鲜些,却还有些高兴。过了几天,也渐渐的讨厌那英文的拗嘴,和许多字的难背诵了。"② 他经常旷学,自谓"长为农夫以没世矣"。他当时的同学回忆道:"意坚似乎精神很衰弱,不久就退了学住到旅馆里……于是以后,他在青岛上校了,我从他信中听了许多海的故事。"③ 由此可知,在青岛,因为活泼的新文学氛围以及姜贵自身成长经历的变化等因素,姜贵开始接纳新文学的教育。但在小说中,自听说被公司派遣回故乡滨城调查制造假药事件起,"我"心里就试图拒绝而实际却不能。小说开头就传递了"我打心里不愿意去滨城"的情绪,至于为何"不愿归乡"的悬念,在故事外壳的层层剥落中化解开。

就姜贵自身来讲,"五四"新文化运动以摧枯拉朽之势反抗传统文化,及其秉持的"民主科学、自由平等"等理念,契合了他成长的心路。姜贵生于1908年,长于旧式大家族中。"我幼年被迫学诗,常被锁在屋里,不做出一首诗(多数时候是七绝),绝不释放。苦不堪言,视为畏途。"④ 这段自述既可以看出姜贵的古典文学积淀,同时也可从中体会他对于被迫学诗的逆反情绪。家族礼教的规矩与文化教育的方式都埋下了他"反传统的种子"。到青岛之前,姜贵曾与一位说京韵大鼓的姑娘私下订婚,遭到家庭反对后沿津浦铁路离家南下,在旅费将尽后又回家。不久,他从济南到青岛,此后很少再回家。某种程度上,姜贵也是曾经出走的"娜拉"。而回返曾经的记忆之乡,也是作者自揭疮疤的过程。在小说中,无论是"我"的心理旧创被不断地刺痛,还是身上被裘二爷雇佣的地痞用刀刮刺得鲜血淋漓,返乡一行充满了心灵与肉体的双重磨难和考验。姜贵之所以触碰这段记忆,不能不说是经过深思熟虑的。到了生命的晚年,他流寓台湾,开始不可自控地追忆故乡的山水,频频梦到已故的母亲。在《白棺》中的白俄女孩妮卡身上,作者也寄托了自己流寓生活的体验和对落叶归根的向往,"妮卡是个漂泊天涯的失国者,

---

① 顾随:《课余闲话两则》,《女师季刊》1929年第2期,第96页。
② 王意坚(姜贵):《自述》,《学生杂志》1924年第11卷第11期,第121页。
③ 燕志俊:《忆意坚》,《文学周报》1926年第244期,第612页。
④ 姜贵:《护国寺的燕子》,《白棺》,台湾联亚出版社1978年版,第161页。

'有国难奔'可能比亡国更其令人不堪"①。台湾文坛的"乡土文学"论争事件正好引燃了他近乡情怯却又想落叶归根的心理。

两个版本的《白棺》,都有一个被少年误以为死去、实则在世的女主角,分别为"若先"和"四春"。她们都在豆蔻之年,出身贫苦,"外似晴雯,内比麝月",是"那一时代的小家碧玉"的典型。在姜贵的创作谈和回忆文字中,可知她们的原型来自现实中的四个女性,即"相州王氏私立初级小学生、豆腐店家的女儿仲裙"、"高小时期学校后门居易堂的婢女小娟"、"济南读一中时大名湖边的西宫"② 和"济南说书馆里的三姑娘"③。对于前三者,"以后许多年,不知怎地,这三个毫不相干的女孩,一直给我留下她们的影子,清清楚楚,如在目前。人有时亦对影子发生超越的感情。这三个影子,经过长时期的酝酿变化,渐渐合而为一……"而在《白棺》中,则四而为一,"起死回生"的季四春入行戏院,即取自"济南说书馆里的三姑娘",这大概也是"四春"这一名字的由来。但是,姜贵与这些女孩并没有实际上的往来。"那个时候的学生老实,社会风气亦严肃,除了私下偶然口头开开玩笑,再没有别的了"④,这个叙述中隐含着一种略感遗憾的语气。50年后,尽管重写《白棺》时,作品中充满了对现实社会的各种影射和不满,但写到昔日"葡萄园"里青梅竹马的恋爱故事时,作者的笔调仍旧不乏温情。这也是两版《白棺》共同的故事元。在台北版《白棺》中,作者以第一人称进行叙述,对于笔下的季四春、妮卡、满二姐,甚至是未直接出场的祖母等女性形象,并未采取俯视的视角,而是赋予其独立、勇敢、要强的品质,并对其给予充分的尊重,反而"我"在她们面前,成了软弱、怯懦、缺少担当的人物典型。姜贵后来的《花落莲成》、《曲巷幽幽》、《白马篇》等很多小说中,各具特点的女性形象都是分析其小说的重要切入口。此外,《白棺》中男主角的名字"锐奇"、"雍奇",谐音即"锐气"、"勇气",也是对知识分子自身局限性进行反思的表现。

综上可知,重写《白棺》并非姜贵一时兴起,而是寄寓了他作为"五四"游子的文化姿态和文学寻根之意。在台湾文学史上,姜贵的乡土文学写作与台湾第一代乡土文学作家吴浊流、钟里和、钟肇政、叶石涛等,以及第二代乡土文学作家陈映真、王拓等的作品相比,无论是文学语言、思想资源、艺术手法等方面,都呈现出不一样的面貌。但如果限于姜贵所写的乡土并非台湾本土的生活,而将其排除在台湾乡土文学以外的话,这样的文学分类方法不免显得有些偏狭。由于特定的历史情境,台湾作家的构成具有极

---

① 姜贵:《白棺》,台湾联亚出版社1978年版,第149页。
② 姜贵:《我怎样写〈旋风〉》,《无违集》,台湾幼狮文艺社1974年版,第212-214页。
③ 姜贵:《爱的旧故事》,《无违集》,台湾幼狮文艺社1974年版,第100-108页。
④ 姜贵:《爱的旧故事》,《无违集》,台湾幼狮文艺社1974年版,第100-108页。

强的流动性样貌,既有台湾籍本土作家,也有大陆迁居台湾者。由于教育背景、成长环境、语言习惯等方面的差异,他们的写作必然指向不一而同的多种维度。但正是复杂、多元文化的交汇和融合,才共同构筑了台湾文学的根基。"1949年以后台湾第一代作家以西方现代主义为主要范本所建立起来的现代台湾文学,还残存了一点五四传统的影子,那么,到了第二代作家,连这一点影子也几乎完全不存在了。第一代作家成为第二代作家的'传统'。他们对这一'传统'或学习,或反对,或者两者兼而有之,再加上其他因素;但是,在他们的作品中,就是看不到五四传统的痕迹——五四在实际的台湾文学创作中几乎已经断了根。"① 姜贵重写《白棺》,可以看作是接续"五四"乡土文学传统的尝试和努力。现有的台湾文学史论述中,对姜贵的作品研究,大多止于《旋风》,而一律遮蔽了他其余作品的文学个性。当然,姜贵的作品确实存在错误的思想。就本文所讨论的乡土文学写作而言,姜贵在台湾文学史上的意义,或许最重要的一点就在于他所承续的"五四"文学传统,是对固有台湾乡土文学局面的开拓和丰富,也使得台湾文学可以在"五四"文学传统的根脉中,找寻到一种前行的新的可能。

(作者单位:华东师范大学中文系)

---

① 吕正惠:《战后台湾文学经验》,生活·读书·新知三联书店2010年版,第367页。

"大文学"视野

革命的思想逻辑①
——郭沫若《中国古代社会研究》再解读

熊 权

郭沫若的《中国古代社会研究》自问世就引发热议。当下研究从政治意识形态、社会史论战、现代文化思潮、史学典范等多个方面展开,被置于不同学科领域、各种研究视阈的交叉地带,足见此书丰富多义。对于强调学术、思想意义上的《中国古代社会研究》,已有不少学者做出了精彩论述,如梳理《中国古代社会研究》对"疑古辨伪"、"二重证据"等史学方法的继承转化②,从近现代史上唯物史观的传播来阐释《中国古代社会研究》的价值③,从语言文字学研究的角度分析《中国古代社会研究》的启发与不足④……本文延续并推进这一思路,旨在追踪郭沫若思想的连续性和逻辑性,由此纠偏所谓的"多变善变说"。

郭沫若一生多变善变,并为此饱受诟病。且不论复杂的人际关系、权力漩涡令郭沫若之变倍添暧昧色彩,光看他早年剧变:从推崇个性论开一代浪漫主义诗风,到国民革命前后高喊文学为政治服务;从北伐战场退下来,先是主动提出要与鲁迅等共建一条战

---

① 本文系国家社会科学基金项目(16BZW131)、河北省高校青年拔尖人才项目(BJ2017090)研究成果。
② 谢保成:《重评〈中国古代社会研究〉——立足于本世纪20年代思想文化的考察》,《中国社会科学院研究生院学报》1992年第6期。
③ 何刚:《郭沫若与中国社会史论战——侧重学术史视野下的叙述》,《江淮论坛》2009年第1期。
④ 周璐:《郭沫若海外十年语言文字学研究述略》,《咸阳师范学院学报》2010年第1期。

线，转而斥骂其是"二重的反革命的人物"、"不得志的法西斯谛"①……变化之速令人震惊。鲁迅亦毫不客气地冠之以"才子+流氓"。所谓"流氓"倒不是一般意义上生活作风不好、男女关系随意，而是特别强调为人处世的无准则："无论古今，凡是没有一定的理论，或主张的变化并无线索可寻，而随时拿了各种各派的理论来作武器的人，都可以称之为流氓。"② 自鲁迅的尖锐批判以来，有关郭沫若是"流氓"以及"如何流氓"一类的议论众多，至今已不觉新鲜。鲁迅的发言自有其历史情境，倒是当下评价郭沫若的"两极分化"耐人寻味。就像有的研究者所说，"两极评价"是一边抓住了郭沫若的伟大，另一边抓住了他的渺小，却不能抱理解之同情去思考"这一个"的价值和意义③。郭沫若的多变善变是否真的毫无线索可寻？1924 年翻译河上肇著作，堪称郭沫若的思想"原点"，《中国古代社会研究》则是他接受、转化马克思主义一个里程碑。在援引马恩理论的思想逻辑中，该书不仅开启了"学者郭沫若"，也超越了一时一地的政党政治。

一、古代社会研究的"前史"、"脉络"

《中国古代社会研究》由导论、四篇正文以及附录组成，该书通过研究传统典籍、甲骨卜辞、周代彝铭来考察一个遥远的殷周社会。郭沫若撰写此书时正当流亡日本之初，花费约一年多时间完成。写作之快固然令人惊叹，而作者从开"五四"浪漫诗风的诗人到辗转数省的北伐军人再到考古学者，身份变化之剧出人意料。连郭沫若自己都说，别人如果得知他研究古代文献，只怕以为是发疯④。所谓"发疯"，自有因由。郭沫若剧变背后隐藏着一条接受、实践马克思理论的"脉络"，从 20 世纪 20 年代初起始，贯穿国民革命前后，构成《中国古代社会研究》的"前史"。

郭沫若研究古代社会的 20 世纪 20 年代末，辩证唯物论已成国内最流行的社会思潮，被誉为中国现代思想主潮的"第三阶段"⑤。然而，他早在 1924 年就通过翻译河上肇的《社会组织与社会革命》，较为系统地理解了历史唯物论。经由河上肇这个窗口，郭沫若进而对马克思原典发生了兴趣，计划翻译煌煌大作《资本论》，终因得不到出版社支持

---

① 杜荃（郭沫若）：《文艺战线上的封建余孽——评鲁迅的〈我的态度气量和年纪〉》，《创造月刊》1928 年 8 月 10 日第 2 卷第 1 期。
② 鲁迅：《上海文艺之一瞥》，《鲁迅全集》（第 4 卷），人民文学出版社 2005 年版，第 304 页。
③ 魏建：《郭沫若"两极评价"的再思考》，《山东师范大学学报（人文社会科学版）》2012 年第 6 期。
④ 郭沫若：《我是中国人》，《郭沫若全集·文学编》（第 13 卷），人民文学出版社 1982 年版，第 371 页。
⑤ 郭湛波：《近五十年来中国思想史》，山东人民出版社 1997 年版，第 148-149 页。

而放弃。河上肇介绍的马克思理论还引发了郭沫若人际交往的一场震动，导致他与国家主义者发生论争和分歧①。国家主义者的孤军社、醒狮派众人与郭本是同学、同乡关系，而且多有交情往来。因信服阶级革命论，郭沫若撰写数篇文章驳斥他们的反俄反共之说，包括《到宜兴去》、《盲肠炎与资本主义》、《文艺家的觉悟》、《马克思进文庙》、《穷汉的穷谈》、《共产与共管》、《新国家的创造》、《卖淫妇的饶舌》、《社会革命的时机》等。尤其《穷汉的穷谈》一篇以被压迫阶级的"穷汉"自命，细说共产主义发展的"阶段论"，又从解说"集产"驳斥造成人心惶惶的共产恐慌。文章既显示了个人立场又有超出一般的理论水准，被共青团机关刊物《中国青年》迅速转载。在"后五四"时代的思想分化与角力中，国家主义者正是中国共产党的主要思想论敌②。所谓人以群分，郭沫若阐扬马克思学说成为昔日友人眼里的异类，却获得了来自共产党方面的青睐。《中国青年》转载他的文章不久，已在中共中央局、宣传部担任重要职务的瞿秋白亲自登门拜访。瞿秋白对郭沫若驳斥孤军派、醒狮派的具体见解表示认同，又鼓励他多写相关文章。因为视郭沫若为同道，瞿秋白更举荐他出任广州大学文科主任。1926年3月，郭沫若前往革命策源地广州赴任，从文人走上军人之路。

进入政治革命的波诡云谲，郭沫若随北伐军转战数省，遭遇了难以预料的变数。他与蒋介石过从甚密却写下著名的讨伐檄文，一度拥护武汉中央又转而投身南昌起义、参加共产党等，往往被视为"多变"。然而从接受马克思主义的逻辑来看，其所作所为还是保持了相当的一致性。郭沫若抵达广东大学不久，就申请加入共产党。但党内经过商议，还是建议他加入国民党，到军队里做宣传工作。蒋介石赏识郭沫若的才能，的确颇有拉拢之意。郭沫若这边，即便具体工作上与之多有接触，内心却倾向国民党左派主持的武汉中央。在蒋的身边，他时时以一个"监察者"角色自居，屡屡为身处夹缝感到苦恼。在20世纪20年代以来的"多党竞革"局势中，"革命"概念尚不分明，北伐期间的国民党左派一度表现出与苏俄、中共合作的态度，当属国内主张马列一派③。把郭沫若此时的政治选择判定为谄媚汪精卫政府，显然是不公允的。他拒蒋而倾向武汉政府，

---

① 郭沫若与河上肇以及河上肇中国门徒孤军社的具体思想分歧，参见笔者已发表论文《郭沫若对河上肇的接受与修改》，《中国现代文学研究丛刊》2017年第1期。
② 参考张燕：《〈中国青年〉（1923—1927）对国家主义的批判》，福建师范大学2014年硕士学位论文。
③ 20世纪20年代，"革命"一词被国民党、共产党、青年党同时征用，三党都摆出"唯我独革"的态度。所以，"革命"并不像后来新民主主义史学那样清晰落实为中共领导下的无产阶级革命。国共两党在共享苏俄意识形态的基础上合作北伐，在国民革命的历史语境中，国民党左派一直表示认可联俄、联共政策，在发起"分共"之前是国内的"马列派"。参考王奇生：《革命与反革命：一九二〇年代三大政党的党际互动》，《历史研究》2004年第5期。

还是从根本上信服苏俄革命,追随马克思革命论。眼见蒋介石势力日长且不断压制工农运动,加之认为武汉中央已经与蒋决裂,郭沫若公开发表著名的《请看今日之蒋介石》一文①,又先后游说李宗仁、朱培德反蒋。出乎意料的是,武汉政府再三权衡之后还是采取联蒋政策。抢先发声的郭沫若措手不及,沦入尴尬的"反革命"境地。当中共策划南昌起义时,郭沫若随这支前途未卜、坚持以共产革命为蓝图的军队而动,在南下途中正式加入共产党。兜转一圈,他还是返回了最初的入党意愿。

国共合作公开崩裂后,郭沫若如果不是患上斑疹伤寒而阻碍行程,将按照共产党的安排前往苏联。待病愈后,他已经错过赴俄航班,只好考虑带妻儿返回曾经留学、生活的日本暂且安身。自此,郭沫若被彻底"抛"出时代洪流,但国民革命造成的动荡不能轻易忘记:

> 一场大革命,不就好像放了一大串花炮,轰轰烈烈地过了一阵,只剩下满地残红,一片硝烟,散了,也就算了吗?……到底留下了些什么呢?毫无疑问地,是留下了一个无用长物的我!一粒鞭炮的残渣,被风卷到这海边上来了,空空洞洞地躺在这儿。我到底还可以做些什么呢?该怎么做②?

心生幻灭虚无却有所不甘,催生了强有力的质询。偏居日本岛国的郭沫若通过学术研究重拾辩证唯物论,既包含对翻译河上肇著作的回顾,又意味着对前路的探寻。在接受、转化马克思理论的思想链条上,《中国古代社会研究》将耸立成一个重要里程碑。

二、本土化视角与旁观者的距离

郭沫若翻译河上肇著作时就表现出特立独行,他惊叹于河氏介绍的马克思理论却并非照单全收。由于不赞同河上肇说无产阶级革命需要长期积蓄、等待的"时机论",郭沫若与河上肇的中国门徒、曾是同学和友人的孤军社论战,继而分道扬镳。在辩证唯物

---

① 1954年,郭沫若修改了国民革命期间所作的《请看今日之蒋介石》。其中,重点修改拥护武汉政府的具体措辞,最明显的是改"党国"为"革命"、"国家"。可以看到,他撰文之时是明确拥护代表"党国"的武汉中央的,号召打倒蒋介石这样的野心家以"恢复党权"。至于修改,则体现了基于新民主主义革命史的后设视角。参考韩诚、赵洁:《郭沫若与〈请看今日之蒋介石〉》,《中国现代文学研究丛刊》2018年第5期。

② 郭沫若:《跨着东海》,《郭沫若全集·文学编》(第13卷),人民文学出版社1982年版,第330页。

论思潮盛行之时，面对后期创造社、中国社会性质问题论战各派这两支主要弄潮人马，郭沫若又一次特立独行，通过撰写《中国古代社会研究》成一家之言，其中坚持翻译河上肇著作时期形成的、有关中国革命的具体判断堪称"不变"的确证。

郭沫若解释何以动念研究古代社会，曾特别提及后期创造社："我的向中国古代文献和历史方面的发展，一多半也就是被这几位朋友'挤'出来的。"① 此处选用"挤"一词，含义微妙。这一方面是推崇创造社阐扬唯物辩证论的功劳，让自己大受启发；另一方面，也非常含蓄地表达了不满，所以自己亲自动手。郭沫若曾直接批判国内介绍辩证唯物论的不足：

> 辩证唯物论是人类的思维对于自然观察上所获得的最高的成就，那是毫无疑问的。但只是作为纯粹的方法来介绍，而且生硬地玩弄着一些不容易消化的译名和语法，反而会在这个方法的接受和运用上增加阻碍②。

这里虽然没有指名道姓，却明显针对后期创造社，因为他们好用"不容易消化的译名和语法"广为人知。创造社"后期"崛起，始于李初梨、冯乃超、朱镜我等新生代的加入。他们从日本留学归来，自认掌握了全新的方法论。为清算"五四"文学、强调"从文学革命到革命文学"的必然性，他们提倡无产阶级文学，采用诸如"普罗列塔利亚"、"布尔乔亚"、"奥伏赫变"、"意德沃罗基"、"印贴利更追亚"等一系列新词汇。这些音译词笼罩着浓厚的异域色彩，读起来佶屈聱牙，让大多数人不知所云。不少人对这种翻译风气颇为不满，鲁迅就批评他们挂在嘴边的"奥伏赫变"译得过于难写③。梁实秋则提取"普罗列塔利亚"一词，质疑译者故作高深。梁不无讽刺地引用韦白斯特大字典，说"普罗列塔利亚"没有什么奇货可居，他们在罗马时代仅仅是国家里只会生孩子的阶级④。当时在党内做宣传工作的郑超麟与创造社青年多有接触，却表示看不懂他们编的杂志："里面的文章，我不很看得懂，勉强看一二页就要头痛起来，因为句子长而复杂，文法和术语都很特别。宣传部其他的人看了，也与我有同感。"⑤ 当代学者专研后

---

① 郭沫若：《跨着东海》，《郭沫若全集·文学编》（第13卷），人民文学出版社1982年版，第331页。
② 郭沫若：《跨着东海》，《郭沫若全集·文学编》（第13卷），人民文学出版社1982年版，第330页。
③ 鲁迅：《"醉眼"中的朦胧》，《鲁迅全集》（第4卷），人民文学出版社2000年版，第64页。
④ 梁实秋：《文学是有阶级性的吗？》，《新月》1929年第6-7期。
⑤ 郑超麟：《郑超麟回忆录》，东方出版社1996年版，第176页。

期创造社的译介,则认为其晦涩风格与左翼文艺大众化运动完全背道而驰①。

引入外来理论旨在适用本国本土。相对后期创造社的"食洋不化",《中国古代社会研究》研究儒家经典、出土文物可以说是有的放矢。书中涉及的《诗》、《书》、《易》等"古中国"遗迹,大部分民众即使不能深入了解也有所耳闻。把辩证唯物论用之于此,正是其普适性、真理性的最好说明。《中国古代社会研究·自序》明确提出"中国化"辩证唯物论的目标:

> 要使得一般的、尤其有成见的中国人,要感觉着这并不是外来的异物,而是泛应曲当的真理,在中国的传统思想中已经有着它的根蒂,中国历史的发展也正是循着那样的规律而来。……反过来说,我也正是想就中国的思想,中国的社会,中国的历史,来考验辩证唯物论的适应度②。

在《中国古代社会研究》诸篇中,最早写成的《〈周易〉时代的社会生活》一篇制造"反差"配适,特别引人注目。《周易》满本记录之卜筮言辞本来费解,再加上后代附会伏羲、文王、周公等圣人之说,更化作一座神秘莫测的殿堂。以此作为现代唯物论的试刀石,既出人意料又独具慧眼。在郭沫若看来,那些变化无穷、预测吉凶的八卦反映了生活中的生殖和数学。他提取《周易》的字词一一进行考释,把一部扑朔迷离的卜筮言辞还原为耕种、商旅、渔猎、宗教、行政等现实记录。唯物论"永远历史化"的思维堪做破除神话的利器,这一祛魅思路刷新了国人对"天书"的认知——它其实是一本史书。对比创造社后辈的挟新(洋)自重,郭沫若相当重视新/旧、中/外的配适度,重视理论的"落地"。

与后期创造社差不多同时,国内"新思潮"、"新生命"等各派发起社会性质问题论战,也推动了辩证唯物论的流行。各派虽然具体观点不同,却都自认秉承马克思唯物史观。从现代史学流派来看,他们与郭沫若归属同一阵营。出乎意料的是,各派对《中国古代社会研究》从理论方法、逻辑结构、史料运用、论点论据等多方面发起"罕见的质疑、批判乃至全盘否定"③。究其根本原因,还是郭沫若主要延续、深化自身思考,不直接介入政见党见。

---

① 咸立强:《后期创造社的译介策略及内在矛盾》,《郭沫若学刊》2008年第4期。
② 郭沫若:《跨着东海》,《郭沫若全集·文学编》(第13卷),人民文学出版社1982年版,第330—331页。
③ 周书灿:《社会史论战背景下学术界对〈中国古代社会研究〉的辩难》,《河南社会科学》2014年第2期。

中国社会性质问题论战的政治色彩非常明显。论战以陶希圣1928年10月在《新生命》杂志发表《中国社会到底是甚么社会》起始,之后《新思潮》、《动力》等刊物各抒己见,造成一场影响广泛的论争①。这些论争者以探究社会性质为入口,主要目的还是追问国民革命之后的中国往哪里去。各派主要成员都属政党中人,虽然具体言论分歧丛生,基本观点还是坐实为党派意见。陶希圣等"新生命派"代表国民党改组派发言,认为中国尚是一个宗法封建社会,所以今后的革命主旨是发动国民党内部批判,反省当权派脱离民众的官僚主义作风。《新思潮》杂志宣传中共"六大"意旨,受苏俄斯大林、布哈林派影响,确认革命的主要目标是反帝反封建。由"托派"成员组成的"动力派"则认为中国社会已经进入资本主义阶段,革命的主要任务是反对以国民党为代表的资产阶级。各派急于发表政见,论战中重理论轻材料、互相攻讦的问题格外突出②。正如有的史家指出:"(论战者)一味忙于旁征博引马克思、恩格斯、列宁的文句,而忘记去研究具体的中国历史,而以公式去推论历史。"③ 经过一段时间的论战,陶希圣本人也深感"盲争乱斗",呼吁把谩骂功夫用到探究材料方面④。

郭沫若刚从国民革命的战场退下来,当然看得见这场论战所包含的政治之争、话语权力之争。但他重视从材料考据下功夫,通过考释工作的一砖一瓦来支撑理论判断,具有急于表态者不及的优势。对中国马克思主义史学颇有研究的德里克也认为,"与陶希圣的中国社会分析比较,郭著没有强烈的政治现实意涵……在这一时期的马克思主义著作中盛行的论战性笔调在郭著中是找不到的"⑤。尤其值得重视的是,郭沫若对中国革命的判断没有随时势而变,仍旧延续翻译河上肇著作时期形成的观点。本来,郭沫若在南昌起义后加入中国共产党,又据说流亡日本时身负党中央交代的"重要任务"⑥,那么《中国古代社会研究》理当向"新思潮"派看齐,然而其主要观点明显与之"错位"。该书导论《中国社会之历史的发展阶段》判断中国已经进入无产阶级革命时代:

中国的市民阶级尽管是怎样追赶,但资本帝国主义等不及他们自己的产业扶植

---

① 李娟:《中国社会史大论战的来龙去脉》,《中国社会科学报》2017年2月21日,第4版。
② "中国社会性质问题论战"和"中国社会史论战"在学术史上应有所区别。前者发生在大革命之后到20世纪30年代初,集中讨论中国社会性质问题,主要以《新思潮》、《新生命》、《动力》为阵地。后者还包括更多内容,随着论战的深入,又有关于中国社会史、中国农村社会性质等问题的讨论,前后持续时间约10年,论战阵地还包括《读书杂志》、《中国经济》、《中国农村》等期刊杂志。
③ 翦伯赞:《历史哲学教程》,北京大学出版社1990年版,第138页。
④ 陶希圣:《中国社会形成发达过程的新估定》,《读书杂志》1932年第7-8期。
⑤ [美]阿里夫·德里克:《革命与历史:中国马克思主义历史学的起源(1919—1937)》,翁贺凯译,江苏人民出版社2005年版,第139页。
⑥ 吴奚如:《郭沫若同志和党的关系》,《新文学史料》1980年第2期。

起来，已经把百分之九十以上的国民化成了一个全无产者。电气是已经早传到中国来的，"由大总统而委员长"的革命不是早就在酝酿之中了吗①？

清末，"大总统"取代皇帝发生了资产阶级颠覆封建社会的革命，而"委员长革命"正指代郭沫若亲历的国民革命。可以看到，此时的郭沫若坚持认为国民革命代表了理想的、最新形态的无产阶级革命，他并没有因为蒋介石等具体人事或政党之争，去否定这场革命运动——即使它在后来的新民主主义革命史中被视为"失败"。当年孤军社等河上肇的门生、信徒们坚守经济原则，反对尚处物质贫弱的中国直接进入无产阶级革命。郭沫若反驳他们道："在现在的中国，个人资本主义能够有发展的余地吗？……国际资本家万矢一的地倾向着我们这个还在资本制度以前的中国……中国的情势不是两百年前的亚丹斯密时代的英国。"② 这种资本主义在中国没有发展空间的观点，与上述资本帝国主义不允许中国市民阶级发展自己的产业、把他们逼成"全无产者"的说法，如出一辙。

中共"六大"主张反帝反封、承认资产阶级革命的合理性，把无产阶级革命视为尚未来临的高级阶段。而郭沫若彻底否定资产阶级、要求直接进入无产阶级革命的观点，显得更为激进。如果在论战各派中一定要寻找相近者，他倒与当时的"托派"最为贴合。从时间顺序来看，《中国古代社会研究》出版在先，因其"问题意识"与社会性质问题论战近似，才引发广泛的引述与批判。正如有的学者指出，认为郭沫若写作《中国古代社会研究》是宣传中共"六大"、认为他直接参加中国性质问题论战甚至视之为"主将"，都不过是意识形态之见影响下的误解③。在以后的岁月推移中，郭沫若也没有因为该书观点与"六大"意识形态的"错位"做任何修改。

三、求"全体"意识

《中国古代社会研究》遭到唯物史观阵营的一致批判，郭沫若以此为出发点、不断深入的古文字研究却在马克思主义的"敌人"那里获得了高度认可。1948 年，郭沫若当选国民政府首届院士，尽管评选发生争议最终仍入选人文组 28 人之一，可见其学术足以

---

① 郭沫若：《中国古代社会研究·导论》，《郭沫若全集·历史编》（第 1 卷），人民出版社 1982 年版，第 30 页。
② 郭沫若：《到宜兴去》，《郭沫若全集·文学编》（第 13 卷），人民文学出版社 1982 年版，第 331–332 页。
③ 谢保成：《重评〈中国古代社会研究〉——立足于本世纪 20 年代思想文化的考察》，《中国社会科学院研究生院学报》1992 年第 6 期。

服人①。他最被学界推崇的甲骨文、金文研究,正是从《中国古代社会研究》中探讨卜辞、周代彝铭的两篇文章起步。该书作为郭沫若收获盛名的奠基之作,以一种突出的"求全体"意识摆脱前人研究的光环,深得马克思"整体论"之优长。

从学术传承而言,郭沫若的古代社会研究关联着民国时期兴起的"整理国故"、"罗王业绩";但因呼应马克思"整体论"思维,具有迫切的求"全体"意识,由此占据了一个批判的制高点。马克思的"整体论"(或称"有机论")特性广受关注,如卢卡奇《历史与阶级意识》强调马克思辩证法是"总体性范畴"的,另一位当代马克思研究者马丁·杰伊则直接指出:"马克思的确是一位整体的思想家,总体(totality)一词,或诸如整体(the whole)之类的同义词作为正面用语经常出现在他的著作之中。"② 郭沫若针对考古研究所强调的"全体",与马克思"整体论"异曲同工:"我们注重整个的历史的发展,客观的分析自然要注意到,然而不要忘记了全体……总得向全体努力,即使你自己不能成为全体,当得作为有用的肢体与全体联系。"③

清末民初之际,经学式微,史学崛起,学术发生了经史易位的大变革④。在史学渐成大端的潮流中,胡适、顾颉刚为代表的国故派以及罗振玉、王国维为代表的考古派尤其引人注目。郭沫若对国故派著名的"疑古"思路有所同情、共鸣,古代社会研究从纸面文字转向出土文物就因此而来。从"疑古"角度看来,文字经过历代传抄翻刻,早已不复本来面目。夹杂无数增减篡改、不经辨析的古史只能是一部"伪史"。郭沫若在研读《诗》、《书》等古籍的过程中已经自觉纸上材料不可靠,但直到《中国古代社会研究》成书,才有机会细读《古史辨》(第一册)。他由衷赞叹顾颉刚"层累地造成的古史"的确是卓识:"我发现了好些自以为新颖的见解,却早已在此书中由别人道破了……这些见解与敝见不期而同,但都是先我而发的。"⑤ 对原先看不上的胡适哲学史,郭沫若也承认"于古代的边际却算是摸着了一点"。

然而郭沫若肯定国故派毕竟有限,最不满他们的专注"整理"。郭沫若认为"整理"止步于求事实,远远没有达到"批判"的境界。所谓"批判"是要求从事实推出观点,充满一种整合细节以追求"全体"的冲动:

---

① 参考沈卫威:《郭沫若是怎么当上院士的》,《名作欣赏》2019 年第 2 期。
② 转引自蒂莫西·西尔:《论马克思的整体论》,《国外社会科学动态》1989 年第 9 期。
③ 郭沫若:《序美术考古一世纪》,《郭沫若全集·考古编》(第 10 卷),中国科学出版社 1992 年版,第 27 页。
④ 参见罗志田:《清季民初经学的边缘化与史学走向中心》,《权势转移:近代中国的思想、社会与学术》,湖北人民出版社 1999 年版。
⑤ 郭沫若:《中国古代社会研究附录·夏禹的问题》,《郭沫若全集·历史编》(第 1 卷),人民文学出版社 1982 年版,第 303 页。

我们的"批判"有异于他们的"整理"。

"整理"的究极目标是在"实事求是",我们的"批判"精神是要在"实事之中求其所以是"。

"整理"的方法所能做到的是"知其然",我们的"批判"精神是要"知其所以然"。

"整理"自是"批判"过程所必经的一步,然而它不能成为我们所应该局限的一步①。

在郭沫若看来,学术研究假如不能生产观点作用于社会和时代,即使整理再多材料、复原再多历史还是没有达到目的。国故派提倡"为学术而学术",意在弃绝功利而建立客观科学,但他们孜孜辨析材料不得不遭受无所建树的压力。批评者何止郭沫若一人。《古史辨》问世不久,就被读者催问讨论的结果如何、为何没有清晰的框架系统?顾颉刚只好回应,古史研究还只是开了一个头,至少等到老年才能有结果,目前"还只能见到一点写一点,做零碎的发表和溷杂的编集"②。这样的言辞作为自述,也不无自辩的意思。

在反思国故派的情境下,郭沫若与"罗王业绩"相遇恰逢其时。他由此绕开"辨伪"畏途,直面可征信的材料。相对纸面文字流传容易遭到增删修订,埋在地下的文物一般难以被加工处理,所以后者远比前者可信。这个道理虽然简明,但考古学在20世纪上半期的中国尚属一门新兴学问,真正做出成绩者寥寥。身居日本相对封闭的环境,郭沫若幸运地觅得罗振玉、王国维的考古著作。他最先找到罗振玉的《殷虚书契前编》,得以接触河南安阳殷墟这一中国当时最大的考古发现。可惜罗书主要蒐集甲骨拓片,缺乏阐释论述。由于当时毫无甲骨文功底,郭沫若只看到一片片墨黑底色的拓片上有白色纹路,除了确认那是文字,其他一无所知。直到辗转在东洋书库找到王国维的《殷虚书契考释》,终于柳暗花明。书中不仅有详细的字汇考释而且项目井然,令郭沫若十分欣喜,对之评价很高:"那书的一首一尾都有他(指王国维——引者注)做的序,不仅内容充实,前所未有,而文笔美畅,声光灿然,真正是令人神往。"③ 如获至宝的郭沫若仅仅花一两个月的时间,就读完了文库里的《观堂集林》,并扩展至馆藏的一切甲骨文、

---

① 郭沫若:《中国古代社会研究·自序》,《郭沫若全集·历史编》(第1卷),人民文学出版社1982年版,第7页。

② 顾颉刚:《〈古史辨〉第一册自序》,《古史辨自序(上)》,河北教育出版社2000年版,第19—20页。

③ 郭沫若:《我是中国人》,《郭沫若全集·文学编》(第13卷),人民文学出版社1982年版,第363页。

金文著作以及中国境内考古相关书籍。

郭沫若在罗振玉尤其是王国维引路下接触"新材料",但在"新问题"的解决上他自认超过两位导师。罗振玉、王国维的甲骨文研究承中国朴学传统,主要做文字的汇集和考释。郭沫若则一开始就定位于探寻古代社会面貌,进而阐释中国社会的发展规律:"余之研究卜辞,志在探索中国社会之起源,本非拘于文字史地之学。"① 在世界文明史的视野下,古代社会研究指向更加广阔,即实证中国社会的发展轨迹与欧洲社会相似:"中国人不是神,也不是猴子,中国人所组成的社会不应该有甚么不同。"② 实际上,辩论中国社会发展是否与欧洲相同是20世纪20年代末马克思主义史学界的热点问题,它不仅在苏俄理论家内部爆发而且成为中国社会性质问题论战的焦点。否定者认为中国社会长久停留在稳定的"亚细亚社会",本身没有发展出现代资本主义。郭沫若不同意这种观点,在他看来,中国社会发展符合马克思《政治经济学批判·序言》总结的社会形态"四阶段论",殷商之变就是中国社会脱离"亚细亚社会"(原始公社社会)的证据。值得注意的是,中国社会是否停留于"亚细亚生产方式"并非一个单纯的学术问题,将对中国革命的方向和策略起重要指导作用。基于如此宏大的"问题意识",郭沫若的"说文解字"竭力超脱零碎考据,向系统科学提升。

例如,从具体字形现象说起,推断殷商时代畜牧业极度繁盛。郭沫若发现卜辞中用牲之数极多,"马"、"牛"、"羊"、"鸡"、"犬"、"豕"往往被采用为象形文字的某个部件,而且"象"也作为一个部件嵌入"御"、"为"等字中。又据《吕氏春秋》记录,先秦的人们多驭使大象,有服象、蓄象习俗。郭由此认为,卜辞时代不仅具备了后代生活常见的"六畜",还以大象为"第七畜",驱使于日常生活,可见畜牧业之发达③。又例如从周代彝铭文字实证奴隶社会的特性。彝铭中存在许多有关"臣"、"仆"、"人民"的条目,凡指称者,被用于赏赐、买卖、抵债等功用,与器物了无分别。郭沫若得以推断,低等人群在当时属于公认的一种社会财产,正是奴隶制出现的证明④。就社会形态特点而言,畜牧业的发达、奴隶被大规模使用这两个方面,标志着奴隶制度的形成。可以看出,郭沫若的研究旨归是层层推进的:从文字考释揭示殷周变革,从殷商变革说明中国社会历经氏族社会到奴隶社会的过渡,从社会形态过渡求证中国并未陷入"亚细亚

---

① 郭沫若:《甲骨文字研究·序》,上海大东书店1931年版,第1页。
② 郭沫若:《中国古代社会研究·自序》,《郭沫若全集·历史编》(第1卷),人民文学出版社1982年版,第6页。
③ 郭沫若:《卜辞中的古代社会》,《郭沫若全集·历史编》(第1卷),人民文学出版社1982年版,第201-208页。
④ 郭沫若:《周代彝铭中的社会史观》,《郭沫若全集·历史编》(第1卷),人民文学出版社1982年版,第252-255页。

社会"形态。他填补了马恩未能展开的中国社会研究,又反驳了中国社会长期停滞、不符合一般发展规律的观点①。如此由小及大、由局部而整体,郭沫若自信细节的古文字研究具有整体价值:"中国的瞽目暴睛的文字是比穿山甲、比蝟毛还要难于接近的逆鳞。外国学者的不谈,那是他们的矜慎……中国人是应该自己起来,写满这半部世界文化史上的空页。"② 也无怪董作宾从系统性着眼,肯定郭的古代社会研究道:"他把《诗》、《书》、《易》里面的纸上材料,把甲骨卜辞、周金文里面的地下材料,熔冶于一炉,制造出一个唯物史观的中国古代文化体系。"③

四、结语:重评革命、革命知识分子

以接受、转化马克思理论为逻辑,前文主要总结郭沫若研究古代社会之优长。毋庸讳言,《中国古代社会研究》一书也存在不少缺陷,刚问世就遭到各种批评,郭沫若自己也承认该书犯了"公式主义"、误用史料、以讹传讹等毛病。然而就像有的研究者所说:"'大家'的意思,不是字字句句颠扑不破,每篇文章都是'不刊之论',而是把每个细小的问题都能纳入大的范围来考虑,善于以小见大,它更关心的问题是整体推进。"④ 本文不想刻意拔高郭沫若的古代社会研究,而强调他的学术探索有着思想的独立性和一致性。

令人遗憾的是,多变善变的郭沫若形象掩盖了他的"不变"。自20世纪80年代以来,学界破除政治决定论、要求学术独立的呼声日高。以"告别革命"为"先见",凡站在共产革命一边、主张为政治服务的知识分子不同程度地遭到质疑,而郭沫若尤其沦为追逐政治风潮的"变色龙"。对其无人格、无操守的贬斥真假掺杂、流行成风,一个影响广泛的"非郭沫若"认识装置遮蔽了历史本原⑤。自余英时质疑郭沫若抄袭钱穆,郭的学术研究更是备受争议,甚至被众多研究者避而不谈。然而20世纪的中国学术无法让马克思主义的中国化缺席,也就不能抹掉郭沫若的相关创见。20世纪20年代的郭沫若

---

① 马克思、恩格斯早就提出了所谓"亚细亚生产方式",但未对中国的具体情况作深入研究。国民革命结束后,苏俄部分理论家坚持说中国社会具有停留于"亚细亚社会"的特性,长久陷于极度稳定和停滞中。参见阿里夫·德里克:《革命与历史:中国马克思主义历史学的起源(1919—1937)》,翁贺凯译,江苏人民出版社2005年版。
② 郭沫若:《中国古代社会研究·自序》,《郭沫若全集·历史编》(第1卷),人民文学出版社1982年版,第9页。
③ 董作宾:《中国古代文化的认识》,《中国现代学术经典·董作宾卷》,河北教育出版社1996年版,第614页。
④ 李零:《我读〈观堂集林〉》,《书城》2003年第8期。
⑤ 李斌:《对"非郭沫若"认识装置的反思》,《文艺理论与批评》2017年第5期。

亲历国民革命又返身学术研究，堪称"有学问的革命家"。客观地说，他身处某些具体情境，尤其晚年，言行有待商榷甚至应引以为戒，但采取"倒推"思维对之全盘否定，与从反思"文革"出发继而否定中国现代革命运动如出一辙。这种思维模式的误区，无非以另一种极端去替代曾经的政治论极端。当我们反观"纯学术"、"纯文学"其实不过是一种话语生产，重评革命、革命知识分子就成了势所必要、理所当然。政治/学术的二元思维曾经极大程度地主导学术研究，学术为政治服务与学术独立作为两种思维模式导致了截然不同的评判。实际上，20世纪中国的学术与政治从来不曾隔离，二者的相生相克、冲突张力留下了意味无穷的探索空间。本文还原郭沫若的学者形象，发掘他为共产革命所做的学术探究及理论建设，正是尝试"重评"之一种。

（作者单位：北京师范大学文学院博士后流动站、河北大学文学院）

"大文学"视野

鲁迅的先秦思想图景

郭君臣 张 莉

20世纪30年代,鲁迅从"参与世界上的事业"的角度出发,对中国传统重新进行总结、辨析,其中最重要的作品是1935年4月写成的《在现在中国的孔夫子》,以及1936年最终编订的小说集《故事新编》。

一、鲁迅对儒家以及先秦思想传统认识的调整

《在现在中国的孔夫子》回溯孔子去世后成为"敲门砖"的历史,回溯近代以来"圣道"与西方文明交接、一触即溃的历史,认为虽然孔子生前恓恓惶惶,死后被人利用,小民敬而远之,值得同情,但"实在也叫不得冤枉","不错,孔夫子曾经计划过出色的治国的方法,但那都是为了治民众者,即权势者设想的方法,为民众本身的,却一点也没有。这就是'礼不下庶人'"①。鲁迅是用现代民主观念衡量孔子的政治理念。关于民主制、共和制和君主制孰优孰劣的问题,西方从古希腊开始就有争论,到今天也没有最终定论,也不大可能有最后结论。鲁迅没有深究这背后的复杂思想脉络,直接认定"礼不下庶人"是为"权势者设想的方法"。

鲁迅小时候受习俗和当时文教体系的影响,心里原本是认同"礼不下庶人"之类观念的。1935年,他在给萧军的信中,说自己记得"幼小时候,社会上还大抵相信进士翰林状元宰相一定是好人"②。鲁迅15岁时读野史,先是愤怒于张献忠的凶残,接着就将

---

① 鲁迅:《在现代中国的孔夫子》,《鲁迅全集》(第6卷),人民文学出版社2005年版,第329页。
② 鲁迅:《351029 致萧军》,《鲁迅全集》(第13卷),人民文学出版社2005年版,第571页。

憎恨转移到朱棣身上去了，因为朱棣身为皇帝却阴险狠毒地对待反对自己称帝的大臣，"那时我毫无什么历史知识，这憎恨的转移原因是极简单的，自以为流贼尚可，皇帝却不该，还是'礼不下庶人'的传统思想"①。可能正是小时候这样深切的确信和记忆，让鲁迅质疑儒家治国观念以及作为其基础的儒家人性观念的有效性：这些说辞能抵挡得住人心的邪恶吗？

1926年，在《谈皇帝》中，鲁迅把历史上儒家在道统和现实政治之间的纠结写得很清楚：

> 儒家的靠了"圣君"来行道也就是这玩意，因为要"靠"，所以要他威重，位高；因为要便于操纵，所以又要他颇老实，听话。
>
> 皇帝一自觉自己的无上权威，这就难办了。既然"普天之下，莫非皇土"，他就胡闹起来，还说是"自我得之，自我失之，我又何恨"哩！于是圣人之徒也只好请他吃"红嘴绿鹦哥"了，这就是所谓"天"。据说天子行事，是都应该体贴天意，不能胡闹的；而这"天意"也者，又偏只有儒者们知道着。
>
> 这样，就决定了：要做皇帝就非请教他们不可。
>
> 然而不安分的皇帝又胡闹起来了。你对他说"天"么，他却道，"我生不有命在天?!"岂但不仰体上天之意而已，还逆天，背天，"射天"，简直将国家闹完，使靠天吃饭的圣贤君子们，哭不得，也笑不得。
>
> 于是乎，他们只好去著书立说，将他骂一通，豫计百年之后，即身殁之后，大行于时，自以为这就了不得。
>
> 但那些书上，至多就止记着"愚民政策"和"愚君政策"全都不成功②。

在鲁迅看来，孔子坚持的君子、小人之分从来就没有演变为现实中善好的统治形式。《在现代中国的孔夫子》中，鲁迅辨别出两个孔子：一个是死后不断被当作"砖头"用的"权势者们的圣人"，一个是"活着的时候颇吃苦头的"、为"道"奔波却失败而无奈的孔子③。正是因为看见了这个"活着"的孔子，1936年在《〈出关〉的"关"》中，鲁迅比较老子和孔子，给了孔子更多肯定。这是一个很大的变化。鲁迅去日本留学，"正

---

① 鲁迅：《病后杂谈之余》，《鲁迅全集》（第6卷），人民文学出版社2005年版，第185页。
② 鲁迅：《谈皇帝》，《鲁迅全集》（第3卷），人民文学出版社2005年版，第269页。
③ 鲁迅：《在现代中国的孔夫子》，《鲁迅全集》（第6卷），人民文学出版社2005年版，第326页。

因为绝望于孔夫子和他的之徒"①,对孔子和儒家是完全否定的。而在1908年写《摩罗诗力说》时,他对老子的否定中有肯定:"老子书五千语,要在不撄人心;以不撄人心故,则必先自致槁木之心,立无为之治;以无为之为化社会,而世即于太平。其术善也。"② 接下来,在1926年《汉文学史纲要》中,鲁迅对老子的评价没有变,以为其"尚无为而欲治天下,其无为者以欲'无不为'也"。不过这一时期鲁迅对儒家的评价发生了变化,在书中鲁迅第一次从整体上考察先秦思想传统:

> 察周季之思潮,略有四派。一邹鲁派,皆诵法先王,标榜仁义,以备世之急,儒有孔孟,墨有墨翟。二陈宋派,老子生于苦县,本陈地也,言清净之治,迨庄周生于宋,则且以"天下为沉浊不可与庄语",自无为而入于虚无。三曰郑卫派,郑有邓析申不害,卫有公孙鞅,赵有慎到公孙龙,韩有韩非,皆言名法。四曰燕齐派,则多有空疏迂怪之谈,齐之驺衍,驺奭,田骈,接子等,皆其卓者,亦秦汉方士所从出也③。

《汉文学史纲要》是学术研究,只是显出邹鲁派的崇实尚质,还属客观评述。到1934、1935年,鲁迅开始重新编排老子、孔子、墨子和庄子的序列,心里有了新的先秦思想图景。这个图景在《故事新编》中最完整地显现出来。1932年,《故事新编》还只有三篇,分别是《不周山》(1922)、《奔月》(1926)、《眉间尺》(1926),鲁迅就将其和《呐喊》、《彷徨》、《野草》、《朝花夕拾》并列在一起,说这几本书是自己最重要的作品④。《非攻》作于1934年,剩下的四篇《理水》、《采薇》、《出关》、《起死》分别作于1935年11月、12月。1936年,《故事新编》结集出版,鲁迅有序云:"这一本很小的集子,从开手写起到编成,经过的日子却可以算得很长久了:足足有十三年。"⑤《故事新编》的写作几乎贯穿了1918年之后鲁迅的整个创作历程。1922年写《不周山》时,鲁迅并没有关于《故事新编》的整体想法,只"是想从古代和现代都采取题材,来做短篇小说"⑥。1926年再次动笔,鲁迅已经有了整体考虑,说要"拾取古代的传说之类,

---

① 鲁迅:《在现代中国的孔夫子》,《鲁迅全集》(第6卷),人民文学出版社2005年版,第326页。
② 鲁迅:《摩罗诗力说》,《鲁迅全集》(第1卷),人民文学出版社2005年版,第69页。
③ 鲁迅:《汉文学史纲要》,《鲁迅全集》(第9卷),人民文学出版社2005年版,第377页。
④ 鲁迅:《〈自选集〉自序》,《鲁迅全集》(第4卷),人民文学出版社2005年版,第469页。
⑤ 鲁迅:《故事新版·序言》,《鲁迅全集》(第2卷),人民文学出版社2005年版,第353页。
⑥ 鲁迅:《故事新版·序言》,《鲁迅全集》(第2卷),人民文学出版社2005年版,第353页。

预备足成八则《故事新编》"①。1932年,《自选集》的序言概括还未完成的《故事新编》"是神话,传说及史实的演义"②。这本书从动心起念到最后完成历时13年,可见是鲁迅的用心之作。

但鲁迅对《故事新编》并不满意。1936年在给黎烈文的信中,鲁迅提到了"油滑","《故事新编》真是'塞责'的东西,除《铸剑》外,都不免油滑,然而有些文人学士,却又不免头痛,此真所谓'有一利必有一弊'。而'有一弊必有一利'也"③。《故事新编·序言》中说到对《不周山》创作的不满,也是因为油滑,"首先,是很认真的,虽然也不过取了弗罗特说来解释创造——人和文学的——的缘起吧。不记得怎么一来,中途停了笔,去看日报了,不幸正看见了谁——现在忘记了名字——的对于汪静之君的《蕙的风》的批评,他说要含泪哀求,请青年不要再写这样的文字。这可怜的阴险使我感到滑稽,当再写小说时,就无论如何,止不住有一个古衣冠的小丈夫,在女娲的两腿之间出现了。这就是从认真陷入了油滑的开端。油滑是创作的大敌,我对于自己很不满"④。

鲁迅说的"油滑"是什么意思?《故事新编》中,鲁迅最满意的小说是《铸剑》。与《列异传》和《搜神记》中的记载相比,《铸剑》极大扩充了黑衣客的故事。鲁迅用自己的生命体验去接近黑衣客的精神世界,写出了"死缠乱打"的坚韧和决绝,风格高古。《故事新编》里的其他小说,鲁迅却没有这样专心致志,小说中也有接近古人精神世界的努力,但总会掺入鲁迅当时身历的现实琐细,比如《补天》中的那个"古衣冠的小丈夫",《奔月》里的家庭矛盾和英雄末路的悲哀,《非攻》结尾墨子碰上了中华民国里的晦气,"一进宋国界,就被搜检了两回;走进都城,又遇到募捐救国队,募去了破包袱;到的南关外,又遇到大雨,到城门下,被两个执戈的巡兵赶开了,淋得一身湿,从此鼻子塞了十多天"⑤。

1935年,鲁迅干脆放开,大量在小说中影射现实,甚至现实里的角色也被写入古人的世界里,有点戏说的味道。鲁迅说《故事新编》的创作,"叙事有时也有一点旧书上的根据,有时却不过信口开河"⑥,一开始是受到现实干扰,后来是有意将现实琐细纳入小说世界中;严肃接近古人精神世界的努力,添加上对现实的嬉笑怒骂,难免"油滑",使得小说不够精纯。对于这种"油滑",鲁迅开初是不满和排斥的,不过小说编为集子

---

① 鲁迅:《故事新版·序言》,《鲁迅全集》(第2卷),人民文学出版社2005年版,第354页。
② 鲁迅:《〈自选集〉自序》,《鲁迅全集》(第4卷),人民文学出版社2005年版,第469页。
③ 鲁迅:《360207致黎烈文》,《鲁迅全集》(第14卷),人民文学出版社2005年版,第17页。
④ 鲁迅:《故事新编·序言》,《鲁迅全集》(第2卷),人民文学出版社2005年版,第353页。
⑤ 鲁迅:《非攻》,《鲁迅全集》(第2卷),人民文学出版社2005年版,第479页。
⑥ 鲁迅:《故事新编·序言》,《鲁迅全集》(第2卷),人民文学出版社2005年版,第354页。

时，他的看法已经是"有一弊必有一利"了，以为如此也无妨，而且还有好处，好处在于"没有将古人写得更死"。《故事新编》中的小说明显有两个世界。一个是俗人、庸众的世界。其中有伪士，有观众，有奴才，还有"正人君子"等等，鲁迅批判过的各种人物类型小说都涉及了。一个是小说主人公超拔而出的世界。他们或者有坚定的信念和艰苦卓绝的努力，或者想逃避、超脱出纷繁复杂的世界，鲁迅认同前者，以为这些向上的意志和耐心的劳作是切实有用的；大体上否定后者，认为他们的信念自相矛盾，容易被人利用，不仅改变不了现实，也没有力量保护自己。

小说中的两个世界相互作用，鲁迅一面尽力描摹出古人精神世界的实质，一面又把他们放到俗众的世界。女娲和黑衣人完全超越于俗众之上，凭的是神力或意志，但生前或死后还是不免俗众的纠缠。其他人物更是如此。墨子席不暇暖救了宋国之后，不能免于宋国宵小的侮辱和勒索。大禹治水成功之后，"态度也改变一点了：吃喝不讲究，但做起祭祀和法事来，是阔绰的；衣服很随便，但上朝和拜客时候的穿著，是漂亮的"①。反过来，人物和信念的力量也在与现实纠斗的过程当中体现出来。伯夷、叔齐尊奉"先王之道"，只知退却，结果只能是饿死在首阳山。老子对世间的道理想得很透彻，却强调无为，那结果也只能是沦为无用。《起死》中的庄子更像个道士，他满嘴出世观念，在汉子赤裸裸的物质需要面前成了笑话。通过上述两个世界的相互作用，鲁迅描摹出这些古人生活于现在可能会有的样子，也就是"没有把古人写得更死"。

二、鲁迅笔下的禹墨侠的传统以及两种儒家和道家

通过《铸剑》、《非攻》、《理水》三篇，鲁迅构建出一个禹墨侠的传统。鲁迅对这个传统确认的相应次序是先侠后禹，再到墨子。鲁迅性格中有尚侠任气的一面，1898年到1902年曾自号"戛剑生"②，到1936年还曾称引王思任的"会稽乃报仇雪耻之乡"，拒绝为浙江党部治下的《越风》写稿③，以报1930年浙江党部呈请国民党中央通缉自己的一箭之仇。因为有生命的寄托在里边，《铸剑》"写的确是较为认真"，鲁迅把侠义精神诠释得神完气足，瑰丽雄奇。鲁迅对大禹的认同稍晚一些。大禹是华夏族的祖先之一，传说葬在鲁迅家乡绍兴的会稽山上。民国建立前后，有民族革命思想的鲁迅曾到大禹陵祭拜。1912年，鲁迅撰《〈越铎〉出世辞》赞越地民风云："其民复存大禹卓苦勤劳之

---

① 鲁迅：《理水》，《鲁迅全集》（第2卷），人民文学出版社2005年版，第400页。
② 鲁迅博物馆、鲁迅研究室：《鲁迅年谱（一）》，人民文学出版社1981年版，第62-63页。
③ 鲁迅：《360210 致黄苹荪》，《鲁迅全集》（第14卷），人民文学出版社2005年版，第24页。

风，同勾践坚确慷慨之志。"① 1930年在《流氓的变迁》中，鲁迅做过类似追溯——"墨之徒为侠"，而大禹又是墨家的圣人，禹墨侠连通为一个传统本是水到渠成的事情。鲁迅1926年在厦门写好《眉间尺》，直到1934年才写出《非攻》，一年之后又写出《理水》。

先来看《眉间尺》和《非攻》。《眉间尺》中的主人公还是鲁迅呼吁的"精神界之战士"，以高傲的沉默和决绝的姿态，担当起复仇的使命，在"死缠烂打"之中显出高贵和豪迈，像是尼采的"超人"。《非攻》里的墨子则不同，依然坚定果决，但多了些忍辱负重，他的世界里容纳下更多的人。黑衣客为眉间尺一个人报仇，墨子为宋国奔波，有将"行义"普及天下的愿望。到了《理水》，大禹已经走遍九州，为天下人通山浚河、治理水患了。从写作风格上看，《眉间尺》瑰丽雄奇，《非攻》质朴无华，甚至有点拘谨，大体原因有二：一是太贴近史料了，二是鲁迅还没有完全找到新的让现实因素进入小说的方式。《理水》有一个大的变化，鲁迅在讲述大禹治水故事的同时又有对现实冷峻的关切。与同时期并行的杂文作品相比，《理水》不只是批判和讽刺，而是多了人物及其精神的塑造，小说中有一群黑瘦而精干的英雄屹立起来，成为超拔于喧嚣世界之上的力量。黑衣客上通墨子和大禹的过程，也就是尼采式的"精神界之战士"接续中国民族传统，在现实中找到出路的过程。在这个过程中，个人向上的意志容纳现实的苦难和喧嚣，生发为改变世界状况的切实力量。

鲁迅确认了禹墨侠的传统，也就有了审视先秦其他思想传统的标准，对儒道两家的判断也就清楚了。所以，《理水》之后，鲁迅很快写好了《采薇》、《出关》和《起死》。与《铸剑》、《非攻》、《理水》努力接近古人精神世界的写法不同，《采薇》、《出关》和《起死》多采用漫画式写法，侧重写古人在人群中颠簸流转的那一面，不大关注其内在的精神世界。小说对原始文本的改编甚大，将古人强行纳入自己的解释系统之中，因此小说对人物的描述和评定，与古代典籍中人物的形象差别甚大，两者之间形成了巨大张力。下面就其中的差异辨析一二。

《采薇》的故事直接来自《史记·伯夷列传》。《伯夷列传》的写法比较特别，司马迁放了很多自己的感慨和疑问进去，首先罗列古代的几位隐士，引用孔子对伯夷的评价——"求仁得仁，又何怨乎"？接着便讲史实、引佚诗、发议论，司马迁接连问了六个问题：伯夷叔齐的选择和坚守有价值吗？他们真的无怨吗？天道真有吗？仁义真要看得如此重，富贵真可以看得那样轻吗？如果没有孔子的赞扬，伯夷叔齐还会名闻天下吗？他们的行为值得效仿吗？《采薇》可以看作鲁迅对这些问题的回答。鲁迅的答案基本上

---

① 鲁迅：《〈越铎〉出世辞》，《鲁迅全集》（第8卷），人民文学出版社2005年版，第41页。

是否定的。伯夷、叔齐不光有怨,还相互埋怨,他们讲仁义,却对武王的征伐和纷乱的人世无力、无奈,不容于天地之间,死后还被编排上恶名,简直是浪费生命于无用之地。仔细辨析一下,司马迁的问题中也隐含着鲁迅的答案,不过司马迁提问题的方式还隐藏着更丰富的意蕴,保留了伯夷、叔齐的"怨"通向"求仁得仁,又何怨乎"的可能性。

《出关》主要有两个情节,一是老子和孔子的交流与冲突,一是老子出关时为关尹喜所迫而写《道德经》。第一个情节主要来自《庄子·天运》,老子提醒孔子不要执着于六经,那是先王陈迹,重要的是领悟天地万物和人类历史变动不居的本质,孔子经过三个月的体悟,领会了老子的意思。《论语》中说老子是孔子"严事"的老师。司马迁的《孔子世家》、《老子韩非列传》中对孔老相见也有记载,只有几句对话,简略得多,但大体意思和庄子差不多,都是说孔子问礼于老子,是一次真正意义上的师徒授受。1906年前后,章太炎反孔,说孔子诈取了老子的权术,反过来威逼老子,老子只好逃避出关。对于章太炎的说法,鲁迅的态度是"并不信为一定的事实"①,但还是用在小说里当作老子出关的原因。《史记》中说是老子"见周之衰,乃遂去",后来道教的解释是老子成仙或化胡去了,都说老子出关是深谋远虑后的主动抉择。鲁迅则相反,他干脆把老子拉低,视逃避现实为老子思想的主要特征。

第二个情节是对《史记》简略记载的演绎,掺入调侃当时文坛现象的对话,以致邱韵铎以为这篇小说是鲁迅的自况。鲁迅否认《出关》是自况,明确表示小说中关尹喜对老子的嘲笑就是自己的意见,老子不过是一个"徒作大言的空谈家","要无所不为,就只好一无所为,因为一有所为,就有了界限,不能算是'无不为'了","于是加以漫画化,送他出了关,毫无爱惜"②。这样理解老子,显然是过于简化了。"无为而无不为"的具体出处是《老子》37章和48章。37章云:"道常无为而无不为。侯王若能守之,万物将自化。化而欲作,吾将镇之以无名之朴。无名之朴,夫亦将不欲。不欲以静,天下将自定。"48章云:"为学日益,为道日损。损之又损,以至于无为,无为而无不为。取天下常以无事,及其有事,不足以取天下。"对照上下文的意思,无为是针对有为提出来的,并不是什么都不做,而是超越了常轨之为的"无为之为",是为了实现"社会总体的、自然的和谐以及社会中个体生命的意义"③。

《出关》中的老子面对嘲笑沉默不语,还保持着自己的尊严。《起死》则完全是漫画化的戏说,其中的庄子更像个道士。故事的材料取自《庄子·至乐》中的一则寓言,寓

---

① 鲁迅:《〈出关〉的"关"》,《鲁迅全集》(第6卷),人民文学出版社2005年版,第539页。
② 鲁迅:《〈出关〉的"关"》,《鲁迅全集》(第6卷),人民文学出版社2005年版,第539-540页。
③ 刘笑敢:《老子——年代新考与思想新诠》,台北东大图书公司2005年版,第132-133页。

言的意思恰好与鲁迅的改编相反，寓言中记挂"亡国之事"、"不善之行"、"冻馁之患"的是庄子，反倒是骷髅给庄子讲了一通死比生好的大道理。不过，鲁迅这样改编也不算错，因为骷髅的意思也正是《至乐》作者的想法。《至乐》是《庄子·外篇》中的一篇，一般认为是庄子后学的作品。关于生死，《庄子·内篇》中的表达稍有不同，《大宗师》云"夫大块载我以形，劳我以生，佚我以老，息我以死。故善生者，乃所以善死也"、"善生善死并提，意仍在重生上"①，《养生主》中谈的是养形、养神，"为善无近名，为恶无近刑，缘督以为经。可以保身，可以全生，可以养亲，可以近年"，说的是"人生有涯"，要好好地对待生，因此也要好好地对待死。庄子是在把生和死都看得很严重的基础上说"外死生"的。

庄子说"逍遥"也不是无所顾忌的高蹈，而是于"人间世"里的超拔。郭象注"人间世"云："与人群者，不得离人。然人间之变故，世世异宜。唯无心而不自用者，为能随变所适而不荷其累也。"②《天下篇》中，庄子评价自己云："独与天地精神往来，而不敖倪于万物。不谴是非，以与世俗处。"精神世界可以大到与天地沟通，却并不雄踞于万物之上，而是与世俗里的人事认真相处。所谓"不谴是非"，也不是《起死》中庄子口中的无是非或者混淆是非。《齐物论》中"彼亦一是非，此亦一是非"，不是庄子的主张，而是对人间万象的描述。他要做的是"因是"和"以明"，"因其所然而然之"，"因其所非而非之"，就是是非非通过言与行加以推理实践，从而"得其环中，以应无穷"。

鲁迅这样有意曲解或错解伯夷、老子和庄子，有什么特别的意味？早就有人注意到鲁迅笔下有"两个庄子"③，《汉文学史纲要》中的庄子放达恣肆，《起死》中的庄子像个偷奸耍滑的道士。在鲁迅这里，老子、孔子以及儒家都可以分辨出两个面相，他既有对孔子和老庄的客观性研究，也曾言辞激烈地反对儒、道两家，说自己"也何尝不中些庄周韩非的毒，时而很随便，时而很峻急。孔孟的书我读得最早，最熟，然而倒似乎和我不相干"④。那么，鲁迅与笔下两个面相的孔子和老庄究竟是什么关系？

《星花旧影》中，徐梵澄曾谈到鲁迅很深的道家修为：

> 道家的修养——因为先生也深通老、庄——，胸襟达到了一极大的沉静境界，仿佛是无边的空虚寂寞，几乎要与人间绝缘。如诗所说"心事浩茫连广宇"，外表

---

① 钟泰：《庄子发微》，上海古籍出版社2002年版，第400页。
② 庄子：《南华真经注疏》，郭象注，成玄英疏，中华书局1998年版，第75页。
③ 钱碧湘：《鲁迅笔下的两个庄子》，《鲁迅研究》（第13辑），中国社会科学出版社1988年版。
④ 鲁迅：《写在〈坟〉的后面》，《鲁迅全集》（第1卷），人民文学出版社2005年版，第301页。

则冷静得可怕，尤其在晚年如此……这冷静境界，在思想上成就了精辟的见解，看事物异常深透，所谓"静则生明"……方寸间没有营营扰扰如庸人怕病畏死而求治之不遑，则身体听其自在，是有其抵抗力的，稍加调治，便易恢复正常。可说能外其生，有时竟如视自己已死，真也到了庄子所谓"尸居而龙见，雷声而渊默"的地步。常时静处如尸，使神气完足，体力增强，一动则行气如龙，如所谓"龙见"了。

上面那句诗下面的一句，是"于无声处听惊雷"。这句可解释为革命爆发于不觉之处的期待。意思未必直取自"雷声而渊默"这语，然恰可相通，或倒过说"渊默而雷声"，更切合先生个人的境界……其冷静，"渊默"，不能纯粹是对辛亥革命后的许多事情的失望造成的，必亦是由于一长期的修养，即内中的省察存养而致。换言之，在自己下过绝大的功夫。显然，这必是受了佛经或老、庄的影响。这只偶尔在文字中透露一点……如说自己冷静，也以此冷静驱遣了旁人，或说解剖他人，先解剖了自己之类。经过在广州（或在厦门？）过多社会活动后，便说"装死"，这中间也透出了一点消息。当然，"雷声"可闻，"渊默"便无可闻。没有人能窥透那渊深无底的心灵，一现则表为一时代的热烈的伟大革命者①。

即便是孔孟，于鲁迅也并非不相干，除了与现实中的复古势力和道学家缠斗以外，儒家的政治策略、对人的认识，一直都是鲁迅质疑的对象。1934 年，在《关于中国的王道》中，鲁迅批判过儒家王道的政治理想："虽是那王道的祖师而且专家的周朝，当讨伐之初，也有伯夷和叔齐扣马而谏，非拖开不可；纣的军队也加以反抗，非使他们的血流到漂杵不可。接着是殷民造反，虽然特别称之曰'顽民'，从王道天下的人民中除开，但总之，似乎究竟有了一种什么破绽似的。"② 批判过西周王道的底子是霸道，1935 年鲁迅又反过来批评伯夷叔齐的退让避世，鲁迅究竟想表达怎样的观念？对此，高远东有一段总结："鲁迅与儒家的关系始终围绕人与社会、人与自我、人与人即所谓'个人与社会的关系，他作为人的最终可能性，怎样最好地实现这种可能性'的问题展开。通过对伯夷叔齐和周武王体现的儒家'内圣外王'的'成人'路线的考察，鲁迅试图在个人道德的完整性和社会责任感之间建立一种相互依存的关系，在个人的内在自由与适应社会使命的召唤之间找到其统一点，它实际占据着包括道德与事功、内圣与外王、王道与霸

---

① 徐梵澄：《星花旧影》，《徐梵澄文集》（第 4 卷），上海三联出版社 2006 年版，第 387-388 页。
② 鲁迅：《关于中国的两三件事》，《鲁迅全集》（第 6 卷），人民文学出版社 2005 年版，第 10-11 页。

道等相关范畴的中心。与儒家对这一问题的伦理主义回答不同，鲁迅否定道德判断的先验性和唯一性，把人的价值的最终可能性的问题视为一种人作为历史主体参与社会、政治、文化过程的实践结构，只有不回避个人的社会责任和道德使命的承担，才能确认人的道德完整的实质，为人的价值实现的各种可能性奠定其现实基础。"①

　　用鲁迅自己的话说，"现在是一个多么迫切的时候"，"为未来的文化设想，固然是很好的，但为现在抗争，却也正是为现在和未来的战斗的作者，因为失掉了现在，也就没有了未来"②。《〈出关〉的"关"》中肯定孔子，因为孔子看重当下，"孔也尚柔，但孔以柔进取，而老却以柔退走。这关键，即在孔子为'知其不可为而为之'的事无大小，均不放松的实行者"③。古书中高远的道理必须接受现实和个人自觉的检验，《采薇》把伯夷、叔齐重新拉入现实的脏污中，《出关》和《起死》也是如此，老子要逃避人世纷争，庄子要脱离苦难说生死，在鲁迅看来，不是自我欺骗，就是另有所图。这样，鲁迅笔下的两个庄子，或者两个老子、两种儒家又统一到一块，鲁迅明白老庄和儒家向往的精神境界，但批判其在现实中的变异。这些批判不是认识的终点，而是从现实出发，重新恢复儒家和道家传统生机的起点。

　　1934年到1936年，鲁迅几次化用或引用庄子《大宗师》里的一句话——"泉涸，鱼相处欲陆，相呴以湿，相濡以沫，不如相忘于江湖。"一次是1934年买了《芥子园画谱三集》送给许广平，题诗云："十年携手共艰危，以沫相濡亦可哀；聊借画图怡倦眼，此中甘苦两心知。"④ 一次是1936年在《我要骗人》中引述庄子的话，然后说"可悲的是我们不能互相忘却"⑤，他不能忘情于身边的或整个中国大地上正经受苦难的人们。另一次也是在1936年，写《译文》的复刊词，先引庄子的话，之后说《译文》"可以说是仿佛戈壁中的绿洲，几个人偷点余暇，译些短文，彼此看看，倘有读者，也大家看看，自寻一点乐趣，也希望或者有一点益处，——但自然，这决不是江湖之大"⑥。三段引用都是在说要"相濡以沫"。鲁迅明了庄子说的"相忘于江湖"的自由和开阔，但在此时此地的中国，他毫不犹豫地在生活中的各个层面选择"涸辙之鲋"式的"相濡以沫"。

---

① 高远东：《道德与事功：鲁迅对于儒家思想的批判与承担》，《鲁迅研究月刊》1991年第11期，第63页。
② 鲁迅：《且介亭杂文·序言》，《鲁迅全集》（第6卷），人民文学出版社2005年版，第3页。
③ 鲁迅：《〈出关〉的"关"》，《鲁迅全集》（第6卷），人民文学出版社2005年版，第539-540页。
④ 鲁迅：《题〈芥子园画谱三集〉赠许广平》，《鲁迅全集》（第8卷），人民文学出版社2005年版，第422页。
⑤ 鲁迅：《我要骗人》，《鲁迅全集》（第6卷），人民文学出版社2005年版，第506页。
⑥ 鲁迅：《〈译文〉复刊词》，《鲁迅全集》（第6卷），人民文学出版社2005年版，第509页。

三、结语：《故事新编》与鲁迅对先秦思想传统的整体性理解

对儒、道、墨三家思想的重新辨别和评判是《故事新编》内容的主体，有了《非攻》、《理水》、《采薇》、《出关》、《起死》五篇，《故事新编》便成了一个差别有序的整体，但它们并非《故事新编》的全部，《故事新编》中有一个更大的世界。在从事文艺工作的初始阶段，鲁迅喜说古民素朴的"白心"和向上之民的"神思"，而神话正是上古之民神思的集中体现，"夫神话之作，本于古民，睹天物之奇觚，则逞神思而施以人化，想出古异，诡可观，虽信之失当，而嘲之则大惑也。太古之民，神思如是，为后人者，当若何惊异瑰大之；矧欧西艺文，多蒙其泽，思想文术，赖是而庄严美妙者，不知几何"①。

1922年鲁迅用古代神话传说作题材写小说是有意的选择，《不周山》的抱负颇大，"原意是在描写性的发动和创造，以至衰亡的，而中途去看报章，见了一位道学的批评家攻击情诗的文章，心里很不以为然，于是小说里就有一个小人物跑到女娲的两腿之间来，不但不必有，且将结构的宏大毁坏了"②。鲁迅"对自己很不满意"，辽阔高远、让人神往的神话怎么和现实联结起来呢？《奔月》和《眉间尺》是两种不同的尝试，前者是把神话拉近现实，鲁迅把自己现实里的遭际和体验写入神话的结构中；后者是把现实向神话的世界提升，鲁迅结合自己与现实缠斗的体验，探求古代侠客精神世界的边际。1934、1935年写的五篇基本上也是这两种写法，《非攻》紧贴《墨子》中的记述以显出墨子这个人，而《起死》中庄子更像是讥刺现实的道具。1936年，不同时期创作的小说编入《故事新篇》中，成为一个共时的整体。编入小说集时，《不周山》改名为《补天》，《眉间尺》改名为《铸剑》，小说题目变了，意味也跟着发生了变化。"不周山"倒塌是崩溃之象，"补天"则拈出女娲磅礴朗健的气息；"眉间尺"强调一个人，而"铸剑"则强调侠客们披肝沥胆、不顾生死完成复仇大业的历程，更刚健有力。

《故事新编》编订之后成为一个整体，《补天》、《奔月》、《理水》、《采薇》、《铸剑》、《出关》、《非攻》、《起死》按故事发生的时间顺序排列，从整体上看依然还是一个发动、创造以至衰亡的故事，但故事的动力已不是性，故事也不是一个由起点走向终点的故事。全书错落有致，跌宕起伏，发动和创造的努力有的在人世间留下痕迹，有的发生变形、归于寂灭，古民的白心和向上的神思一直都在，因此这本书也可从《起死》开

---

① 鲁迅：《破恶声论》，《鲁迅全集》（第8卷），人民文学出版社2005年版，第32页。
② 鲁迅：《故事新编·序言》，《鲁迅全集》（第2卷），人民文学出版社2005年版，第353页。

始，倒着读回去。庄子那些不切实际的言说，如果能容纳得下儒、墨两家的坚韧和劳碌，不就会变化为女娲补天的意志和行动吗？《故事新编》至少暗示了这样一种可能。再就是，鲁迅说《不周山》的创作是"用莎罗特说，来解释——人和文学的——缘起"①，是想用弗洛伊德的理论重新解读中国的神话和传说，而胡梦华批评《蕙的风》有不道德的嫌疑，现实中这样拘束的道德观让鲁迅无心去推演弗洛伊德理论展现出的宏大文明景观，他只能回来专心对付现实里各种有形无形的禁锢。这个调整可以视为鲁迅一生工作的缩影：他曾想去德国钻研德国哲学和文艺，也曾想专心研究中国古代的典籍和艺术，但又总是不得不面对中国社会里的各种现实，在这个过程中，他心仪的西方思想和中国传统熔铸为鲁迅在现实中披荆斩棘的作品。

虽然《不周山》不算成功，但其"运用中国古代题材并结合以西方的近代思想，开创了一种写法"②，《故事新编》里的其他作品都是这种写法的延续。《不周山》改为《补天》，从《故事新编》的整体看，《补天》"是完成全书结构的最重要作品"。一方面小说集"以'补天'开始，定下了全书昂扬的基调"③，将小说中所有人物的努力统纳为人世间的力量；另一方面，用这篇有意调和中西文明的不完备之作，显出全书融合古今中外思想资源的整体倾向，并用自己的不完备，昭示着未来中国文学，乃至中国文明统合古今中外文化的更大可能。

（作者单位：山东艺术学院，曲阜师范大学文学院）

---

① 鲁迅：《故事新编·序言》，《鲁迅全集》（第2卷），人民文学出版社2005年版，第353页。
② 张文江：《〈故事新编〉的象数文化结构》，《渔人之路与问津者之路》，复旦大学出版社2006年版，第177页。
③ 张文江：《〈故事新编〉的象数文化结构》，《渔人之路与问津者之路》，复旦大学出版社2006年版，第177页。

"大文学"视野

"铁屋子"与想象中国的方式
——鲁迅与爱罗先珂的空间体验与文学表达

赵陕君

鲁迅的"铁屋子"比喻出自《〈呐喊〉自序》①：

> 假如一间铁屋子，是绝无窗户而万难破毁的，里面有许多熟睡的人们，不久都要闷死了，然而是从昏睡入死灭，并不感到就死的悲哀。现在你大嚷起来，惊起了较为清醒的几个人，使这不幸的少数者来受无可挽救的临终的苦楚，你倒以为对得起他们么？

这个经典段落不仅连同钱玄同的"劝驾"成为鲁迅"何以做起小说来"的"官方"自陈，也因其中的"铁屋子"意象是中国现实的精确写照，而被视作民族困境的经典寓言。"铁屋子"意象被一代又一代学者引用、阐释，而已有的研究大多将此作为鲁迅的思想自然地接受下来，在鲁迅的文本内部对它进行阐释，而很少探寻这一意象的具体来源。日本学者谷行博认为，鲁迅的"铁屋子"比喻从根本上来源于《庄子》"至乐篇"的"偃然寝于巨室"一句②，这类观点自然很难求证；张丽华在分析《狂人日记》时曾旁及此问题，但借助周氏兄弟与钱玄同的日记等相关资料，亦难以证实鲁迅与钱玄同关于"铁屋子"的对话真实发生过③。

---

① 鲁迅：《〈呐喊〉自序》，《晨报·文学旬刊》1923年8月21日，文末落款为"一九二二年十二月三日，鲁迅记于北京"。以下凡出处相同，只标明书名/篇名、页码。文中下划线皆为笔者所加。
② [日]谷行博：《鲁迅与唐俟——吾有不忘者存（〈庄子〉田子方篇）》，[日]藤井省三主编、林敏洁主译《日本鲁迅研究精选集》，中央编译出版社2016年版，第55—57页。
③ 张丽华：《文类的越境旅行：以鲁迅〈狂人日记〉与安特来夫〈心〉的对读为中心》，载刘东主编《中国学术》（第31辑），商务印书馆2012年版，第153—156页。

无论关于"铁屋子"的对话是否出自虚构,无可否认的是,"铁屋子"的意象来自鲁迅。鲁迅笔下多譬喻,且往往兼具文学性与思想性。但"铁屋子"这一空间形式的喻体在鲁迅文本中则颇为特殊。那么,"铁屋子"作为一个具体意象是如何被写出的?鲁迅何以采用"铁屋子"而非其他喻体?追索这个意象的来源,也就是探寻鲁迅的思想过程。本文试图寻找在"铁屋子"诞生前后,鲁迅可能受影响的文本与机缘,及其背后的地理与文化意味。通过理解其中的相关性,最终尝试进一步理解鲁迅如何表达自己的文学经验、思想经验。

一、爱罗先珂:"狭的笼"、"巨大的屋宇"和"又大又古的寺院"

"五四"前后,尤其是 1921—1922 年,是鲁迅翻译和创作的一个高潮。收于《呐喊》的 16 篇作品,有 9 篇都作于这一时期,将近三分之二①。尤其是 1922 年前后,鲁迅独译的《工人绥惠略夫》、《一个青年的梦》、《桃色的云》发行了单行本,与人合译的《爱罗先珂童话集》、《现代小说译丛》、《现代日本小说集》等也均告出版。而其中尤其重要的是爱罗先珂。首先,鲁迅翻译爱罗先珂的篇目最多,用力最深;其次,爱罗先珂曾住在北京八道湾周宅一年余,双方有直接而密切的交往;再次,鲁迅的部分作品也与爱罗先珂的文本和意象存在对话与互文关系,如《鸭的喜剧》回应了爱罗先珂对北京"沙漠"般的寂寞感受,小说《兔和猫》等的创作也直接与爱罗先珂有关。

1921 年,鲁迅了解到爱罗先珂被日本政府驱逐的遭遇,开始关注并翻译其日文创作集中的作品②。其中,《狭的笼》一篇具有较强的批判色彩,由鲁迅翻译并荐于《新青年》发表③,也是爱罗先珂创作集两次结集的首篇,备受推重④。

---

① 鲁迅:《呐喊》,北京新潮社 1923 年 8 月初版。此处九篇,指八篇小说(包括 1930 年再版方才除去的《不周山》),另加《自序》。
② 爱罗先珂:《夜明け前の歌》(中译:《天明前之歌》),[日]秋田雨雀编,日本丛文阁 1921 年 7 月版。
③ 爱罗先珂:《狭的笼》,鲁迅译,《新青年》1921 年 8 月 1 日第 9 卷第 4 号。据鲁迅书信,他于 1921 年 8 月 30 日收到爱罗先珂著作集《夜明け前の歌》(见于鲁迅:《210830 致周作人》,《鲁迅全集》(第 11 卷),人民文学出版社 2005 年版,第 414 页。后版同),1921 年 9 月 17 日致信周作人,称《狭的笼》已译毕(鲁迅:《210917 致周作人》,《鲁迅全集》(第 11 卷),人民文学出版社 2005 年版,第 424 页)。《新青年》上发表的《狭的笼·译者记》,署"一九二一年八月十六日,译者记",《新青年》该号的发行日为 1921 年 8 月 1 日,均有误,应为《新青年》延期出版。
④ 《夜明け前の歌》(秋田雨雀编)与《爱罗先珂童话集》(鲁迅等译,上海商务印书馆 1922 年 7 月初版)都将《狭的笼》编为首篇。

这篇童话以印度为背景,主人公是一只被囚禁在动物园铁笼里的老虎①。因被人类逮捕与围观,虎对"狭的笼和人类的痴呆"充满厌恶②,并在梦中经历了一场打破"狭的笼"、解放他者的艰辛历程。虎先后遇到被拘索在围墙里的羊、鸟笼里的金丝雀、鱼缸里的金鱼、拉阁别馆里被娶来的第二百〇一位新夫人,并尝试用自己的力——去打破困困他们的"笼",给予它们自由。而最终,笼中之物无一能逃出枷锁,甚至连生命也都牺牲,只剩下虎在身心的创痛中醒来。

这篇童话批判的是"到处都是笼"的世界③,爱罗先珂由此提炼出了一个鲜明生动的意象——"笼"。围墙、鸟笼、鱼缸、别馆,都是"狭的笼"的同形异构体。虎化身启蒙者与解放者,向笼中物灌输自由的要义,而无论是羊、金鱼、金丝雀,还是新夫人,对于启蒙者突然的"解放"都显得有些茫然无措,皆以死亡而终。爱罗先珂通过一系列悲剧,展示了"笼"的打破之难及通往自由之路的艰辛。

此外,爱罗先珂笔下还有一类重要意象——"巨大的屋宇"、"又大又古的寺院",典型文本是《春天与其力量》与《时光老人》。

《春天与其力量》以春天作比④,认为它既能"去敲在黑暗与冷淡里假寐着的灵魂的门",给人力量;也能兴起"危险的风暴",在破坏秩序的同时带来希望。其中有一种"新思想的破坏的急流":

> 在那些国里,专制已经冻住了一切的自由思想,压迫已经止住了一切高上理想的自由的流通……在那地方,旧的和新的迷信的压制,族长的传统与国民的习惯的专断曾经将镣铐加在人们的心上,使他们不能感觉什么,加在脑上,使他们不能自由的思想;将束缚加在女人的脚上,使他们不能自由的行动……春天将使怎样的新思想的破坏的急流冲过这样的国土的上面……多少青年的生命丧失了,多少无辜的人民死亡了,多少<u>巨大的屋宇</u>毁坏了,在这样坚冻的专制独断与压制的国土的春天里!

---

① 爱罗先珂日语原文与鲁迅译文都没有出现"铁笼"这个词。爱罗先珂日文原文中有"檻の鐵柵"两处,直译为"笼的铁栅栏",鲁迅分别译为"铁阑干"、"铁阑";"鐵柵"一处,鲁迅译为"铁阑干"。中文见鲁迅译《狭的笼》,《新青年》版;日文见《狭い籠》,《夜明け前の歌》,第31-32页。由此可知爱罗先珂笔下的虎处于铁笼之中。
② 爱罗先珂:《狭的笼》,鲁迅译,《新青年》1921年第9卷第4号。
③ 爱罗先珂:《狭的笼》,鲁迅译,《新青年》1921年第9卷第4号。
④ 爱罗先珂:《春天与其力量》,周作人(署仲密)译,《晨报副镌》1922年5月18日。这篇演说因故未口头发表,后直接登载。本段所引皆出此文。

接着，爱罗先珂发出这样的疑问：

> 但是要使得许多青年的生命不丧失，许多无辜的人民不死亡，要使得<u>古代的巨大的屋宇不毁坏</u>，在这样的<u>有古旧的迷信，国民的传统，和各种成见的国</u>里，——那么我们情愿这更新的春天永不会来，情愿专制与愚昧永久留存在这不幸的地球上么？

这篇演讲所批判的是"那些国"，虽未明确意指中国，但此文本是为北京高校学生演讲而写，由文中提到的宗族制度（"族长的传统"）、缠足陋习（"将束缚加在女人的脚上"）亦可知其"潜在"的书写与对话对象是中国。因而，"古代的巨大的屋宇"与"有古旧的迷信，国民的传统，和各种成见的国"实为对中国的明确指涉。在此，"屋宇"作为一种空间形式，不仅与"狭的笼"一样，象征对自由的束缚，还有别种象征意义，即"独断与压制"。

与此相近的，还有《时光老人》。爱罗先珂写作这篇小说的时间与鲁迅对其的翻译时间应该都在十一月①，鲁迅译文的发表时间为 1922 年 12 月 1 日，而《〈呐喊〉自序》的落款是 1922 年 12 月 3 日②。二者的译/作时间非常近。

《时光老人》仍是《狭的笼》式的启蒙故事的同题书写③。小引中的背景叙述者"我"显然是爱罗先珂的自况。他首先描摹身处北京的寂寞情状——"一上床，我虽然竭力的想要做些什么梦，赶快的睡去，但是我的北京虽然睡着，却并非（使人）能睡的地方"，而后笔锋流转，借时光老人之口谈道：

> 在这世界上，有一所<u>又大又古的寺院</u>，有无从想像的那么大，也有无从想像的那么古。

---

① 鲁迅 1922 年日记丢失。查许寿裳 1937 年抄录出的鲁迅《一九二二年日记断片》，1922 年 11 月 24 日："夜伏园来，交去小说稿、译稿各一篇。"（《鲁迅全集》（第 16 卷），人民文学出版社 2005 年版，第 639 页）此"译稿"应为《时光老人》，由此可知鲁迅应在 11 月底前译完此篇。另，《时光老人》文中有多处"北京的十一月的夜间是冷的"的字句。

② 鲁迅：《〈呐喊〉自序》，《晨报·文学旬刊》1923 年 8 月 21 日。

③ 爱罗先珂：《时光老人》，鲁迅译，《晨报四周年纪念增刊》1922 年 12 月 1 日。本段几处引文皆出于此。其中，"将人献给古的诸神的仪式"一句，于报章初发表时作"献做"，《鲁迅译文集》（第 2 卷）（人民文学出版社 1958 年版，第 360 页）与《鲁迅著译编年全集》（第 4 卷）（王世家、止庵编，人民出版社 2009 年版，第 647 页）中作"献给"。

寺院里流传着一个古老的传说,"说是新的空气和太阳的光一入寺,就在这瞬间,住在寺里的人们便即一个不留的死掉了:这便是古的诸神的罚"。所以,老人和年轻人都以守护寺院诸神为己任。一个春天,一些青年人起了疑,尝试着去开了一扇窗,高座上的诸神掉落,使"开了寺院的窗和门户的人们,是一个不留的死掉了"。这样的"意外"恰好使传说应验了。于是,惊惶的老年人要动手将诸神摆回原来的高座,并叫道:

倒了的诸神,并不是不能再修好;<u>大开了的寺院的窗和门户</u>,也并不是不能比先前关得更紧的。

结局是,幸存且得到自由的年轻人完全忘记了牺牲的青年,老人们则"在紧闭了窗户的暗空气的沉重里,他们又在做起将人献给古的诸神的仪式的梦来了"。

爱罗先珂由此贡献了另一个重要意象——"又大又古的寺院"。文本中,"睡着"以及"寺院"、"窗"、"门"这样的意象不断出现,作为人群生存状态的象征。《春天与其力量》中,"新思想的破坏的急流"流过,"巨大的屋宇"会毁坏,青年的生命会丧失;《时光老人》中,"新的空气和太阳的光"进来,"又大又古的寺院"中诸神掉落,青年死亡。相似的意象,相似的情节,均呈现了寻求启蒙和追求自由的代价,令人触目惊心。

二、鲁迅:"铁"+"屋宇"="铁屋子"?

可以看到,爱罗先珂笔下有几种表示幽闭空间的意象:铁笼、巨大的屋宇、又大又古的寺院。如果从鲁迅接触爱罗先珂作品的时间与鲁迅写作"铁屋子"意象的时间,以及具体意象本身来看,的确像是鲁迅受了爱罗先珂的影响。那么,鲁迅的"铁屋子"是否来源于爱罗先珂的意象,是铁笼与"屋宇"的融合?

首先,如果回溯鲁迅的创作即可发现,早在 1919 年的《自言自语·古城》中[①],鲁迅就已书写过类似的意象:

你以为那边是一片平地么?不是的。其实是一座沙山,沙山里面是一座古城。
这古城里,一直从前住着三个人。
<u>古城不很大,却很高。只有一个门,门是一个闸。</u>

---

① 鲁迅:《古城》,《国民公报》1919 年 8 月 20 日,署名神飞。

——"铁屋子"与想象中国的方式——

……

少年说,"沙来了。活不成了。孩子快逃罢。"

老头子说,"胡说,没有的事。"

……

少年想开闸,可是重了。因为上面积了许多沙了。

少年拼了死命,终于举起闸,用手脚都支着,但总不到二尺高。

少年挤那孩子出去说,"快走罢!"

老头子拖那孩子回来说,"没有的事!"

……

以后的事,我可不知道了。

你要知道,可以掘开沙山,看看古城。闸门下许有一个死尸。闸门里是两个还是一个?

显然,"铁屋子"与"古城"同样属于幽闭的空间意象;"铁屋子"里的人和"古城"里的人,面对着同样的困境,走不出古城的人将可能成为"闸门"内外的死尸。正如《自言自语》系列小品是鲁迅后来一再书写的源头,"铁屋子"也可能是鲁迅对"古城"意象的改写。即,"铁屋子"并不是鲁迅第一次借用空间形式来比喻某种生存困境。

另外还需注意的是,《狭的笼》由爱罗先珂创作于与鲁迅结识之前,而《时光老人》、《春天与其力量》作于北京时期,期间爱罗先珂与鲁迅有诸多交谈。爱罗先珂自1922年2月24日始寓八道湾周宅,1923年4月16日离开北京[①]。据吴克刚回忆,爱罗先珂在京时,鲁迅常与他谈得很晚[②]。周作人的回忆也是如此[③]。爱罗先珂在京期间的授课、演讲等活动鲁迅也常常亲自参加。这恐怕是鲁迅首次如此近距离地与一位作家、一位自己所翻译作品的原作者接触,二人在思想与艺术上的沟通应该是非常多的。故而,也不能排除二人的创作存在相互影响、借鉴的可能。

---

① 爱罗先珂期间曾离开过北京,1922年7月至11月初赴芬兰参加世界语大会,1923年1月底往上海一月。

② 吴克刚:《忆鲁迅并及爱罗先珂》,《中流》1936年11月5日。吴克刚亦曾住于八道湾周宅,为爱罗先珂做一些书记工作。

③ 周作人:《爱罗先珂》,《羊城晚报》1958年4月1日,署名启明。"(爱罗先珂)寄居在我们家里有一年多。鲁迅尤和他熟习,往往长谈至夜半。"

三、"笼"、"城"、"寺"、"屋"

将前述提及的文本制为简表如下：

核心意象	篇目	作者	创作/刊发时间	译者	翻译/翻译刊发时间	相关意象
城	《古城》	鲁迅	1919.8.20（刊）	——	——	沙山、古城、门、闸、死尸
笼	《狭的笼》	爱罗先珂	1921.7（刊）	鲁迅	1921.9（译）	笼、铁阑干、围墙、鸟笼、鱼缸、别馆、"人类是被装在一个看不见的，虽有强力的足也不能破坏的狭的笼中"
寺	《时光老人》	爱罗先珂	1922.11（作）	鲁迅	1922.11（译）1922.12.1（刊）	"睡着"的"北京"、又大又古的寺院、"开了寺院的窗和门户的人们，是一个不留的死掉了"
屋	《春天与其力量》	爱罗先珂	1922.4（作）	周作人	1922.4（译）1922.5（刊）	古代的巨大的屋宇、"有古旧的迷信，国民的传统，和各种成见的国"、无辜的人民死亡
	《〈呐喊〉自序》	鲁迅	1922.12.3（作）			铁屋子、绝无窗户而万难破毁、熟睡的人们

可以看出，"铁屋子"并非鲁迅对爱罗先珂意象的捏合，也不是对自己"古城"意象的重复。它是全新的，但又与前述诸意象存在暧昧不明的关系。那么，鲁迅为什么不再使用上述意象？"铁屋子"与"笼"、"又大又古的寺院"、"巨大的屋宇"、"古城"有怎样的区别？

首先，比较笼与"铁屋子"。爱罗先珂在《狭的笼》中设置了一系列的"笼"，它们是圈羊的围墙、金鱼的鱼缸、金丝雀的鸟笼、首领的别馆，还有虎的铁笼。从形制上看，尽管各种"笼"形式不同，材质各异，但都是禁锢的象征。同时，众所周知，笼的栏杆之间有缝隙，关在笼中的老虎因此还可以借由这样的缝隙看到、甚至伸出手爪去扑打笼外的看客；围墙、鱼缸、鸟笼、别馆也与之相类。也就是说，这一类广义上的"笼"，均非完全封闭，仍有与外界交流的出口。笼中的动物/人，仍可在这种半密闭的空间中获取空气、食物、水。亦即，这类幽闭空间只是暂时禁锢了自由，而笼中物的生存可以保证。从供居住、生存的意义上看，"铁屋子"与上述的"笼"具有相同的功能，只要不打破它们，笼/屋中的生命就可以得到身体的庇护，继续生存下去（只是"铁屋子"里的人须更早地面对死亡）。

相同点之外，笼与"铁屋子"也有区别。首先，笼可以破坏。虎凭借自己的力量破坏了羊的围墙、鸟笼、鱼缸，女人也可从别馆被救出，而"铁屋子""绝无窗户而万难破毁"。即爱罗先珂的"笼"可以走出，而鲁迅笔下的"铁屋子"无法走出。其次，《狭的笼》中动物和女人的"笼"并不是他们主动建造的，他们是被动地被纳入"笼"中；而鲁迅的"铁屋子"，是中国人自己一砖一瓦建筑起来、自己安于居住的场所。

此外，爱罗先珂"又高又古的寺院"、"古代的巨大的屋宇"与"铁屋子"有何差异？寺院是宗教性场所；"巨大的屋宇"，在爱罗先珂的语境中指的是存在"古旧的迷信"的场所，因而它们是同类。而鲁迅的"铁屋子"是世俗性场所，不是所有人都住在寺院里，但人们大都会有一间借以遮风挡雨的屋子。亦即，屋子是无法逃避、无处不在的。正因为如此，死亡也就无法避免。能引起人踌躇的，只是其中少数的觉醒者是否要呐喊的问题。

那么，鲁迅的"铁屋子"与自己的"古城"有何区别呢？"古城不很大，却很高。只有一个门，门是一个闸"，古城内有少年、老头子、孩子三个人。而到了"铁屋子"，屋内之人的身份由代际的区分转化为清醒者与熟睡者的分际，而铁屋的形制亦化至最简，门窗全无，毫无出口且万分坚固。

综上所述，"铁屋子"与"笼"、"古城"、"又大又古的寺院"、"巨大的屋宇"之间的主要差别，首先是笼/屋中所关之物不同；其次是笼/屋的形制不同；再次是功能不同。各种形制的笼可以打破而不一定必须打破，以保障笼中之物的生存；屋宇、寺院、古城可以打破，而打破时会有流血牺牲；铁屋子不能打破，所有人的命运都是死亡。

而上述种种意象，其实可以划为"笼"、"屋"两类。后者包括"古城"、"寺院"、"屋宇"、"铁屋子"，它们在空间上步步微缩，终而浓缩成可供居住、提供庇护的最小单位——"屋子"。"屋"与"笼"最大的区别在于后者的禁锢涵义更强烈。因为"笼"的禁锢性是外在的，可以一望而知为没有自由的禁锢空间，有非常强的形式特征与形式象征意味。而"屋"不然，它作为空间形式具有日常性，作为人生存、活动的日常场所，人未必会感觉到它的禁锢性，其幽闭性是发于内部的。

还需注意的是，爱罗先珂"笼"的意象诞生于来中国之前；无论是爱罗先珂的"寺院"、"屋宇"，还是鲁迅的"古城"、"铁屋子"，都是他们身在北京时对中国的印象与书写。其成因是值得探讨的。

四、"笼"：爱罗先珂的"东方"书写及其危险

爱罗先珂1914年离开俄国，后流浪于泰国、缅甸、印度、日本等地①，至1923年自中国回国，在外"漂流"了近十年。可以说，爱罗先珂的游历之地主要是广泛意义上的亚洲——"东方"，这些国家在他的作品中留下了深刻的痕迹。其对"东方"的书写，可以大致以中国为界分为两段。

在到中国之前，他笔下的故事大多以东南亚国家和日本为背景。他单独写印度的作品不多，最典型的是《狭的笼》，其中有诸多东方元素：印度的旧习俗撒提、婆罗门的仪式、被尊奉的石神祇、痴呆的看客，还有白人殖民军官。《恩宠的滥费》提到天有数重，提到"坐禅"②，都是佛家用语。据说他初到上海前后曾着手写童话剧《普施太子》③，普施太子出自一个佛陀本生故事。

他也有少量单独以日本为背景的作品，但更多的是将印度和日本放在一起写，还常杂入基督教等多宗教的东西。比如《幸福的船》，故事写"我"寄寓在日本一户人家中，以三枚古雕刻——古希腊的雕刻天使、古印度坐禅的神、意大利"耽着冥想的基督"来串联故事；《无宗教者的殉死》同样以日本为背景，"无宗教者"（一只蚊）先后去了供奉有地藏菩萨、释迦牟尼的寺庙与基督教的教会；《松孩》中，老婆婆为盲女向观世音菩萨祈祷，并拈香、念佛；《木星的神》中，也同时提到了"释迦与基督"、"坐禅"等④。

可以看到，爱罗先珂的这些作品具有泛神论的色彩，而淡化了国别与教别的差异，这也体现出其世界主义的主张。他有一篇童话叫《爱字的疮》，可以概括他在到达中国之前对东南亚国家与日本的总的印象。童话中的"我"，在很大程度上是广泛游历于东方的爱罗先珂的化身。文中说"在这十年之间，我见了南方的国度的幻觉，也见了东洋的国度的催眠状态"，并将这"东洋的国度，南方的国度"比况为"只愿意永久的睡下

---

① 胡愈之：《介绍盲诗人爱罗先珂》，《民国日报·觉悟》1921年10月14日。该文提到此处的生平为爱罗先珂亲口所述。
② 爱罗先珂：《幸福的船》，丐尊等译，开明书店1931年版，第31-46页。
③ 胡愈之：《介绍盲诗人爱罗先珂》，《民国日报·觉悟》1921年10月14日。
④ 本段所引四篇分别见《幸福的船》，第1-4、192-195、205-210、242-247页。爱罗先珂日语原文如此，如《松孩》（《松の子》）中有"御慈悲の深い観音様"、"香を焼いて"、"念仏を称へ"等语，见《夜明け前の歌》，第132、140页。

去"的"寒冷的国度"①。"东洋的国度"应指日本,"南方的国度"则指印度等国。

爱罗先珂对这些"睡着"的国度自然饱含同情,而落笔却常近于"谩骂"。他的童话常有截然二分的情节、人物和氛围。代表进步、希望的一方,总是充满亮色;代表落后、衰败的一方,则充满衰颓的气息,常被斥责为"愚昧的"、"下等的""下劣东西"/"畜生"——可以总括为《狭的笼》中对印度的批判:"下流的奴隶。"② 对于已沦为殖民地的印度,鲁迅比爱罗先珂怀有更多的同情与理解。鲁迅早年即反对中国军民"张口作军歌,痛斥印度波阑之奴性……择亡国而较量之,冀自显其佳胜"③。钱玄同1922年10月10日的日记也可印证,对于骂印度为奴隶,鲁迅从东京时期直到当时始终都持批评态度,因为它容易造成"狭隘的爱国心,崇拜军国民主义"④。

杨瑞松先生曾在论文中概括费约翰(John Fitzgerald)的观点道:"在西方思想的近代论述中,尤其是在启蒙运动和帝国主义影响下,形容一个民族或国家处于'睡梦'状态,事实上是指称其处于不理性的原始状态。因而此种说法一方面强调西方近代文明(理性和清醒)的进步和优越性,同时也合理化西方帝国主义向外扩张的侵略行动。"⑤

而这正是以"笼"象征民族境遇的危险所在。因为"笼"是外在的,需要"他者"从外打破,而在笼内—笼外,又容易被设置愚昧—文明、被启蒙者—启蒙者等二元对立,就有与殖民主义话语混同的危险。《狭的笼》中,爱罗先珂设置了一个颇有意味的情节:被婆罗门强迫殉夫的新夫人,被英国士兵救出并爱上了那位士兵。这个被"救出"的印度女人爱上白人军官的情节,是一个典型的被殖民者爱上殖民者的故事。尽管爱罗先珂借虎之口批判女人被白人搭救的喜悦心情,并弄伤了白人,而在文本中,虎与白人的分别其实并不明显。这些"不请自来"的启蒙者,用他者视角的强制"解放"制造了被启蒙者——羊、金丝雀、金鱼的死亡。被童话遮蔽的残酷的殖民史,鲁迅自然意识到了,他在日后的其他文本中⑥对此作出回应:笼门被打开后,收获的不一定是自由,可能是更多的凶险。

尽管爱罗先珂对这些"神秘的古国"的书写不免来自其对"东方"的刻板印象——

---

① 爱罗先珂:《爱字的疮》,鲁迅译,《小说月报》1923年第14卷第3号。
② 爱罗先珂:《狭的笼》,鲁迅译。日文为"見下げた奴隷",《夜明け前の歌》,第30页。
③ 鲁迅:《摩罗诗力说》,《鲁迅全集》(第1卷),人民文学出版社2005年版第67页。
④ 《钱玄同日记》(整理本)(上),杨天石主编,北京大学出版社2014年版,第459页。
⑤ 杨瑞松:《睡狮将醒:近代中国国族共同体论述中的"睡"与"狮"意象》,台湾《政治大学历史学报》2008年12月,第93页。参见John Fitzgerald, *Awakening China: Politics, Culture, and Class in the Nationalist Revolution* (Stanford: Stanford University Press, 1996)。
⑥ 如《兔和猫》(1922),《娜拉走后怎样》(1923)等。

愚昧、残忍、封建、复古、守旧，但他并非殖民主义、东方主义的拥趸，故在批判的同时饱含同情，同样呈现出"哀其不幸"、"怒其不争"的气质。尽管他并不能准确地刻画出中国、印度等国民性的弱点，但他奉献的仍是"不失赤子之心的人与著作"①。

值得注意的是，鲁迅并未采用"笼"这一意象，或许即有此方面的原因。和"屋"相比，"笼"是外在的禁锢——需要打破——需要他者打破，由此容易成为殖民话语，鲁迅对此自然是有警惕的；而"屋"是内在的禁锢，需依靠"自己觉醒，走出"②。奇怪的是，爱罗先珂对中国的书写也没有采用"笼"的意象。

五、"屋"：空间体验与文学表达的共鸣

爱罗先珂称，自己在莫斯科上盲童学校时，便听老师讲过不同种族对应不同的文明与野蛮程度、中国人有留辫子和束小脚等奇怪的装束与习俗，甚至还接触过李鸿章③。这段事迹的真实性很难考证，不过也可一窥包括俄国在内的西方对近代中国的"东方"想象。

到中国后，爱罗先珂直接以北京为背景的童话创作并不特别多，但印象鲜明。《红的花》以北京的风敲"我"的门、窗展开故事④；《时光老人》亦以自己身处的"大而热闹的北京"⑤为背景。在到中国之前，他有一些作品没有明确的国家背景，只有明显却又模糊的东方宗教元素，如寺庙、和尚、沙弥等。而对中国的相关场景描写则更加具体，如"古的诸神映着微弱的蜡烛光，笼着线香的烟篆，见得像是伟大而且神秘的活着的巨灵。一面念着神秘而含深意的圣经，一面行着将人们的脑和心献给古的诸神的仪式，是无可言喻的庄严"⑥。

总体来看，受限于知识与经验，爱罗先珂书写中国与书写印度等国相似，常常淡化具体的国家背景与文化特征，而使用一些文化符号，将批评的锋芒指向宗教愚昧、国民封闭、偶像崇拜。因此，他笔下的印度人、日本人、中国人，面貌都不甚清楚。而差别在于，他认为中国与中国人是其中最古的。

---

① 鲁迅：《〈狭的笼〉译者附记》，《新青年》1921年第9卷第4号。
② 鲁迅：《俄文译本〈阿Q正传〉序及著者自叙传略》，《语丝》1925年6月15日。
③ 爱罗先珂：《我底学校生活底一断片》，胡愈之译，《民国日报·觉悟》1921年11月15日。
④ 爱罗先珂：《红的花》，鲁迅译，《小说月报》1923年第14卷第7期。
⑤ 爱罗先珂：《时光老人》，鲁迅译，《晨报四周年纪念增刊》1922年12月1日。
⑥ 爱罗先珂：《时光老人》，鲁迅译，《晨报四周年纪念增刊》1922年12月1日。

因此，爱罗先珂向中国做的众多讲演均批评尖锐。他在《智识阶级的使命》中批判中国文字，认为汉字的繁难使中国的智识阶级与自己的人民相隔绝；《现代问题》借"英国人作主人的那种神气，印度人当奴隶牛马的那种神气"警醒中国；《过去的幽灵》认为，对于"风俗和迷信"、"偏见"和"信仰"，"东方的国家，尤其是中国，比无论哪国都更甚"，中国"旧时的风俗和信仰，以及古昔的迷信和偏见，一概都是'无智识的保障'"；《现代戏剧艺术在中国的价值》说"中国是最旧的习惯，最固执的成见，和最监牢的迷信的一个最旧的国家"，与《过去的幽灵》一道批判了中国女人缠足、男人留辫等种种陋习①。

感觉敏锐的爱罗先珂，由此为在他看来最愚昧、封闭、古老、没有自由的国度——中国，贡献了最直观的意象，即前文提到的"又高又古的寺院"、"巨大的屋宇"等，另外包括他广为人知的对北京的描摹——"在沙漠上似的寂寞"②。这样的意象，一方面仍延续自他"东方"书写中的文化总体印象，另一方面，也源于当时北京城市景观的直接刺激。

爱罗先珂到来的20世纪20年代初的北京城，确乎还是古城风貌。鲁迅"顺着剥落的高墙走路"，"微风起来，四面都是灰土"，"顺着倒败的泥墙走路，断砖叠在墙缺口，墙里面没有什么"③ 之类的表述可以视作城市实写。爱罗先珂出入北京，在各处演讲，往往需要穿越城门④，周氏兄弟也曾伴他游历过北京数次⑤。从20世纪20年代初的摄影集可见当时北京城的风貌，的确寺庙林立，处处高墙，交映着古老与破败。例如八道湾住宅附近的西直门的风貌⑥：

---

① 爱罗先珂讲演集：《过去的幽灵及其他》，李小峰等记，民智书局1924年版，分别见第1–2、17、19–26、49页。
② 鲁迅：《鸭的喜剧》，《妇女杂志》1922年第8卷第12号。
③ 鲁迅：《求乞者》，《语丝》1924年12月8日。
④ 如周作人《〈春天与其力量〉译者附记》（《晨报副镌》1922年5月18日）提到爱罗先珂错过一次演讲即因城门关闭。
⑤ 参见周作人：《周作人日记》（影印本）（中），鲁迅博物馆藏，大象出版社1996年版，第232–233（1922年3月29日日记）、234页（1922年4月8日日记）等。
⑥ 瑞典学者喜仁龙（Osvald Sirén, 1879—1966）于1920—1921年访问中国，考察当时北京尚存的城墙与城门。后出版 The Walls and Gates of Peking（London: John Lane, 1924）一书，内附大量实地拍摄照片。本文所引照片见此书附图。

西直门城楼侧影

西直门南侧全景

西直门附近的内城西墙内侧

西直门瓮城内关帝庙的
庭院及院中的柏树

可以发现，北京特殊的人文地理空间是"铁屋子"这一意象和寓言的文学性与思想性背后的隐性支撑，而爱罗先珂与鲁迅分别作为完全的"他者"（外国人来到北京）与相对的"他者"（本国人侨寓于北京）而各自形成的空间体验与文学书写，也代表了他们对于北京——中国的不同想象。

在当时的"古城"北京，高大的城墙，定时封闭的城门，破败的寺庙……都是鲁迅与爱罗先珂写作的现实原型。现实的城市景观带给他们身体与心灵双重的幽闭感受。鲁迅的"古城"意象，爱罗先珂的"屋宇"、"寺院"，也在这个意义上取得了共鸣。由此可以进一步理解，爱罗先珂到了中国后不再用"笼"，而大写中国的"古"。可以说，他们都破除了"笼"作为禁锢空间的外在性,而走向这一形式的内在性。只不过,爱罗先珂并未有鲁迅的自觉。可以说,并非"笼",而是"寺院"、"屋宇"的古,让鲁迅与爱罗先珂的中国书写取得了更多的精神同质性。

六、想象中国的方式:从"古城"到"铁屋子"

鲁迅想象与书写民族生存境遇的意象从"古城"到"铁屋子",表明作为思想的"铁屋子"与作为意象的"铁屋子"并不是同时出现的。

其实早在留日时期,鲁迅就书写过国人的沉睡状态,并相信人们能走出这种藩篱。他认为,国民有"梦者"、"觉者"、"渐渐出梦寐"者①,一心追慕古初的"中国爱智之士"必将"自杀以从古人"、"神质同隳"②。这显然仍是"铁屋子"比喻中的沉睡与死亡。不过,此时他还相信国民可以走出,实现"群之大觉"③。

到写出"古城"意象的1919年前后,鲁迅作品彰显的精神也很昂扬。《古城》笔调有力,寓意精微,字句中仍有希望。《古城》发表后不久,鲁迅提倡已经"觉醒的人""各自解放了自己的孩子"——"自己背着因袭的重担,肩住了黑暗的闸门,放他们到宽阔光明的地方去;此后幸福的度日,合理的做人"④。这无疑是《古城》故事的杂文浓缩版。此时,尽管他诊断"同胞病""颇得七八",且国人"牙关紧闭"令他"未知下药"⑤,但"历观国内无一佳象",仍然"毫不悲观"⑥。

然而到了1922年,何以尚有走出希望的"古城"就变成了走不出的"铁屋子"?这恐怕与鲁迅彼时的现实处境与心境变化相关。一方面,这一年,《新青年》阵营的分裂更加明显,原本与鲁迅同样肩住黑暗闸门、并肩作战的新青年同人,已不可避免地分化了。另一方面,复古回潮,鲁迅不得不投入与"学衡派"的论战。昔日的同行者胡适提出"整理国故",学衡派又在鼓吹"倡明国粹",在鲁迅看来,民国至此已成立十年,而思想界仍是一片混沌,鲁迅的悲哀与寂寞大抵是很难驱散的。于是,从前认为尚存的打破桎梏的希望变成了绝望,"古城"变成了"铁屋子",门也没有了,窗也没有了。

---

① 鲁迅:《破恶声论》,《鲁迅全集》(第8卷),人民文学出版社2005年版,第26页。原刊《河南》月刊(日本东京出版)1908年12月5日,署名迅行。
② 鲁迅:《摩罗诗力说》,《鲁迅全集》(第1卷),人民文学出版社2005年版,第69页。《河南》月刊1908年2月,署名令飞。
③ 鲁迅:《破恶声论》,《鲁迅全集》(第8卷),人民文学出版社2005年版,第26页。
④ 鲁迅:《我们现在怎样做父亲》,《新青年》月刊1919年11月第6卷第6号,署名唐俟。
⑤ 鲁迅:《180104 致许寿裳》,《鲁迅全集》(第11卷),人民文学出版社2005年版,第357页。
⑥ 鲁迅:《180820 致许寿裳》,《鲁迅全集》(第11卷),人民文学出版社2005年版,第366页。

另外可以看到，1925 年是鲁迅另一个密集书写"铁屋子"系列意象的高峰期。如"我总觉得周围有长城围绕，这长城的构成材料，是旧有的古砖和补添的新砖。两种东西联为一气造成了城壁，将人们包围"①。"长城久成废物"，"老大的国民尽钻在僵硬的传统里，不肯变革"，国内的"保古家"联同"外国的考古学者"，希望"中国永是一个大古董"②。中国人一直幻想的"各种苟活的理想乡"，其实类似"北京的第一监狱"——"不虑冻馁"、"构造坚固，不会倒塌"、"住在里面，何等安全"，因为古训所教的"生活法"是"教人不要动"③。国民——"围在高墙里面的一切人众"，还是"未经革新的古国的人民"④。"新的雷峰塔也会再造的罢。"⑤ 收于《野草》的 1925 年的散文诗，也大量出现类似意象："一间小土屋"、"前面，是坟"（《过客》），"上下四旁无不冰冷，青白"的"冰谷"（《死火》），"陋巷"（《狗的驳诘》），"失掉的好地狱"（《失掉的好地狱》），"深夜中紧闭的小屋的内部"（《颓败线的颤动》），"六面碰壁"的"棺材"（《死后》），"秽气冲着鼻子，四面又没有一个窗"的"破小屋"（《聪明人和傻子和奴才》）……⑥

鲁迅曾多次将 1925 年与 1922 年比较。他指出，1925 年的社会仍然弥漫着"'反改革'的空气"——满是"祖传"、"老例"、"国粹"的"活埋庵"，这让他想起"前三四年有一派思潮"⑦，即 1922 年前后的复古风潮。1925 年，他又忆起自己在五四"主张革新的""蓬蓬勃勃"中做了许多短评；而 1921—1922 年的短评减少，"只记得一九二一年中的一篇是对于所谓'虚无哲学'而发的；更后一年则大抵对于上海之所谓'国学家'而发，不知怎的那时忽而有许多人都自命为国学家了"⑧。

由此可见，两个年份带给鲁迅相似的心理体验。1925 年，社会上的重大事件有孙中山去世、五卅运动、复古回潮、章士钊重办《甲寅》、鼓吹尊孔读经等；鲁迅个人生活也有"运交华盖"、"六面碰壁"之感，因《咬文嚼字》和《青年必读书》陷入了与他人的长期论辩，亲历了女师大风潮，被章士钊免职……所以，这样"古"的年份使鲁迅

---

① 鲁迅：《编完写起》，《莽原》周刊 1925 年 5 月 15 日。此篇后收入《华盖集》，题为《长城》。其中，"周围有长城围绕"，报刊初发表时为"围过"，《华盖集》中为"围绕"。

② 鲁迅：《忽然想到·六》，《京报副刊》1925 年 4 月 22 日。

③ 鲁迅：《北京通信》，《豫报副刊》1925 年 5 月 14 日。

④ 鲁迅：《俄文译本〈阿Q正传〉序及著者自叙传略》，《语丝》1925 年 6 月 15 日。

⑤ 鲁迅：《再论雷峰塔的倒掉》，《语丝》1925 年 2 月 23 日。

⑥ 鲁迅：《野草》，《鲁迅全集》（第 2 卷），人民文学出版社 2005 年版，第 193、195、200、203、204、210、216、222 页。各篇均写于 1925 年。

⑦ 鲁迅：《通讯》，《猛进》1925 年第 3、5 期。

⑧ 鲁迅：《〈热风〉题记》，《鲁迅全集》（第 1 卷），人民文学出版社 2005 年版，第 307-308 页。落款为"一九二五年十一月三日之夜"。

想起了 1922 年，并继续书写上述表示幽闭、窒闷的空间意象，以致形成了自己的"铁屋子"意象系列。

在此意义上，也可以进一步理解"铁屋子"何以是"铁"屋子。"长城"、"古城"，都是前现代的防御工事；"高墙"、"雷峰塔"，可以将"非我族类"隔开。它们曾经可以为空间之内的人们提供安全与有效的保护，防范不可预知的危险。而当"古国"及其人民已不得不面对世界，鲁迅却指出人们身处铁屋之中的事实——一方面宣告曾经的防守空间不过是想象中"苟活的理想乡"，其边界都已失效；另一方面也提示"铁屋子"仍是中国人自造的"好地狱"，不过是将建筑材料从"旧有的古砖"换作了"补添的新砖"——铁，人们仍然安心居于其中。于是，"铁屋子""绝无窗户而万难破毁"。

由此可以粗略得知，在社会复古思潮大肆猖獗之时，鲁迅尤其会体会到窒息感。倒掉的雷峰塔还会再造，鲁迅索性以"铁屋子"来做比，放弃一切可以走出它、拆毁它的希望。至此，"铁屋子"变成了安稳的"活埋庵"——"坟"，中国人将在睡梦中集体死去，就此埋葬。

还需注意的是，鲁迅一系列与"铁屋子"性质相近的比喻，基本都写作于北京时期。北京为鲁迅提供了具体的空间感受、独特的文化记忆，而鲁迅又在其中"看见"了既具象又抽象的中国与世界，其都市体验与文学表达也由此形成一种合力，构成鲁迅想象中国的一种方式。

七、结语

"铁屋子"既是鲁迅个人经验的浓缩，同时也是民族历史经验的转喻。这种封闭状态，正是近代以来民族处境最形象的刻画，浓缩着当时中国的现实和中国人的生存境遇。因此，它不只是单纯的意象，其本质是 20 世纪中国思想史问题的外化，是与中国精神史有着重大关联的思想、文化和社会问题。"铁屋子"关切的，是一个民族如何界认自身、如何融入世界的问题。

爱罗先珂与鲁迅都写出了东方民族的幽闭困境。爱罗先珂笔下，这种禁锢是简单的、有形的。而鲁迅的"铁屋子"比喻则有禁锢的多重含义。首先，"铁屋子"的边界构成了一个民族内外无形的桎梏，也就是鲁迅所说的："世界的时代思潮早已六面袭来，而自己还拘禁在三千年陈的桎梏里。"① "六面"，恰恰塑造了封闭的"铁屋子"的空间，使民族与世界隔离。此外，"铁屋子"内部还有第二重乃至第三重桎梏，即人与人之间的

---

① 鲁迅：《当陶元庆君的绘画展览时》，《时事新报·青光》1927 年 12 月 19 日。

隔膜乃至个人被禁锢的头脑。无论如何，中国人都要闷死在"铁屋子"里，先觉者如果突破人与人的边界，"弄清"了"醉虾"的"脑子"和"弄敏了他的感觉"，则有可能让他人备尝苦痛，自己也沦为"做这醉虾的帮手"①。在此，启蒙问题又内蕴了一个伦理意义上的道德选择。鲁迅的歧路彷徨与伦理焦虑，正体现了个体命运不可能外在于民族命运的深刻现实。

因而，"铁屋子"既是民族寓言，又包蕴了鲁迅与国人共在的切身体验。鲁迅将"国"缩小到"屋"，自微观空间里折射出一国的历史、现实及其所处的时代——沉睡、梦游和即将到来的窒息。这种极致的浓缩和提炼，产生于"古城"、"寺院"等一切感官与思维的意象之中，又经过鲁迅的抽丝剥茧，暴露其根本样态。"铁屋子"背后，不仅是"新"与"旧"的差别，更是"生存"与"死亡"的对立。

总之，无论是"狭的笼"，"又高又古的寺院"，还是"古城"、"铁屋子"，归根到底都是一个比喻，是对民族与人类生存境遇的一种刻画。前者是爱罗先珂作为旁观者对东方国度的抽象想象，后者是置身于古国之中的鲁迅对切肤之感的具象浓缩。他们的意象及其作品，就是一场关于中国（或东方）的民族性与世界性如何冲突与解决的精神对话。因为一个在"笼"外，一个在"屋"中，对于衰弱不堪的东方民族应该如何应对世界这一问题，他们提供了不同的答案。爱罗先珂希望用人道主义消泯一切隔阂，有更多的空想色彩，而鲁迅的思考则更加忧愤深广。

（作者单位：北京大学中文系）

---

① 鲁迅：《答有恒先生》，《北新》周刊1927年10月1日。

"大文学"视野

抗战地理空间与穆旦诗风流变

庞云芳

1937—1945年的日军全面侵华战争，使中国人民的生存境遇陷入了战争状态，在民族救亡与政治势力的复杂关系中，中国国土被分割为四大区域。中国现代文学史通常将20世纪40年代的文学思潮相应地设为国统区文学、解放区文学、上海孤岛文学与沦陷区文学四个独立的文学地理空间。其实，由于抗战局势的急剧变化，四个区域的地理范围也一直处于变动中。1937年9月22—23日，《中国共产党为公布国共合作宣言》与蒋介石《对中国共产党宣言的谈话》相继发表，"宣布了国共两党第二次合作的正式成立"[①]，标志着全国抗日民族统一战线的真正实现。全国抗日民族统一战线的形成，也促使许多作家离开了原先居住和熟悉的大城市，纷纷走向内陆城镇或乡村，或参战，或做战后服务。不管作家是被动流徙，还是自觉投入抗日热潮，他们写作的地理空间随着战争局势的演变而不断变化。这些变化与作家的地理感知、创作心态以及对中日战争形势的认知和判断密切相关。《穆旦诗文集》增订版收入穆旦已见诗歌166首，其中94首作于1937—1945年抗日战争时期，这一时期是穆旦诗歌写作的主要成长期。抗日战争对穆旦写作的影响极为重大。穆旦战时写作地理空间的不停转换显示出微观的战争图景与作者创作心态的演变过程。

一、抗日战争初期迁徙经历与"内地的发现"

1931年"九一八事变"后，日军总是蓄意寻衅，中国一直面临着日军的全面战略侵

---

① 军事科学院军事历史研究部：《中国抗日战争史》（第2版）（中卷），解放军出版社2005年版，第20页。

犯。1935年5月2—3日，天津《国权报》社社长胡恩溥、《振报》社社长白逾桓在日租界先后被暗杀。日本以亲日记者在日租界遭杀害为由，威迫国民党政府。在日军威迫下，何应钦于6月10日根据国民党中央的训令，口头答应了日方要求的含撤退河北省内一切党部、军队等九项事项。同日，国民党政府发布了《敦睦邻邦令》①。这一系列事件发生时，穆旦17岁，是南开中学高中三年级的学生。据南开中学史料记载，1935年5月，平津学生发起的爱国运动使学校正常工作一度停顿。生活在天津的穆旦对日军的侵凌行径自是感受颇深。6月13日，穆旦创作了诗歌《哀国难》②，痛诉日军的侵略。诗中写道：

　　新的血涂着新的裂纹，
　　广博的人群再受一次强暴的瓜分；
　　一样的生命一样的臂膊，
　　我洒着一腔热泪对鸟默然③。

　　国民党政府在日军逼迫下一再退让，并禁止一切抗日言行。面对国家遭遇"瓜分"的事实，诗人虽有"一腔热泪"，也只得"默然"。1936年11月创作的《我们肃立，向国旗致敬》，表达了祖国遭受的屈辱与我们的无力："庄严的国旗要随着祖国，／屈辱地，向别处爬行／我们咬着一千斤沉重，／对她最后敬礼，含着泪心。"④ 日本侵犯中国领土范围逐渐扩大，国旗也在耻辱里向别处移动，诗人的心情极为沉重。"含着泪心"致敬屈辱中的国旗是哀痛与隐忍的体现。《古墙》一诗也有相似的表达："晚霞在紫色里无声地死亡，／黑暗击杀了最后的光辉，／当一切伏身于残暴和淫威，／矗立在原野的是坚忍的古墙。"⑤ 当"残暴"肆意横行时，能够寄予希望的仅有"坚忍的古墙"。《哀国难》、《我们肃立，向国旗致敬》、《古墙》三首诗作，或洒泪默然，或含泪致敬，或坚忍寂寥。诗人面对国土遭受侵略者践踏的事实发出痛诉，但迫于国民党当局对外妥协、对内强硬的政策，只好抑制内心强烈的反抗情绪，在诗歌中塑以忍受者形象。

---

① 齐福霖：《中国抗日战争大事记》，北京出版社1995年版，第96页。
② 原载《南开高中学生》1935年（春季）第3期，署名良铮。为保持叙述一致性，文中统称穆旦。
③ 穆旦：《哀国难》，李方编《穆旦诗文集》（增订本）（第1册），人民文学出版社2013年版，第182-183页。
④ 穆旦：《我们肃立，向国旗敬礼》，李方编《穆旦诗文集》（增订本）（第1册），人民文学出版社2013年版，第186页。
⑤ 穆旦：《古墙》，李方编《穆旦诗文集》（增订本）（第1册），人民文学出版社2013年版，第196页。

1937年"七七事变"发生时,穆旦是清华大学二年级学生,正在"参加北平大中学生集中军训"①。由于华北局势日益紧张,集中军训被迫于7月21日结束。不久,平津相继陷落。7月29日,中共北平市委决定以平津流亡同学会名义,"组织平津学生南下,或到抗日前线"②。9月3日,清华大学在长沙成立办事处,"办理通知清华南下师生职员到长沙开学等事宜"③。在各地同学会的协助下,师生员工辗转来到长沙。由于校舍不敷分配,文学院搬往南岳圣经学校分校。穆旦在外国语文学系就读,随文学院其他系同学一同到达国立长沙大学南岳校区。

尽管南下之途异常艰难,分校教学设施极其匮乏,长沙临时大学在悲愤的大气氛中却也洋溢着抗战的激情。文学院师生时常在昏暗的菜油灯下研究地图,议论战争局势,也有同学毅然离校到延安参加革命。由于南岳分校地理位置偏远,战事消息流转缓慢,大家的生活也渐渐安定了。衡山高耸入云,景色壮美,南岳圣经学校分校恰位于衡山半山腰,附近有多处衡山胜迹,如南台寺、上林寺、祝融峰、藏经殿、黑龙潭瀑布等。文学院教授冯友兰、闻一多、吴宓、柳无忌、朱自清等人都在日记或回忆文章中谈及南岳的秀丽风景以及上课之余逛山的乐趣④。

1937年11月,身处南岳山中的穆旦创作了诗作《野兽》,刊登在当时南岳分校的一期墙报上,后发表于1942年2月2日《柳州日报》副刊《布谷》。诗中塑造了"野兽"的形象:

  在狂暴的原野和荆棘的山谷里,
  像一阵怒涛绞着无边的海浪,
  它拧起全身的力。
  在暗黑中,随着一声凄厉的号叫,
  它是以如星的锐利的眼睛,
  射出那可怕的复仇的光芒⑤。

---

① 易彬:《穆旦年谱》,中国社会科学出版社2010年版,第31页。
② 清华大学校史研究室:《清华大学九十年》,清华大学出版社2001年版,第90页。
③ 清华大学校史编写组:《清华大学校史稿》,中华书局1981年版,第290页。
④ 闻一多:《八年的回忆与感想》,西南联大《除夕副刊》编《联大八年》,新星出版社2013年版,第7页。
⑤ 穆旦:《野兽》,李方编《穆旦诗文集》(增订本)(第1册),人民文学出版社2013年版,第3页。

遍受创伤的"野兽"象征着遭受侵略的国家。穆旦或是在一个狂风暗夜完成了《野兽》①。山谷暗夜，风声鹤唳，遍体鳞伤的野兽形象跃然纸上，它似火焰，似怒涛，叫声凄厉，眼光如星。《野兽》中的"复仇者"形象替代了之前诗歌中的"忍受者"形象。"原野"、"山谷"、"怒涛"、"海浪"等意象增强了复仇者的愤怒与力量。诗歌形象的转变，一方面呼应了全国抗日民族统一战线形成之后整体热烈的抗战气氛，另一方面也是诗人在南岳山中形成的新的地理感知的体现。

1937年12月13日，日本侵略者占领南京，进行了灭绝人寰的"南京大屠杀"之后，沿长江向西进攻，直逼武汉，仅仅存在80天的"国立长沙临时大学"只好继续西迁。1938年2月20日，近三百名师生组成步行团，开始了跨越湘、黔、滇的艰难跋涉。穆旦是步行团中的学生之一。湘、黔、滇全程3248里，从1938年2月20日到4月28日，历经68天，除去途中休整、参观活动时间，实际步行天数为40天，步行里程是2548里②。穆旦在随步行团西迁的历程中，创作了《出发——三千里步行之一》与《原野上走路——三千里步行之二》两首诗作，跨越不同地域的徒步经历为穆旦的诗歌创作注入了乡土气息，诗歌的地域特征渐趋明显，诗学意象更为具体。自然与乡村成为抗日战争初期穆旦反复书写的诗学主题。

    在清水潭，我看见一个老船夫撑过了急流，笑……
    在军山铺，孩子们坐在阴暗的高门槛上
    在太子庙，枯瘦的黄牛翻起泥土和粪香，
    背上飞过双蝴蝶躲进了开花的菜田……
    在石门桥，在桃源，在郑家驿，在毛家溪……③

诗作《出发——三千里步行之一》中提到的清水潭、军山铺、太子庙、石门桥、桃源、郑家驿、毛家溪等地名与"湘黔滇步行团"1938年2月20日至3月2日的行进路线相一致，是步行团离开长沙后第一阶段的行程。据王乃梁、陆智常提供的"湘黔滇步行团行程"，2月20日，长沙→清水塘（益阳）；2月23日，益阳→军山铺；2月24日，

---

① 柳无忌在《南岳日记》中多次记述了南岳山中的夜间大风。参见柳无忌：《柳无忌散文选——古稀话旧》，中国友谊出版公司1984年版，第93、98页。
② 余道男：《三校西迁日记》附表"长沙临时大学湘黔滇旅行团旅行概况表"，张寄谦编《联大长征》，新星出版社2010年版，第199-200页。
③ 穆旦：《出发——三千里步行之一》，李方编《穆旦诗文集》（增订本）（第1册），人民文学出版社2013年版，第214-215页。

军山铺→太子庙；2月25日，太子庙→石门桥；2月26日，石门桥→常德；2月28日，常德→桃源；3月1日，桃源→郑家驿；3月2日，郑家驿→毛家溪①。穆旦在诗句中依次记述了行程中宿营地的名字，且这些地名都是村庄。滔滔的"沅江"、浓密的"桐树"、"马尾松"、"黄牛"、"菜田"，还有撑篙的"老船夫"、坐在门槛上的"孩子"以及"流着汗挣扎"的"广大的中国的人民"……一个个村庄连成广阔的内陆空间，这是穆旦深入内地后的重要发现。《原野上走路——三千里步行之二》诗中写道：

  我们起伏在波动又波动的油绿的田野，
  一条柔软的红色带子投进了另外一条
  系着另外一片祖国土地的宽长道路，
  圈圈风景把我们缓缓地簸进又簸出，
  而我们总是以同一的进行的节奏，
  把脚掌拍打着松软赤红的泥土②。

  此诗记述的情景已是云南境内。1938年4月19日，步行团过滇黔交界处胜境关，到达云南省境第一站平彝县。"下胜境关，山土作红赤色，从林间小道曲折而下，道旁杜鹃山茶花，红的白的，一丛丛伴送我们的寂寞旅程。"③ 从《出发》到《原野上走路》，正是步行团行程开始与结束的两端。尽管整个行程遍布艰辛，山路崎岖又多阴雨天气，沿途食宿甚为简陋，还要防范地方土匪（参与步行团的成员在回忆录中多有记述），穆旦记述三千里步行的两首诗作，却始终洋溢着欢畅、激动的情绪。阔大的田野与辛劳的人民助长着诗人心中救国的希望和信心。

  穆旦从小生长于城市，早期诗作多关注城市底层人民。例如，《流浪人》描写一个饥饿的街头流浪者；《两个世界》描绘了工厂女工的辛酸日常；《一个老木匠》是对小手工业者一生辛劳的同情；《夏夜》、《更夫》是对城市小职业者的关注。在随校西迁之前，穆旦并不曾有乡村生活的体验。湘黔滇步行经历，使穆旦获得了接触内地乡村的机会，其诗歌写作关注的对象更为宽广，乡土意象渐趋具体、丰富，意象所承载的情感更为细

---

  ① 王乃梁、陆智常：《湘黔滇步行团行程1938年2月20日~1938年4月28日》，张寄谦编《联大长征》，新星出版社2010年版，第1页。
  ② 穆旦：《原野上走路——三千里步行之二》，李方编《穆旦诗文集》（增订本）（第1册），人民文学出版社2013年版，第217页。
  ③ 钱能欣：《西南三千五百里》，张寄谦编《联大长征》，新星出版社2010年版，第87页。

腻、深厚。比如在《在寒冷的腊月的夜里》中,出现了"镰刀"、"锄头"、"牛轭"、"石磨"、"大车"等农具意象。再以1941年12月创作的长诗《赞美》为例,这首诗歌意象密集,情感激荡,读来有悲怆之感,却不失力量。全诗分为4节,共61行。前三节都以"一个民族已经起来"作结束语,第四节重叠使用"然而一个民族已经起来"作为整首诗的结束。"山峦"、"河流"、"草原"、"村庄"、"鸡鸣"、"狗吠"、"土地"、"森林"、"鹰群"、"沙漠"、"小路"、"骡子车"、"槽子船"、"野花"、"犁"、"锄头"、"沼泽"、"芦苇"、"虫鸣"、"乌鸦"、"农夫"、"茅屋"等意象囊括了祖国南北且具有明显的乡土特征。

> 我有太多的话语,太悠久的感情,
> 我要以槽子船,漫山的野花,阴雨的天气,
> 我要以一切拥抱你,你,
> 我到处看见的人民呵,
> 在耻辱里生活的人民,佝偻的人民,
> 我要以带血的手和你们一一拥抱,
> 因为一个民族已经起来①。

山河草木、鸡鸣狗吠、骡车槽船等乡土意象增强了诗歌情感的密度。袁可嘉在《九叶集》的序中认为,穆旦"对祖国的赞歌,不是轻飘飘的,而是伴随着深沉的痛苦的,是'带血'的歌"②。面对自然与乡村,穆旦的赞歌的确包含着复杂的感情,原始的自然状态与历史、现实之间存在着难以调和的矛盾。内地的广博、美丽可以带给人们对于胜利的展望。朱自清曾在《抗战与诗》中指出,抗战以来的诗作者对于"大众的发现和内地的发现"③,是抗战救国的力量。如果说,在三千里步行之途,穆旦对于普通乡众仅是"发现",认为那自在的生活尚缺乏自觉的醒悟;那么《赞美》中"我"与"人民"拥抱的姿态则达到了一种和解。

抗日战争初期,穆旦随校从北平到长沙的迁徙,因激变的时局,没有有效的组织和秩序。"七七事变"后不久,平汉铁路被日军截断,南下逃亡只能选择水路。穆旦的南

---

① 穆旦:《赞美》,李方编《穆旦诗文集》(增订本)(第1册),人民文学出版社2013年版,第68—70页。
② 辛迪、陈敬容、杜运燮等著:《九叶集》,作家出版社2000年版,第3页。
③ 朱自清:《新诗杂话》,岳麓书社2011年版,第32页。

下或也是从天津码头经水路辗转抵达长沙,对于祖国内陆的地理感知虽已开始,但慌乱的逃亡之路尚未转换成具体的诗学经验。西迁昆明的步行团是一次有组织、有计划的迁徙,穆旦有机会了解内地并思考把徒步经历纳入诗歌写作的方式。写作地理空间的不断转换扩大了诗歌意象的范围。诗歌写作中大量自然、乡土意象的使用,是诗人在战时流动中的地理感知,每一种意象都寄予着作者的情感态度。面对广阔的田野、屈辱的人民,诗人的创作心态虽有矛盾,总体却趋于积极、乐观,对于抗战救国的愿景充满希望和信心。

二、赴缅从军与战争体验的叙述

1941年12月8日,太平洋战争爆发之后,日军迅速占领菲律宾、马来西亚等东南亚国家,缅甸的战略地位变得尤其重要。在英国政府代表丹尼斯少将的建议下,"中国方面于1941年6月正式向英国方面提出《中英缅共同防御意见书》,策定了中英共同防御缅甸的作战计划"[1],并命令第五军、第六军等部开进云南,积极准备入缅作战。由于英国方面在中英合作防御缅甸问题上的犹疑态度,合作抗战并未取得实质性的进展。直到日军发动太平洋战争,在美国代表的努力调解下,中、英双方于1941年12月23日在重庆签署了《中英共同防御滇缅路协定》。中英军事同盟的成立过程颇为曲折,因英方只看重自身利益,中、英双方在会谈过程中多次发生争执,从而使中英军事合作在初始阶段便掺入不和谐之音。

1942年2月,穆旦辞去西南联大工作,志愿加入中国远征军(全称:中国远征军第一路)赴缅作战。据穆旦1955年10月所填档案《历史思想自传》,其参军动机是"校中教英文无成绩,感觉不宜教书;想作诗人,学校生活太沉寂,没有刺激,不如去军队体验生活;想抗日"[2]。穆旦对于教学的失望与当时西南联大的教学环境有关。国民党为了加强对各校课程的统制,教育部于1938年9-10月间颁布了《大学共同必修科目表》,一年后又颁布了《各院系必修选修科目表》,要求统一执行。按照"部定"规定,大学第二外国语不再列为必修课,又因教师数量大幅增加,文学院各系教授平均12-14人,而外文系教授人数一度多达20人,"人浮于事,因人设课现象十分严重"[3]。1940年7月毕业留校任助教的穆旦几无课可教,仅在1941—1942年度有大学一年级英文读本课和作文课。这一年度第二学期开学初,穆旦便随中国远征军奔赴缅甸抗日战场,在第五军(杜

---

[1] 军事科学院军事历史研究部:《中国抗日战争史》(修订版)(下卷),解放军出版社2005年版,第219页。
[2] 易彬:《穆旦年谱》,中国社会科学出版社2010年版,第67页。
[3] 清华大学编写组:《清华大学校史稿》,中华书局1981年版,第303页。

聿明部）军部任翻译官。

　　穆旦把写作理想与抗日意愿并置在一起，试图通过参与抗战实践的方式使个人日常与战争时代相契合。从诗学主张来看，他追求"表现社会或个人在历史一定发展下普遍地朝着光明面的转进"，"使诗和这时代成为一个感情的大谐和"的"新的抒情"①。创作于1941年12月的《赞美》一诗发表于新创刊杂志《文聚》第1卷第1期的头条位置，同期另刊有朱自清、李广田、沈从文、杜运燮等人的作品。穆旦诗作"头条"发表，不仅给诗人带来许多赞誉，也使诗人收获了诗歌写作的信心和力量。当然，穆旦的选择也与当时的生活状况有关。由于通货膨胀的压力，西南联大的老师们生活拮据。穆旦写于1939年10月的《抗战以来的西南联大》对于当时学校的穷困情形多有描述。穆旦在叙永期间，也曾与分校教职员工"呈函请增生活津贴"②。1941年1月，皖南事变发生，叙永分校等处张贴了"新四军皖南部队惨被围歼真相"③等壁报，国民党当局对地下党员展开大逮捕，政治气氛令人惶惶不安。穆旦始终如一的家国情怀以及工作、生活的不尽人意促使他走上了异国战场。

　　尽管入缅作战的中国远征军同仇敌忾，奋勇歼敌，曾取得仁安羌战役的胜利，但是因中、英双方矛盾重重，部队指挥凌乱，战力悬殊等多方面原因，终是走上了"大溃退"的悲惨结局。穆旦曾在缅甸军中给吴宓邮寄了信函，提及"英军腐败"④。中国远征军在缅甸对日作战仅仅两个月，各部便奉命向多路撤退。"杜聿明率领的第五军直属部队，及新编第二十二师，由缅甸的打洛、新平洋经野人山向印度的列多撤退，于八月初到达印境的迪不鲁加尔。"⑤ 1942年5月，穆旦随第五军撤退入胡康河谷，"它位于缅甸最北方，再北是冰雪皑皑的喜马拉雅山，东西皆为高耸入云的横断山脉所夹峙"⑥，当地人称这片无人区为"野人山"。撤退大军不久便迷失在野人山里，为了食物，士兵之间的冲突迅速升级。然而，食物的短缺只是不幸的开始。6月，更为恐怖的雨季降临，处处汪洋，蚊虫活跃，瘟疫肆虐，沿途白骨遍地。第五军军长杜聿明的《中国远征军入缅对日作战述略》、第五军政治部干事李明华的《野人山历劫记》纷纷记述了野人山的地理环境以及极端恶劣的自然条件。原始森林、重峦叠嶂、湍流绝谷、蚊蚋、蚂蟥是有关

---

① 穆旦：《慰劳信集——从〈鱼目集〉说起》，李方编《穆旦诗文集》（增订本）（第2册），人民文学出版社2013年版，第61页。
② 易彬：《穆旦年谱》，中国社会科学出版社2010年版，第59页。
③ 清华大学校史研究室：《清华大学九十年》，清华大学出版社2001年版，第114页。
④ 吴宓：《吴宓日记》（第6册），吴学昭整理，生活·读书·新知三联书店1998年版，第270页。
⑤ 杜聿明、宋希濂等：《远征印缅抗战》，中国文史出版社2010年版，第56页。
⑥ 邓贤：《大国之魂》，湖南人民出版社2010年版，第91页。

野人山自然环境记述中最为突出的记忆，自然以一种令人战栗和恐怖的面目吞噬着士兵的肉体，也压迫着每一个人的生存意志。

穆旦刊载于1942年8月23日重庆《大公报·战线》的诗作《阻滞的路》① 或是作于印度停留时期。"我要回去，回到我已迷失的故乡"在诗歌中反复出现，使一个异乡者的形象凸显出来，"陌生的远方"、"异地"并没有"我"所要追寻的"希望"与"理想"。地理空间的阻隔仿佛是时间的遗落，在入缅作战经历生死之劫后，战争诉说不是第一需要，那被地域空间"阻滞"的返乡路成为最为急迫的诉求。1942年11月，穆旦创作了《自然底梦》、《记忆底都城》、《幻想底乘客》组诗，以"诗三首"为题发表于《文聚》第1卷第5、6期合刊，即《文聚丛刊》：《一颗老树》②。这组诗都作于穆旦停留于印度时期，诗人的自然之梦已然苏醒，异乡的牺牲者形象再次凸显。

1943年1月初，穆旦由印度返回昆明。从1942年3月至1943年1月，穆旦的远征经历结束了，但是这次战争体验对于穆旦的人生和写作的影响才刚刚开始。穆旦在1943年3月创作的一首长诗——《隐现》③ 与他的远征经历有着深刻的关系。穆旦在诗中以"情人自白"的方式写道：

> 那一切都在战争，亲爱的，
> 那以真换来的假，以假换来的真，
> 我和无我，那一切血液的流注
> 都已和时间同归消隐。
> 那每一伫足的胜利的光辉
> 虽然照耀，当我终于从战争归来，
> 当我把心的深处呈献你，亲爱的，
> 为什么那一切发光的领我来到绝顶的黑暗，
> 坐在山岗上让我静静地哭泣④。

---

① 穆旦：《阻滞的路》，李方编《穆旦诗文集》（增订本）（第1册），人民文学出版社2013年版，第228–229页。

② 参见马绍玺：《穆旦轶诗〈记忆底都城〉与"文聚丛刊"》，《中国现代文学研究丛刊》2011年第5期。

③ 《隐现》版本详细情况可参见解志熙：《一首不寻常的长诗之短长——〈隐现〉的版本与穆旦的寄托》与《穆旦长诗〈隐现〉初刊本校录》，《新诗评论》2010年第2辑，第167–207页。

④ 穆旦：《隐现》，《华声》1945年第1卷第5-6期。

"终于从战争归来"的诗人在诗歌中注入了战争的思维,"那一切都在战争",不仅是与敌军之间,生与死、人与自然、真与假、光明与黑暗、时间与空间、我与无我等都处于战争状态。穆旦对于战争的叙述虽始于个人体验,但已不再局限于刚刚经历过的具体战事,而是对所有两极事物关系的一种思考。"战争对于诗歌的更为重要的影响不是经验上和内容上的直接对应和处理,而是诗歌所面临的重大问题以及思考这些问题的方式。"① 穆旦诗歌的战争书写弱化了个人具体经验,而对战争这一激烈的历史形态进行思考,从而获得了普遍的历史意义。

　　入缅作战归来后的两年间,穆旦的诗歌写作数量骤减。1943—1944年间的已见诗歌共计6首,是穆旦20世纪40年代创作的低谷阶段。这固然与穆旦归来后生活的不安定有关,他迫于生计"辗转昆明、重庆、曲靖、贵阳等地,工作多有变动"②,另一个重要的因素则是远征经历改变了穆旦的战争认知及创作心态。抗战初期高昂、积极的乐观情绪被残酷的战场事实淹没,野人山的"自然"显示出另一种恐怖的面目,穆旦诗歌写作中大量的乡土意象消失了,即使偶尔触及,也无"赞美"之声,而是笼罩在悲怆的基调中。战争的阴谋、战友的白骨成为穆旦一直挥之不去的梦魇,抗战救国的愿景受到压迫,幸存者活在死难者的黑影中,殉难者被遗忘在异地的山冈上。

三、抗日战争的结束与穆旦的北归之途

　　1942年7月17日,斯大林格勒会战开始。1943年2月2日,斯大林格勒保卫战胜利,世界反法西斯阵线发生了转折,中日战争已现胜利的曙光。毛泽东在1942年10月12日为延安《解放日报》所写的社论——《第二次世界大战的转折点》预见了斯大林格勒战役的决定意义:"这一形势,将直接影响到远东。明年也将不是日本法西斯的吉利年头。它将一天一天感到头痛,直至向它的墓门跨进。"③ 1943年7月,墨索里尼在意大利的统治结束,意大利新政府宣布退出法西斯轴心体,并对德宣战,"标志着德、意、日法西斯轴心实际上的解体,这是国际反法西斯阵线的一大胜利"④。1945年年初,世界反法

---

①　吴向廷:《穆旦诗歌中的战争与史诗性》,《新诗评论》2014年第18辑,第172页。
②　易彬:《穆旦年谱》,中国社会科学出版社2010年版,第73页。
③　毛泽东:《第二次世界大战的转折点》,《毛泽东选集》(第2版)(第三卷),人民出版社1991年版,第888页。
④　军事科学院军事历史研究部:《中国抗日战争史》(修订版)(下卷),解放军出版社2005年版,第302页。

西斯战争进入全面反攻阶段，临近最后胜利。

　　1945年春，穆旦任职于重庆中国航空公司贵阳办事处，5月份辞职。6月，穆旦至青年军二〇七师担任中校英文秘书。据穆旦档案材料，"看着欧战已胜利，抗日胜利也不远了，因此便又动意去军队，乃辞中航职务，去到昆明"①。在中国航空公司任职期间，穆旦因受同事排挤，工作地点几经变动，先在重庆实习，后派昆明办事处，再调重庆总公司，又调贵阳办事处。工作的平庸以及人事的陈腐使穆旦难以继续留任，创作于1942年2月的诗作《线上》②、《被围者》③是对平庸的日常的揭示。"他捞起一支笔或是电话机"几乎是穆旦此时工作状态的真实写照，令人绝望的是以"忍耐和爬行"塑造的榜样的形象："长期的茫然"、"无神的眼"、"陷落的两肩"、"痛苦的头脑"、"燃尽的蜡烛"。穆旦的发现，并不限于一时之地，而是思考人生在时间链条上的位置与意义。"过去的都已来就范，所有的暂时／相结起来是这平庸的永远。""平庸的永远"正是时间的形状，它不是一条无限延伸的直线，对不可知的终结尚存希望，而是一个完整的圆，起点处即可预见终点，生死之间的距离似乎很近，但是必须遵循圆形的轨迹行进。

　　穆旦在战时语境中对生活日常的反思，是其诗歌写作主题的继续，只是从战场归来的穆旦，在面对日常时，心理产生了极大的落差。最为激烈的生存状态与过于平庸的生命形式之间的裂隙折磨着穆旦的人生。他在抗战胜利之际再次从军的选择以及写作中战争主题的频繁出现，都是对平庸日常的一种抗争。抗战的胜利意味着新秩序的生成，作家们要重新调整自己的写作面向。在战争激情退却之时，退伍的士兵也已归来，可战争的思维方式却延续在生活中。"毫无准备，死难者生还的伙伴，／你未来的好日子隐藏着敌人。"④ 保卫城市的兵士带来和平的日子，诗人却对归来者提出警醒，生活日常与热血梦想间的悬殊即是"隐藏"的"敌人"。战争已不仅是战场上的拼杀、牺牲、荣光，也已渗入日常生活的琐事中。

　　1945年7月，穆旦较为集中地创作了数篇战争主题的诗作，如《一个战士需要温柔的时候》、《七七》、《先导》、《农民兵（一）（二）》、《奉献》、《反攻基地》、《野外演习》、《打出去》、《轰炸东京》等。抗日战争即将胜利，穆旦诗歌中重新燃起希冀与欢

---

　　① 易彬：《穆旦年谱》，中国社会科学出版社2010年版，第82页。
　　② 穆旦：《线上》，李方编《穆旦诗文集》（增订版）（第1册），人民文学出版社2013年版，第102页。
　　③ 穆旦：《被围者》，李方编《穆旦诗文集》（增订版）（第1册），人民文学出版社2013年版，第100页。
　　④ 穆旦：《线上》，李方编《穆旦诗文集》（增订版）（第1册），人民文学出版社2013年版，第102页。

欣。随着欧洲战争的结束，美、英兵力在亚洲、太平洋战场的优势逐渐增强。1945年6月30日，美国攻占冲绳岛，逼近日本本土。"日本大本营为坚持所谓'本土决战'，被迫在中国战场采取战略收缩，放弃湘桂铁路及粤汉铁路大部，将在华南地区的日军主力向华中地区集中，再准备转用于上海、青岛、朝鲜沿海，及用于确保华北、华中和东北；在上海以南沿海，除在广州、香港留置少数日军外，其他日军部队亦同时被调。"① 如果说，欧战的胜利是另一片地理区域激情的传递，那么，西南、华南地区日军的撤退，则是对抗日战争的终结最为直接的感知。穆旦在诗歌《轰炸东京》中表达了抗日战争胜利前夕的激愤：

  我们漫长的梦魇，我们的混乱，
  我们有毒的日子早该流去，
  只是有一环它不肯放松，
  炸毁它，我们的伤口才得以合拢②。

  1945年8月9日，苏联宣布加入波茨坦公告，与日本进入战争状态。同日，毛泽东发表《对日寇的最后一战》，声明中指出："由于苏联的这一行动，对日战争的时间将大大缩短。对日战争已处在最后阶段，……中国人民的一切抗日力量应举行全国规模的反攻，密切而有效力地配合苏联及其他同盟国作战。"③ 8月15日，日本政府宣布投降。9月3日，为中国抗日战争胜利纪念日。抗日战争终于取得胜利，是时候告慰战争中的死难者了。9月，穆旦以1942年的野人山经历为背景，创作了《森林之歌——祭野人山上的白骨》④。抗日战争胜利之前，穆旦虽创作过多首战争主题的诗歌，但并没有具体的时空场景，对于1942年的野人山经历几无记述。《森林之歌——祭野人山上的白骨》却有非常明确的时空与战事书写。抗战的胜利，使诗人能够相对坦然地回忆自己的战争经历，

---

① 军事科学院军事历史研究部：《中国抗日战争史》（修订版）（下卷），解放军出版社2005年版，第552页。
② 穆旦：《轰炸东京》，李方编《穆旦诗文集》（增订版）（第1册），人民文学出版社2013年版，第166页。
③ 毛泽东：《对日寇的最后一战》，《毛泽东选集》（第2版）（第3卷），人民出版社1991年版，第1119页。
④ 《森林之歌——祭野人山上的白骨》，原载《文艺复兴》1946年第1卷第6期，后刊于《文学杂志》1947年第2卷第2期，题目改为《森林之歌——祭野人山上死难的兵士》。收入《穆旦诗集（1939—1945）》时，题为《森林之魅——祭胡康河谷上的白骨》，内容也作了修改。文中从初刊版本。

并用写作的方式告慰牺牲的战友,但是对于野人山的恐惧感,在历经三年之后也不曾减弱。

> 在青苔藤蔓间,在百年的枯叶上,
> 死去了世间的声音。这青青杂草,
> 这红色小花,和花丛里的嗡营,
> 这不知名的虫类,爬行或飞走,
> 和跳跃的猿鸣,鸟叫,和水中的
> 游鱼,陆上的蟒和象和更大的畏惧,
> 以自然之名,全得到自然的崇奉,
> 无始无终,窒息在难懂的梦里,
> 我不和谐的旅程把一切惊动①。

穆旦的诗歌中再次出现了密集的自然意象,如"藤蔓"、"枯叶"、"杂草"、"小花"、"虫"、"猿"、"蟒"、"象"、"鱼"等,这些意象已失去了《赞美》中自然意象热烈的色彩,而是和"畏惧"并列。穆旦曾对朋友讲述:"对于大地的惧怕,原始的雨,森林里奇异的,看了使人害病的草木怒长,而在繁茂的绿叶之间却是那些走在他前面的人的腐烂的尸身,也许就是他的朋友的。"② 战争的劫难逼人走向死亡的边界,阴森丛林,湍急水流,生命的气息淹没于无边的森林,静静地逝去,又静静地生长。个体生命的瞬间消逝给亲历者造成极大的生理和心理冲击,崇高的理想与坚强的意志受到压迫。野人山经历,使穆旦体验到自然力量恐怖的一面,"大地"、"森林"、"绿叶"不再是希望的象征、歌唱的对象,而是生命的吞噬者。

1945 年 11 月 21 日,穆旦随青年军二〇七师师长罗又伦,从昆明出发,踏上了北归之途。在返乡途中,穆旦撰写了《还乡记》系列散文③,分别是《从昆明到长沙——还乡记》、《岁暮的武汉》、《从汉口到北平》、《回到北平,正是"冒险家的乐园"》。这组

---

① 穆旦:《森林之歌——祭野人山上的白骨》,《文艺复兴》1946 年第 1 卷第 6 期,第 718 页。
② 穆旦:《一个中国诗人》。本文英文稿载于伦敦 LIFE AND LETTERS 杂志 1946 年 6 月号。中文稿题为《一个中国诗人》,附录于穆旦 1947 年 5 月在沈阳自费出版的《穆旦诗集(1939—1945)》,又以《一个中国新诗人》为题刊载于《文学杂志》1947 年第 2 卷第 2 号。
③ 文章发表时署名查良铮。据刘希武回忆,穆旦随青年军北上回北平,一路上写了《还乡记》杂文约 10 篇,都是些思想进步的文章。现已见仅 4 篇,参见陈越:《再从军路上的〈还乡记〉——查良铮(穆旦)佚文四篇校读》,《新诗评论》2010 年第 2 辑,第 208-217 页。

文章，穆旦以特派记者的身份发表于《独立周报》。穆旦从长沙到昆明所走的湘黔滇公路，正是1938年西南联大步行团的行走路线。八年前，穆旦走在西迁的路上，充满昂扬、激动的情绪。抗日战争胜利结束，再次踏上返乡的旅途，穆旦自是百感交集，心态复杂。"从湘西芷江宝庆，湘潭一带走过，所有的县城全毁了"①，在凄凉长沙的街道上，穆旦回忆起八年前长沙的模样。1945年12月31日，穆旦抵达武汉，"武汉的岁暮，隐藏着这些下台的侵略者的悲哀。在中国人民一方面，我们虽然还有着国内的纷争，阴霾四伏，可是我们新来的这个全民族的喜悦，在这个新年中，是没有什么可以遮掩得住的"②。武汉的生活状态并无战时的紧张，老汉口的日常依旧散漫，虽然物价飞涨，却也无法遮掩抗战胜利欢庆的气氛。1946年1月6日，穆旦回到北平。重返北平的期待自不待言，然而，北平也是物价高涨，人民怨言不止。历经一个半月回到北平的穆旦发出感叹："中产的北平，文化城的北平，眼看就要翻滚在贪官污吏和奸商的手中了。"③ 可见，穆旦对于国民党当局极度不满。局势的混乱与生活的艰辛早已替代了回归的希冀与喜悦。为生计所迫，又有友人盛情相邀，穆旦于1946年2月间便前往东北。这一年，穆旦中止了诗歌写作，其中原因与穆旦忙于《新报》的创办有关。不容忽视的是，抗战胜利后的历史语境与战争时期的时代话语有很大区别，直接影响了作者的创作心态。

四、结语

1938年5月1日出版的《工作》发表了卞之琳的文章《地图在动》，文章列举了抗日战争以来，各地人关注地图的事例，并在最后写道"侵略者为中国人民发动了中国地图"④。卞之琳敏锐地捕捉到这一战时现象，充分肯定人们对于地图的关注，是对战时地理空间的觉悟。抗日战争的全面爆发，引起了社会最为广泛的流动性，华北、华东等地大多成为沦陷区，迫于战事，民众向西南、西北省区或其他安全区迁移，"调查结果显

---

① 穆旦：《从昆明到长沙——还乡记》，李方编《穆旦诗文集》（增订版）（第2册），人民文学出版社2013年版，第73页。
② 穆旦：《岁暮的武汉》，李方编《穆旦诗文集》（增订版）（第2册），人民文学出版社2013年版，第77-78页。
③ 穆旦：《回到北平，正是"冒险家的乐园"》，李方编《穆旦诗文集》（增订版）（第2册），人民文学出版社2013年版，第83页。
④ 卞之琳：《地图在动》，珠海出版社1997年版，第51页。

示,战时各省市难民及流离人民总数为9500多万人"①。战时流徙的作家在地域空间的流转中进行写作,对于作家的创作心态、创作面向都会产生重要的影响。抗日战争初期,作为学生的穆旦随校南迁、继而西迁,发现了祖国内陆的阔大和深厚,诗中自然、乡土意象逐渐增多,诗歌写作总体呈现昂扬、乐观的情绪;抗日战争相持阶段,穆旦以随军翻译身份志愿加入中国远征军入缅作战,野人山经历显示了自然力量恐怖的一面,战争现场的残酷压迫了诗人的救国愿景,诗歌写作进入低谷时期;抗日战争胜利结束,穆旦从昆明返回北平,北归之途重温了八年前的西迁路线,沿途所见满目疮痍,对于战争的思考以及战后秩序的茫然都深深影响着作者的创作心态。从抗日战争与作家写作地理空间的关系中,考察作家写作心态的演变过程,是在时间与空间的二重维度中思考文学的发生与开展,是在文学史学品格的基础上,对文学地理学属性的一种关注。

(作者单位:南京大学中国新文学研究中心)

---

① 张根福:《抗战时期的人口迁移:兼论对西部开发的影响》,光明日报出版社2006年版,第39页。

"大文学"视野

郭沫若新诗创作中的《诗经》元素

赵希杰

2017年10月，中国社会科学出版社出版了《郭沫若年谱长编》（五卷），对现存的历史资料重新校勘、核实查考、辨析真伪、厘正疏漏；2018年10月，作家出版社出版了李斌编著的《女神之光：郭沫若传》，对郭沫若生平、影响给予了全新的呈现，引发了新一轮郭沫若研究的热潮。仅《中国现代文学研究丛刊》在之后的半年多时间里，就连续发表了张军的《胡适、郭沫若、周作人的新文学史叙事策略及话语权之争》（2018年11期）、孟文博的《在被遮蔽的历史地表之下——郭沫若"民间文艺"观历史演变考论》（2018年11期）、廖久明的《郭沫若的〈论"幽默"〉与幽默小品文论争》（2019年3期）、金传胜的《〈晶报〉与郭沫若佚文》（2019年5期）、韩诚、赵洁的《郭沫若与〈请看今日之蒋介石〉》（2019年5期）、吴辰的《用史料还原一个真实的巨人——评李斌〈女神之光：郭沫若传〉》（2019年5期）、刘奎的《浪漫如何介入历史：抗战初期郭沫若的抒情诗学与情感政治》（2019年6期）等多篇围绕郭沫若文学创作的专论文章，使我们从史料、理论等诸多方面，得以更加全面、客观、准确地认识和评价郭沫若及其文学创作。

同时，《郭沫若研究》2018年第1期刊载的三篇论文：咸立强的《新文学的世界性视野：郭沫若文学创作中的埃及元素》、张千可的《历史转折中的"知识考古"——考古学视野下的郭沫若抗战历史剧》、刘平中的《对新文学运动中郭沫若"尊孔重儒"思想的再认识》，分别对郭沫若文学创作的意象、方法、思想蕴含等重要元素予以更多关注，并做出了新的诠释。咸立强提出"埃及元素经常出现在郭沫若的文学创作中"，并特别提及郭沫若代表诗作《凤凰涅槃》中出现的凤凰（"菲尼可司"）意象，是"糅合了中外相关的神话传说",也是对郭沫若"有意识了解埃及文化"的最早记载①,但对郭沫若创造的凤凰意象的中国渊源并未加以追溯和剖析,或许是默认了以往学者的观点,即认为"郭沫若《女神》在艺术上的浪漫主义特点,显然和《庄子》有着深刻的血缘联系"② 或是"《凤凰涅槃》便是受了《楚辞》的影响"③,因而对郭沫若新诗的中国元素缺乏探讨与铺垫。张千可剖析了郭沫若历史小说、历史剧创作所呈现的"历史精神的真实"④ 与郭沫若在"考古学实践中的'研究'"⑤ 之间的关联,对郭沫若强调的"写历史剧可用《诗经》的赋、比、兴来代表"⑥ 这一观念却未纳入研究视野。刘平中围绕郭沫若文学创作的思想蕴含提出,郭沫若复活"被'歪曲'的、躲在故纸堆后面的孔子及其所代表的儒家文化"⑦,对抗击"西化派"历史虚无主义的进攻、增进民族自觉意识和文化认同产生了重要影响;他认为郭沫若"借古人的骸骨来,另行吹嘘些生命进去"⑧ 的譬喻专指对儒家思想的焕发,对郭沫若提出这一譬喻时所倡扬的《诗经》代表的先秦"自由优美"⑨ 精神未予关注。

本文拟重新审视郭沫若新诗创作的元素,厘清"凤凰涅槃之什"的确切含义,阐明《凤凰涅槃》与《诗经·大雅·卷阿》的意象关联,并发掘《女神》之外郭沫若其他新诗创作中的《诗经》元素,从而对郭沫若新诗创作中的《诗经》元素加以考订,以期更客观、准确地把握郭沫若新诗创作的价值与意义,更好地还原新诗发展的历史场景。

一、"凤凰涅槃之什"的确切含义

郭沫若不仅在"五四"时期提出"要把固有的创造精神恢复"、"要研究古代的精

---

① 咸立强:《新文学的世界性视野:郭沫若文学创作中的埃及元素》,《郭沫若研究》2018 年第 1 期。
② 周卫红、张牛:《论庄子对郭沫若〈女神〉的影响》,《时代文学(下半月)》2010 年第 3 期。
③ 何善周:《郭沫若的〈女神〉》,《东北师范大学科学集刊》1956 年第 2 期。
④ 王瑶:《郭沫若的浪漫主义历史剧创作理论》,《文学评论》1983 年第 3 期。
⑤ 张千可:《历史转折中的"知识考古"——考古学视野下的郭沫若抗战历史剧》,《郭沫若研究》2018 年第 1 期。
⑥ 郭沫若:《郭沫若讲历史剧》,《郭沫若研究资料》,知识产权出版社 2010 年版,第 303 页。
⑦ 刘平中:《对新文化运动中郭沫若"尊孔重儒"思想的再认识》,《郭沫若研究》2018 年第 1 期。
⑧ 郭沫若:《孤竹君之二子·幕前序话》,《郭沫若剧作全集》(第 1 卷),中国戏剧出版社 1982 年版,第 78 页。
⑨ 郭沫若:《星空》,《郭沫若全集·文学编》(第 1 卷),人民文学出版社 1992 年版,第 177–178 页。

华"、"吸收古人的遗产"、"以期继往开来"①，在几十年后回顾"五四"时期的新文学创作时仍坚持认为"新诗在受了外来的影响的同时，并没有因此抛弃了中国诗歌的传统"②。对此，历来的研究不约而同地从郭沫若自身的创作中加以印证，将郭沫若的诗歌创作与相关史料进行梳理比对，在郭沫若受到过泰戈尔、惠特曼、歌德等外来影响，以及受到过庄周、屈原、陶渊明、王维、李白、孟浩然等中国古人的影响等方面达成了广泛的共识。有学者指出，郭沫若的《女神》主要是受到《楚辞》的影响。何善周说："《凤凰涅槃》便是受了《楚辞》的影响……至于凤凰的象征，是有着悠久的民众心理基础的；对群鸟的讽刺，和《离骚》也有着渊源的关系。"③还有学者指出，郭沫若的诗歌理论与庄子如出一辙。周卫红、张牛说："我们在庄子的哲学中找到了郭沫若诗歌理论的特点。正是在这个诗歌理论的指导下，郭沫若写出了'开一代诗风'的《女神》……郭沫若《女神》在艺术上的浪漫主义特点，显然和《庄子》有着深刻的血缘联系。"④但我们细读《女神》初版本就不难发现，郭沫若新诗创作在古典元素方面的渊源，很大程度来自《诗经》，而不仅限于《楚辞》或《庄子》。

首先，《女神》的编排体例有着仿效《诗经》的鲜明印记。今天我们所看到的《女神》版本，大都依据的是1957年作者自己编定的《沫若文集》中的版本。对此，在1982年版的《郭沫若全集》中，编者特别在《第一卷说明》中说："《女神》是作者第一部诗集。初版于一九二一年八月……现在根据一九五七年人民文学出版社《沫若文集》第一卷版本编入。"而与1957年版不同的是，1982年版在诗集《女神》的标题后面，还添加了一段专门的说明性文字："《女神》共分三辑。除《序诗》外，第一辑包括《女神之再生》、《湘累》、《棠棣之花》。第二辑在一九二一年《女神》初版本上分为三部分。自《凤凰涅槃》至《立在地球边上放号》共十篇为《凤凰涅槃之什》，自《三个泛神论者》至《我是个偶像崇拜者》共十篇为《泛神论者之什》，自《太阳礼赞》至《死》共十篇为《太阳礼赞之什》。第三辑在一九二一年《女神》初版本上分为三部分，自《Venus》至《晚步》共十篇为《爱神之什》，自《春蚕》至《日暮的婚筵》（其中《岸上》为三篇）共十篇为《春蚕之什》，自《新生》至《西湖纪游》（其中《西湖纪游》为六篇）共十篇为《归国吟》。"⑤据此，将《女神》初版本与后来的版本相比对，初版的目录中的确在第二辑、第三辑的60首诗的每10首诗之前依序分别写有"凤凰涅

---

① 郭沫若：《一个宣言》，《沫若文集》（第10卷），人民文学出版社1957年版，第101页。
② 郭沫若：《谈谈诗歌问题》，《沫若文集》（第17卷），人民文学出版社1957年版，第267页。
③ 何善周：《郭沫若的〈女神〉》，《东北师范大学科学集刊》1956年第2期。
④ 周卫红、张牛：《论庄子对郭沫若〈女神〉的影响》，《时代文学（下半月）》2010年第3期。
⑤ 郭沫若：《郭沫若全集·文学编》（第1卷），人民文学出版社1982年版，第2页。

槃之什"等6个标题。这6个标题的具体含义,简言之,就是要把不同的诗在诗集中加以分类归并。这种将若干诗篇分类归并成组的编排方式由来已久,也较为普遍,如《诗经》分风、雅、颂,楚辞有《九歌》、《九章》。但更值得注意的是,《女神》分三辑,恰如《诗经》分风、雅、颂三部分,这或许是偶合。《女神》的第一辑为《女神之再生》、《湘累》、《棠棣之花》三部诗剧,《诗经》的《颂》分为"周颂"、"鲁颂"、"商颂"三部分(据考证亦含诗剧性质),这或许依然是偶合。但是,《女神》第一版的"凤凰涅槃之什"等6个标题,都以每10首诗的第一首作为"之什"的名称,并使用了"之什"的字样,这显然与《诗经》"小雅"80首分属"鹿鸣之什"等8个标题、"大雅"30首分属"文王之什"等3个标题、"周颂"30首分属"周颂清庙之什"等3个标题这种以10首为一组、以首篇诗题设定每10首的标题并在该标题中加上"之什"字样的做法同出一辙。对于诗集的这种编排方式,按照朱熹《诗集传》的说法,"雅、颂无诸国别,故以十篇为一卷,而谓之什,犹军法以十人为什也"①。这种以"之什"的标题来给诗集中的诗歌分类的方式显然来自《诗经》。综合《女神》的篇目编排恰如《诗经》分风、雅、颂三部分而分三辑,第一辑恰如《诗经》的《颂》分为"周颂"、"鲁颂"、"商颂"三部分而分设《女神之再生》、《湘累》、《棠棣之花》三部诗剧,《女神》初版本更是出现了《诗经》编排开启并独有的"之什"的编排方式,郭沫若在一开始编排诗集《女神》时就刻意仿效《诗经》的心态至此已昭然若揭。

其次,《女神》的编排结集有与《诗经》同样的"诸体兼备"的考量。《诗经》作为流传在周代的诗歌总集,堪称"诸体兼备"。关于诗集《女神》的"诸体兼备",魏建指出:"《女神》的诗体是根据'情绪的自然消涨'设计诗歌形式的'女神体'……其实,《女神》中的诗体是多样化的,大致可分为四类。一是自由体……二是半自由体……三是歌剧体……四是新格律体……这些作品都是地地道道的现代汉语新诗……"②魏建在此基础上进一步得出结论,郭沫若《女神》中的新格律诗比朱自清在《中国新文学大系诗集导言》认定的新格律诗的开山之作——陆志韦的《渡河》早了三年多。魏建关于《女神》所收诗歌的分类方式或许尚可商榷,但魏建提出的郭沫若新诗从形式体例的丰富方面对新文学建设做出了巨大贡献却是极富创见的。郭沫若新诗在形式体例方面的多样性,不仅为新文学发展提供了有益的借鉴,究其根源,也未始不是受《诗经》"诸体兼备"启发的结果。

再次,《女神》的《序诗》有仿效《毛诗序》的痕迹。《毛诗序》阐明了《诗经》

---

① 周振甫:《诗经译注》,中华书局2010年版,第213页。
② 魏建:《重识〈女神〉》,《郭沫若研究》2017年第1期。

乃至诗歌这种文学体裁的创作主旨。而《女神》的《序诗》既为整部诗集点明题旨，更对自由体新诗功能价值作了全新阐发。郭沫若在1921年5月写下《女神》的《序诗》："我是个无产阶级者，/因为我除个赤条条的我外，/什么私有财产也没有。/《女神》是我自己产生出来的，/或许可以说是我的私有，/但是，我愿意成个共产主义者，/所以我把她公开了。/《女神》哟！你去，去寻那与我的振动数相同的人；/你去，去寻那与我的燃烧点相等的人。/你去，去在我可爱的青年的兄弟姊妹胸中，/把他们的心弦拨动，/把他们的智光点燃吧！"① 对这首诗，有学者以作者接受与倡扬马克思主义思想为其主旨，有学者以五四运动的"青年"、"青春"主题为其主旨，还有学者从"振动数"、"燃烧点"等术语看出了《女神》中的"五四"科学意识……在众说纷纭中，较为贴切的当属闻一多所作断语："在这里我们的诗人不独喊出人人心中底热情来，而且喊出人人心中最神圣的一种热情呢。"② 正是这种"最神圣的一种热情"，承载与凝聚了《序诗》乃至诗集《女神》的主旨。而"共产主义者"就是《序诗》乃至整部诗集中最醒目、最核心、最难以回避的意象或概念，就是诗集所收诗歌的创作主旨的焦点，就是诗集的"情"或"志"的核心所在。对于此时的作者而言，"共产主义"显然是作者在当时能够领悟到的以"世界大同"为目标的人类最为远大美好的理想。而《女神》中不拘一格的诗歌创作，正是由作者追求远大美好理想过程中，不断萌生的种种激越之情迸放生发而成的。正是基于对终极理想的歌颂，作者在《序诗》中呼唤的"心弦拨动"、"智光点燃"，强调了作者唤起读者的情感共鸣与理性启蒙的热望，实质上也触及了白话自由体新诗所应承担的开启民智、焕发民众生命力的崇高使命。而"喊出""最神圣"的"热情"的"诗情"与"诗思"，与《诗经》传统中的"诗言志"、"情动于中而形于言"、"思无邪"等观念形成了强烈呼应；同时，流露在郭沫若诗中的最极致的热情所指向的理想——共产主义，与他将孔子为代表的传统儒家思想最初比附为泛神论思想，后又在《马克斯进文庙》等作品中比附为马克思主义思想的思路同出一辙。当时在郭沫若心目中，打通中国"固有的文化精神"③ 和西方泛神论或马克思主义理想都是可行的与必要的。《女神》的《序诗》对《毛诗序》从内涵到形式体例方面的效仿，是显而易见的。

---

① 郭沫若：《女神序诗》，《郭沫若全集·文学编》（第1卷），人民文学出版社1982年版，第3页。
② 闻一多：《女神之时代精神》，《创造周报》1923年第4期。
③ 郭沫若：《论中德文化书——致宗白华兄》，《郭沫若全集·文学编》（第15卷），人民文学出版社1990年版，第157页。

二、《凤凰涅槃》与《诗经·大雅·卷阿》的意象关联

郭沫若在《创作十年》中写道:"'五四'以后的中国,在我的心目中就像一位很葱俊的有进取气象的姑娘,她简直就和我的爱人一样。"① 如果说在郭沫若的心目中,"女神"象征着祖国,那么"凤凰"就象征着被他作为文学灵魂的诗歌的精神。而所谓"涅槃",就是中国文化固有的自由优美的精神在现代的复活,就是中国最初的诗的时代在现代的重现。也正因如此,中国文坛对《凤凰涅槃》始终高度关注与推崇。在近年来的文学创作中,仍有向郭沫若《凤凰涅槃》的致敬。欧阳江河在长诗《凤凰》中写道,"郭沫若把凤凰看作火的邀请……在武昌,凤凰被扣响。/这一身烈火的不死鸟……一头撞在子弹的繁星上。/一代凤凰党人,撕开武器的胸脯,/用武器的批判撕碎一纸地契。/灰烬般的凤凰,冒着乌鸦的雪,深深落下……"② 在这里,欧阳江河追随郭沫若"凤凰涅槃"的雄奇想象,刻画了从鸦片战争到土地革命的历史剧变中涌现出的中华民族薪火相传、前赴后继、不畏牺牲的"一身烈火的不死鸟"、"凤凰党人"、"灰烬般的凤凰"的意象群,堪称是21世纪以来对《凤凰涅槃》意象与精神的最新诠释。在近年来的文学研究中,同样有致敬《凤凰涅槃》的阐发。谢冕在初版于2018年9月的《中国新诗史略》中,直接把"凤凰涅槃"作为中国新诗第一个10年发展历史的标题。相较于1916年至1926年涌现出的胡适、刘半农、沈尹默、周作人、朱自清、俞平伯、冰心、汪静之、闻一多、徐志摩、陈梦家、朱湘等诸多新诗名家及其名作,谢冕专门选取了郭沫若的"凤凰涅槃"意象作为新诗十年的精神的集中体现。在谢冕的心目中,"在《女神之再生》中,诗人提出对旧的彻底否定而重建天体的理想。在《凤凰涅槃》中,则具体地提出了实现这一理想的途径,这就是'凤凰涅槃'的方式——通过一场烈火的焚烧,在烈火中求得新生。这就是当时年轻的诗人提出疗救中国的药方"③。可见,无论是欧阳江河以创作做出对《凤凰涅槃》的诠释,还是谢冕对《凤凰涅槃》的诅咒现实、歌颂新生的解读,都是对《凤凰涅槃》题旨与意蕴的最新的关注与表达。

但上述诠释与解读的重点都更多集中在凤凰弃旧成新的牺牲(涅槃)上,都未能完整解答:郭沫若为什么颂扬凤凰?其实,这是存在于凤凰意象之中的文化基因决定的。循着对这种文化基因的追溯,我们不难发现,之所以赞颂凤凰,正是由于凤凰是古老传说中珍贵稀罕的神鸟,象征着人的贤能与国家的平安,还有浴火重生的特质。

---

① 郭沫若:《创造十年》,《沫若文集》(第7卷),人民文学出版社1959年版,第64页。
② 欧阳江河:《凤凰》,中信出版社2014年版,第47页。
③ 谢冕:《中国新诗史略》,北京大学出版社2018年版,第102页。

在考察郭沫若的凤凰意象之前，我们不妨先对《诗经》中涉及鸟类意象的描写做一番考察。《诗经》中涉及鸟类意象的诗62首，描写了40余种鸟，是《楚辞》、古风等无可比拟的。关于中国传统的凤凰意象，与《楚辞》中延续《诗经·商颂·玄鸟》的以凤凰喻"情使"不同，《诗经·大雅·卷阿》最早开启了以凤凰喻贤能的传统。在儒家经典《论语·微子》篇的记载中，"楚狂接舆歌而过孔子曰：'凤兮凤兮！……'"干脆以凤喻孔子。应该说这与《卷阿》一样，是《凤凰涅槃》的凤凰意象的同一类渊源。后世的刘桢《赠从弟》、阮籍《咏怀七十八》、杜甫《朱凤行》等诗歌作品中，都沿用了以凤凰喻贤能的意思。先秦人以凤喻贤能的原因，据《列女传》记载，瞽叟与象欲烧死舜于房上，而舜衣鸟衣从房上安然跳落。刘毓庆认为，这"实则是火中生凤"寓言的源头。"周人重孝道，每扬舜之德，言舜孝事顽嚚之父"，"故舜之图腾有了象征贤能才德的意义"①。上述传说及《卷阿》中集中描写凤凰的诗节，郭沫若了然于胸。同时，《卷阿》在《诗经》中所处的位置，正在通常所认为的《大雅》中以颂扬善政为主的18首"正雅"的最后一篇，紧随其后的《民劳》就开启了《大雅》中以针砭失政与暴政为主的13首"变雅"的部分。而作为"正雅"最后一篇以凤凰意象对贤能的赞颂，是否也被郭沫若借用来传递其标榜的中国文化的固有精神呢？从《凤凰涅槃》的由针砭而入赞颂的先抑后扬的笔法看，应该是郭沫若对于《卷阿》到《民劳》的从歌颂到贬讽的态度变化的反其意而用之的产物。可见，凤凰意象尽管是郭沫若糅合中外传说的结果，但关于其"贤能"、能够"浴火"重生的不朽精神，像《卷阿》这样直接集中描写凤凰的诗节，无论是在《庄子》、《楚辞》还是其他文献作品中都是无从寻觅的。

具体来看《诗经·大雅·卷阿》，全诗10节，其中7至9节专写凤凰。将这3节诗与《凤凰涅槃》相应诗句加以印证，就不难发现，二者描写的凤凰及其相关意象之间，存在种种相似与关联。比较明显的关联有10组：《凤凰涅槃》中的"飞来飞去的一对凤凰，唱着哀哀的歌声飞去，衔着枝枝的香木飞来，飞来在丹穴山上……凤已飞倦了，凰已飞倦了，……/凤起舞，低昂！……/凤又舞，……/翱翔！翱翔"②，与《卷阿》中的"凤凰于飞"交相呼应；《凤凰涅槃》中的"一群的凡鸟，自天外飞来观葬"③，与《卷阿》中的"翙翙其羽"交相呼应；《凤凰涅槃》中的"飞来在丹穴山上"④与《卷阿》中的"亦集爰止"交相呼应；《凤凰涅槃》中的"除夕将尽的空中……/山上是寒冰凛冽

---

① 刘毓庆：《诗骚论稿》，商务印书馆2017年版，第273-274页。
② 郭沫若：《〈女神〉及佚诗（初版本）》，人民文学出版社2008年版，第31-46页。
③ 郭沫若：《〈女神〉及佚诗（初版本）》，人民文学出版社2008年版，第33页。
④ 郭沫若：《〈女神〉及佚诗（初版本）》，人民文学出版社2008年版，第31页。

的冰天。/天色昏黄了……"① 与《卷阿》中的"亦傅于天"交相呼应;《凤凰涅槃》中的"唱着哀哀的歌声飞去……凰唱歌,悲壮!/凰又唱……欢唱!欢唱!我们欢唱!一切的一,常在欢唱!一的一切,常在欢唱!/欢唱在欢唱!只有欢唱!只有欢唱!只有欢唱!欢唱!欢唱!欢唱"②,与《卷阿》中的"凤凰鸣矣"交相呼应;《凤凰涅槃》中的"飞来在丹穴山上"③ 与《卷阿》中的"于彼高冈"交相呼应;《凤凰涅槃》中的"山右有枯槁了的梧桐"④ 与《卷阿》中的"梧桐生矣"交相呼应;《凤凰涅槃》中的"我们年青时候的新鲜哪儿去了?/我们年青时候的甘美哪儿去了?/我们年青时候的光华哪儿去了?/我们年青时候的欢爱哪儿去了?……死了的光明更生了!/我们光明呀!我们光明呀!一切的一,光明呀!一的一切,光明呀!光明便是你,光明便是我!光明便是'他',光明便是火"⑤,与《卷阿》中的"于彼朝阳"交相呼应;《凤凰涅槃》中的"我们华美呀!我们华美呀!一切的一,华美呀!一的一切,华美呀!华美便是你,华美便是我!华美便是'他',华美便是火"⑥,与《卷阿》中形容梧桐茂盛的"菶菶萋萋"交相呼应;《凤凰涅槃》中的"即!即!即!即!即!即!……足!足!足!足!足!足"⑦ 与《卷阿》中形容凤凰鸣声的"雍雍喈喈"交相呼应。《卷阿》中与凤凰直接相关的词句,在《凤凰涅槃》一诗中几乎都有相对应的表述。而《凤凰涅槃》中与凤凰直接相关的意象描写,除了涉及"啄香木"自焚及与舜传说有关的浴火更生的描述外,并未比《卷阿》所提供的基本素材超出太多。由此可见,在作品意象与文本方面,《凤凰涅槃》受到《卷阿》的影响较之其他方面的影响尤为显著。

而细究《卷阿》的题旨"推原瑞应之至,归美于王能用贤"⑧,我们又不难发现与《凤凰涅槃》在题旨上的相近之处。除了上文已经述及的凤凰喻贤德并能浴火重生的意蕴外,《卷阿》中还出现了"维君子使,媚于天子"和"维君子命,媚于庶人"这样的诗句,总体上是讲贤德之士在君子的引导下亲爱天子、亲爱庶人。但由于在《诗经》的反复咏唱的诗节中,在句中同一位置置换的词语往往有同义复指甚至同义递进的作用,处于《卷阿》的这两节诗中同样位置却出现变化的"天子"与"庶人"这两个词,就表现出同义复指或同义递进的意味,解释起来就是贤德之士亲爱天子就等同于亲爱百姓,

---

① 郭沫若:《〈女神〉及佚诗(初版本)》,人民文学出版社2008年版,第32页。
② 郭沫若:《〈女神〉及佚诗(初版本)》,人民文学出版社2008年版,第31-46页。
③ 郭沫若:《〈女神〉及佚诗(初版本)》,人民文学出版社2008年版,第31页。
④ 郭沫若:《〈女神〉及佚诗(初版本)》,人民文学出版社2008年版,第31页。
⑤ 郭沫若:《〈女神〉及佚诗(初版本)》,人民文学出版社2008年版,第38-39页。
⑥ 郭沫若:《〈女神〉及佚诗(初版本)》,人民文学出版社2008年版,第43页。
⑦ 郭沫若:《〈女神〉及佚诗(初版本)》,人民文学出版社2008年版,第34-37页。
⑧ 王先谦:《诗三家义集疏》,中华书局1987年版,第905页。

甚至可以解释为亲爱天子更要亲爱百姓。这无疑是在阐述着明确的民本观念。从周代打破商代祭祀祖先鬼神的传统,代之以敬重天意(包括自然环境和人文环境的限制性因素)而得到天下看,民本观念是周代统治思想的重要组成部分。而这种在后世发展成"民为贵,君为轻"的儒家思想的民本观念,正是郭沫若所极力赞颂和推崇的,这样就与充斥在《凤凰涅槃》中的民本观念发生了强烈共鸣,同样表明《卷阿》与《凤凰涅槃》在核心的思想理念方面存在诸多相通、相似之处。

《凤凰涅槃》与《诗经》作品的相似之处也同样存在于诗歌的形式中。郭沫若的新诗,喜欢采用《诗经》连章叠句的结构。《凤凰涅磐》除了《序曲》一节,在《凤歌》、《凰歌》、《群鸟歌》、《凤凰更生歌》各节中都有大量的这种结构。如《群鸟歌》每一节都用"哈哈,凤凰!凤凰!/你们枉为这禽中的灵长"开头,把凤凰在烈火中自焚后,岩鹰、孔雀、鸱枭、家鸽、鹦鹉、白鹤等凡鸟的种种丑态淋漓尽致地勾画出来。而《凤凰更生歌》中最主要的"鸡鸣"和"凤凰和鸣"两部分,"鸡鸣"分3节,"凤凰和鸣"分15节。同《诗经》相似,每一节的词句都基本相同,只在每一节中变换一个关键词,产生了诗歌意蕴的逐层递进。同时,《凤凰涅槃》还对同一主题反复咏唱,高频使用复沓的章法,总体呈现出回环往复似凤凰翱翔于天际的美感,应该也是郭沫若从《诗经》原初的歌唱体例中受到的启发。此外,《诗经》中形容鸟鸣之声多用"叠字"①,《凤凰涅槃》也莫能例外。

三、郭沫若其他新诗创作中的《诗经》元素

除了《凤凰涅槃》等《女神》时期的作品外,郭沫若不同时期的新诗创作中,都蕴含着形形色色的《诗经》元素。

一是"古诗今译"的尝试。仅仅在《女神》出版一年以后,郭沫若就发表了《卷耳集》部分译诗,并在1923年8月印行了《卷耳集》初版,这是他自认为"比较称心的""关于诗的工作"②。在《卷耳》集中,郭沫若将《国风》中40首用今人已生疏的古老语言写成的诗歌作品,以其题材内容为基础,一方面赋予其鲜活的现代白话文形式,一方面浸润了现代人的情感理念,最终以现代文学白话诗歌的形式呈现给读者。正如他在《卷耳集》的序言中所说,"我对于各诗的解释,是很大胆的……我是纯依我一人的直观,直接在各诗中去追求它的生命……我译述的方法,不是纯粹逐字逐句的直译。我译

---

① 刘毓庆:《诗骚论稿》,商务印书馆2017年版,第194页。
② 郭沫若:《我的作诗的经过》,《质文》1936年第2期。

得非常自由，我也不相信译诗定要限于直译"①。而这样"翻译"《诗经》的原因，正在于"我们的民族，原来是极自由极优美的民族。可惜束缚在几千年礼教的桎梏之下，简直成了一头死象的木乃伊了……我要向这化石中吹嘘些生命进去，我想把这木乃伊的死象苏活转来"②。在这里，郭沫若用诗歌的语言，赞颂了中国文学自由和优美的民族传统，并阐明自己翻译《诗经》，正是为了向《诗经》添加些现代的气息，把自由和优美的传统"苏活转来"。也正因如此，郭沫若不无骄傲地宣称："我这个小小的跃试，……不怕就是孔子再生，他定也要说出'启予者沫若也'的一句话。"③ 这里的"启予者沫若也"，显然是仿效《论语·八佾》中记载的孔子称赞其弟子子夏可与之论诗的"起予者商也"的话。这就同《女神》篇目编排刻意仿效《诗经》一样，在《卷耳集》的古诗今译中，同样体现出郭沫若追摹孔子的一面，其目的仍是要重估也重塑《诗经》在中国现代的文学经典意义，并由此逐步建立起中国现代文学经典的衡量标准。郭沫若的"古诗今译"有更多新诗创作的成分，而这种新诗"创作"，就是从《诗经》作品本身生发而成的。

二是对《诗经》"诗料"的肯定与发掘。郭沫若称他第二部诗集《星空》呈现出了"五四退潮后的微波"④，可能正因如此，《星空》中的新诗创作，比起诗集《女神》有了更多不加掩饰的《诗经》气息。在作于1922年2月的《星空》一诗中，通篇洋溢着《诗经》的神韵和郭沫若对《诗经》的不吝赞美。郭沫若写道："我想起《绸缪》一诗来了。/那对从昏至旦地/欢会着的爱人哟！/三星在天时，/他们邂逅山中；/……自由优美的古之人，/便是束草刈薪的村女山童，/也知道在恒星的推移中/寻觅出无穷的诗料……/唉，我仰望着星光祷告，/祷告那青春时代再来！/我仰望着星光祷告，/祷告那自由时代再来！……"⑤ 这诗句与《诗经》中新婚之夜闹新房的诗歌《唐风·绸缪》中"绸缪束薪，三星在天。今夕何夕，见此良人。子兮子兮，如此良人何？……"的诗句真是有着同样无穷无尽的隽永诗意！在这首诗中，郭沫若望着星光所祷告的，恰恰是"自由优美"的《诗经》那样的"无穷的诗料"的再现，"青春的时代"、"自由的时代"的再来，从而为中国的文学复兴乃至中国的复兴开启一个新的黎明。无独有偶的是，1928年出版的诗集《恢复》中更出现了一首题为《〈关雎〉的翻译》的诗歌，全诗从头

---

① 郭沫若：《卷耳集序》，《沫若文集》（第2卷），人民文学出版社1957年版，第267页。
② 郭沫若：《卷耳集序》，《沫若文集》（第2卷），人民文学出版社1957年版，第268页。
③ 郭沫若：《卷耳集序》，《沫若文集》（第2卷），人民文学出版社1957年版，第267页。
④ 郭沫若：《创造十年》，《郭沫若全集·文学编》（第12卷），人民文学出版社1992年版，第161页。
⑤ 郭沫若：《星空》，《郭沫若全集·文学编》（第1卷），人民文学出版社1992年版，第177–178页。

到尾都洋溢着郭沫若从《诗经》中发掘出来的不可遏制的爱的思绪,是基于《诗经·周南》中的《关雎》的现代创作版。虽然名为"翻译",但诗中出现的长夜的背景、鸟声的凄切与哀伤、荇菜的青青、河水的涓洁、与少女共舞的祈愿、思而不见的纠结……实实在在已经是一首跨越时空的、有别于欢快热切的《关雎》的另一首柔情似水的白话新诗了。而作为诗集名称的"恢复",也尽可以看作郭沫若对《女神》乃至蕴含在《女神》中的《诗经》时代的固有精神与青春朝气的恢复。

三是对《诗经》元素的自由运用。郭沫若1927年出版的诗集《瓶》表现了一场跌宕起伏的恋情。用郁达夫的话说,"这种追求男女爱情的真实坦露,是与五四时代的个性解放合流的,从而通向反封建斗争的总流"①。就是在这样反封建的大胆表白中,《瓶》第七首云:"你那丰满的柔荑/怎么会病到了不能写诗?"② 这原意为柔软嫩芽的"柔荑",最初是在《诗经·卫风·硕人》之"手如柔荑,肤如凝脂"的描绘中,成为女子娇嫩、美丽的手的借代的。1928年出版的诗集《前茅》中有《暴虎辞》。意为赤手空拳和老虎搏斗的"暴虎"一词,同样是取自《郑风·大叔于田》"袒裼暴虎,献于公所"的《诗经》专有词汇。1948年出版了《蜩螗集》。"蜩螗"一词正是语出《诗经·大雅·荡》的"如蜩如螗,如沸如羹。小大近丧,人尚乎由行。内奰于中国,覃及鬼方"的诗句。"蜩"是蝉的别名,"螗"是又大又黑的蝉。这是文王斥责纣王政局混乱像蝉声嘈杂,时局动荡像沸水滚汤。郭沫若以"蜩螗"命名自己在战争期间的诗歌集,对于当时社会现状的针砭批判不言而喻。

四是对《诗经》蕴含的民族精神的追寻与赞赏。郭沫若在1938年出版的《战声集》中的《诗歌国防》一诗中写道:"诗歌本来是艺术的精华……/小说和戏剧中如果没有诗,/等于是啤酒和荷兰水走掉了气,/等于是没有灵魂的木乃伊。/然而诗歌也自有他的灵魂,/那便是语言的节奏,情绪的播音……这民族已有四千年的文明的历史,/它能创造文明不亚于希腊与埃及,/只可惜最后的封建阶段未能扬弃……/是民族复兴的时候,也是诗歌复兴的时候,/使艺术的灵魂复兴,使小说和戏剧中都有酒,/唤醒全民趋向最后的决斗!"③ 在这首诗里,作者将诗看作文学的灵魂,进而对诗自身的语言与情绪的灵魂也加以体认,这种体认依然要追溯到对开启中国四千年文明史的创造力的肯定与自信。作为"民族复兴"标志的"诗歌复兴",显然仍是指以流传了数千年的《诗经》为代表的中国文化自由优美的固有精神扬弃"最后的封建阶段"后实现的复兴。"唤醒全民趋

---

① 郁达夫:《〈瓶〉附记》,《郭沫若全集·文学编》(第1卷),人民文学出版社1992年版,第279页。
② 郭沫若:《瓶》,《郭沫若全集·文学编》(第1卷),人民文学出版社1992年版,第267页。
③ 郭沫若:《战声》,《沫若文集》(第2卷),人民文学出版社1957年版,第6–9页。

向最后的决斗"的,也正是这种《诗经》开启并代表的中华民族原初的生命力与创造力凝聚而成的、众志成城与自强不息的战斗精神。

综上所述,围绕郭沫若新诗创作中的《诗经》元素,在肯定郭沫若对于完全现代意义的中国新诗的产生居功甚伟的同时,我们不难发现,郭沫若用以破除旧有的中国或外国的思想内容形式对现代新诗的禁锢的最有力的武器,正是以《诗经》为代表的中国文化原初的固有精神。正确认识《诗经》对郭沫若新诗创作的积极影响,有利于我们更为深入细致地领悟郭沫若新诗创作的独特意蕴,更为客观公正地评价郭沫若新诗创作的独特价值。同时,我们也可由此管窥中国现代文学中的《诗经》元素,领会其承载的中华民族原初的自由优美精神对中国文学永续发展的推动作用。

(作者单位:北京师范大学文学院)

文学档案

穆木天、彭慧夫妇著译年表勘误及补遗

孙晓博

穆木天（1900—1971），我国著名诗人、学者、教育家、翻译家。彭慧（1907—1968），我国著名作家、翻译家、学者。1933年，两人结为伉俪，携手为中国教育事业、文学事业、翻译事业做出了重大贡献。年表是学术研究的重要依据，目前的《穆木天著译年表》、《彭慧著译编目》存在着一定的错误和疏漏。本文旨在通过对数据库、期刊资料的搜索、梳理，矫正错误，弥补遗漏，从而进一步完善《穆木天著译年表》与《彭慧著译编目》。

《穆木天著译年表》勘误及补遗

穆木天一生著译颇丰。1983年北京师范大学中文系教授蔡清富先生开始整理、汇总《穆木天著译年表》，此后经索荣昌、戴言、李伟江、王德胜、许正林、任兆胜、雷锐、周克让、陈方竞等诸位先生不断补遗，年表日趋完善。目前最完整的年表则属陈方竞先生1995—2007年整理且收录于其专著《文学史上的失踪者：穆木天》（北京大学出版社2007年版）中的《穆木天著译年表》，本文基于此版年表展开正误及补遗。

一、《穆木天著译年表》勘误

1.《穆木天著译年表》（以下简称《年表》）列"日夜渡湘江 载1941年6月15日《诗创作》第1期。诗。署名穆木天"。

按：据《诗创作》总目及正文：此首诗歌的名字为《月夜渡湘江》，《年表》录错了作品的名字。

2.《年表》列"《那天晚上》（？）马尔芮作，载1947年10月15日《文艺春秋》第5卷第4期。长诗。署名穆木天译"。

按：据《文艺春秋》目录及正文：《那天晚上》的作者署名为"马丁芮"，而非"马尔芮"；国籍为法国。

二、《穆木天著译年表》补遗

（一）创作类作品补遗

1.《年表》列"学校生活的断片 辑入上海大光书局1935年11月再版的《我的学生生活》（初版本出版时间不详）。散文。署名穆木天"。

按：经本文查证，《学校生活的回忆》最初载于1931年《新学生》第1卷第6期，105—117页。1933年大光书局初次出版了穆木天等人合著的《我的学生生活》，内收穆木天《学生生活的断片》一文，《学校生活的回忆》与《学生生活的断片》除却题目不同外，两文内容完全一致。

2. 童话连丛《勇敢的小小潘》，穆木天、贺宜，1948年华华书店。

3.《读文艺书的方法》，载1934年《中学生文艺月刊》第1卷第2期，第5—12页。

4.《左联的透视》，载1934年《学生生活》第2卷第6期，第21—27页。

5.《船离开了大连的埠头》（文艺作家旅途随笔），载1934年《大众画报》第7期，第22—23页。

6.《文艺中心转移与地方文化中心的建立》，载1937年《新学识》第2卷第2期，第21—22页。

7.《地方文艺运动的展开》，载1937年《新学识》第2卷第4期，第28—30页。

8.《保卫大武汉：给一个青年朋友》，载1938年《全民周刊》第1卷第7期，第98—99页。

9.《现阶段的中国诗歌运动》，载1938年《中国诗坛》第2卷第1期，第1—8页。

10.《地方文艺启蒙运动与革命文化大众化》，载1939年《战时知识》第2卷第8期，第3—4页。

11.《关于"国文习作中的种种问题"》，载1939年《云南教育通讯》第2卷第12—13期，第1—5页。

12. 《在文艺生产上拿出突击的精神来》，载 1939 年《南方》第 3 卷第 2 期，第 7—8 页。

13. 《文艺四题：欧化与中国化》，载 1939 年《壹零集：文艺月刊》第 1 卷第 3 期，第 4—5 页。

14. 《今年的瞭望特辑：迎一九四零年》，载 1940 年《中山公论》第 2 卷第 1—2 期，第 11 页。

15. 《青年文艺工作者的工作与学习》，载 1940 年《青年月刊：文学生活》第 1 期，第 2—4 页。

16. 《"鸭的喜剧"》，评论文章，载 1948 年《中华少年》第 5 卷第 11 期，第 9—15 页。

17. 《"笔立山头展望"》，评论文章，载 1948 年《中华少年》第 5 卷第 22 期，第 11—17 页。

18. 《"猫的天堂"》，评论文章，载 1948 年《中华少年》第 5 卷第 24 期，第 3—11 页。

19. 《都德的"最后一课"》，评论文章，载 1948 年《中华少年》第 5 卷第 14 期，第 9—15 页。

20. 《莫泊桑的"二渔夫"》，评论文章，载 1948 年《中华少年》第 5 卷第 17 期，第 3—10 页。

21. 《"约式夫的惨死"》，评论文章，载 1948 年《中华少年》第 5 卷第 16 期，第 10—17 页。

22. 《写作的基本练习》，载 1948 年《中华少年》第 5 卷第 23 期，第 3—10 页。

23. 《写作的题目》，载 1949 年《中华少年》第 6 卷第 4 期，第 3—8 页。

24. 《学工程也得懂艺术》，载 1949 年《中华少年》第 6 卷第 8 期，第 3—8 页。

25. 《写作的训练是多方面的训练》，载 1949 年《中华少年》第 6 卷第 5 期，第 10—15 页。

26. 《柴霍夫的"苦恼"》，评论文章，载 1949 年《中华少年》第 6 卷第 1 期，第 3—7 页。

27. 《柴霍夫的"苦恼"（续）》，评论文章，载 1949 年《中华少年》第 6 卷第 2 期，第 11—15、24 页。

28. 《怎样读"孔乙己"》，载 1949 年《中华少年》第 6 卷第 6 期，第 10—17 页。

29.《儿童读物座谈会》，载 1949 年《儿童问题丛刊》第 4 期，第 1—8、22 页。

30.《管水路标的小孩子》，载 1950 年《中华少年》第 4 期，第 13—16 页。

（二）翻译类作品补遗

1.《阿尔泰山的传说》，（俄）伊凡诺夫，载 1931 年《现代文艺（上海）》创刊号，第 49—57 页。

2.《埋葬》，（法）G. Duhamel，载 1931 年《新学生》第 1 卷第 6 期，第 151—164 页。

3.《既然正义是落在深渊里》，（法）雨果，载 1936 年《女子月刊》第 4 卷第 10 期，第 68—69 页。

4.《星》，（法）雨果，载 1940 年《青年月刊》第 10 卷第 4 期，第 36—38 页。

5.《哀悼》，（法）雨果，载 1941 年《新军》第 3 卷第 6 期，第 30 页。

6.《月亮》，（法）雨果，载 1942 年《时代中国》第 5 卷第 6 期，第 55 页。

7.《纪念路》，（法）雨果，载 1942 年《艺文集刊》第 1 期，第 69—87 页。

8.《生命的火焰》，收录了穆木天翻译的雨果的《歌》（"这个流亡者他在想什么"），穆木天、洪深等译，1942 年 10 月集美书店。

9.《在维勒其叶》，（法）雨果，载 1946 年《黎明青年文艺》第 1 卷第 3 期，第 45—48 页。

10.《糊涂狼》，吉尔吉斯民间故事，载 1948 年《小朋友》第 897 期，第 17—18 页。

11.《小拇指》，A·托尔斯泰，载 1948 年《小朋友》第 899 期，第 2—5 页。

12.《天鹅》，A·托尔斯泰，载 1948 年《小朋友》第 900 期，第 3—8 页。

13.《回家呀，回家呀》，（英）倍儿，儿童诗，载 1948 年《远风》第 2 卷第 6 期。

14.《三个女儿》，鞑靼民间故事，载 1948 年《小朋友》第 903 期，第 9—11 页。

15.《骆驼的踪迹》，哈萨克的民间故事，载 1948 年《小朋友》第 904 期，第 3—4 页。

16.《狐狸小姐和狼》，俄罗斯民间故事，载 1948 年《小朋友》第 906 期，第 16—20 页。

17.《肥皂会游水吗？》，（苏）吉特珂夫，载 1948 年《小朋友》第 907 期，第 2—3 页。

18.《大水来了》，（苏）吉特珂夫，载 1948 年《小朋友》第 908 期，第 2—4 页。

19.《一个小孩子落水的故事》，（苏）吉特珂夫，载 1948 年《小朋友》第 909 期，第 5—7 页。

20.《小白屋》，（苏）吉特珂夫，载 1948 年《小朋友》第 910 期，第 8—12 页。

21.《小孩子和小鸭子》，（苏）普里希文，载 1948 年《小朋友》第 922 期，第 13—15 页。

22.《刺猬》，（苏）普里希文，载 1948 年《小朋友》第 923 期，第 2—6 页。

23.《开始先锋》，（苏）普里希文，载 1948 年《小朋友》第 924 期，第 25—30 页。

24.《他是怎样死的》，（苏）绥拉菲摩维支，载 1949 年《中华少年》第 6 卷第 7 期，第 17—22、28 页。

25.《过冬的房子》，（苏）阿·托尔斯泰，载 1949 年《小朋友》第 931 期，第 13—19 页。

26.《狐狸和虾》，（苏）阿·托尔斯泰，载 1949 年《小朋友》第 941 期，第 26 页。

27.《爸爸怎样把我救出来的》，（苏）吉特珂夫，载 1949 年《小朋友》第 956 期，第 8—13 页。

28.《狗熊音乐家》，卡雷利亚民间故事，载 1949 年《小朋友》第 957 期，第 8–13 页。

29.《老磨倌小孩子和小毛驴》，东方民间故事，（苏）马尔夏克，载 1949 年《小朋友》第 960 期，第 8—15 页。

30.《鬼老太婆》，俄罗斯民间故事，（苏）蒲拉托夫，载 1949 年《小朋友》第 967 期，第 43—48 页。

1957 年，为了帮助北京师范大学外国文学教研室青年教师适应当时新的教学体系和完成新的教学任务，穆木天从苏联期刊和著作上翻译了从古希腊到 20 世纪 50 年代涉及欧、美、亚、非、拉各洲，法国、英国、西班牙、印度、日本等各国文学的 19 类、94 种、2633 页、170 余万字的外国文学研究资料，几乎涵盖了整个东西方文学史。这批资料一直以手稿的形式存放在北师大外国文学教研室（比较文学与世界文学研究所）。2012 年 1 月 14 日，应穆木天家人要求，北师大文学院在励耘报告厅举行了手稿交接仪式，手稿由文学院院长张健教授如数移交给穆木天女儿穆立立保管，北师大档案馆和文学院保存手稿全部复印件。由于手稿是纯粹的内部资料，没有公开出版过，所以《年表》自然没有收录。

2012 年 10 月，张健教授担任总主编的 12 卷《励耘书库·中国现代学术经典》由北京师范大学出版社出版，陈惇先生编选的《穆木天卷》被收录其中。该书稿不仅编选了穆木天的五种手稿，而且还在附录部分整理出了穆木天晚年翻译手稿的总目录，即《穆木天外国文学评论译文目录（1957—1966）》。本文在此不再赘述。穆木天晚年翻译手稿是穆木天翻译活动的重要组成部分，洋洋洒洒170余万字，2700多页，与他之前翻译的170余种文学作品共同构成了他一生的翻译业绩，应当引起学界的关注与重视。

《彭慧著译编目》勘误及补遗

在任兆胜、张大明、韩文敏、钦鸿、章绍嗣等先生的帮助下，蔡清富、穆立立于2002年整理、汇总了《彭慧著译编目》。随后，经过冯玉文等先生的补充和修订，《彭慧著译编目》于2008年作为《彭慧先生百年诞辰纪念文集》的最后一部分出版。本文基于此版年表展开正误及补遗。

一、《彭慧著译编目》勘误

《彭慧著译编目》列 "《我的今年》，1947年1月1日《现代妇女》第8卷第1期"。

按：据《现代妇女》1947年目录及篇目：彭慧《我的今年》并非刊载于《现代妇女》1947年1月1日第8卷第1期，而是刊载于第8卷第4期。

二、《彭慧著译编目》补遗

（一）创作类作品补遗

1.《中国妇女运动的新阶段》，载《新学识》1937年第2卷第4期，第10—12页。

2.《战时儿童保育问题》，载《东方杂志》1938年第35卷第3期，第51—53页。

3.《保卫大武汉：妇女在保卫大武汉运动中的任务》，载《妇女生活》1938年第5卷第7期，第13—14页。

4.《前哨：希望于武汉妇女行动委员会者》，载《妇女生活》1938年第5卷第6期，第5页。

5.《一个实践的教训》，载《妇女生活》1938年第5卷第10期，第6—7页。

6.《中国妇女抗战史料》，《上海妇女》1939年第3卷第1期，第28—32页。

7.《母亲之歌（战时新年曲）》，彭慧（作词），黄友棣（作曲），载《诗歌与木刻》1942年第8期，第4页。

8.《一课》，载《现代妇女》1943年第2卷第6期，第19—25页。

9.《倔强的女孩子》，载《现代妇女》1944年第3卷第4期，第26—31页。

10.《谈"培植民主思想"》，载《民主：桂林版》1946年第19期，第8页。

11.《一九四八年的希望：一九四八年我的希望》，载《国讯》1948年第445期，第10页。

12.《纪念国际妇女节：三八妇女节的首创者蔡特金》，载《国讯》1948年第452期，第2页。

13.《揭穿谜底了》，载《文艺报》1955年第总133期，第56页。

14.《怎样读"安娜·卡列尼娜"》，载《读书月报》1957年第22期，第17页。

15.《从延安文艺座谈会讲话谈起》，载《文汇报》1957年第24期，第3页。

（二）翻译类作品补遗

1.《卡特林娜》，倪克拉索夫（作），彭慧（译），载《思想月刊》1937年第1卷第2期，第76页。

2.《卡尔卢什迦的戏法》，班台莱耶夫（作），彭慧（译），载《中学生》1942年第59期，第567—570页。

据北京师范大学文学院存放的穆木天晚年翻译手稿，可以发现手稿中存在两种不同的字体，经穆木天、彭慧夫妇的女儿穆立立鉴定，另外一种字体为其母亲彭慧的字体。根据字迹可以确认，手稿的大部分篇目是由穆木天书写完成，彭慧和穆木天合译的以及彭慧自己独译的篇目有以下8种①：

1. 手稿《外国文学史提纲》，穆木天和彭慧合译，共计13页，前7页为彭慧手稿，后6页为穆木天手稿。

2. 手稿《文艺复兴时代的文学·绪论》，穆木天和彭慧合译，共计27页，第1页到第18页、第21页到第22页为彭慧手稿，其他为穆木天手稿。

3. 手稿《论〈美国的悲剧〉》，穆木天和彭慧合译，共计48页，前23页为穆木天手稿，后25页为彭慧手稿。

4. 手稿《威廉·莎士比亚论》，穆木天和彭慧合译，共计210页，共分九大部分。其中第四、五、六、七部分为彭慧手稿，共计104页，其他部分为穆木天手稿。

5. 手稿《普列姆昌德和他的长篇小说〈慈爱道院〉和〈戈丹〉》，穆木天和彭慧合译，共计40页，第1页到第23页、第38页到第40页为穆木天手稿，第24页到第37页

---

① 具体参见拙文《穆木天晚年翻译手稿的书写研究》，《齐齐哈尔大学学报》2016年第3期。

为彭慧手稿。

6. 手稿《穆尔克·拉吉·安纳德》，穆木天和彭慧合译，共计44页，第1页到第10页、第13页、第24页到第44页为穆木天手稿，第11页到第12页、第14页到第23页为彭慧手稿。

7. 手稿《从伟大的十月革命到我们的日子》，共计41页，彭慧独译。

8. 手稿《最后部分：第二次世界大战期间和战后的文学》，共计69页，彭慧独译。

本文对《穆木天著译年表》《彭慧著译编目》的勘误及补遗主要依据大成老旧期刊全文数据库、民国图书全文库、晚清期刊全文数据库（1833—1911）、民国时期期刊全文数据库（1911—1949）、民国时期期刊刊名数据库（1911—1949）、现刊索引数据库（1950—）等数据库以及中国社会科学院文学研究所主编的《中国现代文学期刊目录汇编》（知识产权出版社2010年版）、四川省社会科学院文学研究所主编的《抗战文艺报刊篇目汇编》（1984年）和《抗战文艺报刊篇目汇编续一》（1986年）、存放在北京师范大学文学院的《穆木天晚年翻译手稿》（复印件）等资料，特此致谢。

（作者单位：洛阳师范学院文学院）

文学档案

抗战时期国民政府教育部剧教队史实考述①

黄爱华

抗战时期，国民政府高度重视戏剧在抗战宣传和社会教育中所发挥的作用，自上而下成立了大量的巡回演剧队伍。其中教育部于1938年5月先成立了第一、二巡回戏剧教育队，此后又成立了第三、四巡回戏剧教育队、实验戏剧教育队。1938年8月，军事委员会政治部在上海救亡演剧队的基础上成立了十个抗敌演剧队。洪深在总结抗战戏剧时表示："这种移动演剧，巡回于农村或部队中间，进行宣传与教育，实为当时的抗战环境所迫切需要。这种移动演剧，乃是抗战戏剧运动的一大特色。"② 学界认为"从1937年7月抗战爆发，到1941年民营的重庆中华剧艺社（'中艺'，1941—1947）和桂林新中国剧社（'新中国'，1941—1947）先后成立，在这四年多的时间里，演剧的主力是隶属于军委会、教育部和三青团的几十个专业演剧队，以及无数的业余剧社"③。作为抗战时期重要的巡回演剧队伍，教育部的巡回戏剧教育队与军委会政治部的抗敌演剧队在"戏剧下乡"、"戏剧入伍"的抗战宣传中发挥了重要作用，其相关活动值得深入研究。目前，军事委员会政治部的抗敌演剧队已得到比较充分的研究。由于资料收集困难，学界对教育

---

① 本文系2017年度国家社会科学基金重点项目"'学衡派'年谱长编及文献数据库建设"（17AZW016）研究成果。
② 洪深：《抗战十年来中国的戏剧运动与教育》，中华书局1948年版，第11页。
③ 马俊山：《"演剧职业化"运动铸就了中国话剧的"黄金时代"》，《演剧职业化运动研究》，人民文学出版社2007年版，第7页。

部剧教队的研究则比较少，现有文章侧重于部分史实的梳理和回忆①，对五支剧教队总体情况的研究还未展开。本文通过对中国第二历史档案馆所藏剧教队文献的梳理，考察五支剧教队的基本活动，厘清其发展的来龙去脉。

一、"戏剧长征"

根据《教育部巡回戏剧教育队暂行简章》，"教育部为谋戏剧教育之实施、抗战宣传之推进起见，特组织教育部巡回戏剧教育队"，剧教队队员"以教育部登记合格之战区社教人员为主，遇不敷时，得重行登记或另请相当人员充任"，剧教队工作"以巡回战区及边远省份乡村流动施教为原则"②。在人员配置方面，剧教队设正、副队长各1人，指导员2人，队长主持一切队务，副队长襄助队长处理事务。在组织方面，剧教队共分总务、宣传、教务、研究四组，每组设组长1人，干事1-3人，助理干事3-5人，每队共计20-30人左右。其中总务组负责文书、会计、庶务、交际等事宜，宣传组负责戏剧、音乐、电影、绘画等各项宣传事宜，教务组负责抗战常识训练班的办理，研究组负责各种访问、社会调查和民间流行之文艺读物、戏曲唱本、歌谣娱乐品等的搜集，以及研究所得和剧教队文献的编撰等工作。

1938年5月，教育部第一、二巡回戏剧教育队在汉口成立。剧教一队的正、副队长分别是向培良、朱之倬，其他成员有桑洛鸣、任浪波、陈效胥、黄伯仁、郭子雨、文永若、梁碧云等。剧教一队先后在鄂、豫、陕、桂、湘五省巡回施教，到过河南洛阳，陕西西安、商县，广西桂林、阳朔、平乐、梧州、柳州，湖南长沙、耒阳、衡阳、祁阳、零陵等地。在洛阳遭遇敌机轰炸，副队长朱之倬等因公受伤。1938年11月，剧教一队亲历长沙大火，损失惨重，逃亡途中依旧不忘剧教工作，在湘潭花石镇公演话剧《复仇》，举行抗战宣传歌咏及演讲等活动。1939年11月，湘北大捷，剧教一队当即赴前方慰劳将士，抚慰周边乡镇百姓，追敌踵而前进，12天公演12场，剧目包括《中国不会亡》、《反正》、《第一个志愿兵》等。1940年，该队在广西全县分组赴杜聿明第五军直属各部

---

① 参见郭景华、寄小文：《向培良与湖湘抗战演剧活动》，《现代中国文化与文学》2017年第2期；寄小文：《向培良在桂林从事抗战宣传史实钩辑》，《抗战文化研究》2013年；楼强峰：《忆巡回戏剧教育队在赣州》，《民主》1991年第12期；胡绍轩：《阎哲吾与实验剧教队》，《现代文坛风云录》，重庆出版社1991年版；余子侠、冉春：《抗日战争时期中国教育研究》，团结出版社2015年版；丁芳芳：《抗战戏剧与战时社会教育规划》，《戏剧艺术》2012年第6期等。其中，胡绍轩在《阎哲吾与实验剧教队》一文中提到阎哲吾的遗稿《教育部实验戏剧教育队四年大事记》，笔者未找到此稿，但从题目来看该文是对单个剧教队——实验剧教队的回忆。

② 《教育部巡回戏剧教育队各项章则制度文件》，中国第二历史档案馆藏，全宗号：五，案卷号：11932。

队宣慰10余天。至1941年3月到达湖南耒阳之时,剧教一队巡回行程已达2万余里,"共演过七十个剧本,公演过三百多场,举办过二十五届短期训练班,协助各处组织若干剧团和歌咏队,出过近二十种集子"①。其中仅1939年该队"到过两省八县十乡镇,往返几千里,演过二十六剧本,计长剧五,独幕剧十七,对话剧四,公演九十二场,约计四日公演一次","全队同人,在一年内创作长剧、独幕剧及对话剧三十种"②。

剧教二队的正、副队长分别是谷剑尘、曾也鲁。谷剑尘辞职后,曾也鲁、王澧泉分别任正副队长。其他成员有殷振家、侯铁秋、王凝、司徒阳、黄枫等。该队主要在皖、浙、闽、粤、赣五省巡回施教,到过安徽休宁、屯溪,浙江金华、诸暨、绍兴、上虞、余姚、宁波、永康,福建沙县、永安、上杭,广东梅县、曲江、南雄,江西赣县、定南、大庾等地。巡回途中,剧教二队也多次命悬一线。1939年9月在福建沙县遭遇敌机轰炸,公私物品几乎付之一炬。1940年8月在广东曲江再次遭遇轰炸,整个八月沉浸在紧张的工作之中:"虽然每天在警报声中,我们还得工作,在山岗上在树林里,排戏,唱歌,绘画,计划教厅组织巡回歌咏戏剧工作……"③ 为唤起民众对戏剧的重视、辅导当地演剧活动,1940年5月该队在梅县举办话剧比赛,并协助组织了梅县剧人协会。1940年7月,该队在曲江协助广东省教育厅组织巡回歌咏戏剧队,并借着"八一三"纪念日发动了7个单位的联合公演。该队总计经过7省37县市、26乡镇,公演313次,举办训练班14次,发动30余个单位组织剧团④。

1938年11月,剧教三队在重庆成立,正、副队长分别是虞文、王勉之,后彭善宝任队长,其他成员有王世勋、喻君洁、王尉诚等。剧教三队的主要巡回施教区为川、黔、滇、康等西南省份。从川南的綦江,到贵州的遵义、贵阳、安顺、盘县,再到云南昆明、宣威,出云贵高原回到四川,他们巡回纳溪、宜宾、李庄、南溪、白沙、北碚、武圣、沿口、南充、成都、新津,然后进入西康省的雅安、富林、西昌等地。西南道上的剧教三队,对当地社会现实有了更多的了解,他们及时总结经验,努力做到因地施教、有针对性的宣传。边远村镇乡民多未受过教育,为有效进行抗战宣传,该队利用乡民赶场之日以演讲、歌咏等形式做抗战宣传。为推广禁烟运动,副队长王勉之创作独幕剧《过年》并在春节之际公演,将鸦片的危害和烟民的痛苦融入生动有趣的情节之中。针对西南地区的"兵役"问题,王勉之还创作了《悔不当初》。贫民患病无力求医,剧教三队

---

① 《教育部第一巡回戏剧教育队呈报工作概况及相关文书》,中国第二历史档案馆藏,全宗号:五,案卷号:11943(3)。
② 《教育部第一巡回戏剧教育队各种规程汇编、工作概况及相关文书》,中国第二历史档案馆藏,全宗号:五,案卷号:11943(4)。
③ 王澧泉:《越炸越坚强》,《巡回第三年》(出版社不详),1941年,第51页。
④ 曾也鲁:《教育部巡回戏剧教育队概况》,《社会教育季刊》1943年第1卷第4期。

还附设施诊室为乡民诊治疾病，并酌量赠送药材。高山千里，他们冒着冰雪狂风，翻山越岭，做宣传公演，深入边疆西康省做巡回施教。

1939年11月，剧教四队在重庆成立，正、副队长分别为李朴园、凤飞，李朴园离职后代理队长为龚详礼、张光中，其他成员有马基光、刘育齐、柳泉、胡潜等。剧教四队主要在陕、甘、宁、青等西北地区巡回施教，到过陕西的临潼、咸阳、华阴、澧泉、宝鸡、凤翔、三原、武功，甘肃的兰州、陇西、临洮，以及青海、宁夏等地。在西北，剧教四队常参加县城、乡镇的庙会，表演杂技，演唱骂汪双簧歌咏小调，并演出《反间谍》、《黄莺儿》、《第一个志愿兵》、《张家店》、《渡黄河》、《生死之间》、《塞边的怒涛》等话剧。为扶持西北戏剧音乐教育、扩大抗战宣传，剧教四队在兰州组织成立了业余合唱团，为兰州儿童剧团编著、排演三幕儿童剧《回到祖国去》，为救济河南沦陷区学生编著并公演三幕剧《悔之晚矣》。1943年1月，剧教四队与教育部所设的西北公路线社教工作队会面，确定了两队联合推进兰州等地社教工作的计划，并于2月举办联合公演，宣传平等新约签署的意义。

除了四支巡回戏剧教育队，教育部还成立了一支实验戏剧教育队（以下简称"实验剧教队"）。根据《教育部实验戏剧教育队组织简章》，"教育部为实验创作剧本之演出，增进抗战戏剧宣传，并为实施戏剧辅导工作，训练戏剧人才起见，特组织教育部实验戏剧教育队"[①]。1941年5月，实验剧教队在北碚成立，队长为阎葆明（即阎哲吾），其他成员有刘念渠、张志民、张石流、李乃忱、郭蓝田、何治安等。实验剧教队以中央迁建区为中心施教区，以重庆卫戍区为扩大施教区。与教育部的其他四支剧教队相比，实验剧教队的首要工作是实验演出新剧本，包括"教育部征选、编辑或审定之剧本，本队自行编译之剧本，坊间刊印之剧本，各剧教团体编制尚未印行之剧本"[②] 等。选定剧本之后，通过研读、排演、公演、演出效果调查等得出实验心得，形成实验演出报告，指出剧本的优缺点、剧本的修改意见，以及公演中的注意事项等，呈报教育部转中央图书杂志审查委员会备查，并上交教育部供所属各社会教育队伍上演。但由于部门之间、剧队之间缺少联络，以及剧教队工作繁多等原因，实验演出剧本工作成绩一般，反而是巡回施教工作收获较多。至1944年年底，实验剧教队"巡回施教于中央迁建区及重庆卫戍区中，遍历大小城乡村庄三十一处，演出一百九十五场，观众二十一万五千人，训练人才

---

① 《教育部实验戏剧教育队组织规程及各项法规》，中国第二历史档案馆藏，全宗号：五，案卷号：11920（1）。

② 《教育部实验戏剧教育队工作计划及各项施教计划等有关文书》，中国第二历史档案馆藏，全宗号：五，案卷号：11922。

八班,学员五千四百人,辅导工作达于二十县"①。

总体来看,全面抗战时期教育部剧教队承担起戏剧宣传队的功能,做了大量的宣传公演、劳军公演、招待公演以及募捐公演等,还以音乐、壁画、演讲、壁报等形式做抗战宣传,并努力兼顾戏剧辅导,创办戏剧讲习班,扶植成立剧团。从1938年5月第一、二剧教队成立,到1946年5月教育部遣散巡回剧教队,这些戏剧队伍中存在时间最长的有8年之久。剧教队没有队址和固定工作地点,巡回区域跨度非常大,一直在多省之间流动,从中国中部、东部、东南到西南、西北,征程数万里。剧教队筚路蓝缕,苦心经营,在炮火中进行着一代剧人的"戏剧长征",为抗战宣传和民众教育做出了不可忽视的贡献。

二、问题与困境

成立之初,剧教队以巡回战区及边远省份乡村流动施教为主,但很多因素限制了剧教队的大范围巡回施教工作的开展。此外,实践也证明长期跨区域流动存在很多问题。

限制剧教队大范围巡回施教的,首先是经济因素。作为流动演剧队伍,剧教队的日常花费除了演出的相关费用、队员薪金等,巡回多省数万里征程还需要大笔旅费,此外还有房屋租赁费、住宿费等。剧教队不靠演剧活动赚钱,它们所举办的宣传公演、招待公演、劳军演出等均不售票,免费演出,而募捐公演则会将款项全数交给所需单位,主要经济来源是财政部拨发的经费。但总体来说,经费十分有限,剧教队经常入不敷出,甚至连队员生活都无法保障。剧教四队代理队长张光中曾指出:"中经数度断炊,职在友朋处设法借贷,始得维持伙食,故目前所过之生活,几等于乞丐。"② 此外,有限的经费根本抵不住战时飞涨的物价,曾也鲁曾指出由于物价飞涨,经费虽增实减的窘境:"本队经费年有增加,如依物价指数看来,则年有减少,二十七年本队经费月二千元,本年新队经费月一万六千五百元,约增加八倍,但三十二年物价比二十七年物价至少高一百倍以上。"③ 财政部拖欠经费、补贴的行为更是让剧教队的生活和工作雪上加霜:"去年至今九个月米津全部未发,去年全年至本年三月份之房膳津贴全部未发,去年十月起至今十二月份增加每人每月十元之生活补助费未发,今年一月至三月之生活补助费全部未发。

---

① 《教育部实验戏剧教育队组织规程及各项法规》,中国第二历史档案馆藏,全宗号:五,案卷号:11920(2)。

② 《教育部第四巡回戏剧教育队工作报告及巡回甘宁两省施教计划》,中国第二历史档案馆藏,全宗号:五,案卷号:11955。

③ 曾也鲁:《教育部巡回戏剧教育队概况》,《社会教育季刊》1943年第1卷第4期。

除本年度未发之经常费外,已结欠三万七千余元矣。"① 税捐是剧教队面临的另一个经济问题。剧教队除了免费的宣传演出之外,也会为地方事业、前线战事、后方难民等做募捐公演,但繁重的税捐却让剧教队苦不堪言:"除向直接税局纳印花税百分之四,向作剧者纳百分之三上演税,以及剧场租金百分之三十外,复有地方政府索取'不正当行为取缔捐'百分之三十","以致时有入不敷出危险"②。经费不足让剧教队工作处处掣肘,尤其是对演出工作多有限制。此外,队员待遇差,基本生活得不到保障,身份进阶问题得不到解决,再加上巡回边远区域戏剧人才比较缺乏,导致剧教队一直面临严重的人才、人员危机。

剧本审查也给剧教队巡回施教带来极大不便。抗战时期国民政府对剧本实行原稿审查,要求剧团在演剧之前将所选剧本提交审查机关审查,审查通过后方可上演。全面抗战初期,负责剧本审查工作的有中央图书杂志审查委员会、教育部教科用书编辑委员会剧本整理组,以及各地方审查机关等。1942年2月16日,国民党中央常务委员会通过了《剧本出版及演出审查监督办法》,规定戏剧剧本的出版或演出审查统归图书杂志审查委员会,实现了审查权的集中。中央图书杂志委员会则颁布了《演出剧本审查办法》,明确了中央和地方如何办理演出剧本审查,其中第二条规定"无论机关团体或个人组成之剧团,应将其预备演出之剧本缮正原稿,连同说明书缮正原稿各四份,于试演期至少十日以前送审",第七条规定"准演证使用之地点与日期,以该准演证所标明者为限"③。从具体实施情况来看,这两个办法存在很大问题。首先是当审查权集中到图书杂志审查委员会之后,如何处理教育部教科用书编辑委员会以及其他审查机关历年来审查通过之剧本。其次,由于准演证对时间和地点有限制,所有在此地经审查准演的剧本在他处上演时是否还需要审查。

毫无疑问,审查给所有剧团都带来不便,对剧教队的影响更大。剧教队以巡回战区及边远省份乡村为主,在多省之间流动,大量剧本会在多地演出。由于准演证是有时间和地点的限制的,所以已经审查准演的剧本在异地演出之前还需要送审,如此一来便增加了时间和经济成本。剧教二队队长曾也鲁算过这样一笔账:"以现时物价之昂贵,每一多幕剧剧本,无论购买或油印,其价均需十元以上,送审一次,需用剧本四本,虽应发还一本,亦需三本","一地一剧,需用剧本三份,十地一剧,即须三十本,十地十剧,

---

① 《教育部第一巡回戏剧教育队员工请领生活补助费的文书》,中国第二历史档案馆藏,全宗号:五,案卷号:11945(1)。
② 《教育部实验戏剧教育队组织规程及各项法规》,中国第二历史档案馆藏,全宗号:五,案卷号:11920(1)。
③ 《演出剧本审查办法》,《四川省政府公报》1942年第121期。

即耗剧本三百份,所费则在三千元以上,手续亦嫌繁复,时间与经济,均受相当损失"①。此外,剧教队经常有突击演剧的情况,所谓试演 10 日以前送审剧本的要求也很难达到。

针对以上问题,剧教二队队长曾也鲁多次呈文教育部,请求对剧教队剧本送审问题做出改进。实验剧教队队长阎哲吾也呈文对送审剧本的数量、复演剧本的审查、准予出版剧本的上演审查、历年准演剧本再审查等问题提出改进意见。中审会给出的批复是:"一、查该队系巡回演出性质,准予特别通融,申请审查时每种剧本检送二份。二、复演出剧本如不加修改时,可不必另发准演证(但限于非重庆市区及未设有图书杂志审查处所在地)。三、凡各省审查处准予出版之剧本,仍应一律送本会审查并发准演证后方得演出。四、教育部各剧教队以前演过之各种剧本依法仍应照现行规定一律送审,惟通融计可由教育部分饬各该队检齐所有剧本各两份汇送本会审查核发准演证。"② 由批复可以看出,只是送检剧本的数量减少了,至于复演剧本的审查、准予出版剧本的上演审查、历年准演剧本再审查等问题并未彻底解决。

除了经济问题和戏剧审查对剧教队巡回施教的限制,实际上跨区域的大范围流动本身也导致了很多问题。在人事方面,由于剧教队流动性大、活动区域广,大量队员体力不支,数年的大范围流动让队员身心俱疲,患病者、辞职者不断,剧队人事变动非常大。他们曾认为"工作三月后,回汉口来一月整理和休息,所以我们满以为三月后,准可以回汉口来","哪知道一去四年就不能回汉口,也不能回到我们母体——教育部的怀抱里咧?"③ 队伍流动性大也导致了工作成绩不能积累,随着剧教队的离开,边远县城乡镇再次陷入沉寂,施教的效果得不到延续。对于剧教队员来说,每到一处都要从头开始,重复劳动则加剧了队员的精神疲惫。此外,剧教队是在民族危难之际仓促成立的,没有先例可循,一切均处于探索阶段,若干重要问题需要仔细研究:戏剧宣传工作方面,"如行政系统,剧团组织,非职业演员之训练方法,此类工作人员之身份地位进修诸问题";"至于戏剧教育之前途今日尚无确定的体系可寻","研究实验之后有得之,如何推动普施辅导又为将来重要工作"④。但因长期奔走宣传,队员缺少进修机会和稳定环境,无暇

---

① 《第二、三巡回戏剧教育队关于呈请审查各种剧本与教育部的往来文书》,中国第二历史档案馆藏,全宗号:五,案卷号:11980。
② 《第二、三巡回戏剧教育队关于呈请审查各种剧本与教育部的往来文书》,中国第二历史档案馆藏,全宗号:五,案卷号:11980。
③ 曾也鲁:《四年回忆》,《正气日报》1942 年 5 月 12 日。
④ 《教育部第一巡回戏剧教育队工作计划书》,中国第二历史档案馆藏,全宗号:五,案卷号:11942。

对戏剧艺术、宣传、戏剧教育等问题做深入研究。因此，向培良多以"十九失败"①、"失败"总结剧教一队历年工作成绩。

总之，经过多年巡回施教，处在"戏剧长征"第一线的剧教队，对流动演剧团体的困境有切身的了解。征程数万里，剧教队员艰辛备尝，无奈待遇差，辛苦多年却始终无法养家糊口，而且身份资格未定、进阶问题无法解决；物价飞涨，剧教队经费不足，巡回施教工作处处掣肘；没有固定队址，演员不断奔走、频繁演戏，缺乏进修机会，技术易于低落，无法推动剧运更进一步发展；忙于抗战宣传，戏剧教育尚未形成确定体系；还有审查对工作的阻碍、演剧自由的限制。剧教队在困境中苦苦挣扎，迷茫彷徨的情绪在剧人中蔓延，"心力具瘁而茫然于前路之无所适"②。到1941年前后，剧教队问题集中爆发。

三、改革与分化

从成立之初，剧教队就面临着众多现实问题，但这些问题到1941年前后集中爆发，这与中国戏剧运动的整体形势密不可分。1941年被称作中国话剧的转折年。随着抗战形势的变化，以重庆、桂林等为代表的大后方局势相对稳定，民众不再满足于高度政治化、模式化的抗战宣传剧。剧人也在努力寻求突破。从这一年开始，大量职业剧团涌现，奉献了众多贴近市民生活的高质量剧作，重庆则开始了"雾季公演"，中国话剧步入"黄金时代"（1941—1945年）。剧运形势的转变，加上现实问题与困境导致了剧教队问题的总爆发。剧教队试图通过改革，有针对性地解决巡回施教中所存在问题的意愿变得日益强烈，并成为当时剧教队工作的核心着力点。

为了改变疲于奔命、无暇研究、技术低下的问题，剧教队提出变革工作内容和工作方式：划定实验区或成立艺术剧院，从巡回宣传转为据点施教。当然，这个据点施教是相对于跨区域的大范围流动施教而言，并不意味着剧教队就此放弃巡回施教。

1938年制定的《教育部巡回戏剧教育队暂行简章》对剧教队的定位是集演剧、宣传、辅导、研究功能于一体。但是在历年的大范围巡回施教过程中，剧教队的这些功能并未得到有效发挥，尤其是研究功能。1941年到达湖南后，剧教一队有意在固定区域内工作，工作方式转为据点施教，工作内容转向研究、实验戏剧教育兼顾巡回施教。1941年，向培良、朱之倬在《三十一年度工作计划书》中提出改革的设想，希望改变剧教队

---

① 向培良：《戏剧长征集序》，《戏剧长征集》，中国印书馆1940年版，第4页。
② 《教育部第一巡回戏剧教育队工作计划书》，中国第二历史档案馆藏，全宗号：五，案卷号：11942。

以普通宣传为主要工作内容的状况，提出今后工作主旨为"研究并实验各种戏剧教育之可能的方式，并往来各地，以辅导工作及公演推广实验所得而巡回施教"，申请"指定一省为辅导区，即于该省内择定适当地点为实验区与驻在省之教育当局取得法理上之联系"①。1942年，向培良、朱之倬提交《三十二年度工作改进意见书》，提出"本队今后工作目标为研究实验戏剧教育，以实验结果付之工作，工作有效，行以辅导。研究、实验、工作、辅导联而为一体，须以时日，必有成功"。意见书还明确提出请"指定湖南为本队辅导区，衡阳县市为本队实验区"，"三十二年度工作，以衡阳为据点，作季节的活动"，"积累成绩，仍于其间，作季节的活动，以符巡回施教之旨"②。向培良、朱之倬所说的戏剧教育指的是"教育的戏剧"，即以戏剧教育民众。他们研究戏剧教育的目的，在于确立规范的戏剧教育体系，并期望借助巡回施教推广该体系。显而易见，剧教一队的改革方案将工作重心从巡回宣传转变为研究、实验，从戏剧宣传队变为戏剧教育研究队。教育部认为这违背了以演剧做抗战宣传的初衷，因此并未采纳其改革意见。

与向培良要求划定剧教队固定"辅导区"、"试验区"的要求相类似，1942年2月，剧教三队提出在该队的基础上成立西康艺术剧院的计划："长期进行有计划之辅导，训练康省有志青年，推动全康社教工作"；"在康定成立剧院后，仍可随时组织巡回工作队，至全省各城市乡镇施教"；"成立一固定之剧院，则同志等得有努力攻读研习之机"③。但其请求被教育部驳回："本部各剧队工作区域之分划，原系一特之规定，年来顿感区域分划过大，巡回未能普遍，正拟增设剧队，俾便缩小原有各队巡回区域，以利工作开展，该队更不宜裁撤。"④

为了解决现实的经济困难，有的剧教队更是提出了改变运营模式的要求，在演出营业上由非商业性变更为半商业性，由免费宣传转为部分售票演出。

1943年5月，剧教二队成立五周年之际，在赣县举行了大规模的纪念演出，连续演出《天国春秋》、《大雷雨》、《李秀成之死》达16日之久，并招待党政机关团体、学校、荣誉军人、文化界、新闻界人士。此次纪念公演剧目为多幕古装剧，演出服装、布景、道具、化妆等耗费巨大，教育部所拨发的经常费用根本不够用。为了弥补演出耗费，剧

---

① 《教育部第一巡回戏剧教育队工作计划书》，中国第二历史档案馆藏，全宗号：五，案卷号：11942。

② 《教育部第一巡回戏剧教育队各种规程汇编、工作概况及相关文书》，中国第二历史档案馆藏，全宗号：五，案卷号：11943（4）。

③ 《教育部第三巡回戏剧教育队组织大纲及拟订成立西康艺术剧院计划的文书》，中国第二历史档案馆藏，全宗号：五，案卷号：11951。

④ 《教育部第三巡回戏剧教育队组织大纲及拟订成立西康艺术剧院计划的文书》，中国第二历史档案馆藏，全宗号：五，案卷号：11951。

教二队在招待各界人士之余，发售了一部分剧票。由于所演剧目《天国春秋》、《刘秀成之死》为阳翰笙的著作，而剧教二队并未支付剧作者上演税，最终阳翰笙为维护著作者的合法权益，举报了剧教二队售票公演及抵赖上演税一事。结果剧教二队声明："招待各界人士之余，发售一部分低额剧票，以资弥补演出费用"，"并非卖票营业，阳翰笙先生想系远道传闻失实耳"，"关于上演税一节，赣县方面，经图审处规定，系自六月一日起实行，而第二队则在五月间演出，自无溯及既往之理"①。

实验剧教队成立较晚，但是一两年时间内，它的问题也迅速暴露出来。1942年7月，实验剧教队在北碚金刚乡张家沱设立戏剧教育实验区，在区内组织儿童歌咏训练班、业余平剧社，成立了民众服务处，举行国民晚会。但由于人力、财力不足，再加上巡回施教、实验演出工作繁多，实验剧教队无法兼顾实验区内工作，最终该队于1943年8月呈文教育部拟于当年9月将实验区名撤销。为了改变经济困境，1943年6月，实验剧教队提出《戏剧音乐公开演出与售票演出施行办法》，拟在免费公演外，每月售票演出一至两个多幕剧，净收入作为同人福利基金、免费公演活动经费、演出设备费、宣传活动费等，并在募捐公演外加演一两场，将净收入作为同人福利费用②。最终，该办法同样被教育部否决。

教育部否决了以上剧教队的改革方案，但却无法对剧教队的困境视而不见。为了改变剧教队人力不足、巡回区域过大的问题，1943年3月教育部下令调整、合并剧教队，最终五支剧教队变成两支——巡回戏剧教育队、实验戏剧教育队。其中，剧教三队并入川康公路线社会教育工作队，剧教四队并入西北公路线社会教育工作队。合并后，川康公路线、西北公路线社教工作队分别设立了戏剧教育人员训练班，旨在培养实用音乐、戏剧人才以从事社会教育，班主任分别由原剧教三队队长彭善宝、剧教四队队长张光中担任。但由于西康、西北地理位置偏僻、社会对剧人存有偏见等原因，训练班招生十分困难，师资也是一大问题，戏剧教育人员训练班的成绩并不理想。

1943年7月，剧教一队、二队合并，改名为"教育部巡回戏剧教育队"（以下简称"巡回剧教队"）。由于此次调整并不符合向培良的改革设想，向培良坚决辞去巡回剧教队队长一职，最终由原剧教二队队长曾也鲁担任巡回剧教队队长。其他成员有董心铭、王光鼐、赵越、佟苏丹、陈庭诗、殷振家等。该队奉令留驻赣县，配合地方行政协助新赣南建设。留驻赣县后，巡回剧教队频繁受到党政军各界的邀请，辅导所属机关团体的

---

① 《教育部巡回戏剧教育队经常经费会计报表》，中国第二历史档案馆藏，全宗号：五，案卷号：11940（1）。

② 参见《教育部推进戏剧教育计划及改进戏剧音乐意见的有关文书》，中国第二历史档案馆藏，全宗号：五，案卷号：11915。

宣传、艺术活动。宣传和配合新赣南建设成为巡回剧教队工作的重要内容。1943年，四区专署举办新赣南建设五年计划督宣团，邀请巡回剧教队参加，并委托该队拟定宣传办法和巡回宣传计划。为扩大宣传，该队编印民众歌曲，绘制招贴漫画、标语，搜集壁报材料，并拟定举办演讲、歌咏、绘画等比赛。队长曾也鲁为配合五年计划画展写了鼓词体宣传标语四十条——《说赣南》，颂扬三年计划如何将旧赣南变成新赣南，宣传五年计划的"五大目标六要求"，展望五年计划实现后的赣南新天地，并动员官民齐心协力搞建设。巡回剧教队还与第四区合办艺术师资训练班，发动赣县剧人成立赣县业余实验剧社。1944年10月，为响应知识青年从军的号召，巡回剧教队申请全体从军。1945年1月，该队随蒋经国领导的青年军政工班前进，3月正式开始军中抗敌演剧活动。1946年1月，该队随军到杭州，5月奉教育部命令解散。

除了其他剧教队普遍面临的问题，在重庆周边巡回施教的实验剧教队还面临着"雾季公演"的诱惑——"目睹今年雾季渝市话剧公演之盛，颇多以不能入都市一现舞台为憾"①。1944年2—6月间，剧教队旅渝施教4个半月，终于可以亲身体验和参与"雾季公演"。但是队长认为此次旅渝施教工作成绩略逊他处，未能达到预期之效。此次旅渝施教让实验剧教队更加认清了自身技术的不足，以及文化界对该队的评价与定位："此次本队入渝工作，文化界人士渐知究竟，对本队'深入'及'苦干'精神，殊表敬佩，然大多信仰未立，具以'队'字不若'团'字为大，故多以'宣传队'之类目之。因此，地位声誉，工作信仰，全受影响。"② 可以说，在职业剧团林立的重庆，实验剧教队的处境非常尴尬。1944年，该队在《三十四年度扩大组织及工作计划草案》中提出1945年革新计划的要点：大量增加经费，扩大组织，增加人员，成立实验辅导委员会，以及全年工作分四期编订，努力兼顾重庆与郊区、工作与整修等③。同年12月19日，该队再次提出改革方案：扩大组织，改"队"为"团"；或改为正规的戏剧人才训练机关，定名为"演员训练所"；或改为"戏剧教育实验辅导所"，以编制剧本及辅导各学生兵营、各文化区大众学校演剧为主，停止自身演剧活动④。以上改革方案并未被教育部采纳，实验剧教队没能摆脱困境，大量专业人才流失。1945年该队被裁撤。

---

① 《教育部实验戏剧教育队工作报告及有关文件》，中国第二历史档案馆藏，全宗号：五，案卷号：11923（2）。
② 《教育部实验戏剧教育队工作报告及有关文件》，中国第二历史档案馆藏，全宗号：五，案卷号：11924（2）。
③ 《教育部实验戏剧教育队组织规程及各项法规》，中国第二历史档案馆藏，全宗号：五，案卷号：11920（2）。
④ 《教育部实验戏剧教育队修建房屋租借队址的有关文书》，中国第二历史档案馆藏，全宗号：五，案卷号：11931。

剧教队根据实际工作情况而提出的具有针对性的改革建议遭到教育部的否决，使队员的工作积极性受到严重的打击，影响了此后工作的开展。最后教育部面对剧教队不得不改革的现实，采取了以调整、合并代替改革的粗暴做法，非但没有从根本上解决剧教队的困境，反而削弱了剧教队的总体实力。

四、结语

通过成立初期的巡回战区及边远乡村施教，剧教队将现代戏剧艺术从城市大剧院、学院舞台带入乡村、工厂、军队，为抗战宣传、民众动员做出了贡献，也拓展了话剧的生存空间，保存和培养了戏剧运动的力量。随着抗战形势的转变、职业演剧的兴盛，剧教队不想继续戏剧"宣传队"的工作，希望朝着研究戏剧教育、培养戏剧教育人才方向发展，或者改变经营方式，做半商业性演出。但由于教育部的限制，剧教队没能完成转型，最终只能面临被淘汰的命运。1945、1946年，完成了抗战宣传使命的剧教队被撤销，退出了历史舞台。实际上，剧教队的发展流变正是全面抗战时期中国话剧运动前后转变的一个缩影：从30年代摩登都市中的专业化、职业化演剧，到民族危机之下戏剧突入乡村、战区的广泛普及，再到40年代重返专业化、职业化的都市演剧。剧教队虽然没有提出职业化的设想，但产生了由乡村回归都市的计划，期待戏剧研究和人才培养模式的科学化、专业化。同时，大量辞职队员参加了中国万岁剧团等大剧团，加入了职业演剧的大潮。剧教队的经历也反映了国民政府戏剧政策之悖谬，政府看重戏剧的宣传和教育价值，以剧教队作为民众动员和宣扬政治理念的宣传队，但又以审查、苛捐杂税、否决转型等限制剧教队的发展，加速了其衰落。

（作者单位：南京大学中国新文学研究中心）

民国文学研究

"新"文学里的"旧"人物
——废名与"五四"新文学①

王晓冬

《莫须有先生坐飞机以后》第七章写到这样一件趣事，莫须有先生战时卜居黄梅，在金家寨小学做教师，小学校长以前听闻莫须有先生大名，因为"莫须有先生是一位新文学家"；这次与莫须有先生共事感到愉快，佩服莫须有先生，因为"莫须有先生简直不像新文学家"。因"新文学家"知名却不像"新文学家"，何尝不是废名自己的写照。1917—1919 年，新文学伊始，废名尚在湖北省第一师范学校读书，已经接触到新文学②。1922 年北方求学，1929 年留校任教，废名与"五四"新文学策源地的北京大学一直关系密切。废名身边结交的朋友，从冯至、程侃生、俞平伯、卞之琳、林庚到亦师亦友的周作人，都是新文学的生力军。废名经常发表文章的报刊，从《努力周报》到《语丝》再到《骆驼草》，都是新文学的阵地。可是，作为一个"新文学家"，废名又有些另类："五四"大力提倡白话文创作时，他的文章总喜欢引入大量的文言诗词；胡适提倡"不用典"时，他的文章总喜欢掺进许多典故；新文学提倡文章应该清楚明白时，废名的文章总写得晦涩难懂；新文学号召写实与直面人生时，废名的文章却总在写梦境与幻想，反复提及"我是梦中传彩笔"。废名从属于新文学，却又极力保持自己的创作个性，由此与"五四"新文学形成一种看似背反实则密切相连的复杂关系。本文即以这种关系为中心，分析废名对新文学独特的阐释与接受，由此展现废名在新文学中特殊的地位及价值。

---

① 本文系西南大学 2018 年度中央高校基本科研项目"欧美英语学界中国小说文体研究的范式及其价值"（SWU1809216）、教育部人文社会科学研究青年基金项目"文体'互渗'与中国现代小说文体形成研究"（15YJC751044）的阶段性成果。

② 废名曾经在《谈新诗》中提及民国六七年，自己在课堂上听到教师讨论胡适和他的诗作《蝴蝶》，而他自己当时也曾阅读过周作人的《小河》及胡适的《尝试集》。

一、新文学与"种子说"

承继赫胥黎《天演论》的影响,"五四"新文学改变了中国人长久以来以古为尊的时间观念,让进化的观念深入人心。废名却反对进化观,他对人生、社会发展的看法比较特殊,夹杂着某些佛家的理念,带有宗教特色,废名将之归结为"种子说"。20世纪40年代,废名专门写了《阿赖耶识论》来阐明自己的"种子说"。在《莫须有先生坐飞机以后》中,废名对"种子说"有一个比较通俗易懂的解释:

> 人是有前生的,正如树种子,以前还是一棵树,现在又将由种子长成一棵树,前生的经验如树种子今生又要萌发了。(《莫须有先生坐飞机之后》第十三章)
>
> 世间法有两种,一是假法,一是有体法,"种子"便是有体法了,有体法才能生……识是种子,后身是芽。(《莫须有先生坐飞机之后》第十七章)

由引文可以看出,废名的"种子说"不同于简单的佛教轮回,而是"种子"在新的环境、条件之下的再萌发。所以,生即意味着死,死亦包含着生,生死、因果都不是相互对立、斗争的关系,而是包孕在"种子"中的轮回。只要有"种子",遇到合适的机会,便会发芽而生,但生而为之物已经和原来的完全不一样了,由此再等待下一轮的成长、衰落与死亡。"种子"生为芽,既是历史之必然,也是自然之必然,看起来也似乎就是命运,但因为死即为生,所以生死交替不是悲观,而是一种泰然、理性的历史态度。

废名即由此"种子说"出发理解自己与新文学的相遇:

> 大人们却将小孩子与小孩子的世界隔离,不但隔离,且从而障蔽之,不但障蔽之,且从而残害之,而这颗自由种子一点没有受到损害,只是想逃脱,想躲避……这颗种子,等到要发展时便发展起来了,莫须有先生是后来在大学里读了外国书因而发展起来,最初读的是英国一位女作家的水磨的故事,莫须有先生乃忽然自己进了小学了,自己学做文章,儿童生活原来都是文章,莫须有先生从此若决江河沛然莫之能御了,从此黑暗的世界也都是光明的记忆,对于以前加害于他的,他只有伟大的同情了。(《莫须有先生坐飞机之后》第六章)

新文学也是废名自己"自由种子"发展的契机,由此,他被旧时代教育所束缚和戕害的一切忽然获得了全部的解放,于是废名也和莫须有先生一样,进了真正的小学,写出了一系列回忆童年生活的文章。

新生驱散以往所有的黑暗,但是否这就说明以往毫无价值呢?废名又说:

> 莫须有先生常常想,他做大学生时乃是真正的做小学生,有丰富的儿童生活,学做文章,然而真正的做小学生的生活则略如上述,其不加迫害于儿童者几希,而奇怪,莫须有先生丝毫未受其迫害,倘若那时有一位高明的教师,能懂得儿童心理,好好地栽培之启发之,莫须有先生长大成人是不是比现在更高明呢?莫须有先生连忙肯定这是一个无意义的假设,须知一切是事实,世间是地狱,而地狱正是天堂,一是结缚,一是解脱……(《莫须有先生坐飞机以后》第六章)

这是非常典型的废名式思考方式,即相背反者,如光明与黑暗、进步与落后、现实与梦幻、因与果、生与死都彼此蕴涵、成全,而非彼此竞争、对立,于是它们相反相生,人要信任历史而"知命"。

在胡适构建的文学进化观中,以"文言"为代表的"旧文学"与以"白话"为代表的"新文学"是一种二元对立的替代关系,即"新文学"的确立、存在、发展,是以破坏、颠覆、清除"旧文学"为基础的。因此,在主流的新文学建设理路中,新、旧文学共生即使不被看成一种保守,至少也是某个历史阶段的权宜之计,而"旧文学"无法避免的没落命运,也不可能对"新文学"有真正富于创造性的滋养,因此在胡适等"五四"新文化人看来,中国"文艺复兴"的"火种"只能源于西方。废名从"种子说"相反相生的思路出发,看待新、旧文学也就有了自己独特的视角。他认为新文学是旧文学"种子"的重新萌发,不一定非要受到西方文学的影响。西方文学只是提供了某种历史契机,但即使没有西方文学,依靠中国传统文学中的"种子",我们依然可以发展出新鲜、生动的新文学。正因为这个思路,废名如此评价林庚与朱英诞的新诗:

> 在新诗当中,林庚的分量或者比任何人都要重些,因为他完全与西洋文学不相干,而在新诗里很自然地,同时也是突然地,来一份晚唐的美丽了。而朱英诞也与西洋文学不相干,在新诗当中他等于南宋的词。这不是很有意义的事吗?这不但证明新诗是真正的新文学,而中国文学史上本来向有真正的新文学。如果不明白这一点,是不懂文学了。亦不足以谈新文学。真正的中国新文学,并不一定要受西洋文学的影响的。林朱二君的诗便算是证明[①]。

---

① 王风编:《废名集》,北京大学出版社 2009 年版,第 1789 页。

他也非常赞同周作人的观点：

> 岂明先生到了今日认定民国的文学革命是一个文艺复兴，即是四百年前公安派文学运动的复兴，我以为这是事实，本来在文学发达的途程上复兴就是一种革命①。

所以，废名不像胡适那样认为文言与白话是对立的，反而认为"白话文学只是文言文学的一个'穷则变'，而它自然的要与文言文学相承"②。古典也不会过时、衰亡，"当初新文学运动者所排斥的古典派乃正是今日新诗的精神了。古典派是以典故以辞藻驰骋想象，总而言之是有想象，今日的新诗也无非是有想象罢了"③。

沿着这个思路，废名特别善于在古典中看出新鲜、时髦的东西，并给予极高的评价。比如在《谈新诗》中，他评价周作人的新诗道：

> 我又爱好这些诗里一种新鲜气息，比"日出而作，日入而息，凿井而饮，耕田而食"还要新鲜，因此也就很古了④。

他评价卞之琳时说：

> 因为卞之琳的新诗好比是古风，他的格调最新，他的风趣却最古了……⑤

卞之琳的"古"同时又是"欧化"，"卞诗的句子之好则是可以说得出的，是欧化得有趣，欧化得自然"！连《论语》、《诗经》的句子也是欧化的了⑥。由"种子说"出发，"古"与"新"联为一体，而"欧化"貌似新鲜，也与"古"相通了。

二、古典诗词与化旧为新

正因为对新旧文学有了这种相反相生的观念，废名在文章中不但不会回避古典文学，反而会刻意加强对古典文学的使用，从而实现"文艺复兴"。废名对古典资源的引入非

---

① 王风编：《废名集》，北京大学出版社 2009 年版，第 1277 页。
② 王风编：《废名集》，北京大学出版社 2009 年版，第 1278 页。
③ 王风编：《废名集》，北京大学出版社 2009 年版，第 1805 页。
④ 王风编：《废名集》，北京大学出版社 2009 年版，第 1696 页。
⑤ 王风编：《废名集》，北京大学出版社 2009 年版，第 1771 页。
⑥ 王风编：《废名集》，北京大学出版社 2009 年版，第 1774–1775 页。

常集中地体现在废名小说对古典诗词的引用与化用上。在中国现代作家中，废名小说引入的古典诗词最多、最密集，引入诗词的方式也最复杂、多样。

废名小说对古典诗词的运用方式多样，取得的效果参差不齐。有些中规中矩，比如《桥》"棕榈"一章开篇即是细竹唱"春眠不觉晓，处处闻啼鸟"，引自孟浩然的《春晓》，点出春朝初醒时细竹所感。《桥》"灯笼"一章，写琴子对小林和细竹有了一丝妒意，引了杜甫《春夜喜雨》里"随风潜入夜"的句子，来描写琴子细微、压抑的心理转变。有时候，引诗有些刻意、冗长。比如《桥》中多次让琴子、细竹讨论诗词，显得矫揉；而《莫须有先生坐飞机以后》大段引用陶潜诗句议论现实，则显得啰嗦。

还有一类引诗，完全把诗句化用在现代白话中，与小说的叙述融合在一起，成为句子不可分割的一部分，有些还能别出新意，最能代表废名转化古典诗词为现代白话的努力。《浣衣母》中，写带着孩子的妇人在河边呼笑——"仿佛是夕阳快要不见了，林鸟更是歌啭得热闹"，化用陶渊明《饮酒·其五》"山气日夕嘉，飞鸟相与还"一句；《桥》"箫"一章，细竹梳头，小林"一心是在那里窃发而逃之，好像相信真有个什么人窃不老之药以奔月"，化用李商隐《嫦娥》"嫦娥应悔偷灵药"一句；《莫须有先生传》第十三章，摇鼓的货郎来了，大家都忙围上去，废名这样写动作——"于是雀跃而赌身轻，临波而见步阵，两个道旁儿一齐携着姐姐的手而围着摇鼓的担子"，化用吴伟业《浣溪沙·闻情》中的句子"摘花高处赌身轻"，而废名在自己的诗《掐花》中，也有"我学一个摘花高处赌身轻"的句子；《莫须有先生坐飞机以后》第四章，石老爹带莫须有先生到闲置的房子，感觉自己有读书人撑腰，很是气派，"所以石老爹同莫须有先生并立于泉边木下，如乐琴书，至于'不怕被人欺负'，则是世风太坏罢了"，则反讽地使用陶渊明《归去来兮辞·并序》中的句子"悦亲戚之情话，乐琴书以消忧"。

废名认为"高明的作者，遣词造句，总喜欢拣现成的用，而意思则多是自己的，新的"①，所以将古典的东西化旧为新，让其在新的语境下重新焕发生机是废名一直努力的方向，也符合废名让"中国的白话文学""备过去文学的一切之长"的期愿②。

废名特别欣赏李商隐和温庭筠的诗词，但对温李诗词的解读，废名有自己非常独到的看法。在《谈新诗》"已往的诗文学与新诗"中，废名很详细地分析了温、李诗词的特征。废名看重温庭筠的词，因为温庭筠的词中充斥着想象，词人凭借想象的跳跃形成一种立体的诗意空间，这显然是废名用新鲜的观念重新打量温庭筠的词。同样，对于李商隐的诗，废名认为最大的优势在于，诗人善于用典故驰骋想象，因此即使在故纸堆当

---

① 王风编：《废名集》，北京大学出版社2009年版，第1215页。
② 王风编：《废名集》，北京大学出版社2009年版，第1289页。

中，李商隐一样可以形成非常有层次的情感表达。温李诗词对想象的独特处理方式，启发了新文学，所以"胡适之先生所认为反动派温李的诗，倒有我们今日新诗的趋势"①。

而温李诗词的源头在于六朝文章。对六朝文章，特别是对庾信文章的喜爱，是废名经常提及的：

> 温词没有典故，李诗典故就是感觉的联串，他们都是自由表现其诗的感觉与理想，在六朝文章里已有这一派的根苗，这一派的根苗又将在白话新诗里自由生长，这件事情固然很有意义，却也是最平常不过的事，也正是"文艺复兴"，我们用不着大惊小怪了②。

与周作人将新文学源头定位在明末公安派不同，废名对六朝文，特别是庾信文章的推崇看起来似乎与新文学讲求清楚明晰的白话文学背道而驰。其实，问题的关键在于，废名看中的从来都不是白话文学的进化脉络，而是实际创作中作家个体的创新与经营。废名说："我们的目的在乎'文艺'，即是说从新文艺创作本身上考察，不是注重新文学运动怎么起来的。"③ 这种态度即意味着，废名不喜欢讨论名词、口号、理论层面的新文学，他对新文学的所有要求都源自创作实践层面。

沿此思路，废名认为新旧文学的区别是作家在创作上是否能匠心独运，而非是否遵循了一个所谓"白话"这个人为厘定的标准。庾信虽然擅长骈文、赋体，喜欢化用典故、彰显辞藻，但他的文章处处苦心孤诣，因为有丰富的经验、修养支撑，典故辞藻不但不成障碍，反而成为一种"成熟的溢露"④。可见，新文学的对立面不是旧文学，白话文学的敌人也不是文言文学，新文学最大的敌人是"八股"文学，是模仿、造作的陈词滥调：

> 我总觉得新文化在中国未曾成立过。新文化应该是什么？我想那应该就是一个科学态度，也就是一个反八股态度。统观中国，无论那一家派，骨子里头还正是一套八股。当初大家做新诗，原是要打倒旧诗的束缚，而现在却投到西洋的束缚里去，美其名曰新诗的规律⑤。

---

① 王风编：《废名集》，北京大学出版社2009年版，第1633页。
② 王风编：《废名集》，北京大学出版社2009年版，第1645页。
③ 王风编：《废名集》，北京大学出版社2009年版，第1606页。
④ 王风编：《废名集》，北京大学出版社2009年版，第994页。
⑤ 王风编：《废名集》，北京大学出版社2009年版，第1276页。

从庾信到温李，他们都能在旧文学中化旧为新，看起来仿佛创作不自由，其实他们的"不自由乃是生长，乃是自由"①。废名不用抽象的理论定义新文学，他认为庾信的文学就是新文学："我喜欢庾信是从喜欢莎士比亚来的，我觉得庾信诗赋的表现方法同莎士比亚戏剧的表现方法是一样"②。所以中国本身即有新文学的"种子"，而我们"五四"以前盲目地认为装腔作势式的古文才是我们文学的正宗，"五四"之后又盲目地以为西方文学才是文学发展的方向，都属于对新文学本质理解的偏颇。

三、晦涩的现代"竟陵派"

在对废名文章的评价中，很多人都提到其晦涩、难懂。"废名君的文章近一二年来很被人称为晦涩。"③ 周作人认为这种晦涩是因为文体的简练，比如在《桃园跋》中，周作人举了《文学者》中的一个例子：

> 铁里渣在学园公寓门口买花生吃！
> 程厚坤回家。
> 达材想了一想，去送厚坤？——已经走到了门口。
> 达材如入五里雾中，手足无所措，——当然只有望着厚坤喊……

这段写达材对公寓里女人的好奇与渴慕，以送朋友为借口，窥视女人。周作人说是"特别的"、"简洁而有力的写法，虽然有时候会被人说是晦涩"④。

周作人认为上面的例子有含蓄的"古典趣味"。到了《桥》中，废名发展了这种蕴藉、简约的处理方式，因为还掺杂一些古典诗词，进一步突出了其中的"古典趣味"。《桥》写小林与琴子、细竹之间微妙的情感纠葛，小林年幼时即已和琴子订婚，但多年后遇到琴子的表妹细竹，惊异于细竹的自然之美。小说中涉及小林对细竹的欲望以及将其升华为自然之美的隐忍、克制，也涉及细竹对小林的钦慕、琴子对细竹的嫉妒。为了营造一种"乐而不淫，哀而不伤"的意境，废名刻意回避了对情感矛盾的抒写，也回避了一些对欲望的正面描绘，而是用一种委婉曲折的方式表达微妙的心境与人物关系。比如，《桥》"无题"一章，琴子、细竹遇到大千、小千姐妹，大千说小千总偏向外人，琴

---

① 王风编：《废名集》，北京大学出版社 2009 年版，第 1635 页。
② 王风编：《废名集》，北京大学出版社 2009 年版，第 881 页。
③ 王风编：《废名集》，北京大学出版社 2009 年版，第 3410 页。
④ 王风编：《废名集》，北京大学出版社 2009 年版，第 3407 页。

子讶于"同袍不相知"。这句诗化用李商隐《闺情》中的一句"同衾不得知"。这是一首很特别的闺情诗,写人与人关系亲密却无法相知。琴子用在这里,既暗指大千、小千姐妹之间的隔膜,也隐含着她与小林、细竹之间的隔膜。所以在《桥》里,简练的文体与隐晦的主题相得益彰。

有时候是用典带来了废名文章的晦涩。《桥》"黄昏"一章,小林看到树,想起"柳发"一词。"柳发"典故出自唐李端《横吹曲辞·折杨柳》:"少壮莫轻年,轻年有衰老。柳发遍川岗,登高堪断肠……赠君折杨柳,颜色岂能久。"前面"棕榈"章写到细竹、琴子梳头,谈论头发和树林都可称为"头发林",这章小林在黄昏美景中沉思,想到细竹与琴子的谈话,自然引出"柳发"的联想,而之后小林的思绪又转到"有多少地方,多少人物,与我同存在,而首先消灭于我?"可见"柳发"典故含蓄暗示,小林此刻既感怀时世变迁,又怅然佳人易老。

简练与古典趣味如果运用得当,确能给文章带来一种特殊风味,所以废名夫子自道说:"若说难懂,然则难懂正是它的一个妙处,读者细心玩索之可乎?玩索而一旦有所得,人生在世必定很有意思。世上本来没有便宜得好处的事情……"① 但有些时候,如果解读起来太纠缠,也会让文章曲高和寡。比如《桥》"荷叶"一章,小林和琴子、细竹谈话,"竹林上微动一阵风,三个人都听得清响",小林"指着这个竹影说道:'这影子好看,我向这里头画一个雀跃。'言下又暗自惊异,隐隐约约的若指得古代公主睡里那个梅花落。他的意中之鸟是一只彩禽"。这段用了"梅花妆"的典故。李商隐《失题二首·其二》"寿阳公主嫁时妆"一句即引出寿阳公主"梅花妆"的典故,而其《对雪二首·其二》中"忍寒应欲试梅妆"又将"雪"与"梅花妆"联系起来。看到竹影之前,小林讲到下雪天一位女子倚门而望,"唇上的胭脂一樱多"的美景,琴子则想到细竹雪天里悄悄门外张望,问鸟儿都飞去哪里的事情。讨论的当下,身处夏末的细竹问了同样的问题,这个问题使得小林的思绪由"梅花妆"、"女子樱唇"转移到"彩禽"身上,"微动一阵风"既可以是吹落梅花于公主额上之风动,也可以是彩禽雀跃于竹林之响动——"彩禽"还隐隐应和小林与琴子、细竹居住的鸡鸣寺。两个联想同时而发,都是"世间的声音落为形相",引发小林遐思。这段文章如果不熟悉典故,解读起来确实费力。

诗词、典故像把双刃剑,一面可以营造蕴藉、内敛又意味悠远的意境,让有相同文化背景的人心有灵犀,另一面也容易沦为狭隘、刻意甚至迂腐的"文笔趣味"。也许刘西渭的评价最公允:"废名先生爱用典……他往往加以引申,或者赋以新义,结局用典已然是通常读者的一种隔阂,何况节外生枝,更其形成一种障碍。无论如何,一般人视为

---

① 王风编:《废名集》,北京大学出版社2009年版,第660页。

隐晦的，有时正相反，却是少数人的星光。"①

对于废名个人而言，晦涩也许只是他的风格，周作人却将这种个人风格与"五四"新文学的发展联系起来。周作人认为，废名"文体之简洁或奇僻生辣"，是对早期白话文学过于直白、流丽风格的纠偏，"现代的文学悉本于'诗言志'的主张，所谓'信腕信口皆成律度'的标准原是一样，但庸熟之极不能不趋于变，简洁生辣的文章之兴起，正是当然的事"②。以前人们更重视胡适提倡的不用典故，认为简单易懂的白话才是新文学的正宗。周作人将胡适为代表的、最早开创期的白话文学比之于公安派，将废名的创作比之于竟陵派，指出"公安派的流丽遂亦不得不继以竟陵派的奇僻……公安与竟陵同是反拟古的文学，形似相反而实相成"，要做到"融和二者"才能"成更为完美的文章"③。按照这个思路，废名的文章就不单纯只是追求所谓个人风格与文体实验，而是新文学发展之必然趋势。这条路"虽然寂寞一点，却是最确实的走法"④，周作人、俞平伯、卞之琳及其创作都证明着现代文学中有竟陵一派，废名是吾道不孤。

周作人看重废名的"晦涩"其实还有更深层的考虑。在《中国新文学的源流》中，周作人将中国的文学分为"载道"与"言志"两条线索，其实背后真正划分"载道"与"言志"的是"集团"与"个人"。在《〈冰雪小品选〉序》中，周作人这样解释"集团"艺术与"个人"艺术的区别："我想古今文艺的变迁曾有两个大时期，一是集团的，一是个人的……在未脱离集团的精神之时代，硬想要打破它的传统，又不能建立个性，其结果往往青黄不接，呈出丑态，固然不好……但如颠倒过来叫个人的艺术复归于集团的，也不是很对的事。"他又说："集团的美术之根据最初在于民族性的嗜好，随后变为师门的传授，遂由硬化而生停滞，其价值几乎只存在技术一点上了。文学则更为不幸，授业的师傅让位于护法的君师，于是集团的'文以载道'与个人的'诗言志'两种口号成了敌对，在文学进了后期以后，这新旧势力还永远相搏，酿成了过去的许多五花八门的文学运动。"

显然，当新文学由"异端"成为"主流"，当文学进化论由"奇闻"成为"常识"，当"清浅明白"、师法西方成为新的潮流与时髦，废名带有某种循环、宿命色彩的"种子说"、化旧为新的"古典"趣味与手法，都实践了周作人所推崇的"诗言志"传统，而废名与周作人共同反对的敌人则是陈陈相因的新式"八股"。从这个意义上说，当周作人将废名看成现代"竟陵"一派时，正是抓住其风格的"晦涩"，为新文学克服自身

---

① 刘西渭（李健吾）：《咀华集 咀华二集》，人民文学出版社2007年版，第111页。
② 王风编：《废名集》，北京大学出版社2009年版，第3410—3411页。
③ 王风编：《废名集》，北京大学出版社2009年版，第3410—3411页。
④ 王风编：《废名集》，北京大学出版社2009年版，第3405页。

惰性提供思路，也在呼唤新文学内部不断更新的驱动力。乍一看，"晦涩"的现代"竟陵派"与新文学的具体主张南辕北辙，但根骨里，崇尚创新、个性的特色恰恰在"新文学"固化成为新"公式主义"的危机中，从本质上维护了新文学的生机和活力，这何尝不是貌似相反实则相成的策略？

废名从颇有佛教色彩的"种子论"出发，形成有别于"五四"进化论的"相反相成"理论底色。在此基础上，废名努力尝试"化旧为新"、"点石成金"，用创作实践让传统的"古旧"色彩焕发出具有创新生命力的"新生"。废名个性化文学实践带来的，不仅是个人风格的确立，也在某种程度上驱动早期白话文学向纵深发展。表面上看起来，废名从文学观念到作品风格都是新文学中的另类，但深入分析观察，看起来与新文学背道相驰的思路其实恰恰是对新文学最好的补充与发展，这"少数人的星光"恰恰是新文学保持个性与生命力不可或缺的部分。废名说："与古为徒，大概也算得人生一乐，至少接触时髦是怪容易令人有一个'不好玩'。"所以他格外欣赏俞平伯，说他"那样的旧而又这样的新"①。识人如此，对待文学也是如此：

> 新文学的质地起初是由外国文学开发的，后来又转为"文艺复兴"，即是由个性的发展而自觉到传统的自由，于是发现中国文学史上的事情都要重新固定价值了，而这次的新文学乃又得了历史上中国文艺的声援，而且把古今新的文学一条路沟通了，远至周秦，近迄现代……②

所以废名一看到杨振声引了"周虽旧邦，其命维新"作题辞，立刻"振作了起来"，觉得"要来响应这个号召"③。与鲁迅、胡适、钱玄同、陈独秀等"五四"新文化前驱者相比，废名貌似"古旧"，但他所有的思考与实践都在努力从最"古"的文学与文化中，发出最"新"、也最有生命力的根苗，他有多么古典，就有多么新鲜，且这种新鲜发源于民族传统的深厚土壤，某种程度上，代表着"五四"新文学的深入与成熟。

（作者单位：西南大学文学院）

---

① 王风编：《废名集》，北京大学出版社2009年版，第1264页。
② 王风编：《废名集》，北京大学出版社2009年版，第1688页。
③ 王风编：《废名集》，北京大学出版社2009年版，第1420页。

民国文学研究

创伤记忆与抗争性书写[①]
——沈从文都市题材创作心理论

魏 巍

以作家们的言说为绝对之是，这已成为当前学界的普遍现象。于是，研究谁就一心一意地维护谁成为普遍常识。在这种理念下，各个作家的研究者，因为对作家的喜爱而人为地遮蔽了作家自身存在的问题，力求让被研究者尽善尽美，这种现象已经严重制约了作家研究。沈从文研究亦然，在众多的传记以及研究专著中，力求拔高沈从文的"湘西世界"而贬抑"都市社会"的论调甚嚣尘上。两个世界的划分，把沈从文的创作割裂开来，如果不是为了佐证湘西世界的美好存在，都市社会似乎就没有任何存在的价值。这样的论调是否符合沈从文创作的实际，需要我们打通这两个世界人为构筑的藩篱，把湘西世界与都市社会当作沈从文创作的一个总体成果来进行研究，否则，就很难说对他的创作有一个清楚的认识。

一、作为统一的沈从文的文学世界

一直以来，沈从文的都市文化书写都被文学史有意或者无意地忽略，甚至认为这样的创作并没有独立意义。钱理群等人在《中国现代文学三十年》中写道："沈从文仿佛有两套笔墨，能描绘出两种截然不同的现实。当他以乡下人的眼光，掉转过来观察商业化都市的时候，便不禁露出讽刺的尖刺来。描写都市人生的小说，实际上对于沈从文并

[①] 本文系重庆市人文社会科学重点研究基地项目"汉文化视野下的少数民族文学研究"（18SKB041）、中央高校基本科研业务专项资金资助项目"中国新诗文体形式、传播接受及史料整理研究"（SWU1709105）的研究成果。

没有完全独立的意义。"但是另一方面，他们又认为"1935年发表的《八骏图》可说是这一类小说的力作……作者在此篇提出的都市'阉寺性'问题，是他对中国文化批判的最有力的一点"①。这种矛盾的叙述似乎表明，这部文学史的作者们在试图努力塑造一个统一的沈从文形象的同时，又深感无奈。他们所中意的还是沈从文的"湘西世界"。但是，诸如《八骏图》这样的小说其实已经体现出了很高的文学价值与社会意义，成为文学史绕不开的话题，所以只能以百分比的方式，把沈从文的都市文化书写归结为没有独立意义。相似的论述也表现在夏志清的《中国现代小说史》中。夏志清认为，"在沈从文描写现代都市生活的小说中，讽刺性越明显，越不成功"②。从纯文学的立场来看的话，这样的论述不是完全没有道理，但是，如果从小说史与一个作家的整体创作来看，对沈从文都市文化书写的忽略显然是有待商榷的。而苏雪林的《中国二三十年代作家》（台湾纯文学出版社有限公司1983年版）中，则在"文体作家"的框架下对沈从文的都市文化书写毫无提及。这使得沈从文这个消失于文坛多年后的"出土文物"尽管在文学史上获得了本应获得的地位，但同时也遮蔽了沈从文创作的丰富性。

  一方面，如钱理群与夏志清等人所著的文学史那样有限度地承认了沈从文都市文化书写的意义，另一方面，又认为这种书写没有独立意义。这种现实，与其说是沈从文在文学史中面临的尴尬，毋宁说是文学史自身的尴尬。这种尴尬一直延续至今，最好的情形是，把沈从文的都市文化书写作为湘西世界的参照物，诸如朱栋霖等人主编的《中国现代文学史》就认为，"'乡下人'的目光既在一定程度上决定了沈从文小说的题材取向，也使其小说的两类题材在对立互参的总体格局中获得了表现。它们相互对比、相互发明，前者使后者'具有了理想化的形态'，而后者则使前者'真正呈现出病态'"③。这种湘西世界与都市文化互证的说法有时候还会呈现出另外一种言说方式——"沈从文的小说描写了两个世界：乡村世界和都市世界。通过两个世界的对比，对都市文化进行批判，是作者的创作动机"④。

  无论是以湘西世界的人性美、人情美来证实都市文化的堕落与衰颓，还是以都市文化的堕落与衰颓来反观湘西世界的人性美、人情美，都有可能落入双手互搏式的公说公有理、婆说婆有理的循环中，到最后可能谁也说服不了谁。建构一个统一的作家形象，并使得这个作家形象简单、明了，这似乎是史学家们孜孜以求的事业。然而作家们总是

---

① 钱理群、温儒敏、吴福辉：《中国现代文学三十年》（修订本），北京大学出版社1998年版，第217页。
② 夏志清：《中国现代小说史》，刘绍铭等译，香港中文大学出版社2001年版，第175页。
③ 朱栋霖、丁帆、朱晓进：《中国现代文学史》（上册），高等教育出版社2012年版，第204页。
④ 韩立群：《沈从文论——中国现代文化的反思》，天津人民出版社1994年版，第157页。

不如人所愿，因为他们自身的生活经历与感受就存在着丰富性与复杂性，因而其创作动机也就可能千差万别。简单地把沈从文都市文化创作建立在互证式的批判上，可能是相当草率的。

这种草率也表现在把沈从文的都市题材创作归结为反抗自卑的表现。王晓明的《"乡下人"的文体和"城里人"的理想——论沈从文的小说创作》(《文学评论》1988年第3期)、孔庆东的《试论沈从文的自卑情结》(《中国现代文学研究丛刊》1989年第1期)，都把沈从文的书写定义为反抗自卑的表现。笔者在之前的《抵制记忆与遗忘书写——沈从文创作心理论》(《文学评论》2014年第3期)中，也承认他的书写是一种从"反抗自卑到文学自觉"的表现，并分析了沈从文美化湘西世界的创作心理，却没有顾及沈从文创作的连续性与丰富性，对他的都市文化书写以及为何会出现这种湘西世界与都市文化书写分野的创作心理没有做出阐释。这对沈从文研究来说，其实是执其一端而不顾其余的。

应该承认，沈从文的创作确实有其反抗自卑的一面，但是这种自卑源自何处？它又是如何影响沈从文的创作的？与沈从文的都市文化和湘西世界的书写分野有什么内在联系？这些不仅仅只是一个文学事实，更是一种文学创作现象。如果我们不能透过这种文学现象来观照沈从文的创作，也就不能看到沈从文创作的复杂性与统一性（这里所谓的统一性，是指把沈从文的湘西世界与都市文化书写看作是同一个人的书写，不是把他的都市文化书写当作阑尾一样可有可无），而只能含糊其辞。

沈从文的都市文化书写对于文学研究者来说，可能因为个人的好恶而可有可无，但是对于沈从文自己来说，这绝对不是可有可无的小事。任何一个作家的创作，哪怕是被读者认为最不值一哂的作品，对于作者来说也可能具有相当重要的意义，它们至少是作家心里最真实的感受。正是从这个意义上来说，沈从文的创作应该是统一的，而他关于都市文化的书写也不是可有可无的。在这样一种理念观照之下，尽管我们可以从文学的经典性上去对作家的创作有所取舍，但是，从个体作家的创作上来看，这种简单的取舍就显得相当不明智。文学史可以割裂一个作家的创作，但是文学研究不可以。如果说文学史解决的是哪些作品是经典的，哪些作品是劣质的，但文学理论则应该解决作品怎么写，以及为什么这么写的问题。同时，文学史在选择作品的时候，至少应该给出理由，即为什么要"顾此失彼"的原因。这就又回到了文学理论问题上了。

把沈从文的创作简化为两个世界的对立，诚然是事实，但是，我们还应追问，究竟是什么原因造成了沈从文的这种两个世界的截然分野？难道真的只是为了批判现代都市文化吗？更进一步说，谁是都市文化的代表者？如果都市文化在沈从文那里真的如此不堪，为何他当年会在那么恶劣的环境下仍然要留在都市？而不是回到他笔下那如诗如梦一般的湘西世界？

二、创伤心理与抗争书写

应该说，沈从文对都市文化本身的反感并没有如我们当前学界所认识的那样严重，甚至可以说，他是满怀激情进入都市的。按照沈从文的回忆，他当年是怀揣着读书的理想进入北京的。当他的亲戚田真逸问他来北京做什么的时候，沈从文的回答是："我来寻找理想，读点书。"① 然而，沈从文的这个理想却在现实面前碰得头破血流。在沈从文的回忆性演讲中，他提到了两件当年的旧事，一件是考燕京大学，一件是孙伏园弃稿。"我后来考燕大二年制国文班学生，一问三不知，得个零分，连两元报名费也退还。三年后，燕大却想聘我作教师，我倒不便答应了。"尽管他接着说"不能入学或约我教书，我都觉得事情平常，不足为奇"②，但事实是，事情可能远不是沈从文自己所说的那么简单。在这种"不足为奇"的事后认知中，当年可能正带给了沈从文挥之不去且念兹在兹的心理创伤。

沈从文在觉得进入大学成为一名大学生无望之前，已经想过进入清华大学，只是清华的"入学办法"，"并未公开招考，一切全靠熟人"③。之后想去中法大学，却又因交不起膳宿费用而望洋兴叹。应该说，未能顺利成为一名大学生，对沈从文的打击是相当大的，甚至已经到了触及他自尊心的程度。因此才有"三年后，燕大却想聘我作教师，我倒不便答应了"的叙述。这种不便，并非别的原因，恰恰来源于他对自己不是一个大学生，且当年考燕大时得了零分，还被退还了报名费而受伤的自尊心。

如果沈从文的回忆性演讲中所提到的时间上是准确的（这也是众多《沈从文传》所承认的事实），那么，1923 年沈从文燕大考试失败的三年后，无论从物质上还是精神上，他都没有得到一个相对宽松的环境。在这三年中，沈从文其实仍然为生活所困。在 1924 年发表的《公寓中》，1924、1925 年发表的《遥夜》以及 1925 年发表的诗歌、散文中，那种极度压抑的生活描写比比皆是。尽管 1925 年 8 月，经由林宰平、梁启超等人的帮助进入熊希龄创办的香山慈幼院任图书管理员，但是，他的生活、他的精神并没有得到多大改善。从他的《第二个狒狒》、《用 A 字记下的事》、《棉鞋》等小说中可以看到，这种

---

① 沈从文：《从现实学习》，《沈从文全集》（第 13 卷），北岳文艺出版社 2002 年版，第 374 页。
② 沈从文：《二十年代的中国文学》，《沈从文全集》（第 12 卷），北岳文艺出版社 2002 年版，第 380 页。
③ 沈从文：《二十年代的中国文学》，《沈从文全集》（第 12 卷），北岳文艺出版社 2009 年版，第 378 页。

精神的极度压抑感并没有因此减弱。事实上，直到1926年，沈从文仍然还在感受着"狒狒的悲哀"（《狒狒的悲哀》），所不同的是，他已经开始意识到自己写作的精神资源——湘西。但这并不意味着沈从文就从此过上了安稳的日子，迟至1926年10月11日创作的《此后的我》中，他还在为身体不好不能去做土匪而惆怅，而在此之前的《致唯刚先生》（1925年5月12日《晨报副刊》），以及1926年8月2日发表在《晨报副刊》上的《〈第二个狒狒〉引》中，同样也在为是否继续回到部队而犹豫不决。在这样的生活环境下，如果能够变换工作环境，去燕大教书，自然是一个千载难逢的好机会。既可以摆脱居无定所的漂泊感，又不用再过着寄人篱下的生活，对一个时刻感受到"狒狒的悲哀"的人来说，要拒绝这样一份工作，确实不能简单地以"不便答应"来作为他做出决定的理由。唯一的理由，可能正如金介甫所说，"沈感到太丢面子，没有去成"①。

也正是在顾颉刚等人想让他进入燕大教书的1926年，沈从文写下了《重君》这样一个以毕业大学生为主人公的小说。小说中的重君，从大学毕业后做着各种美梦，醒来却照样要面对愁苦的生活。这是否给了沈从文某种心理安慰？既然成为一名大学生并不会让自己的生活变得更好，一纸文凭也改变不了和自己一样的愁苦命运，那么，是否成为一名大学生就不再是一件多么令人羞耻的事情了。从某种意义上说，《重君》的这种书写方式为沈从文立足都市注入了一针强心剂，至少也达到了某种"自欺"的目的：进入大学成为一名大学生，毕业后的处境尚且如此，那么，从谋生的功利角度来讲，三年前的入学考试所得的零分也就不再是一件丢人的事情。然而，谋生之道是一回事，是否以一个零分老师的形象站到大学讲台上去又是另一回事。

沈从文的这篇小说显然是主观想象的结果。很可能，沈从文这样的感受更多的来自于他的姐夫田真逸的谈话："北京城目下就有一万大学生，毕业后无事可做，愁眉苦脸不知何以为计。大学教授薪水十折一，只三十六块钱一月，还是打拱作揖联合罢教软硬并用争来的。大小书呆子不是读死书就是读书死，哪有你在乡下作老总有出息！"② 但无论当时的大学毕业生事实情况如何，这样的心理描写事实上承接了沈从文初到北京时候的感受。这与之前在《公寓中》、《月下》、《小草与浮萍》、《到北海去》、《遥夜》、《一天》等文中的感受是一脉相承的。尤其是梦中对女性的渴望，完全可以当作《公寓中》那种对女性梦寐以求的渴望的复制性书写。所不同的是，《重君》拉长了那种渴望，也深化了自己的渴望。更何况，就算是以事实为依据，这样的描写显然也只是极少数的个案。这使得我们有理由认为，《重君》这样的小说在某种程度上具有修复他未能成为一名大

---

① 金介甫：《沈从文传》，符家钦译，湖南文艺出版社1992年版，第62页。
② 沈从文：《从现实学习》，《沈从文全集》（第13卷），北岳文艺出版社2002年版，第374页。

学生的心理创伤的功能。

在沈从文的内心世界中，其实一直为自己不能成为一个大学生而耿耿于怀。当唯刚（林宰平）以《大学与学生》来对沈从文的《遥夜（五）》做出回应的时候，沈从文说："可惜为并不是个大（中也不）学生……我虽不是学生，但当先生说'听说是个学生'时，却很自慰。想我虽不曾踹过中学大门，分不清洋鬼子字母究竟是有几多（只敢说大概多少个吧），如今居然便有人以为我是大学生；既有人以为我是大学生，则果有能力返到旧游地时，便很可扛着大学名义搏去，不必再设法披什么灰衣上身了。"好在"写文章不是读书人专利"①，这使得沈从文尽管以未能进入大学成为一名大学生为憾，但也不再醉心于此。作为知识技能的大学生涯被沈从文置换成了通过学习之后谋求生活的一种手段，在这种情况下，是否拥有大学学历就不再是人生的必要经历，抱着想要寻找理想、读点书的目的来到北京城的沈从文也就此可以放下考试得到零分的耻辱感。可以说，此前姐夫田真逸的谈话以及现在被大学教授当作大学生的经历，在某种程度上把沈从文从未能进入大学学习的自卑情绪中解救了出来。但同时，在沈从文的潜意识中，已经把"写作的专利"与"读书人"（即受过专门教育的知识分子）对立了起来。这种对立所带给沈从文的影响，在他之后的创作中越来越明显地表露了出来。

对于沈从文有关都市文化书写的研究来说，《重君》这篇小说是应该受到重视的。如果说他的《槐化镇》开启了沈从文的湘西书写的闸门，让他找到了自己写作的精神资源的话，那么现在，《重君》则打开了沈从文审视知识与学历的阀门。

三、抵制创伤记忆下的"读书人"

当萧选青让沈岳焕表字崇文的时候，沈岳焕当时可能并没有意识到这个表字对他未来人生的意义。及至当他到达北京，在小客店的旅客簿上写下"沈从文　年二十岁　学生　湖南凤凰县人"②的时候，他才把自己的名字确切地与自己未来的出路联系在一起。从文，即意味着要先做一名大学生，这是沈从文当年最为原初的想法。然而，迟至1926年5月6日发表《还愿——拟楚辞之一》的时候，我们还能看到，这个最开始一心想要脱离军籍进入大学校门的湘西人，还在用着"小兵"的笔名来发表文章。沈从文第一篇以小兵署名的文章是1925年10月24日在《晨报副刊》上发表的《扪虱》。这时候，是在林宰平发表《大学与学生》五个多月之后。从时间上来看，沈从文此时不仅不再把当

---

① 沈从文：《致唯刚先生》，《沈从文全集》（第11卷），北岳文艺出版社2002年版，第39页。
② 沈从文：《一个转机》，《沈从文全集》（第13卷），北岳文艺出版社2002年版，第365页。

兵与学生两种身份对立起来，反而已经开始慢慢地接受自己的军人出身，把两者放到一个平等的位置上了。

认同自己的军人出身，不仅为沈从文之后不断回到湘西世界，书写自己的从军经历以及湘西的风土人情打下了感情基础，同时也把自己彻底地与接受专业教育的学生知识分子对立了起来。这远不只是为了建立一种精神上的共同体，而是为了把自己与大学生，与经受过专业训练的知识分子划开界限。这样做的原因并非因为那些人曾经伤害过他，而仅仅只是出于一种酸葡萄心理。尤其是当他在回忆起姐夫田真逸与他的谈话，以及林宰平在《大学与学生》中提到的大学生问题，沈从文都能非常坦然地面对自己曾经孜孜以求的学生身份问题。更为关键的问题是，当他发现，作为大学教授的林宰平误把自己与大学生放在一起的时候，小兵和学生之间的鸿沟一下子就消失得荡然无存了：原来自己这个小兵并不比大学生差多少，甚至还有超越当前大学生的地方。尤其是当所有问题最终落实到生存这个根本性问题上的时候，学历以及由此产生的职业区别，就不再成为一个不平等感受的根源，这使得沈从文迅速找回了失落的自信。

认同于自己的小兵身份，同时又自我感觉超越了大学生群体，进而扩展至整个接受过专业训练的知识群体，使得沈从文既认同自己曾经的军人身份，又以超然事外的态度来书写自己的从军经历；既置身于知识界，又以不是知识分子同时又超越于知识界的态度来批判自己曾经崇敬的群体。

心理创伤一旦被修复，知识群体便被拉下神坛。如果说《重君》中沈从文笔墨的重点在于大学毕业生的生存处境，恋爱只是生存处境中的一大难题而已，那么，慢慢地，男女学生们就整天只为爱与欲发愁了，《蜜柑》中的三角恋为大学生活中的无聊奠定了基调，同时也为日后的《八骏图》展开对教授群体的围攻打下了基础。在沈从文看来，大学生进入大学并非为了学习科学文化知识，男子为了升官发财，女子为了能够学习恋爱之后嫁个好人家。"在此我们知道一个中学生所想的是什么事，毕业，升到大学去；男子入四维大学，女子入闺范大学；男子学政治经济好做官，女子学跳舞好美，这是自然的，正当的。但是还有一个正当的想头是什么？是恋爱。"① 沈从文对大学生的批评最为用力的是关于他们的恋爱，而对恋爱的批评中，他又集中于描写男子们的心痒难熬而在行动上又畏畏缩缩，只能靠《爱的法宝》来作为他们如何尝试去爱的行动指南。

对大学生的不满必然导致对学校以及大学教授们的不满，这似乎是绑在一块的蚂蚱一样顺理成章的事情。沈从文为大学取的校名显露了他对大学教育的不齿。所谓四维大

---

① 沈从文：《乾生的爱》，《沈从文全集》（第1卷），北岳文艺出版社2002年版，第206–207页。

学,最直接的出处就是《管子·牧民》:"国有四维,一维绝则倾,二维绝则危,三维绝则覆,四维绝则灭。倾可正也,危可安也,覆可起也,灭不可复错也。何谓四维,一曰礼,二曰义,三曰廉,四曰耻。"① 以礼义廉耻来培养大学生当然没有问题,问题是,当这些学校的学生表现出无礼无义无廉无耻的时候,这个大学的存在本身就陷入了万劫不复的深渊;而"女子闺范大学"的存在,则完全成为新时代的旧事物。如果我们再把他命名的"培满"中学联系起来,这些大学的存在就显得更有意思了。所谓"培满",在沈从文看来,不过是培养封建帝制时代的人物罢了。难怪沈从文会说,"培满这类学校原就专为造就让人爱的年青女子!"② 而所谓的艺术学校,"这真可以说是糟蹋时间同金钱的一件事……成天在钢琴边弹奏顶粗俗的曲子,就觉得这真不但是糟蹋了自己,也同时糟蹋别人的空间了"③。

有谁能够想到,多年之后,蒋介石会以"礼义廉耻,国之四维"来提倡"新生活运动"?前后对照,无异于一个笑话。然而,沈从文的初衷并不在于完全以这种对青年学生的嘲讽来表达自己曾经的羞耻,也并非完全以此来表达自己这个未能进入大学校门的文学青年获得了与学生们相等地位后的精神胜利,而是实实在在落实到了自己的情感体验上。事实上,沈从文对女子的看法,与其说是来自他对学生的观察,毋宁说来自于他自己的感悟。对原本就多情的沈从文来说,情欲得不到满足,与生存得不到满足一样痛苦。自从经历了沅州的"女难"来到北京之后,他对女性的呼唤更是跃然于纸上。一旦独处,那种渴望就会诉诸笔墨,到最后发展成为手淫。他在1928年7月13日的日记中写道:"一事无作只是心中涌着一些东西。说是十天把生活的方向转动,如今是怎样的尽了力?在这十天中,只是躺在床上流汗把日子度过的了。其间作了两次坏事,是白天。人却似乎不怎样疲乏?可是更坏的是莫名其妙竟对于房东女儿动了心。"④

性欲问题已经变得与生存问题一样重要,是否有爱并不重要。情欲的冲击,显然已经使得沈从文到了近乎忘我的程度,但是,不能得到满足的现实又使得他加倍地表现出对女人的不满,进而至于对整个接受着教育的知识群体的不满。这两者在沈从文的笔下得到了极富张力的表现。对沈从文来说,都市女性、知识分子与都市社会具有某种同构性,他们是一而二,二而三的关系,这使得他在面对都市社会的时候,总是对这三者进行捆绑式批判。到了《八骏图》、《有学问的人》之后,沈从文对知识群体的批判节节升

---

① 《管子·牧民》,李山译注,中华书局2009年版,第4页。
② 沈从文:《看爱人去》,《沈从文全集》(第1卷),北岳文艺出版社2002年版,第219页。
③ 沈从文:《善钟里的生活》,《沈从文全集》(第3卷),北岳文艺出版社2002年版,第442页。
④ 沈从文:《不死日记》,《沈从文全集》(第3卷),北岳文艺出版社2002年版,第409页。

高，开始通过自己的想象并超越于自己的内心体验来建构他所面对的群体，成了类乎庄生梦蝶的精神写作：他已经开始活在想象的世界里了。这些"有学问的人"们各各以其虚伪的道德感来应对自己的性本能，知识精英们在面对欲望的时候，只能"阉鸡"似地进行精神意淫，每个人都有着一种"近于被阉割过的寺宦观念"①。

把自己的性欲问题与大学知识群体联系起来，并由此而把自己的性欲问题不断投射到知识分子群体身上，这其实和沈从文当年的处境是密切相关的。还有什么场所比大学里的女学生更为集中呢？而当这种集中了众多女性的场所并非自己所能跻身其中的时候，对大学中男性知识分子的嘲讽也就在所难免。

沈从文并不是一个内省的作家，他的创作与陀思妥耶夫斯基这样的哲理性作家有很大的不同，他是靠激情和人生经验来写作的。这使得他的文学创作更多地指向自己的内心世界。除开人生经验，他很难在文学上有更深更宽的开拓。但他同时也深深地知道，仅仅只是一己的体验，很难获得读者大众的认可，于是，他必须自圆其说，希望能够把自己的人生经验放大成所有读者的社会经验，并以此来掩盖自己精神上和肉体上的反应表现在写作中的局限。越到后来，他便越是渴望从这种人生局限中提炼出社会性的普遍意义。"从'五四'到如今，廿年来由于这个工具的误用与滥用，在士大夫新陈代谢情形中，进步和退化现象，都明明白白看得出。其属于精神堕落处，正由于工具误用，在受过高等教育的公务员中，就不知不觉培养成一种阉宦似的阴性人格，以阿谀做政术，相互竞争。这相互竞争的结果，在个人功名事业为上升，在整个民族向上发展即受阻碍。同时在专家或教育界知识分子中，则造成一种麻木风气。"②

沈从文从来没有认为批判了这个世界，也就是批判了他自己。因为他不是一个经受过专业训练的知识分子，但他同时又以写作而跻身于这一群体，使得他变成了一个既是，同时又不是的"跳出三界外，不在五行中"的独立个体，这个个体便是他批判知识群体的力量源泉。他所渴望的"再造文明"，因为受到自身的学识修养的束缚，其实也就成了无本之木。沈从文选中的"精神文明"绝非一般意义上的文化知识，相反，他对知识阶层的抨击让人觉得毫不留情，知识分子在他笔下不再是"五四"新文化运动以来所展现在现代文化史上的精英形象，而是一群形象猥琐、"雄身而雌声"的"阉宦"③。他甚至把当前国家的混乱局面也归结到知识分子头上，"从五四起并不是国民党来提纲挈领，完全是一二十个大小书呆子各凭所见所信，形成的一种重造憧憬，就眼目所及一些书籍

---

① 沈从文：《八骏图·题记》，《沈从文全集》（第8卷），北岳文艺出版社2002年版，第195页。
② 沈从文：《长庚》，《沈从文全集》（第9卷），北岳文艺出版社2002年版，第39页。
③ 沈从文：《长庚》，《沈从文全集》（第12卷），北岳文艺出版社2002年版，第36页。

和国际流行出版物,参考学习,铺敷个人的信念。而且一切进行,如谈解放中的'非孝','非孔',动机与基础,又差不多都建立在一个天真稚气直觉情感上,正等于从一片新开垦或竟仅仅自由圈定的黑土上,毫无计量随意将'否认过去和当前'的种子撒去。年青人的纯洁脑子,正唯其像东北黑土,凡是撒下去的种子都无不在阳光雨露交替中向上生长。因之到了一个相当时期,就见出野草怒生的情形"①。然而,如何重造文明?这对沈从文来说,却是浮现于理想之外的遥远星辰。

四、都市文化对湘西世界的启示

在既往的研究中,无论是文学史还是其他的各色研究,都把沈从文的作品理解为"湘西世界"与"都市文化"的对立式书写,这给我们造成了一种错觉,即:沈从文似乎只是为了在都市中获得某种批判都市文化的能力,才一直坚定地立足于都市的。但问题的另一面是,学界同时又注意到了沈从文在都市社会所遭受的心理创伤,并把这种创伤理解为他有关于都市文化小说创作的动力,即:为了反抗自卑,沈从文才开始了他的都市题材书写。我们必须把沈从文潜意识的自卑与文本表达出来的自傲区分开来,尽管这两者如硬币式的一体两面,而正是因为这两者的完美结合,才有"湘西世界"与都市文化书写的分野。沈从文的自尊心并没有我们后来的研究者所强调的那么强烈,他其实一直在为如何生存,如何更好地生存,如何保存自己而挣扎,而奋斗,却从来无心为自己的那点自尊而内省过。无论是先拒绝燕大的教职,后来又主动写信给胡适谋求教职,还是他的不断写作,挣钱养家糊口,还是1948年遭到郭沫若等人的批判而割腕自杀,他都在为这个最基本的目的而奋斗。

我们必须把沈从文后来的自杀未遂看作他生命历程中的一环,把他的写作当作他生命情感与行为处事的一种表现,否则就很难理解这个人的一生。显然,沈从文的自杀行为并不在于一种意识到自己落伍后表现出来的"自绝于人民",更非对之前创作的反省,而仅仅只是迫于形势造成的精神压力。自杀行为的动机之所以重要,就在于它清楚地告诉我们,如何争取活下去,自始至终都是沈从文最为看重的问题。他的自杀行为并不具备多少形而上的意义,之所以想死,完全是因为想要活下去。

王晓明认为,"只有服膺于一套足以与城市的价值标准相匹敌的另一种标准,他才能毫无怯意地走进城市;也只有确信自己在某一方面比那些绅士高出一头,他才能安心地

---

① 沈从文:《芸庐纪事》,《沈从文全集》(第10卷),北岳文艺出版社2002年版,第242-243页。

与他们坐在一起。而从他当时的意识范围来看，恐怕唯有对家乡的记忆才能向他提供这样的精神支柱，只有从湘西的风土人情当中，他才能提取出与都市生活风尚截然不同的道德范畴；他那渲染牧歌情致的热情，主要正是源发于这样的隐秘心理"①。这样的论断首先是把沈从文与城市知识分子对立起来，进而把"湘西世界"与都市文化对立起来。从逻辑推理上来说，这样的论断没有一点问题。可问题是，在现实生活中，沈从文并没有把自己与那些城市知识分子对立起来过。要知道，在沈从文走投无路的时候，他写信求助的正是在北大教书的郁达夫。而在之后的日子里，林宰平、徐志摩、顾颉刚等人更是或多或少给了沈从文帮助。到了1928年，沈从文还写信给胡适，希望能够到中国公学去教书。从诸如此类的事情中我们可以看出，把沈从文的都市题材书写看作是反抗知识分子的精神压迫，显然是违背常理的；从沈从文对他们的感情来看，也显然是不符合实际的。他对城市与湘西的两重书写，其实也只是因为，他在城市里没有得到满足的欲望，必须在心里找到平衡，所以才有湘西的人性，才有湘西男女的粗犷。事实上，应该把沈从文面对都市时候的心态理解为既想融入，而又有所抗拒。

然而，就算如此，当我们面对"湘西世界"与"都市世界"的时候，这种二分法也呈现出严重的人为偏见："湘西世界"真的如学界所标榜的那么美好吗？这需要我们比照这两者的"真实"情况来认真分析。我这里所说的真实，不是指社会现实，而是指沈从文文学文本中的"真实"。沟通这两个"真实"的桥梁是沈从文对女性的态度。

在《不死日记》中，沈从文写道："女人是瓶子，是罐子，凡在其底贴上了字条，写着'为我所有'字样，便有了这女人了。一些人，是不问这瓶罐愿意与否，设法将这东西底子翻露，勉强贴上这一类字条，而使女人承认她自己属于某某的。能干人则虽明知这瓶底业已有别人贴过字条，却将那新字条贴到那字条上去，终于把这女人又引归自己有的。要这些瓶瓶罐罐作主，说谁是它主人，这无从办到。瓶罐的口与心是为容受水或烧酒白糖用的，女人的心则只为容受男子爱情而有；女人的口那不过是最适宜于擦得绯红，接吻一样东西罢了。"② 学界一直坚持认为沈从文对都市文化的批判，就是对都市知识分子"侍宦"、"阉寺"人格的批判。这显然是毫无保留地接受了沈从文自己言说后的结论。但问题是，沈从文自己那么认为，我们是否就应该必然那么接受？再则，沈从文对都市人生的认定在多大程度上分享了他自己的切身经历与感受？最后，当沈从文在《都市一妇人》、《绅士的太太》等小说中开启他对都市女性生活方式的批判的时候，又在多大程度上分享了沈从文自己的观点？前面两个问题我在前文已经谈到，现在我要专

---

① 王晓明：《"乡下人"的文体和城里人的理想——论沈从文的小说创作》，《文学评论》1988年第3期。

② 沈从文：《不死日记》，《沈从文全集》（第3卷），北岳文艺出版社2002年版，第405页。

门就女性问题来讨论沈从文的"湘西世界"与"都市世界"两者间的区别。

把女人器物化，作为一个不具备理性、任由男子霸占的物体，这一方面自然反映出了沈从文在都市世界里情欲未能得到满足而因爱生恨的心理状态，但同时也暴露了沈从文对待女性的观念：除了满足男人的欲求之外，女人近乎一无是处。如果说我们把沈从文对知识群体的评价认为是理所当然的，那么，我们又应该如何来评价沈从文这种女性观念？然而很遗憾，学界似乎对沈从文的女性观一点也不关心。如果这不是来自一种与沈从文类同的男权观念，那么，我们又有什么理由对沈从文的这种女性观念视而不见呢？

沈从文的这种女性观念并非仅仅只是针对都市社会，事实上，在学界一味认同的"湘西世界"里，同样暴露无遗。《雨后》中，不识字的四狗"进入"有文化的女性身体的故事，在某种程度上正好承担起了沈从文浇胸中块垒的载体。如果我们结合沈从文在《不死日记》中对女性的感受，那么，《雨后》这个小说文本可以说是一个具有强烈隐喻性的文本。"四狗"这个名字不仅意味着他是一个"乡下人"，与知识女性的野合同时也象征着他对知识群体精神上的主导地位。因此，这个女性也就不只是一个性别，而是同时承载了女人与知识的复合体。于是，正如小说中的女主人公自己所说，"女人敢惹男子吗？"① 这个进入女性身体完成野合的"乡下人"，不仅在两性关系中占据了主导地位，同时也犹如一根打入文化阶层的楔子，以性的方式把知识群体牢牢地钉在自己的身体下面。

在"湘西世界"，这种连女性都意识到的赤裸裸的男权主义并非孤例。沈从文的书写证明：湘西世界并非所有人的王道乐土，它只是男人的天堂。女人的快乐是建立在男人快乐的基础上的。萧萧被花狗引诱怀孕后，花狗逃走了，只留下萧萧一个人面对自己未知的命运；如果萧萧生下的孩子不是男孩而是一个女孩，那么，等待这个女人的命运将是何其悲惨！而萧萧之所以能够逃脱被批判的命运，与"都市一妇人"划开界限，恰恰得益于她与小丈夫的无性生活。这种无性生活，在沈从文看来当然是一种对人性的压抑，而湘西的人性，很大程度上正建立在这种性欲的满足之上。这成为一面都市知识群体"阉鸡"性格的镜子。湘西男人的快乐，以及为学界津津乐道的那点优美人性，正是因为有着"戴水獭皮帽子的朋友"，"当他二十五岁左右时，大约就有过一百个女人净白的胸膛被他亲近过"②。而堪称支撑了沈从文湘西理想的《边城》中，翠翠这个"天真活泼"的"小兽物"，却成为大佬与二佬的赌注。当他们在并没有征得翠翠同意的情况下，决定以唱山歌（二佬以大佬和二佬自己的身份轮流给翠翠唱山歌）的形式来争取翠

---

① 沈从文：《雨后》，《沈从文全集》（第3卷），北岳文艺出版社2002年版，第275页。
② 沈从文：《一个戴水獭皮帽子的朋友》，《沈从文全集》（第11卷），北岳文艺出版社2002年版，第223页。

翠回应的时候,如果翠翠不小心把代表了大佬身份的歌声当作二佬,二佬就得退出这场爱情争夺。二佬在让渡自己爱情的权利的同时,也得让渡翠翠的爱情。在这个过程中,翠翠不过是一件可以转让的物品。两个自以为是爱着翠翠的男人,却从来没有考虑过翠翠自己的想法。更有甚者,是《三个男子和一个女人》中那种对死者极不尊重的"恋尸"行为,不仅没有受到鞭挞,反而被学术界认为是"人性"的展现,"这种结合表面看似肮脏、猥亵、违反人性的,但在事实上却是对扭曲自然人性的社会制度所规定的人物命运的真正超越,是爱与美在畸形状态下的实现"①。从女性的立场来看,"湘西世界"显然是沈从文在都市社会欲求不满的情况下的产物,它是一个属于男人的湘西。这个世界在精神上弥补了沈从文在都市社会中情欲得不到满足的缺憾。

五、结语

应该说,沈从文的"湘西世界"与"都市世界"并非两个完全对立的世界,这两个世界并非神经分裂症患者的产物,而是具有某种连贯性、一致性;"都市世界"也并非沈从文可有可无的作品,而是承载了他自身欲求不满的创作心理。以知识群体作为批判对象的书写,并不能简单地归结为对"都市文化"的批判,知识群体是代表不了所有的都市文化的,至少,沈从文自己也相当清楚,因为在他寄居北京的时候,本以赚钱为目的的旅店老板就有过承受不了房客长期拖欠房租而关门倒闭的事情。从这一点来看,"人性"这个东西并非为某个区域所独有,更非为某籍人士所独占。而都市社会中的知识群体对于性爱的幻想,原本就与湘西世界那些野性勃勃的男人并没有本质上的区别。所谓的"侍宦"、"阉寺"性格,也并非完全是出于懦弱与无能——要知道,沈从文早期在进入都市生活后,面对女性也不敢表白,而是靠手淫艰难度日——它不过只是因为接受文化教育之后,潜意识中不得不顾及到的礼义廉耻。沈从文对这一现象的不满,其实正折射出他未能进入大学成为一名大学生,接受专业知识训练的深深自卑。

(作者单位:西南大学中国新诗研究所)

---

① 王继志:《沈从文论》,江苏教育出版社1992年版,第226页。

民国文学研究

隐语、译词、方言和俗语
——论晚清诗歌中的白话词汇

谢君兰

语言的最小意义单位是词汇，其如同最基础的建筑材料。当人们利用语言进行思维活动时，首先会在脑海中择取适当的语词对所构思的事情进行"添砖加瓦"，因此人们对词汇的数量与透彻程度的掌握，将影响人们的表现能力与方式。诗歌作为文人襟怀激荡之作，对语言的凝练、情感的充沛与意象的丰富都有较高要求，还能通过反映诗人内心情怀进而反馈社会文化变迁，所以对词汇的揣摩与取舍就显得尤为重要。对于晚清诗歌来说，其作为中国新诗本体结构现代转型的过渡时期，在经历清末至民初时期的酝酿与转化后，逐步吸纳了历史语境中的多重白话资源，包括外语诗歌及其翻译形态，民间歌谣和时调小曲乃至传统古典诗词中趋近日常口语的表述元素。这种碰撞与融合也明显体现在词汇上：我们不仅可以从"新学诗"到"诗界潮音集"里翻捡到隐语与译词，看到重新被赋予特殊新意的传统旧词和新知识激荡下的丰沛译词；也能从《新小说》到《安徽俗话报》里找到各种方言与市井俗语，看到传统民间文学的持续影响——这些都是晚清诗歌中白话词汇的生动体现。

一、隐语与译词：从"新学诗"到"诗界潮音集"

近体诗在经历了漫长的唐宋至元明的辉煌时代之后，逐渐在晚清呈现出无可挽回的颓势。内容的匮乏、形式的僵化使得诗词成为"辞工而情寡"的花瓶，加上诗歌旧的格调与形式始终在文言已经研磨殆尽的意境中打转，而迟迟不能顺利融入日新月异的近代生活，诗人们越发感受到了词不达意的痛苦。他们不甘受到文言的束缚，开始积极探索诗体的解放之路。其中梁启超、谭嗣同、夏曾佑等人倡导的"新学诗",就是从文人诗词内部开始进行诗体变革,并积极融入白话因素的最早尝试。

新学诗主要出现在1896年到1897年之间①,是梁启超、夏曾佑、谭嗣同三人在研讨西方真理、新学问题,同时也回顾传统国粹的过程中所形成的诗作。三人曾形成过有关"新学"的最初定义,即梁启超所言:"我们当时认为,中国自汉以后的学问全要不得的,外来的学问都是好的。既然外国学问都好,却是不懂外国话,不能读外国书,只好拿几部教会的译书当宝贝,再加上些我们主观的理想——似宗教非宗教,似哲学非哲学,似科学非科学,似文学非文学的奇怪而幼稚的理想。我们所标榜的'新学',就是这三种原素混合构成。"② 而传统诗歌作为"旧学"的一部分,自然也受到了这种革新理念的影响并发生变化,"新学诗"就创作于此种意识之下,最突出的表现是一些新词汇的运用。梁启超在《饮冰室诗话》中也曾提及"盖当时所谓新诗者,颇喜挦扯新名词以自表异"③。这些新名词主要体现在"隐语"与"译词"两方面。隐语是一些普通词汇加入典故而成,有核心含义,不易被外人理解,译词则多为音译词。

在新学诗中,比较典型的隐语有"龙"、"蛙"——谭嗣同赠梁启超诗四章,其中就有"三言不识乃鸡鸣,莫共龙蛙争寸土"④ 等句;而夏曾佑则云"有人雄起琉璃海,兽魄蛙魂龙所徙"⑤;梁启超自己也写下了类似"我梦天门受天语,玄黄血海见三蛙"⑥ 的诗句。梁启超对这些旁人无从臆解的诗句解释道:"谭、夏皆用'龙蛙'语,盖时共读约翰《默示录》,录中语荒诞曼衍,吾辈附会之,谓其言龙者指孔子,言蛙者指孔子教徒云,故以此徽号相期许。"⑦ 这是"专以隐语颂教主"的一个典型例子。

音译词则更容易辨识,比如谭嗣同在丙申(1896)春就官浙江留别湘中同志所做的

---

① 参见龚喜平:《新诗自觉:晚清"新学诗"的诗史意义》,《兰州大学学报》(社会科学版)2003年第2期,第32页。
② 梁启超:《亡友夏穗卿先生》,《晨报副刊》1924年4月29日。
③ 梁启超:《饮冰室诗话》(五十九),《梁启超全集》(第18卷),北京出版社1999年版,第5326页。
④ 梁启超:《夏威夷游记》,《梁启超全集》(第4卷),北京出版社1999年版,第1219页。旧题:《汗漫录》,又名《半十九录》。
⑤ 梁启超:《夏威夷游记》,《梁启超全集》(第4卷),北京出版社1999年版,第1219页。旧题:《汗漫录》,又名《半十九录》。
⑥ 梁启超:《夏威夷游记》,《梁启超全集》(第4卷),北京出版社1999年版,第1219页。旧题:《汗漫录》,又名《半十九录》。
⑦ 梁启超:《饮冰室诗话》(六十),《梁启超全集》(第18卷),北京出版社1999年版,第5326页。

旧作八律，在第三首中已经出现"寰海惟倾毕士马，逢时差喜卫哀骀"① 这样的诗句。其中"毕士马"就是"俾斯麦"的音译，而"卫哀骀"则出自《庄子·德充符》"卫有恶人焉，曰哀骀它"②，是谭嗣同迁任金陵时对自身才情的谦虚说法。谭氏为保全音译词，选用了七言形式来延展诗句的流畅性，即使如此，"毕士马"作为不可分割的三音词，已经无法完全与"卫哀骀"这一偏正结构的合成词构成对仗形式。"新学诗"从探索早期开始就显露出新词汇与旧形式之间的龃龉。

即便如此，对诗歌新变的渴望仍然鞭策诗人们拓展词汇，也督促他们尽力探索近体诗内部所能容许的革新。谭嗣同《金陵听说法》算是其中的代表之作，"译词"与"隐语"兼而有之。如最后两句："纲伦惨以喀私德，法会盛于巴力门。大地山河今领取，庵摩罗果掌中论。"梁启超解释道："喀私德即 Caste 之译音，盖指印度分人为等级之制也。巴力门即 Parliament 之译音，英国议院之名也。"③ 又有夏曾佑作绝句"冰期世界太清凉，洪水茫茫下土方。巴别塔前分种教，人天从此感参商"（《无题》），其中"冰期、洪水，用地质学家言。巴别塔云云，用《旧约》述闪、含、雅弗分辟三洲事也"。梁启超也曾提及当时的情境道："穗卿自己的宇宙观人生观，常喜欢用诗写出来。他前后作有几十首绝句，说的都是怪话……以后光怪陆离的话不知多少。当时除我和谭复生外没有人能解他。因为他创造很多新名词，非常在一块的人不懂。"④

纵观这些所谓的"新词"，基本都是从宗教系统与西方知识体系中择取。其为何从这两大范畴切入？以农耕文明为基础的中国，以四季分明又年年相似的劳动作为践行现实生活的模式，又以因果报应、六畜轮回的佛教价值观作为信仰世界的时空构架基础，总体来说，千百年都信奉并践行着一种轮回与循环的时间观念。又因为诗歌是社会文化形态通过个性化经验的折射，它变迁的有限性其实也反映了社会政治文化形态变迁的有限性。所以在这个相对封闭静态的文化体系之内，所有可写的诗意都迈着缓慢的步伐逐渐走到山穷水尽之处：思春悲秋、厌世游仙、怀远感遇、闺怨别离、边塞壮曲……每一种我们熟悉的诗歌主题，都因为相应语词组合所沉淀并固化的整体意义而僵化为"陈词滥调"。清代文人抱着宗唐崇宋的心理，不断回望与翻检着盛世时期的诗歌经典，更是将这种尴尬推向了极致。那解决这一棘手问题的方法是什么呢？胡适曾有心得："吾所谓务

---

① 梁启超：《饮冰室诗话》（五十九），《梁启超全集》（第 18 卷），北京出版社 1999 年版，第 5326 页。

② 庄周：《德允符》，郭超等编著《诸子百家》（第 20 卷），蓝天出版社 1999 年版，第 39 页。

③ 梁启超：《饮冰室诗话》（六十），《梁启超全集》（第 18 卷），北京出版社 1999 年版，第 5326 页。

④ 梁启超：《亡友夏穗卿先生》，《晨报副刊》1924 年 4 月 29 日。

去烂调套语者,别无他法,惟在人人以其耳目所亲见亲闻所亲身阅历之事物,一一自己铸词以形容描写之。"① 其所能想到的"铸词"法,其实"新学诗"诸人已经运用到了实践当中。但这种铸造更多的是对超越日常生活经验的知识范畴的引入:一方面,"佛、孔"等宗教、神话体系的再挖掘,是对旧有知识的一种翻新;另一方面,西方知识体系词汇的零星出现,是转向全新世界对异类文化的吸收,两者都体现出诗人们在既有的知识储备与时代背景下做出的相应努力。

但两者在运用上也有细微不同:"佛、孔"等宗教"隐语"侧重对已经熟知的词汇进行语义转借或者拓展;西方知识体系的语词,特别是政治词汇,则更明显地停留在"语音借用"这一最表层的运用之上。这两者都是让"新学诗"看上去佶屈聱牙的原因——一方面,"帝子"、"元花"、"龙蛙"等语词,是借用大家所熟悉的基础词汇组合而成,只是诗人们在受到其他宗教典籍的启发后,转回来对其重新灌注进新意义而已。这种引申义已经超出人们惯常习得的词语的概念边界,所以显得生僻而艰涩,导致的结果是一首诗要"注至二百余字,乃能解"。另一方面,诗句里"直译词"的镶嵌,比如"喀私德"、"巴力门"等等,其实携裹着晚清知识分子对异质文化体系进行认识并对不同思维方式展开理解的尝试,以及在此过程中又无法从旧有社会体系中找到现代概念的对应词的尴尬。这对于每句的字数与音韵都有严格要求的近体诗来说,既是创新与突破,也是矛盾。

经过对新学诗的短暂尝试,并反思其"必非诗之佳者"后,1899 年,梁启超在《夏威夷游记》中正式提出了"诗界革命"的口号。在这之前,黄遵宪还曾提出过"新派诗"的概念,并有康有为、蒋智由、丘逢甲、麦孟华等维新爱国人士群起而响应。虽然梁启超曾赞扬说"时彦中能为诗人之诗而锐意欲造新国者,莫如黄公度。其集中有《今别离》四首,又《吴太夫人寿诗》等,皆纯以欧洲意境行之"②,但这样的创新实践也未能完全符合梁启超对诗界的革新要求。梁启超指出:"然新语句尚少。盖由新语句与古风格,常相背驰。"③ 因此,他在"新学诗"与"新派诗"的基础上,提出了新的三点标准:"第一要有新意境,第二要有新语句,而又须以古人之风格入之,然后成其为

---

① 胡适:《文学改良刍议》,《新青年》1917 年第 2 卷第 5 号。
② 梁启超:《夏威夷游记》,《梁启超全集》(第 4 卷),北京出版社 1999 年版,第 1219 页。
③ 梁启超:《夏威夷游记》,《梁启超全集》(第 4 卷),北京出版社 1999 年版,第 1219 页。

诗。"① 为了践行这一诗歌理念，他在《清议报》和《新民丛报》② 上开辟了两个诗歌专栏——"诗文辞随录"与"诗界潮音集"③。

据统计，在"诗文辞随录"上发表诗作的诗人共有150位，诗作将近800首；"诗界潮音集"则共刊载了50多位诗人的250余首诗作。人物芜杂，风格多样，其中不乏旧派诗风浓郁的作品。但专栏里夹杂"隐语"与"译词"的诗作也在增加，并相对于"新学诗"阶段又有了改变：一方面，是"隐语"的逐渐缩减与退场；另一方面，是"译词"的增加与变化，包括新的音译词的不断加入与旧的音译词转为意译词的趋向。

首先，"隐语"的退场，从表面上看是梁启超反思的结果。他曾在《夏威夷游记》中说"其语句则经子生涩语、佛典语、欧洲语杂用，颇错落可惜，然已不备诗家之资格"④，从诗歌的艺术特色上对"隐语"给予了否定。所以，"诗界潮音集"中的众人在汲取实践经验后另辟创作蹊径。比如从高旭诗作"面壁参平等，焚香消外惧"（《暮春杂咏》）、"自由思想出天天，水洒杨枝遍大千"（《物我吟八首》）等诗句可看出，佛、孔、耶等用语在诗中已经还原为了宗教的基础词汇与概念，不具备"隐语"艰涩孤僻、不知所云的弊病。除了梁启超在诗学理念上的倡导与号召之外，"隐语"本身的词汇特点也是其淡出的原因：比起突兀的音译词，"隐语"之所以能在"新学诗"中大量出现，除了夏曾佑等人深厚的佛学造诣与理学功底之外，主要还因为其熟稔的词汇构成与相对断裂的语义场，既能暂时满足诗歌"陌生化"的需求，又能较为圆融地嵌入诗歌的体式与意境当中，不至于完全脱离传统的审美范式。但随着"译词"持续大量地涌入诗中（且"译词"自身也在不断调整其词汇结构以适应诗体），"隐语"所能起到的功能逐渐被其替代，因此也就不再满足诗人"求新"的意识。

其次，"译词"本身也出现构造上的差异。在"诗界潮音集"中，"新学诗"的遗风尚存，音译元素还零星出现在诗作中。比如蒋智由《历史》："最奇支那事，奇士多不春……缅想哥伦波，航海麦西坤"⑤ 等句，与之前谭嗣同的"喀私德"、"巴力门"等词汇相比，已经逐渐将音译词的范畴缩小到了人名与地名等具象词汇上，而表示抽象概念的词汇则逐渐通过意译的形式"涵化"到了诗歌当中，成为"新意境"和"古风格"巧妙

---

① 梁启超：《夏威夷游记》，《梁启超全集》（第4卷），北京出版社1999年版，第1219页。
② 《清议报》由梁启超于1898年12月23日在日本横滨以旬刊形式正式创刊，1901年12月2日因火灾停刊，共出100册；《新民丛报》于1902年2月8日由梁启超与其同仁创办，历时6年，共出96号，于1907年11月20日停刊。
③ 后"诗文辞随录"在《清议报全编》中更名为"诗界潮音集"，为了阐述方便，笔者将两者通称为"诗界潮音集"。
④ 梁启超：《夏威夷游记》，《梁启超全集》（第4卷），北京出版社1999年版，第1219页。
⑤ 蒋智由：《历史》，《新民丛报》1902年5月22日。署名：观云。

结合的表现之一。

梁启超在《新民丛报》第一号上发表了气势磅礴的《二十世纪太平洋歌》①这一颂扬文明时代的歌体诗。诗中有"波罗的与阿刺伯,西域两极遥相望"、"西伯利亚兮铁道卒业,巴拿马峡兮运河通航"这样的诗句,在用音译词表示西方地名的同时,也出现了"铁道"、"运河"等具象词汇;同时,"四大自由塞宙合,奴性销为日月光"、"亦有门罗主义北美合众国,潜龙起蛰神采扬"、"逝将适彼世界共和政体之祖国,问政求学观其光"等语句中还出现了诸如"自由"、"主义"、"共和"、"政体"等蕴含抽象理性概念的词语。总览诗歌本身,在诗人酣畅淋漓的叙述中,我们还是能够看到译介词融入诗歌的生涩与不适:诗以七言为主,间或夹杂三言、四言、十一言等,最多则达到了十九言。超过七言的则有大半含有译介词汇,比如"乃于西历一千八百九十九年腊月晦日之夜半,扁舟横渡太平洋"、"惟余东亚老大帝国一块肉,可取不取毋乃殃"等。这是诗人尽力阐明道理的下意识举动,选用歌行体而不是近体诗的形式来叙述,并在以意译词汇为中心的句子里,不惜频频增加字数以至几乎撑破了诗与文的边界,体现出意译词汇在诗歌"涵化"过程中做出的调试。而作为创刊号上发表的诗作,《二十世纪太平洋歌》无疑为"诗界潮音集"奠定了新的创作风格与诗歌基调。以此为阵地,其他诗人也做出了自己的尝试,其中黄遵宪作为"诗界革命"的旗帜性人物,是表现最为突出、影响最大的一个。他把握住了"新理想"与"旧风格"之间的微妙平衡,满足了"诗界革命"的双重需求。这种把握在很大程度上则体现在对意译词汇的灵活涵化上。如其《今别离》四首,就分别写了轮船、火车、电报乃至东西半球昼夜颠倒的情景。以其《今别离》第一首为例:

别肠转如轮,一刻既万周。眼见双轮驰,益增心中忧。
古亦有山川,古亦有车舟,车舟载离别,行止有自由。
今日舟与车,并力生离愁。明知须臾景,不许稍绸缪。
钟声一及时,顷刻不少留。虽有万钧柁,动如绕指柔。
岂无打头风,亦不畏石尤。送者未及返,君在天尽头。
望影倏不见,烟波杳悠悠。去矣一何速,归定留滞不?
所愿君归时,快飞轻气球②。

---

① 梁启超:《二十世纪太平洋歌》,《新民丛报》1902年2月8日。署名:任公。
② 黄遵宪:《今别离四章》,《广益丛报》1903年5月6日。署名:人境庐主人。

首先，他透过"轮船"这一西方工业文明的新事物来叙写离愁别绪。作为科技交通工具，轮船的机械属性以及天然所处的建筑环境，就有别于传统的离情场景。在带给诗人全新感官体验的同时，诗中指涉的名词也因此得以更新。我们可以看到，整首诗除了"望影"、"烟波"等零星传统的离别用词之外，整体词汇的构架已经有所更新。其次，虽然他借咏轮船以抒离情，但"轮船"一词却并未直接出现在诗句中，而是将其概念背后所涉及的构造与特征分拆开来，用"双轮驰"、"不少留"、"万钧柁"等属性描写生动而详细地融入诗歌。而且，除了"自由"与"轻气球"两个意译词汇点缀其中外，全诗没有涉及一个需要在第一时间参阅注释以明其意的音译词。诗歌的句式因为双音节词占多数而收紧，诗人能再次从容地将完整的诗意收编进精炼的五言诗体中，仿佛河流因石块磨圆而更能静水流深。所以诗歌的内容虽还停留在对西方工业文明与异邦新物的客观写实上，对人生存状态的触及也只限于最表层的见闻，但对读者来讲，已经既能享受到新事物带来的陌生化体验，又能以传统诗感畅悦地浏览通篇，因此符合了诗界革命的双重标准。

除去黄遵宪，"诗界潮音集"中的其他诗人也不同程度地运用了意译词汇。如蒋智由的《北方骡》（思铁路之行）："安得往来飞辇车，不用牲力用汽力。乃知人群贵用器，器改良兮增幸福。"①《呜呜呜呜歌》："文明高度竞亦烈，强者生存弱者仆。吁嗟呜呜汽笛鸣，穿电裂石天为惊。"② 这些诗歌是对近代科技产物的溢美之词。而其《哲人性》、《梦起》、《卢骚》、《历史》、《长江》、《吊吴猛班女学士二首》、《奴才好》等诗歌，则多涉及自由、平等、女权等现代意识和概念。又如《卢骚》："世人皆欲杀，法国一卢骚。民约倡新义，君威扫旧骄。力填平等路，血灌自由苗。文字收功日，全球革命潮。"③ 全诗连用"民约"、"平等"、"自由"、"革命"等抽象概念的双音节意译词汇，使得诗句即显工整又多新意。

但同时，我们也要注意到，这种诗歌对意译词汇的"涵化"，特别是近体诗，在屡出新意的同时，又难免陷入规范诗体强大归化力量的矛盾中。传统的审美习惯将音译词汇缩进以双音节与三音节为主的意译词汇中，使得诗歌在短暂地撑破五言与七言诗型后，又有重新被归束进去的倾向。新名词在对诗歌构成短暂的冲击后，随着意义的再次确认与固化，难免还会重蹈传统意象词汇的覆辙，逐渐被"旧风格"所归化。因此，译介名词作为白话资源的一种方式，还未能成为完全冲击旧体诗的重磅力量，只能以零星出现的形式，部分更新这诗歌的内容与精神，并局部影响诗歌的形式。

---

① 蒋智由：《北方骡》，《清议报》1901 年 10 月 3 日。署名：因明子。
② 蒋智由：《呜呜呜呜歌》，《清议报》1901 年 12 月 21 日。署名：因明子。
③ 蒋智由：《卢骚》，《新民丛报》1902 年 3 月 10 日。署名：观云。

二、方言与俗语：从《新小说》的"杂歌谣"到《安徽俗话报》的"诗词"

晚清知识精英们看到歌谣除天然的娱乐属性之外，还具备启蒙可能性。因此对俗曲、歌谣的利用，成为近代中国启蒙运动重要的组成部分。我们可以看到，从最初梁启超、黄遵宪在《新小说》上开辟"杂歌谣"一栏尝试进行分类明确的诗歌创作，到启蒙者受此启发，借助歌谣的亲民性质，不断在后起的诸如《安徽俗话报》等众多白话报中沿用这一形式，以俗曲新唱的方式启迪中下层民众，借鉴民间歌谣的趋向呈现出迅猛增势的一面。民间歌谣作为诗歌白话资源极为重要的一块领域，在为知识分子提供了改造诗歌可资借鉴的灵感与动力的同时，也为诗歌在"五四"时期的质变提供了一种不断涌动的内部力量。综观这些改良的俗曲与歌谣，它们因为建立在既有的音乐模式上，基本都只是借助了原有唱法的基本形式，如"仿十二月花名体"、"仿十送郎调"等等，对曲子这一"躯壳"几乎没有什么改编，所以这种创新就主要体现在内容方面的变动。反映到词汇上，最直接的体现就是方言与俗语的运用。这两者天然具有密切的关联：它们都是通俗浅白的口语形式，不过"方言"作为语言变体，更强调语言差异上的地域因素；而"俗语"的提法，则更注重在"国音"基础上，口语区别于书面语的活力与弹性，在诗歌里主要体现在语气词、虚词等的频繁使用上。

（一）方言

方言作为以一定地域为基础与限制的日常语言交流方式，不仅携带着一方民众独特的生命体验，还具备心理意义上的集体认同感，在一定范围内具备语言传播上的优势，迎合了晚清启蒙的要求与条件。因此，随着晚清报刊业的迅速崛起，知识分子们从其功能的角度出发，有意识地将方言纳入诗歌的创作当中。

笔者在梳理这部分诗歌的词汇特质时，将在兼顾"面"的基础上，以《新小说》中的"杂歌谣"与《安徽俗话报》中的"诗词"两个栏目为重点分析的对象。从时间角度来看，"杂歌谣"是报刊有意识专门登载歌谣的肇始，而"诗词"是在"白话报"风行全国，进入歌谣创作高潮期的一个代表，可以从中看到歌谣刊载的联系与发展历程。从空间角度来看，除官话以外的方言，又可以长江为坐标划分为两大片区——近江方言和远江方言。其中，近江方言是吴语、徽语、赣语、湘语，而远江方言主要是客家话、粤语、闽语等等[1]。"杂歌谣"中的"粤讴"，可算是远江方言入诗的典型；"诗词"中的一些语言元素，也可让人一窥近江方言中"徽语"的质素。又因为"粤讴"与官话差别

---

[1] 参见李如龙：《汉语方言学》，高等教育出版社2007年版，第65页。

甚大，所以笔者着重从"方言入诗"的层面来对其进行分析；而"诗词"一栏中所用的语言，因为更趋近当时知识分子所疾呼的"白话文字"，就成为了"俗语"视角的典型。但需要知道的是，两者并非泾渭分明，只是重点各有突出："粤讴"用广州方言写成，所以难免间杂俚语俗字，只是以"官话"为衡量标准来看，它的方言特质更为明显；"诗词"一栏中涉及的"十送郎调"、"梳妆台调"等，原是安徽地区流行的民间歌谣，但除开用吟唱才能体现的方言因素，它在文字上更趋近于国内都能理解的白话，也更能直观表现"市井口语"的特点，所以放在"俗语"层面上进行探讨。

1902年11月，梁启超在日本横滨创办了《新小说》杂志。这是他开启民智、实践新民理想的阵地。早在1897年的《蒙学报演义报合叙》中，梁氏就曾说："西国教科之书最盛，而出以游戏小说者尤夥。故日本之变法，赖俚歌与小说之力。"① 因此，《新小说》虽以刊载小说为主，但基于杂志丰富性的考虑，梁启超加入了"杂歌谣"一栏。

其实民谣俗调进入晚清杂志并不是肇始于《新小说》。由前述我们已可看出，在《清议报》的"诗文辞随录"与《新民丛报》的"诗界潮音集"中已经加入了些许歌行体、歌谣体等，比如蒋智由发表在《清议报》上的《终南谣》、《梦飞龙谣》，又如黄遵宪发表在《新民丛报》上的《度辽将军歌》、《聂将军歌》等。诗文大部分是口语词汇，说唱已极尽通俗浅显。这是晚清诗人们意欲突破单一的近体诗范畴，拓宽诗歌体裁创作，进行多样化尝试的表现。但因为这两种杂志的定位还是针对知识精英群体，所以这些歌谣形式只是夹杂在近体诗里间或出现，并不是主流诗作。而梁启超《新小说》对俗文学的重视与"杂歌谣"栏目的酝酿则将文人的歌谣创作意识又往开阔处推进了一步。

在最初的设想里，梁启超原拟定的栏目名称是"新乐府"，意在"专取泰西史事或现今风俗可法可戒者，用白香山《秦中》、《乐府》、尤西堂《明史乐府》之例，长言永叹之，以资观感"②，欲用旧的乐府形式，来加入新的时事内容。而黄遵宪作为历来赞赏方言俗语入诗的客家诗人代表，在基本赞同这一栏目设想的同时，也进一步提出了自己的见解。他认为"报中（指《新小说》）有韵之文自不可少。然吾以为不必仿白香山之新乐府，尤西堂之明史乐府。当斟酌于弹词粤讴之间……"③，接着从歌谣形式、句式、风格、题材内容等方面进行了详细的规划与说明。梁启超也认为文学进化的表现之一是俗文学的兴盛。他曾说："文学之进化有一大关键，即由古语之文学，变为俗语之文学是也。各国文学史之开展，靡不循此轨道。"④ 在这一相似文学立场的引导下，梁启超在栏目进行实刊时，综合了两人的设想。具体见下表：

---

① 梁启超：《蒙学报演义报合叙》，《时务报》1897年11月5日。
② 梁启超：《中国唯一之文学报〈新小说〉》，《新民丛报》1902年8月18日。
③ 黄遵宪：《致梁启超函》，陈铮主编《黄遵宪全集》（上册），中华书局2005年版，第432页。
④ 梁启超：《小说丛话》，《新小说》1903年9月6日。署名：饮冰子。

刊号	《新小说》"杂歌谣"作品			
	非粤讴作品	作者	粤讴作品	作者
第1号	《爱国歌四章》	少年中国之少年	——	
	《出军歌四章》	岭东故将军		
第2号	《辛壬之间新乐府》	燕市酒徒		
第3号	《幼稚园上学歌》	人境庐主人		
	《罗沈乐府四章有序》	哀郢生		
	《潮州报效新乐府有序》	金城冷眼人		
第4号	《支那新乐府三十章》	水月庵主		
	《燕市吟》	公之癭		
第5号	《新乐府十一章》	雪如		
	《警醒歌四章》	张敬夫		
第6号	《庚子时事杂咏二十二首》	褱一	——	
	《辀轩语三首》			
第7号	《五禽言》	拜鹃人	《粤讴新解心六章》	——
	《新少年歌》	剑公		
第8号	《阔哉老大人》	阳湖胡仇	——	
	《唉唉唉》	阳湖胡仇		
	《嗡嗡嗡》	阳湖胡仇		
	《栎栎栎》	阳湖胡仇		
	《爱祖国歌》	自由斋主人		
第9号	《汴梁行》	东莞生	《粤讴新解心四章》	外江佬戏作
第10号	——		《粤讴新解心四章》	珠海梦余生
第11号			《新粤讴三章》	外江佬戏作
第16号			《粤讴新解心五章》	珠海梦余生
共计	94首		22首	

从中我们可以看出，这些作品体裁多样，包括歌曲、歌行体、乐府，也出现了近体诗，突破了梁启超仅限于"乐府"的初步构思；但同时，杂志呈现出来的最大特点，是汲取了黄遵宪的建议，从第七号区分为"杂歌谣一"与"杂歌谣二"开始，"粤讴"陆续出现。所谓粤讴，是用粤语进行说唱的一种乡土文学，"起源于民间，而仿作于文人。从其音调来看，它是由广东盛行的龙舟、蜑歌、南音、木鱼和板眼等说唱文学混合而成的一种新的文学品种；从文字来看，它又是从古代诗词演变而来，具有诗词的格调，再加上方言土语的感叹、音韵押尾和接头，使诗词通俗化"①。粤讴雅俗兼备，脍炙人口，具有较高的诗歌审美意义，但除此之外，编者更为重视的还是其启蒙意义上的方言色彩。比如上列表格中，除了黄遵宪（"外江佬戏作"）之外，署名为"珠海梦余生"的著名外交官廖凤舒也提倡以方言来推广文化，开启民智。他说："辛亥壬子以后，海内人士大声疾呼，提倡白话文字。顾一省有一省方言，音别意异，以云普及，戞戞独难。则惟有出于各藉其土音，以为诱掖之一道。"② 可见身处粤语环境中的廖凤舒，因为粤语与官话在字与音双重层面的差异而怀有强烈的地域意识。粤讴原本多抒写男女之情、妓女愁怨，但同当时饱受诟病的文言诗词相比，它之所以能跳出单纯的描景抒情，更为顺利地转入国情与时事的论说，也同其"文从字顺，同声同气"的方言特色有很大关系，所以黄、廖等人也才能较为自如地以粤讴进行时事议论。比如廖凤舒鼓励女子勇敢争取自由的《倡女权》：

> 无乜好怨，怨吓做着女流，我想生长在支那，就算系神明既华胄，点估在深闺……几千年咁多女子，有边一个叫做自由。烹妾饷君就有张巡咁荒谬，杀妻求将佢共吴起有乜冤仇。总之千古娥眉都当作系乌狗。讲起野蛮的典故，真正前世唔修，算你就有咏絮既才情，好似谢道蕴，我怕王朗天壤咯，都要自怨鸾俦……舍得我中国生个罗兰夫人，个阵女权，唔怕有救，再生个维多利亚，就把自由钟响遍全球。唉，想要思想透，唔好一样咁黔首……女权倡到够，等佢二万万同胞既血性女子，都做得敌忾同仇③。

总览其余20余首"粤讴新解心"，如《自由钟》、《鸦片烟》、《八股毒》、《开民智》等，莫不是在延续"粤讴"一贯的表述方式的同时，以紧扣时事与劝诫启蒙的题材为"新"。它们在词汇上都体现出两方面的特征：

---

① 李默等：《粤讴浅谈》，《多情曲》，花城出版社1990年版，第3页。
② 廖凤舒：《新粤讴解心·自序》，《新粤讴解心》，香港天地图书出版社2011年版，第36页。
③ 廖凤舒：《粤讴新解心四章·倡女权》，《新小说》1904年第10号。署名：珠海余梦生。

一方面，相对于其他歌谣形式，"粤讴"中的大量词汇都因粤语与官话（基础方言）的绝大差异而体现出异常强烈的方言底色，如"唔"即"不"，"系"即"是"，"睇"即"看"，这些高频粤语字词冲刷着歌谣的面貌；又因为"粤讴"本身的押韵、篇幅都非常随意，许地山赞其"极其自由，极其流动"①，所以在没有严格字数与句法的限制下，"粤讴"大量融入了不带实际意义的虚词。比如表示"持续体"的动态助词"咗"（相当于"了"），做定语标记的结构助词"既"（相当于"的"）等等，使诗句在结构松散的同时，加强了意义与语序的连贯。但同时，这一时期廖凤舒的"粤讴"在延续惯有形式之外，相较前人的创作也出现了细微的变化——相对于"粤讴"创始人招子庸的作品，有语言学家认为廖氏已呈现出进一步口语化的特点，并以否定式的运用为例，指出廖氏较少用文读的"不"，而多用"唔"的句式②，打破了招子庸作品中的文白对立，继承之中体现了一定的创新性。

另一方面，这些"粤讴"还大量混杂了外来词与书面词汇。一方面，其已经脱离了在鸦片战争之前以青楼女子为主要吟唱对象，只涉及风月悲欢的单一主调，《倡女权》、《开民智》等作品从题名上就已经与《同心草》、《情一个字》等传统粤讴拉开了距离，内容中也多出现"自由"、"太平洋"、"罗兰夫人"、"维多利亚"等词，可见音译、意译的外来词作为时代强音也不可避免地融入了方言诗歌；另一方面"粤讴"的本色为亦俗亦雅，廖凤舒等人即便着意开拓表现题材和表达方式，但重点在方言，所以也没有陷入完全使用俗语的极端，还是兼顾了其"雅"的一面，主要体现在不避用典并沿用一些书面词语。这虽逸出"白话词汇"，却也起到了优化作用。比如上述《倡女权》中指代华夏子孙的"华胄"，谴责残害女性的"烹妾饷军"与"杀妻求将"，比做夫妻的"鸳俦"，表示百姓的"黔首"，无一处不可考，更是频繁用典的体现。这也成为了廖凤舒等人所作"粤讴"的一种风格。廖氏曾单作一本《新粤讴解心》。梁羽生就曾以赞赏的态度评价"《新粤讴解心》虽以粤语入诗，但一点也不觉得俚俗低下……廖公具深厚的文言根底，更能掌握精妙的修辞技巧"③，并列举了"河梁"、"黄鹂"等词汇为例证。其他语言学家也认为用典是廖氏粤讴的一大特点④。

文言诗词中的典故乃至表现典故的名词，最为渴望文学革新的知识分子所诟病，但为什么梁羽生等人却在这里连连称道？想来是评价对象所置身的文本环境不同，因此所

---

① 许地山：《粤讴在文学上的地位》，《民铎》1922年第3卷第3号。
② 参见杨敬宇：《清末粤方言语法及其发展研究》，广东人民出版社2006年版，第158页。
③ 梁羽生：《重印〈新粤讴解心〉前言》，《新粤讴解心》，香港天地图书出版社2011年版，第18页。
④ 参见李婉薇：《清末民初的粤语书写》，生活·读书·新知三联书店2011年版，第137页。

体现的价值与功用也大有差异的缘故：文言文诗词本来就意象密集，典故一经堆砌更会显得文意艰涩或缺乏创意；加上这些词语自带的"文采"掩饰了诗歌内容与诗人自我情感的匮乏，所以轻易就让其沦为了文字游戏。诗歌天然为抒情达意而生，如果这些名词的出现会逐渐让其丧失最基础的本体功能，诗人又怎能不加以唾弃呢？但用在这些粤讴中的相应典故则有所不同。诚然，因为诗人自身水平的高低，用典也会有巧妙和突兀的差别，但粤讴作为说唱文学，并无字数限制，一种意思可轻吟浅唱，反复渲染，所以使用过多也会显得拖沓，典故则两三词就可说清内容，能起到精炼语句、强化说明的作用。况且粤讴形象生动，并不缺乏表达功能，适当用典还可作为点睛之笔，所以也就受人称赞了。这种既能表现当下情绪与思维，又能在俗与雅之间取得一定平衡的诗歌形式，也正是"五四"之后诗人们所苦苦追寻和探索的理想状态。只是如粤讴这般民间曲调的"仿作"毕竟不能代替诗歌本身的变革，它只能从不同词汇如何进行有机融合的层面，为新诗的建立提供一些经验与想法而已。

（二）俗语

因为受到《新小说》的影响，随后崛起的各种近代期刊，都加入了类似"杂歌谣"的栏目。有学者进行过初步的统计，大致有：《杭州白话报》（栏目名称曾先后为"新弹词"、"杂歌谣"、"新歌谣"、"歌谣"）、《中国白话报（半月刊）》（"歌谣"）、《安徽俗话报》（"诗词"）、《江苏白话报》（"小说〔时调唱歌〕"）、《第一晋话报》（"词曲"）、《通俗周报》（"唱歌"）等。没有专设栏目，但曾刊载过"歌谣"类作品的近代期刊更多①。尽管这些报刊都在标题上强调了地域因素，但也许是基于一种政治分裂的焦虑，报刊编者们希望以建构共同语来促进国体的凝聚，所以除了粤语类的栏目显得最为明显与瞩目之外，其他报刊则相对欠缺语言的地域色彩。比如包天笑创办《苏州白话报》，说该刊"并不是苏州的土话，只是一种普通话而已"②；《京话日报》因为"以开通社会多数人之智识为宗旨"③，所以全刊用北京话；而裘廷梁所办的《无锡白话报》因为怕读者误以为用的是官话以外的俗话，因此在出版五期后即改名为非常明确的《中国官音白话报》④。相对的，这些报刊中歌谣的方言特质就不如"粤讴"那么明显，于是在运用"国音"的前提下，这些时调新唱中"俗语"（即"市井口语"）的特质也得以普遍凸显。其中，《安徽俗话报》"诗词"一栏刊发的歌谣数量多，影响大，很能反映这一部分

---

① 参见李静：《从"杂歌谣"到"俗曲新唱"——近代中国歌词改良的启蒙意义》，《中国现代文学研究丛刊》2008 年第 3 期，第 104-105 页。
② 包天笑：《木刻杂志》，《钏影楼回忆录》，中国大百科全书出版社 2009 年版，第 168 页。
③ 《请看〈京话日报〉》，《大公报》1908 年 2 月 10 日。
④ 参见李婉薇：《清末民初的粤语书写》，生活·读书·新知三联书店 2011 年版，第 18 页。

白话报刊时调歌谣的基本样态。

《安徽俗话报》"诗词"作品			
刊号	非民间曲调	作者	民间曲调	作者
第1号	——		《叹五更·伤国事也》	龙眠女士
			《醉东江·愤世俗也》	三爱
			《送郎君·悲北事也》	讴歌变俗人
第2号	——		《时事新歌》（节录《杭州白话报》）	《招国魂·哀军人之不振也》
				《鸦片战·恨洋烟之害人也》
				《好江山·愤土地之日削也》
				《文明种·望蒙学之改良也》
				《步步娇·怜缠足之恶习也》
				《守财奴·恶富家之吝啬也》
第3号	——		《十恨小脚歌》	桐城潘女士
第4号	——		《闺中叹·悯国难也》	桐城方瑛子女士
			《十杯酒·讥苛税也》	黄金世界之女名士
第5号	《国民进行歌》		《湘江郎调·叹恶俗也》	卓呆
第6号	《书恨·八首之二》	皖江忧国士	《从军行·访十送郎调》	浮渡生
第7号	——		《十二月想郎·梳妆台调》	怀宁汉瞻女生
第8号	《醒梦歌》		——	
第9号	《马蚁》	志忞	《戒吸鸦片歌·仿梳妆台五更体》	天地寄庐主人
第10号	——		《叹十声·仿烟花调》	合肥觉梦子
第12号	《观物杂谣》		——	
第14号	——		《祝国歌·仿鲜花调》	爱生

196

—— 隐语、译词、方言和俗语 ——

《安徽俗话报》"诗词"作品				
第 16 号	—		《女儿叹》	曼聪女士
第 17 号	《过督元坡吊荆轲》	潘慎生	—	
	《国耻歌》（桐城崇实学堂唱歌）			
	《勉学歌》（桐城崇实学堂唱歌）			
第 18 号	《女箴》	名隐	—	
	《从吾游》（秋之夜调）	霁月		
第 19 号	《醒世格言》	—		
第 21、22 号合本	《怀远城隍庙会诗》	可群	—	
	《好男儿歌》	今前		

表面看来，"诗词"栏目的诗歌类型并不单一，比如《书恨》、《过督元陂吊荆轲》是古体诗，《国民进行歌》、《马蚁》是"西乐东渐"潮流中带简谱的"乐歌"。出于对底层受众的考虑，哪怕是其中最具书面语特色的古体诗，也适当降低了文言程度，尽量选择可被大众理解的词语。在整体语言基底都偏向白话的基础上，最具市井口语气息的部分是仿造传统民间曲调所做的"时事新歌"，特别是《湘江郎调·叹恶俗也》、《从军行·仿十送郎调》、《十二月想郎·梳妆台调》、《叹十声·仿烟花调》等歌。以《湘江郎调·叹恶俗也》中的两段为例：

一更里，月照珠帘，新年里，都要拜年，衣帽翩翩，一见面就讲，恭喜发呀，重一句，发财源。磕狗头，白费铜钱，不在家，挡驾留片，其实讨厌，弄得大家，怕呀，重一句，怕见面。

……

五更里，月照纱窗，死了人，要做道场，热闹非常。和尚的道士，喊得喉呀，重一句，喉咙响。看起来，有甚用场，挑僧道，吹吹唱唱，偷偷婆娘。有用的银钱，丢在水呀，重一句，水面上①。

又如《送郎君·悲北事也》中间的三段：

---

① 卓呆：《湘江郎调·叹恶俗也》，《安徽俗话报》1904 年 6 月 18 日。

送郎君送到北京城，北京城里闹哄哄，今朝有酒今朝醉，忘记了八国联军来破京；

送郎君送到天津城，天津的城墙一铲平，金银财宝都搜尽，还有那狼和虎，张口要吞人；

……

送郎君送到欧罗巴，走到了外洋休恋家，三年耐得风霜苦，学会了真本事整顿国家①。

这些曲调都是流行于安徽地区、民众耳熟能详的民间俗曲。以旧调唱新意，是诗人为了迎合下层民众文学审美需求，以尽量"去陌生化"为手段来达到启蒙效果的尝试，所以尽管这类救亡劝诫的唱曲中出现了"欧罗巴"、"八国联军"等在当时具有时代气息的新词汇，但它们在整体构架上都保持了原调的两个特质：一是以时间或空间为回环基点的特质，一唱三叹，循环往复；二是保留了俗曲里对"虚词"以及"动词"、"副词"等非名词性实词的大量使用。

首先，相对于近体诗多以偏正名词组合的形式来完成意象密集叠加的效果而言，俗调大量使用了动词。《湘江郎调》短短的第一节，就出现了"照"、"见面"、"重"、"发"、"磕"、"费"、"弄"、"怕"等一连串的动词，谓语确定的背后，一方面意味着行为发生者的在场，这是清楚表述事件的必要语言因素，也就加强了意义的明晰性；另一方面，多个动词的接连使用，打破了诗句的静止状态，使语言聚焦在事件发展的细微过程上，强化了其表现的功能，显得生动流畅。

其次，这些曲调"俗语"性质最为明显的部分，还体现为虚词的保留——乃至语法性质上看似错误的添加。纵观诗歌史，虚词入"诗"是一个二律背反的过程："先秦两汉时期的古诗，虚词成分还有，但到了南北朝时期沈约等人发现四声、讲究声律后，虚词逐渐退出来几乎只剩下实词系统充当一切，导致意象的密集化与物态化特征；语序的省略与典故运用、词语活用等因素的袭用，使得旧体诗总是在朦胧含蓄中隐匿着可咀嚼的诗意。"② 这一趋势在唐诗里达到顶峰，又随着宋朝"以文为诗"理念的兴起而有所稀释与冲淡，但五七言的限制却使得近体诗在虚词的运用上只剩下细微调整的空间，发挥余地较为狭窄。这只是从"近体诗"的兴衰这一条诗歌发展脉络来看的，如果站在民间

---

① 讴歌变俗人：《送郎君·悲北事也》，《安徽俗话报》1904年3月31日。
② 颜同林：《方言与中国现代新诗》，中国社会科学出版社2008年版，第24页。

俗曲的立场来审视的话，虚词却已经固化为各种俗曲的套路，扎根在百姓的口头传统与心理依赖中，所以一直都以稳定而密集的面貌存在着。这也成为文人创作新调时，借鉴或挪用传统歌谣的重点；更长远一点讲，也为现代白话诗再一次大量汲取虚词奠定了一定的基础。以上面列举的两个例子来说，如果它们都是以时间或者空间作为顺延基点的话，那么动态助词如"了"，就起到了固化每一个小节时空位置的作用，使得变动显得齐整有序，逻辑严明，而诗人所要表达的意义，也会随着场景的转换清晰无误地传递给读者。同时，语气词的保留，如"呀"，强化了口语意味，使得表达进一步鲜活动人。如果"了"、"吧"等词语的使用是出于句子完整表达的需要，那么"的"这一结构组词就更多成为一种曲调的口头表达习惯，而不是必备的语法因素。比如"天津的城墙一铲平"，就是为了与曲调旋律相配合而存在的一种"补充性"词汇，存在与否都不影响句子的畅通。

（作者单位：四川大学文学与新闻学院）

民国文学研究

《儿童世界》对现代中国儿童文学本土化发展的影响[①]

谭 梅

中国现代儿童文学期刊既是中国现代儿童文学的阵地,又是中国现代儿童文学史的一个重要组成部分。在中国现代儿童文学期刊史上,《儿童世界》是一座丰碑。它1922年1月在上海创刊,1941年6月终刊,由商务印书馆发行。《儿童世界》是中国现代创刊最早、历时最长的以刊登儿童文学作品为主的综合类白话文儿童期刊。《儿童世界》创刊以来,在第一时间表达出新的儿童观和儿童文学观,大量刊登了各种文体和风格的儿童文学作品,开展了丰富多彩的儿童文学教育活动,培养了一大批儿童文学作者和读者,并随着现代中国的时代变化坚韧地发展。它在中国现代儿童文学的本土化发展中做出了开拓性的贡献。

一、《儿童世界》与现代中国儿童文学的理论建构

1921年年底至1922年年初,《儿童世界》的创办者兼主编郑振铎先生先后在《时事新报》副刊《学灯》、《晨报副镌》和《妇女杂志》等刊物发表了同一篇文章《〈儿童世界〉宣言》。该文不仅是《儿童世界》的纲领性文献,也是中国现代儿童文学史上的一份重要文献。在这份提纲挈领的文献资料中,郑振铎鲜明地提出了该刊的办刊宗旨:"(一)使他适宜于儿童的地方的及本能的兴趣与爱好。(二)养成并且指导这种兴趣及爱好。(三)唤起儿童新的与已失的兴趣与爱好。"[②] 虽然,郑振铎这一理念资源来自美

[①] 本文系四川省社会科学规划2019年度一般项目"《儿童世界》与中国现代儿童文学本土化发展历程研究"(SC19B009)的阶段性研究成果。

[②] 郑振铎:《〈儿童世界〉宣言》,《时事新报·学灯》1921年12月28日。

————《儿童世界》对现代中国儿童文学本土化发展的影响————

国学者麦克·林东的著作 Literature in the Elementary school，但是可以清晰地看出他对以"儿童的兴趣和爱好"为中心的儿童本位的儿童观的选择和体认。正如朱自强所言，"郑振铎是五四时期的一位集理论研究、创作、编辑于一身的儿童文学家，因此，他的理论选择颇能反映五四儿童文学的走势"①。不仅如此，他还将这一儿童观贯彻到《儿童世界》编辑和出版的各个环节之中，并根据中国儿童的特点不断调整。比如，在《第三卷的本志》中，主创人员就以儿童心理和认知特征为依据，对该刊的编辑体例进行了改变。"（一）以前的本志是纯文学的，以后则欲参加些自然科学及手工游戏等材料进去；但文学的趣味仍旧要极力保存……（二）以前的本志是专门供给儿童读的……除了这个目的以外，还要使他们去'做'，使他们自动的去'做'他们感兴趣的工作……（三）以前的本志多登长篇的文字，以后则注重于短篇的材料……（四）图画较前加多，每期并加彩色的图画两幅以上。"② 无论是用文学艺术的手法来叙述科学知识，还是有感于中国儿童动手能力的薄弱而增加"手工"和"游戏"栏目，抑或重视诉诸儿童的视觉而加入更多的图画，都是儿童本位立场的生动表现。

在现代儿童观选择和体认的基础之上，《儿童世界》参与构建了具有中国本土时代特色的儿童文学观。在中国现代儿童文学史上，郑振铎首次对儿童文学的内涵进行了界定。"儿童文学是文学，不是科学的叙述，也不是传导的文字。儿童文学是儿童的——便是以儿童为本位，儿童所喜看所能看的文学。"③ 时至当下，儿童文学既是文学的又是教育学的跨学科特征已成为学界的常识。值得注意的是，该文的写作背景不是基于纯文学的研究视角，而是1922年暑假郑振铎应邀到宁波，在教育的语境中为300多名中小学教师所做的名为《儿童文学的教授法》的演讲。换言之，在儿童文学理论研究的起点，郑振铎就注意到了它与教育学天生的亲缘关系。事实也正是如此。据学者李利芳考查，"我国儿童文学更是近代教育变革直接催生的产物，儿童文学学科从一诞生起就具备了鲜明的教育学品性"④。在近40年的办刊历程中，《儿童世界》不仅提供了丰富的有关儿童文学教育的话题，并且在教育学的立场上践行了儿童文学的实用价值。可见，郑振铎倡导的是一种开放的儿童文学观。这还可以从他对儿童文学边界的思考上得到印证。在谈到儿童文学与儿童读物的关系时，除了坚持"凡是儿童读物，必须以儿童为本位。要顺应

---

① 朱自强：《现代儿童文学文论解说》，海豚出版社2014年版，第114页。
② 郑振铎：《第三卷的本志》，《儿童世界》1922年第2卷第13期。
③ 郑振铎：《儿童文学的教授法》，《中国现代儿童文学文论选》，广西人民出版社1989年版，第213页。
④ 李利芳：《中国发生期儿童文学理论本土化进程研究》，中国社会科学出版社2007年版，第290页。

了儿童的智慧和情绪的发展的程序而给他们以最适当的读物"① 这一基本立场之外,郑振铎认为"现在儿童用书中关于自然科学的材料,仍嫌缺乏,而且也显无味,不会引起儿童的兴趣。但'知识'的涵养与'趣味'的涵养,是同样的重要的。所以我们应他们的需要,用有趣味的叙述方法来叙述关于这种知识方面的材料"②。与当下国内许多学者将儿童文学囿于"纯文学"化的思考方向不同,《儿童世界》的主创人员主张儿童文学"跨界"。其具体的做法之一便是儿童读物的文学化。因为"儿童阅读接收存在和成人显著不同的需求,即他们对'儿童读物'普遍要求'文学化'的趋向"③。在国外的儿童文学理论研究中,学者们直接将知识类图书纳入儿童文学的文体范畴,并有众多的专业作家致力于将科普知识文学化这一事业。正如 Charles Temple 等学者所言,"优秀的知识图书不仅是一种说明与供给,同时它也是激动人心的。优秀的非虚构图书必须能够有效活跃它的主题,充满生命的原素,必须创造出一个生动和令人相信的世界,这样读者会自愿进入,而不情愿离开"④。基于这样的认知,《儿童世界》进行了改革和尝试。比如,在出版了近三卷 39 期之后刊登的《本刊征求投稿启事》中,宣布要将内容加以扩充,正式将科学与童话、歌谣、寓言、故事、小说等文体并列,并出现了大量的科学知识"文学化"的文本。以郑振铎为核心的《儿童世界》主创人员对儿童文学内涵及其边界的思考,以及该刊上大量的文本实践案例,仍然能给当下的儿童文学研究带来许多启示。尤其当面对儿童文学的边界、儿童文学与儿童读物的关系等问题的时候,我们是继续坚持纯文学的执念?还是以史为鉴,更新既有的观念,树立一种开放的大儿童文学观?这仍然是一个值得深思的话题。

除了提出与探讨一些基本理论问题之外,《儿童世界》在中国儿童文学本土化进程中的贡献莫过于它对各类新文体的自觉开拓。《儿童世界》的文体建设始于分类。1921年,它提出将儿童文学大致分为歌谱、诗歌童谣、故事、童话、戏剧、寓言、小说、格言、滑稽书等十类⑤;随着经验的增加,1922 年增补了科学、图画故事、谚语图释、谜语、笑话等文体⑥。得益于长期的办刊经验,虽然《儿童世界》的主创人员对儿童文学文体的构建比周作人要晚一年,但比周作人的构思更全面和细致,可以说,初步搭建起

---

① 郑振铎:《儿童读物问题》,《中国现代儿童文学文论选》,广西人民出版社 1989 年版,第 131 页。
② 郑振铎:《第三卷的本志》,《儿童世界》1922 年第 2 卷第 13 期。
③ 李利芳:《中国发生期儿童文学理论本土化进程研究》,中国社会科学出版社 2007 年版,第 353 页。
④ 转引自李利芳:《中国发生期儿童文学理论本土化进程研究》,中国社会科学出版社 2007 年版,第 361 页。
⑤ 郑振铎:《〈儿童世界〉宣言》,《时事新报·学灯》1921 年 12 月 28 日。
⑥ 《本刊征求投稿启事》,《儿童世界》1922 年第 2 卷第 10 期。

了儿童文学文体的基本框架。尤其是科学和图画故事这两个新文体地率先提出，代表着《儿童世界》对儿童文学本体的深入认知。《儿童世界》非常重视"图画"这一视觉元素。郑振铎甚至认为，"插图在儿童书中，是一种生命，也许较之文字更为重要"①。于是，凭借着商务印书馆图画股强大的专业力量，《儿童世界》的每次变革都将"图画"放在最核心的位置，不断地进行文体实验，以挖掘"图画"的叙述潜能。可以看到，栏目名称从"滑稽画"到"图画故事"的变更，不仅仅是画幅在表面上的增多，而是《儿童世界》的主创人员认识到这种新的艺术形式对儿童文学的重要意义。在这样不倦的尝试和探索中，一个新的文体"图画故事"就诞生了。有学者曾言，"郑振铎在中国图画书的萌生过程中，是具有开山之功的。对儿童的理解，对儿童读物的认识，使他意识到插图对于儿童读物的重要性，这样的观念决定了他编辑《儿童世界》的理念和方针，也促使他进行图画故事的创作。而这些努力，开启了中国图画书的萌芽和发生"②。朱自强赞同这一观点，并补充道："在认识中国的图画书的源流时，《儿童世界》杂志是一个重要的存在。"③

近几年，由于图画书的大热，学界对《儿童世界》的"图画故事"研究较多，相对忽略了《儿童世界》对寓言这一文体的建设。虽然中国古代有很多寓言故事，但是它们都不是为儿童创作的。真正将寓言这一文体纳入儿童文学园地是在"五四"左右。1917年茅盾编写了《中国寓言初编》，这是中国儿童文学史上第一部供儿童阅读的寓言故事集。1921年在《〈儿童世界〉宣言》中，寓言被正式归为儿童文学的文体之一。为了建设这一新文体，郑振铎不仅在《儿童世界》上刊发了很多寓言作品，还对这一文体进行了专门的理论研究。1925年，郑振铎虽然不再是《儿童世界》的主编，但仍作为商务印书馆工作人员发表了《论寓言——〈印度寓言〉序》一文。这篇文章可以看作对《儿童世界》建设寓言这一新文体的理论总结。在这篇文章中，郑振铎站在人类发展史的高度对寓言的历史、特征、创作原则、教育作用等方面进行了准确的论述。其中，最精彩的莫过于他对寓言性质的界定："寓言的性质，半与故事相同，又半与比喻相同。寓言与故事一样，是一篇简短的事实的叙述；又与比喻一样，是表达一种隐藏的意义，不过不是用几个比喻的文词来表达，而是技巧的用创造的人物的言、动以表达之的……最高尚的寓言常包含有伟大的目标，它在说着人间的真理。"④ 略感遗憾的是，在这篇重要的理论

---

① 郑振铎：《插图之语》，《小说月报》1927年第18卷第1号。
② 王黎君：《郑振铎与中国图画书的发生》，《鲁迅研究月刊》2014年第9期。
③ 朱自强：《现代儿童文学文论解说》，海豚出版社2014年版，第116页。
④ 郑振铎：《论寓言——〈印度寓言〉序》，《中国现代儿童文学文论选》，广西人民出版社1989年版，第468页。

文章中，对与寓言这一文体非常相近的童话却只字未提。

二、《儿童世界》与现代中国儿童文学的本土原创

从第 1 卷第 8 期到第 5 卷第 1 期，《儿童世界》共陆续刊发了叶绍钧 21 篇原创童话作品。《儿童世界》非常重视这一批原创童话，不仅以许敦谷为代表的优秀美术人员为其创作了 90 多幅插图，而且为了进一步扩大影响力，郑振铎还借助商务印书馆庞大的营销发行平台进行了大量宣传。1923 年 11 月，上海商务印书馆又将这些童话结集出版为《稻草人》。据张梅考查，在《稻草人》的 23 篇童话中，只有《花园之外》和《小黄猫的恋爱故事》没有在《儿童世界》上发表。由《儿童世界》孵化出的《稻草人》是中国作家第一本原创短篇童话集，在中国现当代儿童文学史上有着极为重要的意义。自此，中国告别了"翻译童话"一统天下的局面，拉开了本土"创作童话"的大幕。

《稻草人》中的童话作品兼具浪漫抒情和现实主义两种艺术风格。在《小白船》、《芳儿的梦》和《燕子》等这类作品中，作者好似小儿一般，拉着读者的手一起进入仙境一般的童话世界。"溪面有极轻微的声音——水泡破碎的声音。这是鱼儿做出来的，他们能够用他们的特别方法，奏这奇异的音乐。'泼剌……泼剌……'他们觉得好听极了。"[①] 作者还不时地在行文中穿插童谣——"鱼儿来！/鱼儿来！/我们没有网，/我们没有钩。/我们唱好听的歌，/愿与你们同游"[②]，进一步渲染这诗一般的没有悲伤的童话国度。这些童话优美、纯净、轻松，符合大多数读者对童话惯性的审美期待。如果说以上童话故事的情节脉络基本是顺承平和的，那么《梧桐子》、《新的表》、《傻子》和《鲤鱼的遇险》等童话故事的情节安排则具有一定的戏剧性。读者本来一直担心着赢弱的梧桐子离家出走后风雨飘摇的命运，哪知他们历经千辛万苦后不仅长成参天大树，还保护着身旁小草们的生命。我们以为傻子和愚儿会受尽人们的冷眼和奚落，人生难有起色。谁知傻子一路心志坚定，后来为国王雕刻了一座精致的纪念不再打仗的牌楼，赢得了世人的肯定；而愚儿几经周折也学会使用新表，从不能自理到井井有条地安排自己的学习和生活。含有"转变"因子的童话故事对儿童的成长至关重要，在这样的镜像投射中，儿童与"主人公"一起经历人生的沉浮，从迷茫、恐慌到从容、坚定，最终找到自我，确认自我。延展到现实生活中，这种顿悟的体验也会在某一刻助力儿童自我认同和自我主体性的建立。叶绍钧的这类童话可视为当下"成长故事"的雏形。

---

① 叶圣陶：《小白船》，《儿童世界》1922 年第 1 卷第 9 期。
② 叶圣陶：《小白船》，《儿童世界》1922 年第 1 卷第 9 期。

《稻草人》、《瞎子和聋子》和《画眉鸟》等这类相对灰色的带有浓烈悲伤情绪的童话被学界讨论较多,并公认其最能代表叶圣陶个人的创作特色。《稻草人》在表层上讲述的是田间的一个稻草人目睹了老妇人、渔妇和赌徒妻子的悲惨命运,心急如焚、伤心欲绝却又无能为力,最后昏倒在田地中间的故事;在更深的层面,作者想通过这样一个童话故事展现20世纪20年代中国农村摇摇欲坠的社会现状以及劳动人民的苦难生活。同情心满怀的稻草人也因其鲜明的个性而成为了中国现当代儿童文学中的经典形象。鲁迅认为,"叶绍钧先生的《稻草人》是给中国的童话开了一条自己创作的路的"①。鲁迅先生这句话意味深长,至于是一条什么样的中国道路却没有明言。王泉根后来补充为"一条现实主义的儿童文学创作道路",即"从梦幻走向现实,使叶圣陶的童话抛弃了幼稚的幻想的美满的大团圆,从而扩大了童话的题材范围,使人间百态直接进入了作家的创作视野,童话人物形象也由此发生了根本性变化。这一转变不仅加深了叶圣陶童话的思想意义与时代精神,而且对促进中国现代儿童文学的创作产生了深刻影响"②。与王泉根的观点不尽相同,朱自强也赞同童话应该反映社会现实,但同时又提出了儿童文学作家应该如何表现现实人生的疑问。他认为《稻草人》的问题在于不应该表现"人生和成人的悲哀的绝望性。儿童文学不是任何的成人观念和情感都可以投注进去的容器"③。让人感到吊诡的是,叶圣陶本人不仅十分认同"儿童本位"的儿童文学观,而且有非常强烈的为儿童写作的创作观念。他曾呼吁:"创作儿童文艺的文艺家当然着眼于儿童,要给他们精美的营养料。"④ 为什么会出现这样的情况呢?朱自强认为,究其根源,在于以周作人为代表的"儿童本位"儿童文学理论和以叶圣陶、冰心为代表的儿童文学创作这两个"现代"之间的错位,即虽然作家们在观念上接收了西方的"儿童本位"的儿童观,但是非儿童时代的民国社会并不能给予他们相应的感受和体验。不过,我们也应该看到,"在创作方面,叶圣陶的'稻草人'虽然偏离了西方式的'儿童本位'的方向,但是,却寻找到了中国儿童文学走向现代化的独特道路……这种'成人的悲哀'恰恰出自对没有真正童年的中国社会现实的关注……背后隐含着他对真正的童年即可以拥有儿童文学的童年的强烈要求"⑤。诚如一些学者所言,叶圣陶的童话创作存在着种种不足,然而他所指引的关注现实社会、与非儿童化的社会现象进行对决的勇气确实是中国儿童文学的精魄所在。反观当下,在儿童教育生态日益恶化、童年逐渐消失、儿童生命状态令人堪

---

① 鲁迅:《译者的话》,《译文》1935年第2卷第1期。
② 王泉根:《中国现代儿童文学文论选》,广西人民出版社1989年版,第726页。
③ 朱自强:《现代儿童文学文论解说》,海豚出版社2014年版,第198页。
④ 叶圣陶:《文艺谈(八)》,《叶圣陶和儿童文学》,少年儿童出版社1999年版,第441页。
⑤ 朱自强:《中国儿童文学与现代化进程》,浙江少年儿童出版社2000年版,第188页。

忧的今天，又有多少儿童文学作家在痛心疾首，进而为儿童锐利发声呢？或许，连我们自己都是其中的帮凶。

晚清、"五四"，基于对儿童的发现和认知，在儿童读物和小学教材中大量运用图画已成为学界和出版界的共识。《儿童世界》以"图画故事"为主要载体对图像叙事进行的种种实验便是这股潮流中的重要力量。《儿童世界》对"图画故事"这一文体的推动大致有三个方向。首先，对文与图的有效配合进行多方探寻。《儿童世界》不仅对上图下文、上文下图、左图右文、左文右图、图中带文和文图分离等文字与图画的外在组合形式进行了多种尝试，而且对文字与图画各自表达的优势和局限，以及它们之间如何进行有效配合也进行了多番试验。《儿童世界》第四卷第三至十三期连载了长篇图画故事《河马幼稚园》。《河马幼稚园》由既相互关联又各自独立的十则小故事组成，主要采取上图下文的呈现形式。这十个故事共同讲述了在河马夫人开办的河马幼稚园中，小象、小虎、小猴子和鹦鹉等小动物们淘气、快乐和温暖的幼稚园生活。在《河马幼稚园(8)》"请医生"这个故事中，第一幅图描绘的是小动物正围坐在餐桌旁吃饭，河马夫人向卧室走去，小动物们睁着圆圆的大眼睛目送她离开。文字是："河马夫人正同孩子们在吃饭时，忽然觉得心口有些作恶。她对孩子们道，'你们尽管吃饭吧。我心口有些难过。不吃饭了。'说罢，她便回到卧室里去了。"① 这个情节中重要的信息是河马夫人不舒服，回到卧室，小朋友们担心老师。为了强调这个信息，作者使用了文图叠用的办法，即文字和图画都传达了这个信息。而小象和小虎是第一批入学的学生，相对新生年纪稍长，因此他们更懂事，也更担心老师。在图画中，他们担心老师的表情被画得很夸张，而文字对此只字未提。显然，作者使用了文图互补的方式来讲述，旨在让整个故事更丰富，给读者留下更多想象的空间。《儿童世界》对文与图的特殊关系所进行的实践，已经很接近日本图画书之父松直居的观点。"图画书是文章也说话，图画也说话，文章和图画用不同的方法都在说话，来表现同一个主题……假如用数学式来写图画书表现特征的话，可以这样写：文+图=有插图的书，文×图=图画书。"②

其次，尝试创作以图为主，无字或者少字的图画故事。第四卷第十一期刊登的署名为振铎的《猫与活动鸭》便是无字图画故事的典型代表。《猫与活动鸭》分为上、下两篇，各有三幅图，都没有文字。上篇第一幅图，一个小男孩发现一只野猫正在尾随两只鸭子，并想伺机吃掉它们，小男孩对此感到十分生气；第二幅图，小男孩挺身而出，吓跑了野猫；第三幅图，野猫被吓走之后，小男孩担心它不会就此罢休，灵机一动，便拿

---

① 郑振铎：《河马幼稚园(8)》，《儿童世界》1922年第4卷第10期。
② [日]松居直：《我的图画书论》，郭雯霞、徐小洁译，上海人民美术出版社2008年版，第216页。

出了身上的玩具活动鸭。下篇第一幅图，果不其然，野猫折返回来，刚好发现了活动鸭；第二幅图，野猫以为它是一只真正的鸭子，便奋不顾身地扑了上去；第三幅图，小男孩在旁边目睹了这一切，忍不住哈哈大笑，而野猫狼狈不堪，在一旁哇哇大哭。《儿童世界》上类似的无字、少字的图画故事还有很多。郑振铎及其团队以此证明了图像不仅具有独立叙事的能力，而且拥有连续讲述复杂故事的巨大潜能。这一认识对促进新文体"图画故事"的成长至关重要。在此基础上，《儿童世界》从第七卷第一期开始陆续刊发的图像精美的"小画报"，就已经非常接近当下图画书的样式了。

最后，为了摆脱前身"滑稽画"滑稽主题的惯性束缚，在图画故事主题的广度和深度上进行了开拓。《儿童世界》第五卷第二期至第七期连续刊登了《爱美之笛》系列图画故事。与其他大多数图画故事标配的"热闹"画风相比，《爱美之笛》画图优美而有意境，清新而雅致。它由梦游、百花国、蜜蜂国、蝴蝶国、百鸟国和百果国六个故事构成，采用的是文图左右并列的呈现方式。《爱美之笛》讲述的是爱美的父亲送了一管笛子给爱美，虽然这管笛子吹奏起来不会让小动物跳舞，但是笛神能带爱美到处游逛。在笛神的带领下，爱美游览了最美丽、最和平的百花国，漫步了勤劳的蜜蜂国；在蝴蝶国看见蝶仙为同胞和蚂蚁争夺的场景，在百鸟国目睹了杀死许多小麻雀的大鹰被驱逐出国的过程，在百果国正好碰见它们开国务大会。这番游历让爱美觉得十分有趣，令她回味无穷。滑稽画正如它的名字所昭示的一样，它的核心是寻找恰当的"抖包袱"时机，以制造出人意料的笑料。图画故事由滑稽画演变而来，在继承这一逗趣传统之外，也一直在寻找新的突破点和生长点。正如《爱美之笛》所展现的那样，爱美在这番有趣的游历之后，在心里种下了和平、勤劳和担当的种子。只要时机一旦成熟，就会生根发芽。这无疑增加了图画故事这一新文体的表现深度和广度。综上所述，恰如张梅所言，《儿童世界》的"'图画故事'在图像连续叙事和文图结合方面，以及故事表现广度、深度等方面比《儿童教育画》有了更大的发展，成为中国图画书的雏形，并对儿童文学的内容和形式的变革产生了深远影响"①。

以儿歌为代表的韵文体儿童文学，一直是中国儿童文学本土原创中的强项。美国人何德兰曾高度赞誉中国儿歌道："在中国比英美能找出较多的儿歌……《冰糖加玫瑰》、《顺气丸》、《小胖小子》、《我的孩子睡觉了》这几篇歌谣所表现出来的感情。我们敢信世界上再没有别国的儿歌，比以上所举的几种歌谣，能够表现出更深更浓的感情的。"②中国儿歌的兴盛既因歌吟是儿童本能的一种需要，又得益于以诗文为中心的中国传统文

---

① 张梅：《晚清五四时期儿童读物上的图像叙事》，中国社会科学出版社2016年版，第334页。
② ［美］何德兰：《中国的儿歌序》，《歌谣》1923年6月3日。

学强大的"诗骚传统"。叶圣陶当了多年的小学语文老师。据他观察,"他们更欢喜诗。杜甫的《兵车行》,白居易的《折臂翁》,都是他们百读不厌的。他们往往作期望的语气问我道'下星期选诗吧,好几星期没教诗了'"①。《儿童世界》自创刊以来,一直非常重视儿歌的创作和编辑传播,不仅将其放在每期卷首的位置,而且或专门进行配图,或辅之以装饰画,或请名家进行谱曲,或对其吟唱方式进行说明,旨在让儿歌的内容、形式和儿童的歌唱三者能和谐地融合在一起。第三卷第四期刊登了张春浩创作的含有教育意味的儿歌《花园》:"好朋友,大家牵了手,花园里边慢慢游/好花儿,只好心里爱爱花,不可随意采/好花儿,留在枝头看,比在手中好百倍/到后来,还有好果子,慢慢儿地生出来。"《儿童世界》对这首儿歌既谱了曲,又配之以装饰图进行美化,还用了两个页面对这首儿歌表演时的动作进行详细说明,比如"好朋友"这句童谣,对应的表演动作是"甲乙相对行一鞠躬礼"。这种输出方式将儿歌的文学熏陶、儿童美育和儿童团体协作等功能有机地关联在一起。

《儿童世界》对儿歌这一文体内容和形式的可能性几乎进行了全方位的开掘。所谓儿歌,顾名思义就是儿童在日常生活中吟唱的歌谣。就内容而言,《儿童世界》上刊载的原创儿歌基本涵盖了儿童日常生活的方方面面,比如帮助幼儿止哭入睡的、专事诙谐逗乐的、用来练习汉语发音的、应用游戏的、包含基本知识的、具有教训意义的等,类别非常丰富。第四卷第五期推出了章锡琛的作品《小鸟》:"树枝上,众小鸟,/一天到晚叫不了。/大鸟问小鸟:/'你们为了什么叫?'//小鸟都叫道:/'饥了,饥了,肚子饥了;/快点拿食来,/给我吃个饱。'//大鸟飞飞飞,/飞到东边飞到西。/衔了小虫饲小鸟:/'你们不要再叫肚子饿!'//小鸟在家叫,大鸟在外飞;/大鸟天天瘦,小鸟天天肥。/只望小鸟快长大,大家都会高高飞。"这首儿歌运用拟人的修辞,既形象生动又深入浅出地告诉小朋友父母养育儿女的辛苦以及他们对儿女的殷殷期盼。并且,这首儿歌朗朗上口,小朋友们只要诵读几遍就能在不知不觉中明白其中的含义。它的教育意义通过其文学性便获得了事半功倍的效果。与内容相呼应,《儿童世界》上原创儿歌的艺术形式也是纷繁多样的。就体裁而言,根据叙述方式、叙述修辞和叙述口气的不同,或直接叙述,或问答形式的叙述,或如实叙事,或拟人叙述,或自语式叙述,或代语式叙述;就句式而言,从三字句式到七字句式,长短不等,灵活组装;就用韵而言,或句末一韵到底,或句末押韵,或句首句末交互押韵等等。第四卷第九期发表了徐鲁光的儿歌《纸鹞》:"放了学,/天气早。/向娘要钱买纸鹞。/松了线,/朝上跑,/直与青云一样高。"同期也刊登了一真女士的作品《日儿》:"日儿红在东方。/起床,/穿了衣衫,/洗了手

---

① 叶圣陶:《文艺谈(七)》,《叶圣陶和儿童文学》,少年儿童出版社1999年版,第437页。

脸，／吃了早饭，／挟了书包上学堂。"前一首是标准的三三七句式，基本上是句末押韵。作者用自语的叙述口气直接叙述买纸鹞的过程和放纸鹞的愉悦心情。与前一首的句式结构相比，后一首的句式结构显得摇曳多变，采用了不规则的六二四四四七的形式，给人一种在句式规则之中寻求合理变化的美感。作者使用一韵到底的方式来配合儿童从起床到上学这一系列的日常生活动作，从而达到酣畅流利的叙述效果。

  与成人文学一样，在儿童文学本土化初期，各种文类之间的边界也是比较松动的。在叙事类文体中穿插韵文体便是中国现代儿童文学各文类在对话过程中出现的特征之一。《儿童世界》一共刊登了21篇叶圣陶的童话。在这21篇童话中，有7篇童话在行文过程中穿插了儿歌，占比为30%。"我要喝甜蜜的奶汁，／睡在母亲的怀里。／我要永远这样，／现在有希望了。／／我要每天夜晚抱着少年，／让他在我的怀里休息。／我要永远这样，／现在有希望了。／／我要老伴伴着我，／在无论什么时候。／我要永远这样，／现在有希望了。"《大喉咙》这篇童话本意旨在批判资本家对劳动人民的过度剥削，文风本应该尖锐而生硬。在穿插了这首儿歌之后，整篇童话的抒情氛围陡然增加，从而消减了批判的锐度。从读者的角度来看，这样的安排似乎更适合儿童读者的审美认知。图画故事是最富有弹性的文体。《儿童世界》第一卷第三期刊登了诗歌图画故事《谁杀了知更雀》。这首诗一共14节，作者也用了14幅图画来表现该诗的主要内容。用连续图画来表现诗歌这类韵文体的内容在当时尚属首例。这样的组合在《儿童世界》后期的图画故事中几乎不见了。可见，在试验的过程中，《儿童世界》对各类文体的边界和融合的分寸日益清晰。正如有的学者所言，"这个过程就是新文体发生、发展、完善的过程"①。总之，《儿童世界》在儿童文学各种文类的本土成长过程中起着重要作用，或促进认识各文体的核心特质，或使其在碰撞中演变出新文体，或增加各文体的叙述张力。这不仅对促进中国现代儿童文学本土创作的发展有筚路蓝缕的开拓之功，并且在很大程度上对中国当代儿童文学的创作也产生着深远影响。

三、《儿童世界》与现代中国儿童文学教育实践

  儿童文学的一个核心价值在于为儿童提供精神食粮，帮助他们健康成长。因此，与成人文学不同，儿童文学的教育功能从现代儿童文学诞生以来就占据着一个重要的位置。对此，周作人早有一番精彩的定论。他在中国现代儿童文学文论史上的宣言式文献《儿童的文学》一文中明确谈到"今天所讲儿童的文学，换一句话便是'小学校里的文

---

① 张梅：《晚清五四时期儿童读物上的图像叙事》，中国社会科学出版社2016年版，第364页。

学'",并在后文中以儿童学上的分期为依据对儿童文学进行了文体分类,进而阐释小学校里的儿童文学的教育功能①。无独有偶,"从国外的研究资料来看,儿童文学价值的实践性特征非常明显。即作为一种精神创造,儿童文学的价值功能极大程度上在社会实践中被落实了,它广泛地联系于儿童教育成长的方方面面"②。事实上,《儿童世界》也是在教育语境中创办的。《儿童世界》所做的大多数改革是以能更好地服务儿童为宗旨的。他们在坚持儿童文学的文学本体属性这一原则的基础上,以各种活动为支点,挖掘并拓展其潜在的教育功能,进而呈现儿童文学这一特殊"文学活动"的独特性质。

《儿童世界》尊重儿童本能的兴趣和偏好,开展了一系列视觉语言的教育实践活动。商务印书馆有一支以许敦谷和万籁鸣为代表的专业美术工作者队伍。他们能根据不同的需求,灵活穿插运用线条勾勒、水粉、水彩、多层罩染等多种绘画技艺;妥帖恰当地进行造型、构图、文图配合等方面的设计。因此,《儿童世界》中的图画作品,无论插图、文章配图还是天地头装饰、题头文尾画都让人赏心悦目。每期封面画更是匠心独运。第二卷第一期的封面画名为《燕子》。两个可爱的齐刘海小姑娘一高一低地静静坐在窗前,和煦的阳光透过窗户温柔地洒下来,与旁边茶几上的小盆栽交相辉映。此时,北来的小燕子轻轻地停留在小女孩的手上,与她们低语。这幅封面画是为叶绍钧的同名童话《燕子》而作,整体风格清新可人,令人眼前一亮。从长远来看,这不仅是在对儿童进行视觉启蒙,更是在践行蔡元培倡导的"以美育代替宗教"的教育思想。除了审美熏陶之外,《儿童世界》还精心设计了许多训练绘画技能的小题目,以激发起儿童蠢蠢欲动的视觉表达欲望。第二卷不定期提供方便儿童临摹的对描彩色动物图。第五卷不定期推出简笔画教学活动。第三期教小朋友画狗。作者洁西图文并用,只用了简单易操作的五步就示范画出了一只可爱的小狗。第十三期教小朋友画黄牛,作者志坚四步便画出一头活灵活现的黄牛,让儿童一目了然,提笔便会。为了进一步训练儿童的观察力、想象力和创造力,第四卷第五、六、七、八期连续设计了文图分离的板块。具体做法是在该期篇首给出几幅或并列或连贯的图画,让儿童发挥想象自行解读,该期末页给出图画的文字说明。比如,第五期图画名为"衣服污了",用了四副大小不一的连贯铅笔图画来展示衣服被弄脏的过程。这需要儿童读者仔细观察图中的细节,发挥想象能力把图与图之间的留白填补出来,最后将所得的信息综合在一起,复述出"衣服污了"的原委。类似以上的设计不胜枚举,还有涂色游戏、看图猜谜、封面故事大猜想、同主题的图画作品比较等。这一系列的活动都是旨在锻炼儿童画图、读图和文图结合等能力。

---

① 周作人:《儿童的文学》,《新青年》1920 年第 8 卷第 4 号。
② 李利芳:《中国发生期儿童文学理论本土化进程研究》,中国社会科学出版社 2007 年版,第130 页。

—— 《儿童世界》对现代中国儿童文学本土化发展的影响 ——

　　《儿童世界》最期盼的当属儿童自由而新颖地视觉表达。在开展了一系列单项训练活动之后，该刊开始频繁地向儿童募集自由画作品。"无论是水彩，钢笔，毛笔，铅笔画都欢迎。最要紧的是，这种图画务要是儿童就他自己所见的东西大胆地描写出来，而完全没有经过成人的修饰的。"① 为了鼓励儿童吾手画吾心，《儿童世界》对采用的稿件给予了丰厚的回报。"报酬分三种：（甲）每千字一元至五元（乙）书卷（丙）本杂志自一册起至一年止。"② 当时《儿童世界》每册售价才6分，一年的刊物多达几十本，比如，1922年该刊共出版约51期，可见应允的稿酬是多么优厚。对于儿童创作的自由画作品要么分期刊登，比如第二卷第十二期刊登了七幅儿童自由画，内容基本都是儿童对所见实物的描摹，比如蝙蝠、羊头、树叶、帽子等；要么独立刊印，随刊赠送。发行之前，《儿童世界》甚至会提前广而告之有一张图画随书赠送，提醒读者注意查收。儿童自由画的佳作也时不时地出现。第二卷第九期刊登的上海尚公小学学生的作品，虽然笔法稚嫩，但是风格清新，志趣洁净，意境初成。在《儿童世界》发行近20年的时间里，"儿童自由画"这个版块逐渐发展成了最具意味的特色栏目。

　　由图而文，《儿童世界》顺应儿童的认知规律，围绕汉语的特征展开了一系列语言教育实践活动，比如猜字谜、填词、看图说话、读后感、学习写信等。第五卷第九期悬赏第七刊出一篇名为"胆小的影子"短文。这篇短文未加标点，并留出许多空格，悬赏让儿童填出短文里脱落的字眼并加上标点，合格的便有一种图书或者礼券相送。这种语言学习的方式与当下小学语文课堂上锻字炼句的练习如出一辙。第十六卷第二期的悬赏第八十对单一的语言活动进行了升级。该期给出了一幅被蟑螂咬破的图画，里面的信息残缺不全，悬赏让儿童读者将这幅图画添补清楚，并用一篇文字叙述清楚画中的儿童正在做什么事情。这既需要儿童有一定的读图能力，又训练了他们连字成篇的语言表达能力。而这一切都在图与文反复穿梭中不知不觉地完成，可以猜想出当时儿童读者兴致勃勃、意犹未尽的画面。这对当下的母语学习都是很好的启示。此外，《儿童世界》不仅自觉建设各类新文体，还非常注重各文体的教育性。尤其在编辑排版时，尽量考虑将各文体与儿童学习活动实践关联起来。第三卷第四期期首，儿歌"花园"的歌词与曲谱只占了一页的篇幅，关于这首儿歌表演时的动作说明却占了两页的篇幅，其中的说明内容详细到每句歌词相对应的表演动作。

　　基于汉语学习的复杂性，《儿童世界》以儿童文学为核心，围绕某个特定的主题开展跨学科的综合教育活动。《儿童世界》出版过新年专号、常识特刊号和假期专刊等。

---

① 《儿童创作的募集》，《儿童世界》1922年第1卷第5期。
② 《投稿规则》，《儿童世界》1922年第1卷第12期。

在第二十五卷第六期"狗的故事"专号的卷首,编辑这样提醒读者:"我们已经把狗的事实,简单地和明了地介绍给你们,希望诸位读者对于这种极有用处的家畜,有了相当的认识,从此更钟爱它们,保护它们。"[1] 在该专号中,既有《黄狗请客》、《小狗多比》和《雪人与狗》等儿歌和童话,也有《狗的寿命》、《狗会哭吗》和《养犬的方法》等科普小知识。而《几种著名的犬》、《一只环游世界的犬》和《犬的病》等几篇则用讲故事的方法介绍生物学、地理学和医学知识。该期末页还介绍了手工制作《狗舍的制造法》。通过阅读该专号,儿童在一个跨学科的语境中既了解了与狗相关的方方面面的知识,又促进了经验和知识的迁移能力、连接能力和整合能力。不仅如此,正如心理学家皮亚杰所说,"一个主题的知识会给孩子打下一个基础,以此知道更多的。在孩子阅读一本知识类图书时,他们建立起一个框架或图式来帮助他们阅读更为复杂的材料,并关涉未来的某个主题……在诸如对社会历史、文化差异、自然、艺术的认知,在对世界事物运程的勘探、儿童兴趣的培养等方面都起到重要的作用"[2]。这样的举措放在当下的语文教育教学改革中仍然是领先之举。

综上所述,中国现代儿童文学虽然受西方影响而产生,但是其落地、发展与演变却是本土化的。在中国现代儿童文学本土化发展过程中,《儿童世界》起到了战斗堡垒的作用。就基本理论构建而言,除了对以儿童为本位的现代儿童观的选择和体认之外,《儿童世界》倡导的大儿童文学观至今仍掷地有声;就推动本土原创而言,《儿童世界》不仅着力于摸索各文体的核心特质,而且致力于在各文体的碰撞中建设新文体。这些尝试有效地拓展了儿童文学的创作内容和表现形式。同时,《儿童世界》组织了大量的儿童教育实践活动。这些活动既具化了"童年"这一抽象观念,还彰显了儿童文学这一特殊"文学活动"的独特性质。此外,两个"现代"的断裂,即以西方儿童文学理论为代表的"现代"和以《稻草人》为代表的自主创作的"现代",恰好证明了中国儿童文学建构自我主体性的强烈意识。尽管这个过程充满了艰辛和曲折,但是,中国儿童文学只有深入到中国儿童的生存环境和生存感受之中,才能找到中国儿童独有的兴味,才能替中国儿童发声,才能成为中国儿童的代言人。

(作者单位:成都大学师范学院)

---

[1] 《编辑者话》,《儿童世界》1930 年第 25 卷第 6 期。
[2] 转引自李利芳:《中国发生期儿童文学理论本土化进程研究》,中国社会科学出版社 2007 年版,第 381 页。

民国文学研究

译介《秘密的中国》与周立波报告文学观的形成①

吴 旭

捷克斯洛伐克记者埃贡·埃尔温·基希（Egon Erwin Kisch）报告文学集《秘密的中国》是周立波早期翻译作品之一。自1936年始，周立波翻译的《秘密的中国》的部分篇章就陆续发表，如《申报周刊》第1卷第13期发表的《"黄包车"、"黄包车"》，《通俗文化》第3卷第8期发表的《吴淞废墟》，《文学界》创刊号发表的《士兵墓地的吉原》、《文学界》第1卷第2号发表的《污泥》、《文学界》第1卷第2号发表的《纱厂童工》、《文学界》第1卷第3号发表的《死刑》等。1938年4月，汉口天马书店出版了周立波翻译的中文版《秘密的中国》完整本，全书共收入了23篇报告文学翻译作品。

周立波对基希《秘密的中国》的翻译有其特殊之处。捷克斯洛伐克记者基希精通德语，因此《秘密的中国》最初是用德语撰写的，英国翻译家迈克·达维德生（Michael Davidson）用英语翻译了德文版《秘密的中国》，而周立波是在迈克·达维德生翻译的英文版《秘密的中国》基础上进行转译的。另外，值得特别注意的是周立波翻译报告文学《秘密的中国》的特殊背景。20世纪30年代，国外的报告文学理论相继被介绍到中国，包括川口浩、巴克、基希、梅林、加博尔等人的报告文学理论。在这些报告文学理论的引导和启发之下，文学界掀起了报告文学创作与理论研究的热潮。当时中国内忧外患的政治局面，特别是风起云涌的"抗日"斗争，为作家创作报告文学作品提供了丰富的创作素材。文艺理论家以群就曾这样概括当时报告文学特别发达的原因：

中国报告文学的产生和发展，完全是中国社会现实的激变所促成的。中国社会

---

① 本文系国家社会科学基金项目"社会主义建设初期文学语言研究"（17BZW193）阶段性成果。

现实的激变供给了文学以异常丰富的素材,而文艺者要追随着现实的激变,急速地反映在自己的作品里,以便其发生直接的社会的效果,就不能不运用报告文学的形式。中国报告文学是在这样的社会条件之下发达起来的①。

在报告文学开始崛起的情况下,周立波之所以会翻译捷克斯洛伐克记者基希的报告文学《秘密的中国》,也有一些比较具体的原因:一方面,虽然当时的报告文学创作异常热闹,但翻译到国内的报告文学译作并不多,因而产生了国外报告文学作品的翻译需求。王文军在《局部抗战时期中国报告文学研究》中指出,当时不仅"报告文学"文体界限比较模糊,而且表现手法各异,出现了"散文型"、"新闻通讯型"、"分析型"、"小说型"等各种各样的报告文学②。这就能够解释周立波为何要翻译报告文学而不是其他文学样式。另一方面,周立波在此之前的人生经历,包括 1932 年曾因参加工人运动被捕入狱,1934 年参加了"左翼作家联盟",1935 年加入中国共产党等,直接影响到他对"左翼"文学的接受。《秘密的中国》介绍的是 20 世纪 30 年代的中国,周立波认为"在我们的国家和人民正被恣意宰割,放肆欺侮的时候,基希的这种同情和理解,使我们格外感动"③。这就能够解释周立波为何要翻译基希而不是其他外国作家的报告文学作品。事实上,周立波非常认可基希的报告文学创作。在《秘密的中国》译后附记中,周立波曾高度评价基希——"在轻快的笑谈间夹着逼人的严肃的风格,他渊博的知识和强烈的正义感,不负他的盛名,使得他成为中国新起的报告文学者的良好的模范"④。

考虑到周立波在翻译过程中对《秘密的中国》的研读,结合周立波在翻译之后的报告文学作品发表和出版情况,我们完全能够推测基希的报告文学集《秘密的中国》对周立波创作的影响。周立波自 1936 年开始发表《秘密的中国》单篇译作,至 1938 年 4 月结集正式出版,这与周立波创作报告文学集《战地日记》和《晋察冀边区印象记》的时间高度吻合。1938 年 6 月,报告文学集《战地日记》由上海杂志公司在汉口出版;同月,报告文学集《晋察冀边区印象记》由读书生活出版社出版⑤。正是在这个意义上,译介《秘密的中国》对周立波报告文学创作的影响这个话题就存在讨论的必要。当前已经有李仕中《基希的影响与周立波报告文学的历史地位》⑥ 和丁晓原《周立波对报告文

---

① 以群:《以群文艺论文集》,上海文艺出版社 1983 年版,第 9 页。
② 王文军:《局部抗战时期中国报告文学研究》,上海社会科学院出版社 2007 年版,第 73 页。
③ [捷克] 基希:《秘密的中国》,周立波译,群众出版社 1981 年版,第 198 页。
④ [捷克] 基希:《秘密的中国》,周立波译,群众出版社 1981 年版,第 198 页。
⑤ 李华盛、胡光凡:《周立波研究资料》,湖南人民出版社出版 1983 年版,第 26-27 页。
⑥ 李仕中:《基希的影响与周立波报告文学的历史地位》,《怀化师专学报》1995 年第 4 期。

学名著的翻译与研究》》① 两篇文章就此而论。两篇文章都涉及译介基希《秘密的中国》对周立波报告文学创作的影响，但两篇文章都是就报告文学创作的具体影响而论，除此之外，前者还涉及"周立波报告文学的历史地位"问题，后者则聚焦于"翻译与研究"。这些均为本文所要讨论的译介《秘密的中国》与周立波报告文学观的形成问题留下了一定的研究空间。本文通过基希《秘密的中国》创作情况介绍与周立波对基希《秘密的中国》的评价相结合的方式，具体探讨周立波在译介基希《秘密的中国》之后，如何形成以"事实、思想、艺术"作为三要素的报告文学观。

一

如果说小说创作是以引人入胜的故事情节和圆润饱满的人物形象见长，那么散文创作则是以强烈的情感共鸣和优美的语言表达取胜。与小说和散文创作比较，报告文学也可能有较好的故事情节、人物形象、情感共鸣、语言表达，但这些都不是报告文学区别于其他创作类型的个性所在。报告文学是一种界于新闻报道和文学创作之间的特殊文体，其核心是符合现实的准确，而不是像其他创作类型那样过于强调作家的个性心理表现。相当一部分报告文学研究者也都将"新闻性"看成报告文学区别于其他创作类型的特征之一。正因为此，那些长期从事一线报道和调查工作的新闻记者在撰写报告文学作品方面则具有先天性优势。基希就是一名捷克斯洛伐克记者。在到访中国之前，他已经采访过欧洲、非洲、美洲等地许多国家，撰写过一批具有影响力的报告文学作品。作为一名新闻记者的专业素养和极为广泛的国际采访经历，为基希日后创作《秘密的中国》打下了良好的基础。正因为如此，基希创作的《秘密的中国》这部作品带有较强新闻特写的色彩。这一方面表现在作品中新闻记者的叙述视角和叙述声音，另一方面也表现在作品中冷静细腻的新闻描述。以《吴淞废墟》这篇报告文学作品为例，"我们靠在栏杆上，把眼睛或望远镜集中于吴淞。那就是无可置辩的吴淞的本身"②，这一段有非常明显的叙述视角和叙述声音，作品通过叙述视角与叙述声音拉近了读者的距离，使读者获得了战地记者那样的现场感，其中的"无可置辩的吴淞的本身"就是这种亲临其境的现场感所带来的现实冲击。"战争在一条二十五公里的阵线上展开，而且延长了七个星期。好几万死者和伤者，好几万栋房屋，是这次战争的代价。没有俘虏，一律格杀。"③ 这一段描写的是战争带来的人员伤亡和经济损失，但作者并没有直接表达对战争的厌恶或者控诉，

---

① 丁晓原：《周立波对报告文学名著的翻译与研究》，《理论与创作》1997年第1期。
② ［捷克］基希：《秘密的中国》，周立波译，群众出版社1981年版，第1页。
③ ［捷克］基希：《秘密的中国》，周立波译，群众出版社1981年版，第3页。

而是借助"二十五公里"、"七个星期"、"几万死者和伤者"、"几万栋房屋"这些数据来说明"战争的代价"。除了数据说明之外,冷静的新闻手法还体现在细节性事实的陈述当中。作品中有这样一段描述上海吴淞地区被炸毁的惨状:

> 愈近炮台,大自然和人间庐舍愈被炸毁无遗。木屋的残存物不是木板,而是一些碎片。石屋的残存物不是石头,而是一些石屑。沿着日本人企图在那里搭桥的吴淞江的田野,布满了炸弹坑穴。没有一块方场没有被毁坏。就是在住宅之前,在稻田边上菜园里的砖砌的坟墓,也被炮火炸开了①。

没有故事情节,没有心理描写,没有空洞理论,作品通过信手拈来的细节表现了吴淞地区被炸毁的惨状:木屋变成碎片,石屋变成石屑,田野布满弹坑,坟墓也被炸开。作品所描述的满目疮痍之景,与唐代诗人杜甫的名句"国破山河在,城春草木深"有异曲同工之妙。一切景语皆情语,读者触景生情,对战争的厌恶之情和对敌人的刻骨之恨油然而生。

周立波非常欣赏这种通过细节性事实叙述来表达强烈的爱憎感情的手法,甚至直接在自己的报告文学创作中加以运用。1937年,周立波先后受命担任美国记者史沫特莱和美国情报官卡尔逊的翻译,两次到八路军华北战区采访考察。周立波根据两次采访考察经验撰写了一系列战地通讯和报告文学,这就是《晋察冀边区印象记》和《战地日记》。报告文学集《晋察冀边区印象记》收录的《劫后的东冶头》对日军"扫荡"后场景的描述,就很容易让人联想起基希《吴淞废墟》"用细节事实说话"和"以景语代情语"的手法。

> 我们走进镇里,不见一个人影;原有好几百家烟火的市镇,凄凉像坟墓。许多房子虽然没有经过火烧和炮轰,但是门窗和一切木器,都被敌人用做柴薪烧掉了。睡觉的炕,都被捣毁。烧饭的锅炉上,撒许多大便②。

通过烟火市镇没有人影、门窗木被当柴薪、烧饭锅炉撒着大便这类细节,作品冷静地描述出日军"扫荡"过后东冶头镇的一片狼藉。

如果说报告文学《劫后的东冶头》这篇文章的细节描写是周立波对基希报告文学创

---

① [捷克]基希:《秘密的中国》,周立波译,群众出版社1981年版,第6页。
② 周立波:《周立波选集》(第5卷),湖南人民出版社1983年版,第12页。

作手法的直接借鉴。那么《谈谈报告文学》中反复强调的"正确的社会事实和史实"则是周立波对基希报告文学创作观念的深入概括。周立波是这样介绍"正确的社会事实和史实"创作方式的:

> 基希的报告都根据正确的社会事实和史实,他旅行到事件发生的地方,深入他所要描写的人群的生活中心,他用自己观察和分析得来的事实的细节,再采用许多可贵的文件或歌谣等织成一篇完美的报告。他的每一篇报告,就是在科学的意义上讲,也可以说是一种绵密的社会调查①。

这段引文出现了一系列指向"真实性细节"的关键词,例如"深入……生活中心"、"自己观察和分析"、"事实的细节"、"科学的意义"、"绵密的社会调查"等。与其说这是周立波对基希报告文学创作观念的理论概括,还不如说周立波在肯定这种基于细节性事实的报告文学观。任何接受总是有选择的。周立波选择了翻译基希的报告文学,而不是其他作家的报告文学作品,并且在阐述自己的报告文学观过程中,多次概括基希的报告文学创作观,反复分析基希报告文学创作特征,这说明基希的报告文学创作对周立波的报告文学观的形成具有重要影响。这段引文中出现的"一篇完美的报告"和"绵密的社会调查"就是最好的脚注。这说明周立波已经将基希的报告文学创作直接当成可以仿效的楷模。"一篇完美的报告"是指作品写得好,"绵密的社会调查"是指具有可信度,周立波用最高级的方式赞扬基希报告文学创作是文学性与真实性的结合。这也再一次印证了本文此前的推测,周立波高度认可基希的报告文学创作手法——在冷静客观的叙述当中,运用具体数字和细节性事实进行表达,达到"景语皆情语"和"叙事即抒情"的特殊效果,从而突出报告文学的新闻性与真实性。

二

1985 年,国际记者协会(International Organization of Journalists)出版了 J. Tomas D. Kozlova 的 *Egon Erwin Kisch: Journalist and Fighter*。该著翻译成中文即是《埃贡·艾尔温·基希:记者与战士》(或翻译为《愤怒的新闻记者:埃贡·艾尔温·基希传》)。虽然这是他人对基希的评价,但读者从 Fighter(战斗者、奋斗者、斗士、战士)这个标

---

① 周立波:《谈谈报告文学》,《周立波三十年代文学评论集》,上海文艺出版社 1984 年版,第 64 页。

题，其实也能间接地感受到基希报告文学创作强烈的正义感。早在20世纪30年代，周立波在阅读和翻译《秘密的中国》的过程中就已经感受到这一点。在尔后论述报告文学的过程中，周立波多次提及基希的报告文学创作，并将基希的报告文学作品当成值得仿效的对象，其中的原因之一就是基希报告文学创作中的"正义感"。在《谈谈报告文学》这篇文章中，周立波这样评价基希的"正义感"与其报告文学创作的关系：

> 他（基希）并不是事态的旁观者。根据确凿的事实，他表露出他的有着正确的世界观的批评意见，要是碰到颠倒、错误、不公，甚至残酷的事，他毫不掩饰地流露他的激越的正义感，他原是最有名的一位激烈的报告文学家①。

上述引文的逻辑是非常清楚的，基希并不是"事态的旁观者"，而是"一位激烈的报告文学家"，因为基希列举但并不限于"确凿的事实"，而是毫不掩饰地流露出"正确的世界观的批评意见"和"激越的正义感"。在周立波看来，报告文学作家不应该做事实的旁观者，而应该流露出自己的批评意见和正义感，正是因为正确的世界观和激烈的正义感，这才使得基希成为著名的报告文学作家。

在周立波看来，"正确的社会事实和史实"是报告文学创作的基础，但作家绝对不能成为事实和史实背后冷眼的旁观者，报告文学创作绝不能止于对事实的堆砌与描述，而是要在事实的基础之上，用正确的思想价值观和锐利的眼光，对我们所遇到的事情加以分析和评判，这样的报告文学作品才会有一定的深度和高度。毫无疑问，基希的《秘密的中国》符合这个标准。其中的《吴淞废墟》就有这样一段描述：

> 有着红色太阳的日本国旗和日本海军旗，在吴淞的尸体之上飘动着。中国人在退走以前，他们将炸药放在军火的贮藏室，塞进大炮的装置中，把机钮一按，一个地震埋掉了炮台。现在，许多弯曲的、残缺不全的大炮钢管遗留在那里。
>
> 日本旗帜上的太阳像是一个圆的创伤，从那上面，鲜血向四围流淌②。

这段不足200字的引文至少表达了两个方面的意思：日本帝国主义发起的侵略战争给中国人民带来了深重的苦难，日本国旗和日本海军旗下的浮尸就是无言的控诉；中国人民对日本军主义的侵略进行了坚决的反击并为此付出了极为沉重的代价，但中国人民

---

① 周立波：《谈谈报告文学》，《周立波三十年代文学评论集》，上海文艺出版社1984年版，第64页。
② ［捷克］基希：《秘密的中国》，周立波译，群众出版社1981年版，第6页。

——— 译介《秘密的中国》与周立波报告文学观的形成 ———

抵抗侵略的信心和决心并未就此消沉，即便是遇到了必须撤退的情形，也没有给敌人留下军火贮藏和炮台要塞。引文共分成两段，第一段主要运用具体数字和细节性事实进行表达，第二段则通过"日本旗帜"的比喻委婉地表达出作者强烈的正义感。其中的"鲜血向四围流淌"可以作双重解读，既可以理解为日本帝国主义发起侵略战争使得中国人民遭受了血泪苦难，又可以理解为中国人民对日本帝国主义的坚决反击迫使日本帝国主义走向灭亡，但无论是哪一种情况，这句简明而铿锵的比喻表达出十分明确的主题：对侵略战争的极度厌恶和对受害中国人民的深切同情。

基希不仅关注政治，也关注文化。《秘密的中国》既记录了卖苦力的黄包车夫、纱厂的童工、被处决的政治犯，又记录了黄埔江畔的金融投机、北京街道的光怪陆离、正在退出文化舞台的影子戏。就前者来说，在叙述中国底层百姓所遭受的苦难与不幸过程中，基希自然会不断地流露出对中国底层百姓的同情；但就后者而言，在比较中西地区异同的过程中，基希也间接地表达出自己的社会文化立场。《影子戏》是一篇以"皮影戏"为题材的报告文学作品，但即便是这样一篇民俗文化题材的作品，基希也并没有吝惜自己的感情流露。

> 两百个左右的戏班只剩下了三个，是怎么弄的？美国的游历者和古董商人，把作为幻灯戏的演员的傀儡人物大批收买了去。演傀儡戏的戏子突然看见大堆的银洋是够高兴的……现在他们做了说书人，坐在街头巷尾，没有音乐，没有人物的，讲述那些旧戏。千百年以前，公共场所的说书人走到一个戏幕的后面，舞动许多傀儡的侧影，来发展他们的营业，现在却正相反。
>
> ……
>
> 在这整个晚上，我们始终没有想到，这种诙谐的笑剧的衰亡原因，外国殖民者的金钱和俗物根性，就是在这影子戏上也投下了它们的阴影，他们连中国的影子也都要收买去，那美丽的，着色的，灵活的影子①。

公允地说，在社会生产力大幅提高和科学技术不断进步之后，社会能够提供更多可供人们选择的文化产品，多媒体视听产品能够带给人们更好的体验和感受，传统皮影戏的衰弱也确实存在无法抗拒的必然，但基希同情中国被殖民的不幸遭遇，痛恨外国殖民者对中国的掠夺。殖民者将能够掠夺走的一切都掠夺走了，甚至连皮影戏这样的传统艺术也在掠夺中消失了。对传统皮影戏在现代社会衰落这一现象，基希关注的却是皮影戏

---

① ［捷克］基希：《秘密的中国》，周立波译，群众出版社1981年版，第103页。

衰亡与外国殖民者进入之间的关系：一方面，外国殖民者传入的金钱与拜物观念挤压了皮影戏的公共生存空间。白其乔家族以皮影戏为业，但在白其乔儿子这一代就不再子从父业，因经济原因改行去国际饭店做侍役；另一方面，游历者和古董商人出于经济目的对皮影戏道具进行收购，皮影戏从业者见钱眼开卖掉家当，加速了皮影戏进入博物馆的过程。基希对皮影戏所象征的中国传统文化的衰落深感痛惜，以至于"整个晚上"都在思考皮影戏衰亡的原因，同时对外国殖民者在中国皮影戏衰亡过程中所发挥的作用深感不安，最后发出"外国殖民者的金钱和俗物根性，就是在这影子戏上也投下了它们的阴影"的感叹。从基希说影子是"美丽"、"着色"、"灵活"的，我们可以读懂基希对"影子戏"的喜欢和赞扬；从"在这影子戏上也投下了它们的阴影"和"连中国的影子也都要收买"这样的评价，我们能够感受到基希对"外国殖民者"的不满甚至是愤怒。

由于仿效基希的报告文学创作，周立波特别重视"正确的世界观的批评意见"和"激越的正义感"。《晋察冀边区印象记》收录的《一个没有爆炸的炸弹及其他》就是其中一例。周立波甚至在文中列出一个表格，对日军口袋中的遗物进行分门别类，揭露日本军国主义为推行侵略战争采取欺骗和麻醉士兵的军事政策。

> 如果把我看到的敌兵口袋里的物件分起类来，可以作成一个简单的表：
> 神符⋯⋯⋯⋯⋯⋯⋯⋯⋯⋯⋯⋯⋯⋯⋯⋯⋯⋯⋯⋯⎫
> 千人针⋯⋯⋯⋯⋯⋯⋯⋯⋯⋯⋯⋯⋯⋯⋯⋯⋯⋯⎪
> 祝出征的种种⋯⋯⋯⋯⋯⋯⋯⋯⋯⋯⋯⋯⋯⋯⎪
> 小学生千篇一律的慰劳信⋯⋯⋯⋯⋯⋯⋯⋯⎬ 欺骗
> 女学生千篇一律的慰劳信⋯⋯⋯⋯⋯⋯⋯⋯⎪
> 强颜欢笑的家书⋯⋯⋯⋯⋯⋯⋯⋯⋯⋯⋯⋯⋯⎪
> 装着糖果的慰问袋⋯⋯⋯⋯⋯⋯⋯⋯⋯⋯⋯⎭
> 艺伎像⋯⋯⋯⋯⋯⋯⋯⋯⋯⋯⋯⋯⋯⋯⋯⋯⋯⎫
> 橡皮套⋯⋯⋯⋯⋯⋯⋯⋯⋯⋯⋯⋯⋯⋯⋯⋯⋯⎬ 麻醉
>
> 敌人军部在这次师出无名的战争中，是怎样把他们的人民骗上战场的？翻开敌人尸体的一个口袋时，你就懂得一些了。实在的，敌兵的一个口袋，是敌人军部对于兵士的政策——欺骗与麻醉政策的一个出色的展览室①。

一个口袋成为展示日军欺骗与麻醉士兵政策的展览室：神符、千人针、祝出征的种种、小学生千篇一律的慰劳信、女学生千篇一律的慰劳信、强颜欢笑的家书、装着糖果

---

① 周立波：《周立波选集》（第5卷），湖南人民出版社1983年版，第112-118页。

的慰问袋都是用来欺骗日本兵士奔赴战场的物品；而艺伎像、橡皮套无非是拿来麻醉那些不知为何要来征战的日本兵士。周立波不仅谴责日本军国主义，指责日本军国主义为了达到侵略中国的目的，不惜欺瞒和麻醉国民来参战，而且揭示了日本军国主义必然失败的宿命，这种用欺骗和麻醉措施发起的战争从一开始就预示着失败的结局，一具具日军尸体就是这场侵略战争必定失败的缩影。

三

既然报告文学仍然被称之为文学，而不是仅仅被称之为报告，这就说明报告文学的审美艺术特征是必不可少的。换句话说，报告文学既然被称之为文学，那就应该具有艺术性、文学性、审美性，与新闻报告对时间、地点、人物、事件的罗列不同。当然，报告文学在处理这些要素的时候是相当灵活的，而不是像自然主义那样陷入时间、地点、人物、事件介绍的窠臼当中。尽管如此，作家如何发挥自己的想象力，通过诗意的方式排列组合这些创作素材，从而使作品富有文学感染力，这确实是每一位报告文学作家致力追求的目标。虽然基希的报告文学是以"正确的社会事实和史实"作为基础，也被认为具有"正确的世界观的批评意见"和"激越的正义感"，但基希的报告文学之所以称之为文学，而不是被看成新闻、消息、报道或者报告，原因也在于基希的报告文学创作中融入了诸多艺术和审美性因素。周立波无疑是注意到了基希报告文学创作的艺术与审美特征的。

在周立波看来，基希的报告文学不但能够反映事实，洞察社会现象，同时还能够让人感受到诗歌一般的抒情美感。周立波将这样一种创作风格概括为"抒情诗的幻想"，并以《吴淞废墟》中"吴淞尸体"与"太阳旗飘扬"一段进行解释说明：

> 他也有着抒情诗的幻想。他在一二八战争以后不久的"吴淞尸体"之上，看见那××旗帜在风里飘动，他说："旗上的太阳像一个圆圆的伤体，从它上面，鲜血的流，流向四周。"这不是战后吴淞最明白的容貌吗？这也是基希的诗的想象。
>
> 正确的事实，锐利的眼光，抒情诗的幻想，同是基希报告最紧要的要素。如果看了自己的话，我们更可以明白这三者在他的作品中的地位和三者之间的相互关系。他说："事实对于报告文学者，只是尽着他的指南针的责任，所以他还必须有望远镜，和抒情诗的幻想。"①

---

① 周立波：《谈谈报告文学》，《周立波三十年代文学评论集》，上海文艺出版社1984年版，第64页。

诚如上述引文所解释的那样，周立波认为"正确的事实"、"锐利的眼光"、"抒情诗的幻想"是报告文学最为重要的要素。一方面，这三者之间是互为关联的，呈现出缺一不可的关系；另一方面，三者之间的轻重主次是不同的，"正确的事实"只是构成了基础，而"锐利的眼光"才是超越现实的"望远镜"，与此同时，只有"锐利的眼光"与"抒情诗的幻想"相结合，才能共同完成报告文学"指南针的责任"。

周立波的概括是非常准确的，报告文学集《秘密的中国》确实能够体现基希报告文学创作"抒情诗的幻想"。以《秘密的中国》中的《金融投机》这篇作品为例，基希采用"金"、"银"、"铜"作为各节的标题，分别介绍了上海金融交易的金价交易、铸币厂生产银圆、底层百姓的铜圆和纸币使用，全方位、多角度、立体化地介绍了当时中国的金融乱象，较为细腻地描述了中国底层百姓遭受通货膨胀剥削的现实。在描述中国金融乱象和货币剥削事实的过程中，《金融投机》这篇作品的语言文字也确实富有"抒情诗的幻想"。其中，描述上海交易所的金价交易与投机就是一例：

> 要求金子的呼号从九江路，这条中国的华尔街传播出来，远远的传到四邻之外。
>
> 快要溺死的人也不会这么急切地呼喊，快要饿死的人也不会这么绝望的悲泣，被痛打的人，酷刑的牺牲者，也不会这么凄厉地狂号的。
>
> ……
>
> 当你要变更你的买卖的时候，不管英镑的价值，那交换率，是涨或是落，你的生命的确靠着它。你的生命，这里所有的人的生命，所有这些兴奋，绝叫，呼号，挣扎，呐喊，前进，后退，发信号的人们，和那凭着电话和通信器同他们联系着的他们的伙友们的生命，都凭靠着玻璃指示器上的那些十分之一。
>
> 所有的人的精力都集中去变更小数点后面的数字，却没有一个小数点的生产价值被创造出来①。

基希并没有说明交易所的具体位置，而是用了"从九江路"传播出来。这显然不是自然主义的纪实手法，因为交易所的呼声再大，也不可能"远远的传到四邻之外"。尽管如此，这样的描写一开始就点明了当时中国上海热热闹闹的黄金投机交易。接下来一段，基希以"快要溺死"、"快要饿死"、"被痛打的人"、"酷刑的牺牲者"为喻，来勾勒参与投机人群呼号声的强烈与刺激程度，这些比较也带有较强的艺术色彩。我们认为，正是基希将纪实与虚构、描写与议论进行结合，才产生出既紧扣文章主旨又虚实相生，

---

① [捷克] 基希：《秘密的中国》，周立波译，群众出版社 1981 年版，第 12 页。

—— 译介《秘密的中国》与周立波报告文学观的形成 ——

引发读者无限联想的艺术创作效果。在这段文字的最后，基希力图揭示出交易所金融投机的荒诞性与讽刺性："绝叫，呼号，挣扎，呐喊，前进，后退"，"所有的人的生命"竟然取决于"玻璃指示器上的那些十分之一"，"所有的人的精力都集中去变更小数点后面的数字，却没有一个小数点的生产价值被创造出来"。交易所内人们的呼号挣扎与屏幕上冷冰冰的数字变化形成了鲜明的对比，超过"小数点"级别的关注与毫无"小数点"级别的生产价值形成了鲜明的对比。这样的描写既需要极为敏锐的观察力，又需要极为丰富的想象力，后者则证实了周立波所概括的——基希的报告文学作品富有"抒情诗的幻想"。

周立波不仅概括基希报告文学创作的"抒情诗的幻想"艺术特征，而且将这种"抒情诗的幻想"创作手法融入自己的报告文学作品创作当中。在《平原上》这篇报告文学中，周立波描写了抗日英雄张振海的牺牲，这段描写就带有较强的"抒情诗的幻想"色彩：

> 友爱互助，自我牺牲的精神洋溢于我们的周围。它冲洗了，而且天天不断地冲洗着我们在旧社会里沾染的，或是远远地从旧社会里吹来，扑到脸上的肮脏的灰尘。而这种友爱互助与自我牺牲，也就是我们为什么能够度过这么许多的艰危的日子的秘密。
>
> 写到这里，战士张振海同志的那块染血的衣角显现在我们的眼前。这位英雄用它的粉身碎骨的自我牺牲，救了其他的同志。他的留在人间的血衣的影子，渐渐地扩大，升腾，变成照耀一切的圣洁的光辉，好像黎明时节平原之上升起的太阳的万道金光一样①。

在艰难困苦并且危险不断的战争岁月，战士们发扬友爱互助和自我牺牲精神，通过"人人助我，我助人人"的方式来共渡难关。这样一种团结的精神原本就非常令人感动，像张振海这样一种舍己为人的优秀品质更是让人动容。正因为此，周立波通过艺术性的构想，突出英雄张振海舍己为人的优秀品质：圣洁的光辉，写出了英雄形象的格外高大和崇高；血影的升腾，写出了英雄灵魂的超脱与升华；黎明时节的万道金光，暗示着英雄的牺牲带来了希望，带来了光明，带来了胜利。英雄舍己为人的优秀品质感动和教育了周围的同志，所以周立波才用浪漫主义手法细腻地写道"友爱互助与自我牺牲"的精神"天天不断地冲洗""扑到脸上的肮脏的灰尘"。我们当然不能说，这样一种富有诗意

---

① 周立波：《周立波选集》（第5卷），湖南人民出版社1983年版，第238页。

的浪漫主义写作手法直接来自对基希报告文学创作的模仿，但我们还是可以说，周立波报告文学创作中的浪漫主义手法与基希报告文学创作的"抒情诗的幻想"存在共通之处。考虑到周立波翻译基希的报告文学《秘密的中国》，概括并称赞过报告文学《秘密的中国》中"抒情诗的幻想"，上述论断就不为过。

基希的报告文学《秘密的中国》是周立波早期的重要译作之一。在翻译基希《秘密的中国》的过程中，周立波总结基希报告文学创作具有"正确的事实"、"锐利的眼光"、"抒情诗的幻想"这三方面的特征。用周立波自己的话概括，就是"用那由精密的科学的社会调查所获取的活生生的事实和正确的世界观和抒情诗人的喜怒与力，结合起来，造成这种艺术文学的新的结晶"①。在周立波看来，这正是当时中国报告文学所匮乏的。在《秘密的中国》的《译后附记》中，周立波称赞基希是"中国新起的报告文学者的良好模范"。译介《秘密的中国》不仅锻炼了周立波的翻译能力，而且直接影响到周立波的报告文学观的形成。在基希报告文学作品"正确的事实"、"锐利的眼光"、"抒情诗的幻想"的引领和触发之下，周立波逐渐形成了以事实、思想、艺术为基础的报告文学观。

（作者单位：贵州师范大学文学院、外国语学院）

---

① 周立波：《周立波三十年代文学评论集》，上海文艺出版社1984年版，第65页。

民国文学研究

从大众文艺到人民文艺
——以 40 年代沙鸥方言诗为中心

邱域埕

自中国现代新诗创制以来,"大众化"便是新诗发展的题中之义。新诗创制早期,刘半农、沈尹默、刘大白、何植三等人,或援引方言,或取法民歌谣曲的语言形式和章法结构,尝试歌谣体新诗创作。20 世纪 30 年代,中国诗歌会同人提出"诗歌大众化"的理论主张,蒲风、穆木天、高兰、锡金、光未然等人引口语、方言入诗,开始大量实践朗诵诗、街头诗创作。抗战全面爆发以后,战争的正义性和团结大众、奋起抗战的现实逻辑,要求文艺为抗战的总目标服务。新诗需要充分发挥其战时特殊的功利性效能——"源源不断的动员更多的民众力量参加到抗战中来"[1]。在抗战的历史语境中,诗歌的"大众化"不仅得到文艺界的普遍认可,更是诗人的主要实践工作之一。老舍、安娥、白薇等一批作家纷纷尝试利用小调、鼓词、金钱板等地方性的民间通俗文艺形式,进行诗歌创作。随着战争的持续深入,区域人员流动不断加强,各区域之间发生了密切的日常交流和互动。"方言不但由自己在创造着,而且也不断在吸收着别地方言"[2],其心理距离和区域界限极大弱化。20 世纪 40 年代中期,沙鸥、野谷、柳一株、老粗等人便开始尝试用四川方言进行诗歌创作。这些方言诗被重庆版《新华日报》集中登载后,逐渐形成了大后方颇为注目的诗歌创作热潮。当时有论者就将方言诗视作"人民的诗",认为方言诗"利用了人民的感觉方式与思维方式",组织和结构了人民的故事,再以人民的语言来作了"诗"的表现形式[3]。20 世纪 40 年代后期,方言诗创作热潮逐渐延续

---

[1] 篷子:《文艺的"功利性"与抗战文艺的大众化》,《抗战文艺》1938 年第 1 卷第 8 期。
[2] 锡金:《谈诗二则》,《诗创作》1941 年第 6 期。
[3] 林燕:《新的内容与新的形式——论沙鸥的化雪夜》,《新文艺》1947 年第 2 期。

到上海、广州、香港等地以大众化为号召的方言文艺运动,并最终和解放区的民歌体新诗一并被纳入新的人民文艺形式的构想当中。重返40代中后期动荡的社会现实和剧变的文化氛围,方言诗不仅是方言入诗的诗歌语言创制,还涉及"乡村中国"的重新发现、诗人主体姿态和创作立场的调整,以及战后文艺界对新的文艺方向的设计和引导。而在20世纪40年代中后期这样一个政权交替和建构新文艺发展方向的语境中,方言诗的创制具有怎样的形式潜能和功能意义?它又能否承担起从大众文艺向人民文艺构建的历史使命呢?这些问题显得尤为重要。

一

沙鸥在回忆20世纪40年代的方言诗创制时,提及了他两次下乡,亲近大后方农村的现实经历:

> 一九四四年的暑假,我去重庆不远的马王坪农村舅父家里。这年和第二年的寒假,又去了万县白羊坪的山区农村。农民的穷苦生活和悲惨命运,把我带到了一个全新的题材的天地。我开始用四川农民的语言来写农民的苦难。我一方面深入了解当地佃农和贫农的生活,一方面把写的诗念给他们听,听他们的意见。我写的有短的抒情诗和小叙事诗,有的也受到四川及西南民歌的影响①。

在某种意义上,"乡村中国"的重新发现成了激发沙鸥进行方言诗创制的"装置"。这不仅为沙鸥提供了亲历乡村剧变和进入乡村风景的机会,还为其进行方言诗的创作实践提供了有效的社会语境和生活空间。可以认为,方言诗的创制之于沙鸥,不仅仅是诗歌在语言形式上的一种创新,还成了他在20世纪40年代诗歌创作上的新起点。沙鸥通过这个起点,将诗歌创作构置于生动、复杂的历史进程和社会关系当中,不断反思和探索自己的创作路向、诗歌风格,重新确立"为谁写"、"写什么"的主体性意识,进而在"如何写"的创作方式上完成了方言入诗的诗歌创制。

大后方诗人在战争的时代语境和剧变的历史进程中,逐渐强化了介入社会历史的主体性意识,明确了"为人民大众而作"的创作立场和亲近人民大众的情感倾向。这种创作立场在沙鸥不断深入大后方农村,开拓新的诗歌题材的过程中得到反复确认:

---

① 沙鸥:《关于我写诗》,《沙鸥谈诗》,首都师范大学出版社1996年版,第92页。

> 我们提笔写诗了,千万不能忘了是写给谁的……广大老百姓是我们的读者。而广大的老百姓中受苦最深的农民、工人又是主要的读者①。
>
> 我们要求的不仅仅是农村的物象的现实描写,而是活生生有着强烈生命力的东西,这生命力在诗里的渗透和饱和,正是靠着诗人自己的知识分子的思想情感向农人那一方向的转移和改变,只有完成这一改变,诗人强烈的生命力才能渗入诗人的作品里②。

就20世纪40年代大后方的具体情形而言,当普通的农人大众被建构成新文艺最为重要的接受主体时,常常面临两重尴尬的窘境。一是农人大众自身的知识水平有限——"农人群中百分之九十五以上的不识字"③。这直接造成了知识分子的诗歌被认为疏离了人民,不为人民大众所接受、理解的局面。二是知识分子和农人大众之间存在着阶级身份的结构性差异。这无疑又加剧了农人大众与知识分子之间的距离感,限制了诗人对农人大众及现实生活丰富性的感知和体认。正是农人大众与诗人之间的知识结构差异与身份隔膜,造成了诗歌"创作—接受"机制的结构性难题。在沙鸥看来,方言诗创作的当务之急就是诗人在获取现实农村的经验之外,重新理解农人大众,进而调整自己的情感结构和思想意识,严正创作姿态,以确立"为人民大众而作"的创作立场。作为沙鸥的好友,诗人罗泗在《沙鸥与方言诗》一文中,极力肯定了沙鸥创作主体姿态的调整,认为这是沙鸥诗歌创作上的"可喜的转变"④。这种"为人民大众而作"的创作立场落实到方言诗的创作机制上,则表现为创作主体的对象化方式,即诗人在熟悉、理解广大农民群众的过程中,"使自己的思想感情向农人群众方向转移与改变"⑤,以最大限度地建立与广大农民大众的通感和同理情怀。

"为人民大众而作"的创作伦理,不仅利于诗人深入理解现实"农村/农人"生活,也开拓了诗人对于"农村/农人"的感觉结构。这就使得"农村"成了20世纪40年代沙鸥方言诗集中书写的重要题材。当诗人们怀着介入现实的主体性意识和"为农民大众而作"的创作立场介入现代农村秩序后,作为题材的"农村"的丰富性也在这个过程中得以重构。沙鸥方言诗的"农村"不仅呈现了"传统乡村图景",也重构了"现代农村书写"⑥。如《大红鸡》续接了古典农事诗传统,以散文化结构描写了传统乡村秩序中的

---

① 沙鸥:《谈谈诗歌写作》,《四川妇女》1946年第3期。
② 沙鸥:《论方言诗之发展》,《诗歌月刊》1946年创刊号。
③ 失名(沙鸥):《关于诗歌下乡》,《新华日报》1945年4月16日,第4版。
④ 罗泗:《沙鸥与方言诗》,《西南风》1946年第1期。
⑤ 沙鸥:《论方言诗之发展》,《诗歌月刊》1946年创刊号。
⑥ 段从学:《中国·四川抗战新诗史》,中国文联出版社2015年版,第185页。

日常图景：

> 我们是多么喜欢听你叫呀！
> 你把妈妈喊起来了，
> 妈起来烧火了；
> 你把爹喊起来了，
> 爹起来拿起锄头上坡了；
> 你把我喊起来了，
> 我出去捞柴去了，
> 你把大太阳也喊起来了呀！
> 太阳照着你，
> 同老鸡婆到菜园子去了①。

　　劳动伴随自然时间秩序而有规律地进行，乡村生活呈现出传统意义上的"日出而作，日落而息"的自然时间序列，俨然传统乡土中国的农事风景。《麦苗》则继承了古典悯农诗传统："像有一万双眼睛在望着这灰沉沉的天呵！／在喊着莫要再落雪了。／田头，麦子遭雪堆得出不过气来，／有些在坡上的地方／麦子像遭开水煮过，／有气无力的连头颈都软了。"② 人与自然的矛盾不仅在散文化诗行结构中得到生动的呈现，也流露出诗人对"农人欠收"的现实悲剧的悲悯情怀。方言组诗《赶场》更在街集、茶馆、赌摊、烟馆等空间场景的切换中，复刻了"乡土社会"向"现代社会"转型中的农村赶场图景和现代农人生活方式，呈现了农村风景中隐藏的现代性因素。沙鸥方言诗书写最为集中的还是现代农村图景中的生存伦理。方言组诗《农村的歌》在二元的阶级对立结构中，建构了现代农村的阶级剥削和压迫：一方面，地主太爷收粮封仓，无情地剥削农人；另一方面，农人面对阶级的压迫又显得无力反抗，只能在阶级压迫和剥削中出让劳动工具和生产资本——耕牛，最后落入穷苦和惨死的境遇。《收获期》、《保长》、《场上》、《乡村任务》等一系列方言诗更是将农人生活构置于茶馆、谷场、乡公所等农村生活空间，直陈农人大众借高利贷、收谷、捡谷、偷谷、交租、被抓丁等生存伦理和现实问题。糟糕的粮食收成不仅意味着农人食不果腹的悲剧，还象征着为了"吃饭问题"严重依赖他者，出让生产资料的羞辱感。在这些方言诗中，沙鸥始终保持对现代农村的现实感和现场感，

---

① 沙鸥：《农村的歌》，春草诗社1947年版，第36页。
② 沙鸥：《农村的歌》，春草诗社1947年版，第40页。

以观看主体的"诗人之眼"和"近与实"的笔法,归化了大后方"农村/农人"生活。这些方言诗也表现出一种仿真性的审美效果。

此外,在方言诗的创作实践中还涉及一个更为重要的问题——诗歌语言问题。诗歌的语言形式与题材内容需要实现有机的整合,才能创造出为广大人民大众切实接受的诗歌形式,从而扩展诗歌表达的艺术效果,激发农人大众的战斗意志。方言被看作各地人民活生生的语言,自然也成了方言诗人更新诗歌语言形式的重要资源。显然,沙鸥将自我安置于"乡村中国"的语境中,成功地在"农村"找到了方言:"要写人民的诗——为人民所爱的诗,就得用人民的语言——人民所熟悉的语言,生活的语言。"① 在方言诗的创作实践中,沙鸥将农村的现实生活作为诗歌语言的主要来源,不断地吸纳口语、方言来丰富诗歌的语言系统。诗人王亚平当时就十分肯定沙鸥摘取方言入诗的诗歌创制方式。他肯定了方言亲切、生动的特质,认为方言可以"补偿新诗的已被知识分子用烂了的俗腔烂调,使新诗返朴归真"②。因此,沙鸥不断"下乡"的过程也成了诗人发现、体验"农村/农人"生活,从现实生活中摘取、学习方言,进行诗歌创制的过程。沙鸥在深入四川农村生活时,建立了和农人的情感通约性。他时常搜集、记录农人的方言口语,并直接对自己原有的诗歌语言系统进行改造。相比沙鸥稍早时候的农村题材诗《播种》、《红河散章》、《哭泣的农妇》等,《农村的歌》、《收获期》、《她哭疯了呀》等方言诗直取方言词汇入诗,并以一种副文本的形式对方言词汇进行"翻译"。"团转"、"莫得"、"开路"、"过桥灯"、"田张口"、"细娃"、"经囤"、"阴惨惨"、"白壳壳"、"哭欷欷"、"刀头"等方言词汇密集地渗入诗行,集合方言口语的句式结构,不仅使语言表达显得更加形象化、通俗化,也在一定程度上激活了诗歌文本的活力。此外,沙鸥在方言诗中也常利用民间唱本和说书的通俗文艺形式为诗歌起调开头。如《化雪夜》:"你们要说话就请小声点,/顶好轻风雅静的站在我面前,/我摆的这个龙门阵实在惨哟!"③ 以"共情境性"语言方式起调,建构起"说者"和"听者"之间的空间场景关系,再配合"说书"的通俗文艺形式和强烈的主体情绪展开"故事",丰富了方言诗形式的表达效能。

可以认为,沙鸥方言诗的创制逐渐打破了新诗抒写一己之情的局面,使诗歌更接近人民大众,而进入了更大的公共空间。20 世纪 40 年代中后期,在"抗战建国"向"民主建国"过渡的历史语境中,诗歌的社会历史效能成为一种必要的担当。沙鸥等人的方言诗创制以书写"农村/农人"为主要题材,吸纳了方言生动、形象的语言质素来丰富

---

① 绿蕾:《论写诗》,《时事新报·青灯副刊》1946 年 5 月 2 日。
② 王亚平:《方言、歌谣与新诗——兼评沙鸥〈农村的歌〉及索开〈荒原的声音〉》,《青年知识》1946 年第 2 卷第 1 期。
③ 沙鸥:《化雪夜》,春草诗社 1947 年版,第 9 页。

新诗语言的意蕴。这都体现了诗人在特殊的历史语境中,对现实生活的审美重构和感觉结构的更新。而当方言诗被纳入"与人民大众相结合"的总体性文艺方向中,成为"人民的诗","用群众的语言,使诗歌从知识分子的手中,还给广大的群众,与群众取得结合的开始"①,其诗歌的形式意味和功能意义也就变得更加丰富和复杂。

二

20世纪40年代中后期,沙鸥几乎成了方言诗的符号表征②,并带动野谷、黄友凡、老粗、泥琳、柳一株等一大批文学青年开始尝试方言诗创作。方言诗的创作热潮也成了大后方颇为注目的文化现象。1944年8月16日,《新华日报》副刊首次登载了沙鸥方言组诗《农村的歌》。此后近三年时间里,《新华日报》副刊集中登载方言诗百余首,成为方言诗最重要的发表、传播空间。在这个意义上看来,这场逐渐在大后方诗坛兴起和突围的方言诗创作热潮,不仅发端于《新华日报》副刊对大后方文艺运动的设计和新诗创作实践有意识的引导、组织,还在这种发表、传播空间中,被提升为某种"范式"。方言诗的社会及美学价值也得到重新塑造。

1942年5月,中共中央在延安召开了文艺座谈会,毛泽东《在延安文艺座谈会上的讲话》确立了"为工农兵服务"的新文艺方向,并围绕这一文艺方向对文艺创作实践和文艺运动的开展做出了确切指示。作为中国共产党在大后方的意识形态的表征,重庆版《新华日报》充分发挥了党的"喉舌"作用,巧妙地运用各种方式对"讲话"的基本主张和文艺精神进行传布,引导大后方的文艺运动发展和思想文化建设。1942年6月12日,重庆版《新华日报》副刊登载了萧军《对当前文艺诸问题底我见》一文,第一次在大后方转述了毛泽东《在延安文艺座谈会上的讲话》的文艺精神旨要。次年11月11日,《新华日报》第2版又以"社论"的方式刊载了贯彻执行"讲话"精神的文章——《文化建设的先决问题》,明确了建设属于人民大众的文化的总方向——要求文艺工作者"置身于民众生活中","吸取民众生活中健康的养料",创造"中国人民大众化"的文化③。1944年1月1日,《新华日报》副刊更是直接用专版的篇幅刊载了评论文章《毛泽东同志对文艺问题的意见》,就作家创作立场、思想意识的调整及学习大众语言等具体

---

① 沙鸥:《这是一个大众化的问题》,《新诗歌》1947年第2期。
② 晏明曾回忆,在20世纪40年代的大后方,"沙鸥——方言诗,方言诗——沙鸥,几乎成了同义词"。参见晏明:《飘飘何所似,天地一沙鸥(上)——记老诗人、诗评家、编辑家沙鸥》,《新文学史料》2001年第2期。
③ 《文化建设的先决问题》,《新华日报》1943年11月11日,第2版。

问题做出了方法论上的指示。同年 5 月 30 日,《新华日报》副刊又刊载了周扬《马克思主义与文艺——〈马克思主义与文艺〉序言》,进一步传达毛泽东《在延安文艺座谈会上的讲话》精神,将民主政治伦理、工作逻辑融入文学创作实践。翻阅 1943—1944 年的重庆版《新华日报》副刊可以发现,配合"讲话"精神在大后方的进一步传布,《新华日报》副刊加强了文艺批评力度,刊载的文艺批评文章也表现出了明显的规约性和指示性。林曦《切实加入文章下乡,文章入伍》、《大众文艺小论》、《谈诗歌的朗诵》、《姚雪垠的文学语言观》,舒予《文艺工作者的下乡》,羽阳《创造语言》、《关于学习语言》等一系列批评文章,对"诗歌下乡"工作和"如何进行文艺创作实践"进行引导和规约。这不仅有意识地引导了诗人落实"诗人下乡"和"诗歌下乡"的工作实践,也为此提出了具体的实践方案——要求大后方诗人在深入人民大众的现实生活的过程中,转变思想意识,向"文艺与人民结合"的总体性方向突进;同时,为了更好地引导诗人学习、运用大众的方言、口语进行文艺创作,要激活文学语言的活力,创作让人民大众看得懂、听得懂的大众文艺形式。配合副刊上的文艺批评,《新华日报》还特地开设"新华邮箱"专栏以登载短文和读者来信,对方言文艺创作进行首肯和提倡。正是在这样的文化语境中,标榜着"诗歌从知识分子的手中,还给广大的群众,与群众取得结合"① 的方言诗,被纳入"大众化"的创作实践和"文艺与人民结合"的总体性框架,得到广泛提倡。

当时的大后方文艺界同人也纷纷对方言诗的试验和创制进行了支持和声援。1944 年 4 月,何其芳、刘白羽受中共中央方面委派,到大后方开展文艺整风工作,进一步引导大后方文艺与人民结合的发展方向。何、刘二人在渝期间不仅大力提倡方言诗创作,还利用《新华日报》的编辑身份和报刊空间助力方言诗创作。1944 年 8 月 2 日,何其芳《谈写诗》一文在《新华日报》副刊刊出。该文就诗人与时代的关系、诗人的创作机制和命题等进行讨论。何其芳认为,"新的群众的时代,最好的诗的源泉,或者说我们最应该感到富于诗意的,不是个人的哀乐,不是自然的美景,而是人民大众的生活与其斗争。最好我们抒情能抒人民之情,叙事能叙人民之事"②。从如此评价标准和逻辑方向出发,何其芳对诗人调整思想情感和创作立场做出体认,不仅充分肯定了方言诗《该遭劫》的试验性成果,同时也鼓励大后方诗人积极开展方言诗创作。从方言诗人野谷后来的回忆也可以确认,何其芳在重庆期间十分重视方言诗的创作。他积极联络沙鸥、野谷等方言诗人,鼓励并指导他们进行方言诗创作和探索。其间,何其芳不仅帮助野谷和当时已经开始方言诗创作的沙鸥取得通信联络,还将野谷的方言诗推荐到《联合特刊》发表,并

---

① 沙鸥:《关于方言诗》,《新华日报》1946 年 11 月 12 日,第 4 版。
② 何其芳:《谈写诗》,《新华日报》1944 年 8 月 2 日,第 4 版。

为野谷方言诗《指望来年及其它》一诗写了后记,肯定了青年诗人——野谷在方言诗创作上做出的尝试和探索①。而刘白羽在负责编辑《新华日报》副刊期间也及时登载沙鸥的方言诗《农村的歌》、《收获期》、《她哭疯了呀》、《是谁逼死了他们》等,保持与沙鸥的通信来往,并鼓舞和指导他的方言诗创作②。作为沙鸥的好友,春草社同人王亚平更是充分肯定了沙鸥方言诗创制在大众化这一总体性方向上的积极意义。他鼓励沙鸥继续"搜集活生生的方言"并"大胆加以创造",以激活诗歌语言的活力,改造诗歌的表现形式③。

1946年以来,沙鸥、野谷、老粗、黄友凡、柳一株、树青、泥琳等方言诗人阵营不断扩大,《新华日报》副刊登载的方言诗数量也持续增加。同年8月13日、10月2日、10月30日,《新华日报》更是在第1版最显著的位置连续三次以专栏广告的方式,对沙鸥方言诗集《化雪夜》进行宣传,使沙鸥方言诗逐渐形成了一种诗歌"类选本"的模范效应。配合方言诗的集中登载,《新华日报》副刊还登载了一系列关于方言诗的讨论文章,如燕君《关于诗》、田苗《方言诗与朗诵》、叶逸民《方言诗的创作问题——评沙鸥著〈化雪夜〉》、邵子南《沙鸥的诗》、小亚《对于诗的要求》等,以肯定方言诗在大众化方向上的示范性,引导诗人进行方言诗创作。王亚平、罗泅、绿蕾、雪蕾(李若愚)、湛庐、李一痕、王采等寓居大后方的诗人也纷纷发表评论,对方言诗的创制进行了声援④。

让我们回到抗战胜利前后的时代语境与社会状况。大后方经济崩溃、物价飞涨,兵匪灾患不断,国民党当局政权的无能和腐败逐渐暴露;同时,在政治协商会议的骗局败露,内战一触即发的危急形势中,大后方的民主运动也蓬勃兴起。在争取民族解放、民主解放的斗争中,诗歌被赋予了强烈的工具性和社会性功能——"既是斗争的武器,也是创造民主文化和意识的有机部分"⑤。正如何其芳当时所言,"我们称道这个新的历史时期为和平民主建国时期","全国范围的民主运动更有待我们努力争取","今后的斗争

---

① 参见野谷《忆其芳同志》,《衷心感谢他》,上海文艺出版社1987年版,第122页。
② 参见晏明:《飘飘何所似,天地一沙鸥(上)——记老诗人、诗评家、编辑家沙鸥》,《新文学史料》2001年第2期。
③ 王亚平:《方言诗的创造》,《诗垒》1947年第1卷第2-3期。
④ 罗泅《再谈方言诗》、《论方言诗的命运、方言、形式》,绿蕾《关于诗坛的紊乱》、《论写诗》、《谈谈方言诗歌》、《方言诗的三一律》、《论现阶段的诗歌运动》、《再论我对方言诗的看法》、《论〈化雪夜〉》,雪蕾《对〈化雪夜〉诗集的几句话》,湛庐《方言诗的理解》,李一痕《农村的歌——读沙鸥的诗后》、《方言诗的创造》,王采《从沙鸥马凡陀说起》等方言诗评,集中登载于《时事新报》副刊《青灯》和《国民日报》副刊《周末文艺》等大后方报刊。这些方言诗评论文章均从不同的角度肯定了方言诗的创制,及其在诗歌大众化方向上做出的尝试和努力。
⑤ 袁可嘉:《诗与民主》,《论新诗现代化》,生活·读书·新知三联书店1988年版,第40页。

更为尖锐，更加复杂，这也就确定了大后方文艺的神圣任务。它的任务就是推动大后方广泛的人民群众觉醒起来，组织起来，参加民主运动"①。剧变的社会现实向诗人提出了新的历史任务，这不仅建构了诗人介入时代历史的强烈的责任意识，也提供了诗人与人民大众结合的可能性和现实动力②。沙鸥、野谷等方言诗人以方言为诗接近人民的桥梁，取得与人民大众的联系，从而汇入了民主政治的历史潮流。正是在《新华日报》的文化空间以及文艺批评的引导和文化同人的合力下，沙鸥、野谷、黄友凡、老粗等人的方言诗创作形成了大后方颇为注目的文化现象，也推进了40年代后期诗歌的大众化实践。

三

抗战胜利后，迫于政局动荡和迫害，以及新的文化建设任务的需要，大后方的左翼文人纷纷迁移上海、广州、香港等地。1946年春，沙鸥离开重庆，前往上海。他一方面继续进行方言诗创作和探索；另一方面，还与李凌、薛汕一同筹办《新诗歌》杂志，为方言诗的发展提供阵地，助力方言诗创作潮流的扩大化。次年，上海局势也日趋险恶，大批左翼文艺人士再度南迁，前往广州、香港等地，继续开展文化工作。文艺队伍的南移不仅使得文艺中心在地理空间上发生南移，而且当时的方言诗创作和讨论也进一步扩张、深化。在这一时期的华南地区，中华全国文艺协会香港分会成立了方言文学研究会。冯乃超、符公望等人主持、成立方言诗歌工作组，开始有计划地组织和推动方言文艺运动，并联络沙鸥、黄宁婴、楼栖、犁青、戈阳、黄雨、萧野、丹木、丁力等一大批方言诗人，推进方言诗创作潮流。《中国诗坛》、《大众文艺丛刊》、《正报》、《新诗歌》、《新诗潮》等刊物也登载了大量的方言诗及讨论文章，为包括方言诗在内的方言文艺运动扩大化提供了重要的文化空间。

在40年代后期的方言文艺运动中，华南文艺界对方言诗的讨论显得极为突出，涉及的问题也异常复杂，诸如地方方言的记录问题，方言的地方性与民族共同语的普遍性的冲突问题，方言文艺形式的历史功能与艺术性的均衡问题，方言文艺作家的主体姿态调

---

① 何其芳：《大后方文艺与人民结合问题——为第二届文艺节作》，《新华日报》1946年5月5日，第4版。

② 参见何其芳《大后方文艺与人民结合问题》（《新华日报》1946年5月5日，第4版）、柳倩《新诗的道路》（《新华日报》1946年6月4日，第4版）、郭沫若《走向人民的文艺》（《新华日报》1946年6月22日，第4版）等文。战后的大后方文艺界肯定了民主自由解放的时代任务与诗歌艺术之间的同构关系。诗人被塑造成了民主运动的革命战士，参与到民主运动当中。民族解放事业不仅是人民的公共事业，也成了诗人的私人事业，这要求"诗人解放自己的思想意识，与人民大众打成一片"。

整和思想改造问题,文艺的普及与提高关系等①。值得注意的是,当文化政治上的民主、自由诉求和"文艺工作者的思想改造"、"文艺运动走群众路线"具备了历史的必然性时,关于方言文艺形式的讨论也就不约而同地指向了一个中心——包括方言诗在内的方言文艺形式被极力收编、塑造成了一个新的文艺方向——"人民的文艺"②。

1946年,作为民歌体叙事诗的代表作,李季《王贵与李香香》激起了解放区文艺界的热烈讨论,其蕴含的"人民意识"特质和对民间文艺形式的利用、改造,被视为提供了一种可能的"人民文艺创作实践的方向"③。这表明,当解放区文艺作为主要构成的文艺形态成为了主流的文学事实,"人民文艺"开始成为文艺界面对新的社会政治现实和历史语境,所极力探寻的新的文艺方向。随着"人民文艺"的理论倡导与创作实践的扩张,文艺工作者和作家们怀着对新的人民国家的政治想象和设计,逐渐明晰了从"大众文艺"过渡到建设"人民文艺"的规划和历史进程④。进一步看,政治规划和政治主体的变化势必影响到文学的想象和审美规划,进而构建起新的文化形态表征和形式表达。在某种意义上,40年代后期的方言文艺运动与解放区文艺提供的人民文艺潮流遥相呼应,直接确立了方言文艺形式"面向农村,写农民,为农民写,反映农村生活斗争"⑤的历史定位。在民主政治运动的现实语境和建设新的人民国家的历史化进程中,40年代后期的方言诗自然被构置进了边缘与中心、城市与农村、印刷文化与口传文化等一系列关系相互转化的张力结构中,进而获得更大的生存空间,参与到创造新的人民文艺的构想和设计中。

首先,40年代后期方言诗具备了"人民意识"的政治文化表征。毛泽东《在延安文艺座谈会上的讲话》对"人民大众"的范畴进行了重新定义。这不仅重新发现和塑造了人民的历史主体性,决定了人民在民主革命历程中的创造性功能和意义,也让"大众化真正找到了它的历史实体"⑥。正是在这样的前提下,"大众化"的内涵发生了位移:诗人不再将大众视为被启蒙的对象。相反,在民主政治的文化逻辑中,诗人本身也应该

---

① 1947年10月,《正报》先后登载了林洛《普及工作的几点意见》和蓝玲《谈方言与普及》等文,引起了一场以《正报》为主要阵地的方言文艺论争,孺子牛、琳清、阿尺等人纷纷做出回应,部分华南工友以读者身份参与、声援了这场方言文艺运动的论争。随后,冯乃超、邵荃麟、茅盾、钟敬文等左翼文化人纷纷对这次方言文艺创作论争做出总结,肯定方言文艺创作的合理性和方向性。
② 华嘉:《论方言文艺》,人民书屋1949年版,第28页。
③ 周而复:《〈王贵与李香香〉后记》,《李季研究资料》,陕西人民出版社1986年版,第251页。
④ 胡宇:《为人民文艺而努力》,《人民文艺》1946年第2期。
⑤ 孺子牛:《方言文艺创作的几个问题》,《正报》1948年第2卷第42期。
⑥ 罗岗:《"人民文艺"的历史构成现实境遇》,《文学评论》2018年第4期。

"大众化"①——重新确立新的思想意识和创作立场,以"具备像人民一样的战斗意志和对人民生活的真正的理解"②。这表明,方言诗人运用方言进行诗歌创作的过程转换成了知识分子与人民大众"合流"的过程,是诗人从"成为人民的诗人"③到"诗人亦是人民一员"④的递进过程。正如沙鸥在《诗的一个去向——诗论〈李有才板话〉中的诗》中所言,"诗人在诗中凝聚了万人的情感和意志","诗人的声音就是人民的声音"⑤。与此相呼应,40年代后期方言诗的"人民意识"还体现为对新的历史主体——"人民形象"的认可和塑造。从沙鸥的方言诗创作图谱中可以清楚地看到,自《农村的歌》、《化雪夜》、《这里的日子莫有亮》到《红花》、《烧村》,诗人始终将人民的解放意志摆在现代"乡村中国"的书写中。而《烧村》中的农人形象——朱少云,已经不再是陈财宝(《化雪夜》)、袁海廷(《这里的日子莫有亮》)、郭华堂(《账王捆死了人》)一类等待被解放的对象,而是敢于暴力反抗乡村旧有权力机制的新农人形象:

> 六月桃子落了地,
> 乡公所打得落了气,
> 乡长干事翻了墙,
> 几十支枪的主人变了样。
> 朱少云的眼睛比石榴花红,
> 他已不是在恨自己穷,
> 他拿根棒棒把门打,
> "来呀!来烧他妈个光——"
> 一笼红火万丈长,
> 龙王村这时才算亮,
> 有人朝天放了枪,
> 说好光景只有自己去抢⑥!

农人大众在获得了创造历史的主体性地位之后,开始由受难的主体向反抗、创造的

---

① 王亚平:《诗歌大众化的现实意义》,《文艺春秋》1946年第3卷第5期。
② 《关于新诗底方向问题》,《新诗潮》1948年第3期。
③ 周鸣钢:《诗人与人民之间》,《中国诗坛》1946年光复版新1期。
④ 《关于新诗底方向问题》,《新诗潮》1948年第3期。
⑤ 沙鸥:《诗的一个去向——诗论〈李有才板话〉中的诗》,《新华日报》1947年2月8日,第4版。
⑥ 沙鸥:《烧村》,《新诗歌》1948年第8期。

历史主体转化。只有这样的"新型农人",才具备暴力反抗旧制和权威,从而推陈出新的现实可能性和历史创造效能。这构成了方言诗的新的意义表征——"大众有创造的力量"①。而"交还给人民"的诗歌逻辑和"人民的诗"的历史定位,不仅塑造了40年代后期方言诗新的诗歌内容,也在民主政治的文化逻辑上确立了人民大众在民主政治运动中的主体性地位。

其次,40年代后期方言诗的形式功能也随之进一步开放,预示了新文艺创制以来形成的印刷文化形态的突破。孺子牛曾在40年代后期的方言文艺运动中极力论证:方言文学作品"不纯然是写了来给人民大众看,尤其着重在写出来之后读给人民大众听,或唱给人民大众听"②。诗人麦紫也表达了类似的看法:"诗,要真正为大众所欢迎,必须是真正由大众手创或口唱的自己的作品,至少是反映他们的生活或时代的","不须印刷而能传达给大众的作品"③。这表明,当人民大众被确定为方言诗最为重要的接受主体时,方言诗的传播、接受问题就显得异常突出和重要④。也就是说,当方言诗进入更大的公共文化空间后,方言诗的"读法"发生了变迁,并对诗歌的形式功能产生了互动效能,使以视觉为主的印刷形式向以听觉为主的口传形式转变。诗人绿蕾也从方言诗"丰富诗歌本身"的诗体建设理想出发,强调方言诗应该是"综合艺术"。这样的论断肯定了方言诗的形式具有一种"跨文体需求",即实现"诗与民间曲调"、"诗与剧"、"诗与歌"等形式的化合熔汇⑤。回到沙鸥、野谷等人的方言诗创作图谱,这些方言诗异常注重诗歌语言节奏,多采用适合吟唱、朗诵的音韵节奏和句顿原则。野谷《推磨》:"推磨,押磨!/去年偕做干粑十个。/今年只付羹羹一锅。/八十奶奶怕挨饿,/年年出去做长活。/妈妈两脚打战战,/爸爸喊着命难活。"⑥这里注重在方言诗中吸收歌谣的音乐成分,形成一种吟调、诵调混合的诗歌语言节奏形式。沙鸥的方言叙事诗《红花》则倾向于诵调节奏,每小节诗押偶句韵,每节诗之间的韵脚自由转换,诗句顿体随叙事的缓急而变化、回转。黄友凡、老粗等人则吸取歌谣、金钱板等民间文艺形式,强化方言诗的朗诵特质。除此之外,不少方言诗还常采用"共情境性"的语言方式起调,展开叙事,如沙鸥《赵

---

① 《关于新诗底方向问题》,《新诗潮》1948年第3期。
② 孺子牛:《方言文学创作的二三问题》,《正报》1947年第2卷第13期。
③ 《关于新诗底方向问题》,《新诗潮》1948年第3期。
④ 参见怀淑:《广泛开展方言诗运动》(《新诗歌》1948年第7期)、王采《从沙鸥马凡陀山歌说起》(《国民日报·周末文艺》1948年10月23日)、李一痕《方言诗的创造》(《国民日报·诗与木刻》1949年3月22日)等文。当时,大多数方言诗的讨论文章对方言诗的接受和传播问题异常重视,怀淑关于方言诗与知识分子诗歌关系的论调旨在扩大方言诗的读者群,将诗歌引入一个更为广阔的公共文化空间。
⑤ 绿蕾:《再论我对方言诗的看法》,《时事新报·青光副刊》1946年5月14日。
⑥ 野谷:《推磨》,《萌芽》1946年第1卷第2期。

美珍的苦命》:"各位朋友请靠近我站,/隔远了就莫怪听不全。"①《逼债上吊》:"抗战胜利了总该好点,/望个好日子眼睛都望穿,/乡头偕是没有一点变,/你们来听这个龙门阵,/就是有人过不到年。"② 而这种"听—看"的"共情景性"语言方式天然地构置了"听者/读者"与"说者/作者"之间的共场景关系,强化了诗歌语言的情感效能。《晴天一声雷》更是沙鸥方言诗中少有的,尝试以诗剧的形式来表现农人翻身分田地的时代内容。正如闻一多《文学的历史动向》对20世纪40年代诗歌更为复杂的形式潜能和功能意义做出的判断,"诗要洗心革面,从新做起","把诗做得不像诗","像小说,戏剧"③。方言诗的形式创制似乎也表现出这样一种包容性和开放性意味。在直面"乡村中国"和"人民大众"的语境中,民主政治运动的政治诉求、"普及与提高"的历史功能回落到文学生产过程时,方言入诗的创作方式需要在一定程度上奋力促成与之相适应的新的文化形态——印刷文化与口传文化相杂糅的复合文化形态,以适应人民大众的现实需要,为人民大众更好地接受。正是方言诗所蕴含的人民意识和对口传文化形态的形式表征,使得其在40年代后期,顺应并被收编进了"人民文艺"的总体性设计和方向性建构。

20世纪40代中后期,在政权的更迭和社会现实剧变的历史语境中,文学与政治的互动日趋错综复杂。社会历史的转折与剧变,影响和推动了文学的构成因素及其关系的错动。新的政治规划和政治主体的出现势必带来新的文学想象和审美意味。随着《在延安文艺座谈会上的讲话》的广泛传布,解放区文艺率先塑造的人民文艺形式逐渐被确定为文艺发展的新的可能的方向。一方面,作为新起的社会运动和历史主体,人民大众作为意义载体,在新文学话语中被重新塑造。落实到文学创作上,则要求创作主体对如此"人民意识"做出回应和体认。另一方面,民间文艺形式作为表现新世界的文艺资源之一,被解放区的文艺工作者深入挖掘和改造,以求突破固有的印刷文化传统,形成"印刷文化"与"口传文化"杂糅的复合形态④。从"抗战建国"到"民主建国"的历史演进,要求战后的文艺运动配合新的政治、经济制度,为新文化事业开疆辟路。伴随"人民文艺"的构想从理论转向实践,方言诗的创制就不仅仅是现代新诗的语言形式问题,它还是意识形态介入文学之后,政治和文学"合谋"而出的一个"向未来"的文艺新方向的可能的探索路径。作为40年代方言诗的一面旗帜,沙鸥、野谷等一批诗人将"乡村中国"作为诗歌创作的感觉结构和直接经验,并吸纳民间文艺形式和方言质素进行诗歌

---

① 沙鸥:《赵美珍的苦命》,《新诗歌》1947年第3期。
② 沙鸥:《逼债上吊》,《诗垒》1947年第1卷第2-3期。
③ 闻一多:《文学的历史动向》,《当代评论》1943年第4卷第1期。
④ 罗岗:《"人民文艺"的历史构成现实境遇》,《文学评论》2018年第4期。

创作和探索。可以认为,方言诗是"在人民的普及基础上深深种植而发展起来的,是到达民族艺术的大道上的一阶一石"①。尽管方言诗还不是人民文艺最终、最理想的形式。但方言诗在历史过渡时期的语境和建设新的人民国家的文化政治规划中,搭起了诗人走向人民的桥梁,表现出向新的人民文艺形式突进的倾向性和努力,也担负了诗人和文艺界关于新的人民文艺形式的构想和设计的历史使命。

(作者单位:西南交通大学人文学院)

---

① 洁泯:《诗的战斗前程》,《新诗歌》1947年第4期。

共和国文学研究

《文艺报》与改革开放初期文学的经典化建构（1978—1985）①

尹 林

1978—1985年，全国文联机关刊物《文艺报》②大力提倡的"深入生活"和"农村题材"，成为改革开放初期文学经典化建构的努力方向，在"破冰期"为文学回归真实提供了合法性。同时，《文艺报》虽然提倡书写"伟大变革"及塑造"社会主义新人"，但作家在实际书写的过程中，对伦理的探讨和人性的追问都进入了一个新的深度。在这种情况下，"农村题材"和"深入生活"可以看成两种中和模式，它们与"伟大变革"和"社会主义新人"的书写要求相互制约。因为作家在进行了生活体验后写出的人物往往都不是那么"伟大"，塑造"旧人"的功力也往往比塑造"新人"的高。但这些作家依旧被《文艺报》的评论和奖项所垂青，这充分体现了《文艺报》"官方"与"文学"的二重属性。无论如何，在这种复杂交锋中，对文学的政治要求逐渐得到缓解，文学的本体性、真实性、生活色彩开始回归到改革开放初期文学经典化的原则之中。

一、"深入生活"的历史渊源及回归诉求

20世纪70年代末80年代初，复刊的《文艺报》发表了大量"现实主义"论争的文章，这其实也是就"什么样的文学有资格被经典化"的辩白。比如，程代熙的《现实主义的真实和作家的同情》通过左拉和巴尔扎克的对比，讲出自然主义和现实主义的区别。

---

① 本文系国家社会科学基金青年项目"中国当代报纸文学副刊研究"（18CZW045）、中国博士后科学基金项目"新时期报纸文学副刊研究"（2018M632652）的阶段性成果。
② 刘锡诚：《在文坛边缘上——编辑手记》，河南大学出版社2004年版，第100页。

他认为"作家一般都有强烈的爱憎感，文学作品也是凭着这种爱憎来打动读者的心灵的。作家不动感情，超然化外，就根本写不出什么能震撼读者的好作品"①。钟惦棐则认为"文艺描写世俗生活，愈浓郁愈好；文艺批评的世俗观点，却愈少愈好。现实主义不应该附带条件"②。现实主义究竟应不应该附带阶级的爱憎观，应不应该附带政治等世俗的要求，成为争论的一个焦点。这其实也是"真实论"在改革开放初期的文学经典化原则中能否合法的问题。此时，如何避免意识形态论争对文学带来的束缚，使文学面向生活又不流于"暴露"文学，如何尽快统一战线，投入到火热的文学事业建设当中，是《文艺报》这样的官方权威媒介刻不容缓的工作。

作为主编，冯牧的观点比较能反应《文艺报》的立场。他说："有少数同志认为，凡是他所看到的一切真实的事物都是可以写进作品的文学题材。他忘记了人民需要的是'真、善、美'的文学，一切真实的事物并不一定就是最正确的和最美好的事物。那种认为真实性就是一切的人，最终是有可能划不清现实主义和自然主义之间的界限的。"③可见，"真实论"依旧不能成为文学创作的主导方法论。作为官方媒介的《文艺报》，针对具体的文学创作，应该有自己的策略、立场和导向。此时，《文艺报》重点提倡"深入生活"，这对改革开放以来文学的价值评判具有深远的影响。

对《文艺报》的编者们来说，提倡"深入生活"，是有其历史渊源的。《文艺报》前主编丁玲曾在20世纪50年代中期说自己提倡的是"深入生活"，从而自别于胡风等人的真实论。1957年，提倡"社会主义现实主义"的周扬在当时被调查的丁玲写出《重大事实的辩证》一文为自己申诉并取得成效之后，向丁玲示好的一个方式就是，由"总编辑张光年、副总编辑侯金镜和编辑杨志一起到了颐和园，请当时住在那里的丁玲谈深入生活的问题。这都可以看作是在那种情势下，周扬等的'后退'和妥协"④。因此可以看出，无论是丁玲，还是周扬等人，都是可以接受"深入生活"这个概念的，它对于文学是一个相对安全的方针。

显而易见，"深入生活"在1957年前后就已经成了文学的政治性和真实性之间的一个较为折衷的路线，它对于文学的政治要求具有一定的软化作用。20年过去，在"双百"方针复出之际，因为文艺界的后怕心理，"深入生活"成为一个调和多方意志的共识。这从该刊的《致读者》也能看出，它重点指出："实事求是，一切从实际出发，这

---

① 程代熙：《现实主义的真实和作家的同情》，《文艺报》1980年第5期。
② 钟惦棐：《论如何对待现实主义的偏颇和不足》，《文艺报》1980年第8期。
③ 冯牧：《对于文学创作的一个回顾和展望——兼谈革命作家的庄严职责》，《文艺报》1980年第5期。
④ 洪子诚：《1956：百花时代》，北京大学出版社2010年版，第173–178页。

个马列主义的基本原则,运用在文艺创作上,就是要从生活出发,真实地反映人民群众的生活与斗争。针对'四人帮'在这个基本问题上造成的颠倒与混乱,我们要维护文艺的真实性,维护文艺忠于生活的原则,争取文艺的政治性和真实性的完全一致,提倡革命现实主义和革命浪漫主义相结合的创作方法。'创作要上去,作家要下去。'这是符合毛泽东思想的行动口号。我们坚决支持那些长期深入生活、深刻反映人民生活的优良范例,推广他们的经验,使深入生活、从生活出发蔚然成风;这就是繁荣创作、提高创作质量的根本保证。"① 可以看出,"深入生活"在这里综合了多方要求。这些要求有文学的真实性、文学肃清流毒、革命现实主义与浪漫主义的结合、《讲话》的再度接受等等。其中,"真实"被小心地认为应该与"政治性"完全一致,可见它还是不如"深入生活"的概念具有安全性。刘锡诚也提到"读者看到的《致读者》,与张光年和冯牧的口头讲话相比,已是一篇经过慎重斟酌过的文稿了。这篇文稿,不是出自主编冯牧之手,而是张光年的手笔,是经过多人的推敲才定稿的"②。这种类似于共同写作的模式,其实也是出于安全的考虑。

如果追根溯源,寻找"深入生活"的合法性,那么在毛泽东的《在延安文艺座谈会上的讲话》(以下简称"《讲话》")中,就有明确的关于"深入生活"的指向。比如:"革命的文艺,应当根据实际生活创造出各种各样的人物来,帮助群众推动历史的前进。例如一方面是人们受饿、受冻、受压迫,一方面是人剥削人、人压迫人,这个事实到处存在着,人们也看得很平淡;文艺就把这种日常的现象集中起来,把其中的矛盾和斗争典型化,造成文学作品或艺术作品,就能使人民群众惊醒起来,感奋起来,推动人民群众走向团结和斗争,实行改造自己的环境。"③ 而在《文艺报》复刊的起初,很多文章也都自觉接受了《讲话》,决定《文艺报》立即复刊的中国文联第三届全委会第三次扩大会议本就是在纪念《讲话》发表36周年的时候召开的④。巴金在此次会议上也引用了《讲话》中的内容:"毛主席说,人民生活是文艺的唯一源泉。这是最广大最丰富的源泉,因此要繁荣社会主义文艺创作,必须大力组织文艺工作者深入三大革命斗争的第一线去,到火热的斗争中去。"⑤ 从这句话可以看出当时虽然还要写斗争,但"生活"的概念已经逐步得到重视,体现了破冰之势。《文艺报》编委刘白羽也在该会议上指出:"毛主席正是根据马克思主义的认识论,作出了人民生活是文艺创作的唯一源泉的结论,客

---

① 《致读者》,《文艺报》1978年第1期。
② 刘锡诚:《在文坛边缘上——编辑手记》,河南大学出版社2004年版,第100页。
③ 毛泽东:《毛泽东选集》,人民出版社1991年版,第861页。
④ 《中国文联第三届全国委员会第三次扩大会议的决议(一九七八年六月五日)》,《文艺报》1978年第1期。
⑤ 巴金:《迎接社会主义文艺的春天》,《文艺报》1978年第1期。

观生活是第一性的，文艺创作只能是现实生活的反映，是第二性的。"①

因此，"深入生活"在《文艺报》复刊之际具有合理性与合法性，从而引发了一系列的探讨和倡导。王西彦说："由于生活经历和各种条件的相异，不同的作家往往有他独特的创作'根据地'，他在自己的'根据地'里进行长期的体验、观察和思考，熟悉那里的每一个人，每一件事，甚至一草一木，有着深厚的生活积累，才能从中选取丰富而生动的写作素材。"② 李準认为"每个生活现象都是社会生活整体的组成部分，文艺作品可以从各个不同角度反映社会生活的某些本质方面"③。可以看出，"深入生活"相比于意识形态论争，有着一定的解放题材禁区和打破政治思维的作用，更能够尊重作家个性和现实基础，它是文艺理论界达成的具有建设性的强烈共识。

主编冯牧认为应该将社会生活当作文艺创作的唯一源泉，这种生活应该是不断发展的富有生命力的新生活，是战斗者、建设者、保卫者的生活。他尤其强调作家在深入生活的过程中自觉地与人民同甘共苦。这就为《文艺报》提倡作家深入工厂、深入农村提供了理论基调。当然，他还指出，由于作家们的性格、修养、资历等等的不同，深入生活应当采取因人制宜、因地制宜、因事制宜的多方面、多途径的办法④。由此可见，"深入生活"作为一个涵盖内容较宽泛、较易操作的概念，更容易得到宽容而又不失去"现实主义"创作方法的基本品质。更可贵的是，它明确了文学创作也要具体问题具体分析，不能用各种主义将作家的气质、人格、生活经验和创作的关系简单比附，这对文学的改革开放具有重大的导向作用，能够促进作家更加健康地成长，促使文学园地取得更加丰硕、多样的成果。

同时，"深入生活"的提倡也的确在文学创作上得到了深刻的反映。作家们虽然还没有也无法摆脱"政治约束"，但在创作中却都有了生活的亮色，有了细节的考量和对复杂性格的把控。《文艺报》前任主编张光年在1981年的全国优秀短篇小说获奖作者座谈会上肯定当选作品"是作家们认真渗入生活的丰硕果实"⑤。王蒙认为"四年来文学事

---

① 刘白羽：《创作与生活》，《文艺报》1978年第2期。
② 王西彦：《生活真实和艺术生命》，《文艺报》1978年第6期。
③ 李準：《关于文艺反映生活本质的几个问题》，《文艺报》1981年第2期。李準在这篇文章中总共谈了五点，其余四点是：二，现象和本质都是具体的，对文艺作品通过现象反映本质的要求也应当从作品所描写的具体情况出发；三，每个生活现象都是社会生活整体的组成部分，文艺作品可以从各个不同角度反映社会生活的某些本质方面；四，社会主义在实践中，坚持从实际出发才能正确反映社会主义制度的本质；五，继续肃清左的影响，让作家在反映生活本质方面充分发挥创造精神。
④ 冯牧：《投身到伟大变革的生活激流中去》，《文艺报》1984年第6期。
⑤ 陇生：《他们来自生活大地——记一九八一年全国优秀短篇小说获奖作者座谈会》，《文艺报》1982年第5期。

业最引人注目的成功正是文学与生活紧密联系这样一个现实主义传统的恢复与发展的证明"①。张洁说:"回忆我的创作,凡是比较真确地反映了社会生活的作品,如《爱,是不能忘记的》、《沉重的翅膀》,尽管艺术表现还很粗糙,甚至文理不通的句子俯拾即是,却引起了读者较多的注意,或是争议,我想道理就在于此。"② 除了以上作家,还可举出实际创作的例子。近年故去的陕西作家陈忠实先生 1984 年的《梆子老太》就塑造了"梆子老太"这样一个具有复杂性格的人物。她能干却又善妒,有着先天的生理缺陷而不能生育,于是"盼人穷",但作者并没有用纯粹的批判视角来写她。他说:"梆子老太是一个复杂的形象。不正常的生活扭曲了她的灵魂,这个被扭曲的灵魂反过来又去扭曲生活。"③ 他在 20 世纪 80 年代中期的《蓝袍先生》、《四妹子》等作品,都有十分厚重的生活气息,比如《蓝袍先生》一开始就设计了一个传统的教书先生的婚姻诉求,他因为父母订的娃娃亲而失去爱情,最终在老年又想拥有一次自我选择的婚姻。浓重的人情味与生活的气息很容易给人一种文学的亲切感,再也不是冷冰冰的阶级斗争式的说教。

由此可见,"深入生活"的提倡是产生了实际效果的,作家开始越来越注重体验普通人的生存境况、真实心境,写出更为鲜明的人物形象来,这些人物形象不再是简单思维和二元对立的性格,而是有着丰富的思维和复杂的性格。这也更进一步说明了"深入生活"这一概念慢慢占据了主导地位,为文学素材和主题的丰富奠定了广阔的基础,也成为评价文学作品的一个重要价值判断依据,是改革开放初期文学经典化的具有重要理论内涵的努力方向。

二、《文艺报》与作家的文学生活——以农村题材为例

鼓励作家体验农村生活,是《文艺报》提倡"深入生活"的最有力的举措。并且,农村生活的书写一直以来就是当代文学的书写重点。在当时,对九亿农民的生活继续进行新的关注和探讨,描写社会变革所引起的乡村伦理的变迁、农民生活的变化,也是文学最需要面对的。

对农村的书写倡导,第一是要求作家描写"三中全会"后农村的变革,反映农村新气象。并且,《文艺报》还大力提倡作家下乡,作家由此得以有了书卷之外的文学生活(这种文学生活与过去的自然生活不同,它带有回馈创作的直接目的),其背景是广袤的农村,其实这是从文学生产的角度丰富了文学生活。1980 年 3 月 15 日,《文艺报》召开

---

① 王蒙:《生活呼唤着文学》,《文艺报》1983 年第 1 期。
② 张洁:《热情地拥抱生活》,《文艺报》1984 年第 5 期。
③ 陈忠实:《陈忠实文集》(第 3 卷),人民文学出版社 2016 年版,第 468 页。

了农村题材文学创作座谈会。会议报道具有明显的倡导和鼓励性质:"赵树理、柳青是写当代农村题材的名家了,但他们在北京住了几年也都住不下去了,不能不回到自己的生活基地。浩然已经下了乡,他是直接从乡下赶来参加这个座谈会的。刘绍棠准备下乡,户口迁移证已经办妥,马上即可出发。"① 会议的主要内容有三项:1. 促进农村题材文学创作发展的问题;2. 什么是社会主义新人和如何塑造的问题;3. 农村题材创作中写人与写社会的关系问题。出席会议并发言的有冯牧、刘锡诚、刘绍棠、浩然、林斤澜、阎纲、刘锡诚、唐因等。在当年的4月9日,《文艺报》又主持召开了第二次座谈会,出席会议的都是青年作家,有古华、韩石山等②。由此可见,《文艺报》对于农村题材的提倡目的明确,期待引导作家去表现农村的积极变革方面,并且大力塑造"社会主义新人"。

《文艺报》还报道了地方上对农村题材的重视,比如山西的《汾水》杂志认为"我们希望借助山西的几位写农村题材的作家对青年作者的艺术影响,促进这个艺术流派的发展"③。作协河南分会也认为"同其他题材的短篇小说比较起来,农村题材短篇小说则是数量少、质量差,与广大读者的要求极不相称"④。林斤澜也在《文艺报》上发文道:"有说九百六十万平方公里,八亿农民的事,非同等闲。专写农村的专业作者,哪里还坐得住冷板凳。腿脚矫健的,已经卷起铺盖卷儿走了。我这半个写农村的,也在收拾手头的零碎活儿,打算拐着脚步步他们的后尘了。"⑤ 从这些论调中可以看出,《文艺报》是在建构一种文学场域,将作家们引向新的生活体验空间中,本质上是在战线统一的基础上面向更加广阔的题材、更加真实的体验。不过,这种体验是被建构的体验,作家接受这种体验的目的是写出官方和读者双方均满意的作品。

以"座谈会"为中心的这次大讨论,可以说为《文艺报》后来对于农村题材的倡导奠定了基调。在1981年全国优秀短篇小说获奖作者座谈会上,张光年说:"这次当选作品有个特点:反映三中全会后农村的新变化的作品多,分量重。这是与前几届得奖作品不尽相同的地方。"⑥ 这可以说与座谈会的推动形成了最直接的呼应。

---

① 孙武臣:《文学,要关注八亿农民——记本刊召开的农村题材文学创作座谈会》,《文艺报》1980年第5期。
② 刘锡诚:《在文坛边缘上——编辑手记》,河南大学出版社2004年版,第396—409页。
③ 《汾水》编辑部:《重视农村题材》,《文艺报》1980年第5期。
④ 《作协河南分会和〈奔流〉编辑部召开座谈会讨论农村题材短篇小说创作问题》,《文艺报》1980年第5期。
⑤ 林斤澜:《送下乡》,《文艺报》1980年第5期。
⑥ 陇生:《他们来自生活大地——记一九八一年全国优秀短篇小说获奖作者座谈会》,《文艺报》1982年第5期。

第二是将目光落在农民的道德伦理变迁上,对他们进行现实的考察,充分体会他们的真实处境和心理状态。1984年,该刊与《人民文学》联合举办了"农村题材小说座谈会",会议的重要内容之一就是农村的商品生产和伦理道德观念①。这充分说明,歌颂农村的"伟大变革"虽然是主流,但已经不是全部。这就涉及"彻底解放文艺的生产力的问题"。正如刘梦溪所说的,"我们强调要塑造工农兵英雄人物的典型形象,同时也主张作家描写各种各样的人物,我们社会主义文艺毫无疑问应该以写光明为主,但对于黑暗事物和反动势力也必须给予深刻的揭露和尖锐的抨击"②。农村伦理受到经济改革、土地分配制度改革以及生产资料私有化等社会变迁的冲击,在积极变革的一面肯定还会有很多消极的因素在滋生,全面把握农村生活是十分必要的,因此,虽然主流还是歌颂,但这一认识具有十分可贵的前瞻性。

可见,要寻找更加丰富的文化资源,农村是一个宝库,它广阔的空间蕴含着丰富的文化遗产。因此,如果想走出既定模式,去农村、工厂、生产线中汲取经验也是必不可少的。不过,这种资源一方面会促使"伟大变革"的描写更具可信性,另一方面,也会导致发现生活中一些不合理的东西,甚至落后的东西。此时,《文艺报》开设专栏,展开了"怎样表现变革中的农村生活"的大讨论,还考虑到了普通读者的意见。来自湖南隆回县第四中学的罗宝田说:"最近一年的一些小说,注意了从多侧面揭示农村人物性格复杂而丰富的内涵,但有的却忽略了人物性格的完整统一。往往没有写出他们怎样随着农村变革发生某种合乎社会真实和人物自身发展逻辑的变化。"③ 接下来几期的《文艺报》还发表了一系列相关讨论。胡采的文章指出:"对农民看法问题上的偏颇,反映在看缺点多,看落后面多;对农民身上积极的一面,看得太少,反映得太少;特别对农民在当前大变革时期的新发展和新变化,重视不够。"④ 这充分说明,《文艺报》不得不接受政策的规约,还希望引导作家去建构生活的积极面。

从作家的立场而言,这其实是他们在农村生活中所发现的"伦理困境",也可以看出政策导向对文学的规约已经出现了一定的松动。胡乔木在1980年谈报刊出版时说:"我们要宣传社会主义的优越性,号召全国人民在共同利益的基础上,为着我们共同的理想,在共同的领导下面,按照共同的道德标准、共同的纪律来进行共同的行动,这样我

---

① 雷达、晓蓉:《农村在变革中,文学要大步走——记〈文艺报〉〈人民文学〉召开的农村题材小说创作座谈会》,《文艺报》1984年第4期。
② 刘梦溪:《彻底解放文艺的生产力》,《文艺报》1978年第2期。
③ 子静:《社会主义作家的历史责任(来稿综述)》,《文艺报》1984年第3期。
④ 胡采:《在生活的大海面前》,《文艺报》1984年第5期。

们就能够达到我们的目的……"① 这其实很能反映官方对于文学期刊的要求和期待。但结合《文艺报》的具体实践，比如上文列举的关于"农村变革"的"负面"的评论以及它推介的那些描写"负面"的作家（比如阿城、张炜、陈忠实、贾平凹、路遥等等），则不得不说，《文艺报》毕竟是有着官方和文学两重属性的媒介，它的文学导向，是在政策允许的范围内进行稳健的尝试，保护了一大批表面上遵守路线而实际上自有作为的作家，这也可以看出文学繁荣的艰难历程和刊物的不易处境。一方面它要积极做党的"哨兵和喉舌"②，一方面它也要为文学内容的合理性承担重任，避免文学完全沦为政治的工具。

无论如何，以上充分说明了，80年代前半期，文学界对于农村题材小说的浓郁激情与巨大诉求。《文艺报》在迎合这种诉求的同时，也给了作家看见农村变革"另一面"的机会，同时又推介了一些含有"异质性"的作家作品，为后来文坛的转向埋下了伏笔。该专栏间隔性地一直持续到第1984年第7期，当年发表的文章还有李国涛的《不应冷落他们》（1984年第3期），王蒙的《谱写农村的新生活交响乐章》（1984年第4期），张一弓的《听命于生活的权威——写自农村的报告》，乌热尔图的《挖掘独特的财富》，叶蔚林的《眼睛往哪里看》（1984年第6期），叶文玲的《"冲出去"与"逃出来"》（1984年第7期），康濯的《"农民"这个概念变了》（1984年第8期）等。其他年份的文章还有高晓声的《希望努力为农民写作》（1980年第5期），陈辽、胡若定的《农村生活的新画卷——读近年来反映农村生活的一些短篇小说》（1981年第12期），姚虹的《老调重弹——读反映农村生活的短篇小说有感》（1982年第5期）等。这些文章对于鼓励作家深入农村生活具有很大的导向作用，也给作家的文学生活提供了方针和方案，给他们的创作提供了丰富的题材，从文学生产的层面丰富了改革开放初期作家们的文学生活。

三、书写内容的暗转与文学主体性的回归

即使是"写生活"与"写农村"这样温和而折衷的方法论与题材库的推行，对于《文艺报》这样的官方媒介而言也是有条件的。在《文艺报》所提倡的概念中，最能反映这种条件的，就是对于描写变革中的农村的要求，以及塑造"社会主义新人"的要求。然而在这个政策要求的表壳之下所产生的转变，才是最能体现文学主体性的复归的，

---

① 胡乔木：《报刊要成为安定团结的思想中心（一九八〇年二月六日）》，见《胡乔木谈新闻出版》，人民出版社1999年版，第331页。
② 刘锡诚：《在文坛边缘上——编辑手记》，河南大学出版社2004年版，第100页。

这种主体性是文学经典化的潜在原则和标准。在这种潜在标准之下，文学对于"生活"、"人性"、"伦理"的关注已经渐渐扩大，此时"革命"和"政治"由主体开始趋向背景化。

曹文轩认为此时"农民已是在文学作品中得到了展览和批判……吴若增、路遥、周克芹、李杭育等作家，都以既相同又不尽相同的思考，客观地描写了农民阶级的长处和短处……由于要对沉重的历史反拨，在某些作品中，否定甚至成为主要倾向"①。《文艺报》对于这一点也是比较敏感的，所以它的文章基本上是避免批判的偏激化，提倡一种较为中和的观点。也可以说，对农村文明的批判是《文艺报》提倡"农村题材"所得到的"看似意外"的结果，虽然《文艺报》不排斥写农村的"负面"，但在80年代中后期，这种本该作为"侧面"的内容反而渐渐成为了主流，从客观上催生了文坛的另一种声音。文坛现实与文艺政策所提倡的通过写"社会主义新人"进而反映"伟大变革"的策略，明显是不符的。

这种转变的产生，与作家真切的文学生活有着莫大的联系。如果来看贾平凹的"商州系列"，王安忆的《小鲍庄》，阿城的《树王》、《孩子王》，李杭育的葛川江系列，韩少功的楚地描写，郑义的《远村》等，以及上文列举的路遥的《人生》、陈忠实的小说，就会发现"农村"在作家们的笔下已经不仅仅是革命腹地的宏大叙述，还有很多细微的切入点，这种微观视角就是对于"生活"的真切体验，不仅仅有歌颂，还有善意的批判和设身处地的关怀。

当然，反映伟大的"变革"时代已经成为文学的一项重要任务。这其实是给文学的"现实主义"所提出的一个附加条件。这种附加条件如果说得更准确，那就是反映社会生活，尤其是农村生活的积极面。那么这是否又回到"歌颂文学"的老路中去了呢？恐怕不尽然。

在1984年第4期"怎样表现变革中的农村生活"的专题中，还有一篇雷达和晓蓉对《文艺报》、《人民文学》两大刊物召开的"农村题材小说创作座谈会"的非常系统的报道。这篇报道清楚地表达了作家们的立场。通过这次报道，我们虽然可以了解到"人们一再提到《太阳照在桑干河上》、《暴风骤雨》、《三里湾》、《山乡巨变》、《创业史》等作品，对它们的历史地位和艺术成就给予了充分肯定"，但是，"这并不意味着作家们没有痛感到历史的教训"。刘绍棠在这次会议中指出："不能满足于抓'热馒头'，应该治本。意思是说，不要就眼前写眼前，现炒热卖，而是应该回顾和总结三十年创作的成败

---

① 曹文轩：《中国八十年代文学现象研究》，人民文学出版社2010年版，第35页。

得失。"① 因此,我们还能看到另一些让人眼前一亮的观点:"叶蔚林列举出许多耐人寻味的现象,说明昔日农村田园诗般的传统风貌和家庭关系正在改变。父母不希望儿子只像自己那样老实、本分,还应该更加精明甚至狡黠一点。"金河认为"农村商品生产发展带来两个直接变化,一是……'热土难离'的观念打破了;二是带来了竞争,'钱财利'的观念突出了……这样,作者写一个创业新人,就要触及许多被传统观念认为'不道德'的东西"②。张炜、王蒙、唐因等作家则认为传统的道德和远离尘寰的所谓古朴之美,是应该扬弃的,但对于传统美德,却要审慎地具体分析,并且进行发展③。上述论点都明显地开始偏向人性和真实。所以有学者指出,1986年前后,"不同于'社会主义现实主义'的'典范文本',那些经典意义上的现实主义作品也开始被文学'无意'地忽视。比较《人生》激起的热烈反响,路遥发表于1986年的《平凡的世界》受到了近乎难堪的冷落"④。因此,虽然"写农村"和"深入生活"加上了描写"伟大变革"的附带条件,但是作家们的创作方法还是发生了暗转,这种暗转还可以从《文艺报》所推介的作家们得到启示。

从1980年开始,《文艺报》的"全国优秀中篇小说奖"推出了以下值得注意的作家作品:路遥的《人生》、张承志的《黑骏马》、邓友梅的《那五》(1982),阿城的《棋王》、郑义的《远村》、邓友梅的《烟壶》、张承志的《北方的河》、贾平凹的《腊月·正月》(1985),王安忆的《小鲍庄》、莫言的《红高粱》(1987)等。再来看《文艺报》的"文学新人"栏目所推介的作家:1980年有张洁、冯骥才等;1981年有何士光、陈忠实、路遥、韩少功等;1982年有王安忆;1984年有方方、张炜;1985年有李杭育等。通过这一串不算长的名单,可以很容易地发现,这些作家或作品没有哪一个是单纯符合"描写伟大变革"的创作思想的。他们反倒如同前文所说的,"取代"了以往的"典范文本",并且,无论是否出于本意,很多作品其实是对农民进行了"批判"和展览,农村的伦理和困境得到了深切的反馈,虽然作品的基调多是在歌颂新社会,但其中多了一层理性、关怀与深入人性的反思(区别于政治反思)。值得注意的是,后来的"寻根文学"作家已经受到了《文艺报》的关注。这其实是文学在宏大叙事之后的"松绑",不仅仅

---

① 雷达、晓蓉:《农村在变革中,文学要大步走——记〈文艺报〉、〈人民文学〉召开的农村题材创作座谈会》,《文艺报》1984年第4期。
② 雷达、晓蓉:《农村在变革中,文学要大步走——记〈文艺报〉、〈人民文学〉召开的农村题材创作座谈会》,《文艺报》1984年第4期。
③ 雷达、晓蓉:《农村在变革中,文学要大步走——记〈文艺报〉、〈人民文学〉召开的农村题材创作座谈会》,《文艺报》1984年第4期。
④ 黄平:《再造"新人"——"新时期""社会主义现实主义"的变化及其影响》,杨庆祥等《文学史的多重面孔——八十年代文学事件再讨论》,北京大学出版社2009年版,第79页。

是真实性的复归，也是文学的主体性的回归。文学无论是从内容还是思想上，容量和深度都得到了大幅度的提升。因此，这种"异质"虽然是在"伟大变革"的前提下，并且"歌颂体"的描写也未完全消失，但却是文学转型的一个重要先兆，具有十分深刻的文学史意义。

表面上看，"社会主义新人"概念的提出，是在"深入生活"与"农村题材"之上的一个新的"筹码"。通过上文分析，其实可以看到，写"伟大变革"和写"社会主义新人"虽然在某种程度上束缚着"写农村"和"深入生活"的力度，但后两者的大力提倡其实也正中和着前两者的"歌颂文学"和"政治宣传"的倾向性。正如武新军所言，"20世纪80年代各文学刊物上关于'社会主义新人形象'的讨论，与当时复杂的经济、政治体制改革形势密切相关，与思想界、文学界革新力量与保守力量的反复较量紧密纠缠。在反复的讨论和较量中，革命时代所形成的人物形象规范逐渐解体"①。

其实，塑造"社会主义新人形象"，是《文艺报》等主流媒介所提倡的反映时代的"伟大变革"的策略之一。《文艺报》也发表了以此为主题的一系列文章。但正如前文已经引述和论证的，"伟大变革"和"社会主义新人"的塑造，虽然也产生了许多典范文本，但却"始终无法克服自身的理论困境，《乔厂长上任记》、《赤橙黄绿青蓝紫》等'典范文本'，在塑造具有'革命理想'与'高尚情操'的'社会主义新人'的表层下，潜在着一个颇为惊人的'欲望叙述的文本'，这在某种程度上，预示了1985之后的转向"②。其实这只是转向的一个方面，因为在"改革"文本之外，更多的来自生活、农村与自然的叙述，在冲击着文学的既有规范，这与《文艺报》的"深入生活"和"农村题材"之提倡是分不开的。比如对于农村文化、传统文化、自然的关注，对于生活的客观反思，很难说不是另一种预示。它预示着文学在改革开放初期有了更广阔的题材库、更灵活的方法论，以及对"真实性"更大的包容。而这种包容给了文学更广阔的空间去关注革命之外的伦理变迁、乡土风情、人物心理、社会的复杂性等核心问题，从而完成文学主体性在内容、主题的多样化层面上的复归。

（作者单位：山东大学文学院）

---

① 武新军：《"社会主义新人"大讨论与新时期文学》，《河南大学学报（社会科学版）》2015年第3期。
② 黄平：《再造"新人"——"新时期""社会主义现实主义"的变化及其影响》，杨庆祥等《文学史的多重面孔——八十年代文学事件再讨论》，北京大学出版社2009年版，第71页。

共和国文学研究

国家意志下移与现代文学史建构
——以1959年《山东大学中国现代文学史教学大纲（初稿）》为考察中心

慕江伟

新文学史的撰写与讲授在1949年之前各有特点，如朱自清编写的《中国新文学研究纲要》和周扬编写的《新文学运动史讲义提纲》，各代表了对新文学成就及其价值的个性化判断。不过，多元的写史路径从1949年开始向单一的政治话语模式转变。1949年7月召开的第一次文代会上，周扬代表解放区文艺作了题为《新的人民的文艺——在中华全国文学艺术工作者代表大会上关于解放区文艺运动的报告》，正式将"新的人民的文艺"作为中华人民共和国的文艺方向确立下来。9月，《中国人民政治协商会议共同纲领》第46条明确申明"人民政府应有计划有步骤地改革旧的教育制度、教育内容和教学法"①。政策转向造成以往新文学史叙述模式已不再符合新政权的主流意识形态，更不适合大学教学使用，促使研究者在20世纪50年代编撰出了一系列中国新文学史"教学大纲"。这些"教学大纲"历经"尝试——雏形——成熟——落实"四个阶段，最终实现了国家意志在现代文学史建构中的贯彻。

一、政治规约与现代文学史

1949年2月，中共中央发出了《关于废除国民党的六法全书与确定解放区司法原则

---

① 中国人民政治协商会议：《中国人民政治协商会议共同纲领》，《新中华》1949年第20期。

的指示》。10月,在"废除反动课程(如国民党党义、六法全书等)"① 的原则下,华北高等教育委员会公布了《各大学专科学校文法学院各系课程暂行规定》,将新文学史纳入了中国文学史。规定指出:"(二)本系基本课程:(1)中国文学史(包括历代及现代)……(5)中国文学名著选(包括历代及现代散文、诗歌、小说及戏剧等)……"②

1950年5月,中央教育部召集的全国高等教育会议通过了《高等学校文法两学院各系课程草案》。草案吸收了华北高等教育委员会公布的"暂行规定",并指出"中国新文学史"是各大学中国语文系的主要课程之一。基于实际需求,改革小组迅速组织人员拟定了《〈中国新文学史〉教学大纲(初稿)》(以下简称"1951版教学大纲")。李何林对这一过程有详细的记录:

> 中央教育部组织的文法学院各系课程改革小组中的"中国语文系小组"决定依照部定在五一年六月以前,把中文系每一课程草拟一个教学大纲,以便印发全国各校中国语文系。其中"中国新文学史"一课的教学大纲的草拟工作,由老舍、蔡仪、王瑶和我(原定有陈涌,他因忙未能参加)担任。因为大家都忙,我们只在一起商讨了两次:第一次是根据蔡仪、王瑶和东北师大中文系的张毕来三同志所草拟的三份大纲,交换了一些意见;会后再由我参照这三份大纲草拟了一个大纲,第二次即讨论这个大纲,略加修改通过。而大家认为第三、四、五编内有关作品各章的那样分类和所例举的那些作家,是否妥当,是否挂一漏万,实成问题。但又觉得有这些小标题,比仅有笼统的诗歌、小说、散文、戏剧每章的大标题,对于有些人也许有些帮助。所以决定把这些小标题抽出来,作为"附注"放在后面,仅供参考③。

大纲写出后,作为执笔者的李何林非常清楚其不足之处。他认为"这个大纲可商量的地方实在太多,尤其是第三、四、五编各章内的那些小标题:分类的标准是不一致的……但主要的缺点还在于:无论是就题材,主题,文学种类或作家集团来标题分类,思想性都不够明确"④。除了向教育部提交外,1951年7月,他将大纲全文刊发于《新建设》第4期的"学术讨论"专栏。同月,被收入由新建设杂志社出版的《中国新文学史

---

① 华北高等教育委员会:《各大学专科学校文法学院各系课程暂行规定》,《中华教育界》1949年第10期。
② 华北高等教育委员会:《各大学专科学校文法学院各系课程暂行规定》,《中华教育界》1949年第10期。
③ 老舍、蔡仪、王瑶、李何林:《〈中国新文学史〉教学大纲(初稿)》,《新建设》1951年第4期。
④ 李何林:《简单的意见》,《新建设》1951年第6期。

研究》一书。12月,《新中华》(半月刊)第 24 期全文转载了《〈中国新文学史〉教学大纲(初稿)》。通过书刊扩散,李何林"希望全国中国语文系的有关教师同志们提示意见,而且盼望文学界的同志们也能注意、研究和批评,以便将来修改"①。

  大纲出版后迅速得到一些新文学史教学研究者的关注,他们的观点与大纲制定者产生了一些思想争鸣,1951 年年底相继出现了两组质疑与答疑的商榷文章。《新建设》第 6 期上的质疑声音是由福州大学俞元桂提出的,他重点评论大纲"第二编",认为"在整个大纲的编制上,第二编和其他各编是不统一的","第二编第二、三两章没有明显地指出本时期诗歌、散文、小说、戏剧等创作的面貌",并提出了他对这一时期诗歌、小说、戏剧、杂文和散文小品的章节设想②。李何林谦虚地接受批评,并对俞元桂的质疑进行了逐条回应③。

  随后,《新中华》(半月刊)第 24 期,在转载大纲和上述文章之外,还刊登了一组商榷文章④。讨论主要集中在分期、章节小标题、代表作品选取上,其中在河南大学从事中国新文学史研究的任访秋深有感触,他"觉得这个大纲在内容上是丰富的,有许多地方可以补我们之不足","不过里面也有漏略的,最显著的翻译文学,根本一点都没提到","在材料的编排上……也有着若干的不同"⑤。韩镇琪对大纲分期法以及新文学史的起点是 1917 年颇为不满,坚持《新民主主义论》论断,指出"我们所说的新文学史是新民主主义的文学史,所以应由一九一九年的五四运动做为开始"。在绪论第四章,他提出了新的分期设想,融入了较强的政治色彩,比如把 1945 年日本投降时间作为一个节点⑥。

  大纲颁布的同年 9 月,王瑶的《中国新文学史稿》(上册)由开明书店出版,下册由新文艺出版社 1953 年 8 月出版。作为大纲参与者,王瑶的分期与大纲颇为相似,仅仅

---

  ① 李何林:《简单的意见》,《新建设》1951 年第 6 期。
  ② 俞元桂:《关于〈中国新文学史教学大纲(初稿)〉第二编》,《新建设》1951 年第 6 期。
  ③ 李何林:《简单的意见》,《新建设》1951 年第 6 期。
  ④ 据李何林透露,四篇商榷文章都是《新建设》杂志社转给他的,并回复他"本刊因性质及篇幅关系,不拟发表",但他"觉得四位先生的意见都很可以供我们参考或商讨,如不发表,很是可惜。当时立刻想到《新中华》",在征得主编以及四位先生的同意后,他写了一篇答复四位先生的文章《复敬王、韩、任、俞四位先生》。(参见李何林:《复敬王、韩、任、俞四位先生》,《新中华》1951 年第 24 期)四篇商榷文章包括:《关于〈中国新文学史教学大纲(初稿)〉的讨论》(王西彦)、《中国新文学史由什么时候开始——对〈中国新文学史〉教学大纲(初稿)的意见》(韩镇琪)、《对〈中国新文学史教学大纲〉的商榷》(任访秋),以及《关于〈中国新文学史教学大纲(初稿)〉第三编》(俞元桂)。
  ⑤ 任访秋:《对〈中国新文学史教学大纲〉的商榷》,《新中华》1951 年第 24 期。
  ⑥ 韩镇琪:《中国新文学史由什么时候开始——对〈中国新文学史〉教学大纲(初稿)的意见》,《新中华》1951 年第 24 期。

把大纲的一、二编合并为一编,不过在小节的处理上则差异颇多。随后又出现了蔡仪的《中国新文学史讲话》(1952)、张毕来的《新文学史纲(第一卷)》(1955)、丁易的《中国现代文学史略》(1955),都在继承大纲的基础上表现出"向政治的大角度倾斜"①。

1957 年,由中华人民共和国高等教育部审定的《中国文学史教学大纲》(以下简称"1957 版教学大纲")在高等教育出版社出版。该教学大纲的编写出版,旨在"确认文学是社会意识的一种形态,它的阶级性和社会教育意义……分清主次、鉴别材料,从具体材料中作具体分析,作出正确的结论"②。大纲分为四个部分,即先秦两汉(包括第一、二、三篇)、魏晋六朝隋唐(包括第四、五篇)、宋元明清(包括第六、七、八篇)、现代文学(包括第九篇)③。这样的分期处理,凸显了"现代文学"在中国文学史中的重要地位,标志着"中国现代文学"学科从国家意识层面上的正式确立。

从大纲内容来看,50 年代前期文艺运动已在第九篇"新民主主义革命时代的文学(1919—1949)"中有了直观反映,国家意识形态和毛泽东文艺思想得到进一步巩固强化,大纲肩负起了政治思想的规约作用,开始影响到全国各地大中专高校的现代文学史教学。山东大学 1959 年 4 月编印的《山东大学中国现代文学史教学大纲(初稿)》(以下简称"1959 版教学大纲")就是接受国家纲领性文件的最好例证。

二、现代文学史的两种走向

1957 年,"新文学"一词正式变为"现代文学"之后,出现了一批以"中国现代文学史"命名的文学史,有复旦大学中文系现代文学组学生集体编著的《中国现代文学史(上册)》(1959)、吉林大学中文系师生编写的《中国现代文学史》(1959)以及中国人民大学中文系师生编写的《中国现代文学史》(1962)等。其中,"'复旦本'继承了 1956 年高教部《大纲》的体例,比《大纲》更彻底、更坚决地集中介绍重要作家"④。在文学史写作影响之外,高校讲授现代文学史的教师也积极以"1957 版教学大纲"为蓝本,来建构新指导下的"中国现代文学史教学大纲"。

早在中华人民共和国建立初期,新文学史的教学工作就已在高校中开展,而且不同

---

① 黄修己:《中国新文学史编纂史》,北京大学出版社 2007 年版,第 97 页。
② 中华人民共和国高等教育部审定:《中国文学史教学大纲》,高等教育出版社 1957 年版,第 5 页。
③ 中华人民共和国高等教育部审定:《中国文学史教学大纲》,高等教育出版社 1957 年版,第 1 页。
④ 黄修己:《中国新文学史编纂史》,北京大学出版社 2007 年版,第 114 页。

院校都有自己编写的教学大纲。50年代初,任访秋执教于河南大学,研究和讲授中国新文学史。为使课程较好地推进下去,他与李嘉言、张长弓草拟了河南大学中文系的"中国新文学史教学大纲"。"目的与方法"是教学大纲的灵魂,它决定了内容的具体展开,因此大纲在绪论第一章就详细阐明了编者的文学立场和价值判断。大纲的"目的"包括:"(1)了解并掌握中国新文学创作理论和现实中间的相互关系,以及创作在现实的基础上与理论的指导下的发展规律。(2)了解'马列主义'、'毛泽东思想'、中国共产党,对中国近三十年来新文学所发生的作用和影响,以及'毛泽东的文艺方向和道路'的历史的和现实的基础。(3)了解外国文学,尤其是苏俄文学,与民间文学,对新文学所发生的影响,并明确今后文艺工作者对它们应有的认识和应持的态度。(4)批判接受这份文学遗产,纠正其缺点,发扬其优良的传统。"在"方法"上,大纲着重强调"(1)怎样探索创作与现实主义的关系?(2)从作为阶级斗争武器的观点上来看新文学的发展。(3)文学和社会是如何在同一的规律下向前发展着?(4)怎样了解一时代文学的复杂性与多面性?(5)怎样了解一个作家的没落、转变与进步?(6)怎样批评作家和作品?"① 可以看出,任访秋等人在努力把"辩证唯物主义"、"历史唯物主义",以及马克思列宁主义文艺理论和毛泽东文艺思想作为理论指导,并贯穿于以上六类问题研究之中,加快文学史建构适应时代要求。

　　山东大学"1959版教学大纲"在绪论部分并未单设"目的与方法"一章,而是将这一部分具有方法论指导作用的内容转化为大纲的开篇"说明",其中"教学的目的要求"指出:"(1)重点阐述无产阶级文学从萌芽状态逐步成长发展的过程,使同学……了解在党的领导下,无产阶级文学如何向资产阶级文学作斗争、如何为革命的政治服务,为工农兵服务。(2)阐明社会主义现实主义的萌芽、成长过程,使同学了解现代中国革命政治和艺术内容的变革如何引起了创作方法的发展和革新,从而为目前社会主义文学的创作提供经验。(3)正确公正地分析评价中国现代文学的主要作家和作品,培养同学能以马克思列宁主义的观点方法,去欣赏、分析、评价作品,以及鉴别香花毒草的能力。"② 同时,编者还罗列了6条制定教学大纲的重要意见,如第一条要求:"中国现代文学……应重视无产阶级文学(包括无产阶级知识分子作家与工农作家的作品)的萌芽成长发展。同时对于受无产阶级思想影响的对人民发生巨大教育的革命民主主义作家的

---

①　任访秋:《对〈中国新文学史教学大纲〉的商榷》,《新中华》1951年第24期。
②　山东大学编:《山东大学中国现代文学史教学大纲(初稿)》,山东大学出版社1959年版,第1页。

作品，也应给予应有的地位。"①

两个教学大纲虽同属50年代，但意义与作用却已迥然不同，从上述大纲"目的与方法"的比较来看，前者倾向于文学内部研究，且强调研究者的理性批判，政治因素影响较少；后者则坚持"政治第一，文学第二"的文学史观，强调政治对文学的积极作用，使得判断文学的价值尺度让位于政治功用性。

之所以出现这样的情况，原因是多方面的。从1949年6月1日华北高等教育委员会正式成立到"1951版教学大纲"诞生，两年间一系列的大学调整和课程设置的改革，涉及的仅仅是宏观层面的问题，即如何让调整后的大学和改革后的课程初步适应新中国。在这种情况下，对具体课程如何讲授的要求就比较低，只要求教师坚持党中央的思想、方针、路线，至于如何把新文学与政治思想结合起来，则给了任课教师较大的发挥空间。从这一角度来看，任访秋等人编写的教学大纲就是个人化的尝试，有对新政策、新思想的接受，但对新文学依旧有其独立的判断。同期，执教浙江大学的王西彦，同样拟定过一份新文学史课程的讲稿（与教学大纲性质等同），这份讲稿在分期上也体现着他的史学观，特别是他将1935年"八一宣言"（即"为抗日救国告全国同胞书"）的发表作为分期的一个节点②。

反观"1959版教学大纲"，它的产生来源已与前者的时代背景大相径庭，前者是编者自己"摸着石头过河"，未有成熟的新文学史以及文学史大纲作为参照；而后者则是对国家意志，即"1957版教学大纲"的无条件准确执行，并担负着一项特殊的使命，那就是对大学中文系学生的思想改造，这可以看作是对50年代初（1951—1952年）知识分子思想改造的变体延续。此时的思想改造与之前的已略有差异。1959年前后进入大学中文系读书的学生主要以40年代出生的学生为主，这批学生知识结构体系形成于中华人民共和国成立后，已经适应了新时代的价值观，但他们对新文学的认识却因人而异，未形成统一观点，所以此时教学大纲从授课内容上来规范学生思想的政治目的就表现出来了。在"1959版教学大纲"开篇的总目标中，编者就旗帜鲜明地表明了立场："本课讲授'五四'至一九四九年革命文学发展概况和重要作家作品，要求用马克思列宁主义的观点、方法，以毛泽东文艺思想为指导思想，阐明中国现代文学的发展规律，总结文艺思想斗争和创作实践的经验，把文学史上的经验和目前建设社会主义文学的任务结合起来。"③

---

① 山东大学编：《山东大学中国现代文学史教学大纲（初稿）》，山东大学出版社1959年版，第2页。
② 王西彦：《关于〈中国新文学史教学大纲（初稿）〉的讨论》，《新中华》1951年第24期。
③ 山东大学编：《山东大学中国现代文学史教学大纲（初稿）》，山东大学出版社1959年版，第1页。

三、教学大纲的继承、重构与创新

从大纲内容编排来看,"1959版教学大纲"较好地完成了既定的教学目标。那么它在以"1957版教学大纲"第九篇"新民主主义革命时代的文学(1919—1949)"为纲领性文件的同时,是如何实现对国家意志的全面接受,如何让指导性纲领符合教学规律,又如何凸显出院校教学特色?这都是本节需要解决的主要问题。

"1957版教学大纲"在"绪论"部分提出了一些非常重要的编写原则,涉及中国现代文学的性质问题和来源问题①。这些指导性原则被"1959版教学大纲"全盘吸收,并归纳为四点,即:"(一)中国现代文学的性质及其与中国革命的关系。(二)中国现代文学发展过程中两条道路的斗争。(三)中国现代文学与中国古代文学、外国文学的关系。(四)沿着社会主义现实主义的方向前进。"②

关于现代文学的历史分期,"1959版教学大纲"以"1957版教学大纲"的分期法为基础,略微不同之处是前者将后者的"抗战前期(1937—1942)"和"抗战后期及第三次国内革命战争时期(1942—1949)"合并为"抗日战争及第三次国内革命战争时期(1937—1949)",强调两者的整体性。不过,在具体论述中依旧把第三时期分成两段来讲,突出1942年《在延安文艺座谈会上的讲话》在现代文学史中的分水岭意义。

就章节设置而言,"1959版教学大纲"对"1957版教学大纲"有继承,更有突破,叙述框架由"文艺理论+作家作品+社团"模式转变为"文艺论战+题材分类+重要作家"模式,更突出无产阶级文学(或苏区文学,或解放区文学)在文艺创作中的重要性。具体变化情况如下:

第一编③包括七章,仅有第一章"从文学革命到革命文学"和第五章"鲁迅(上)"与"1957版教学大纲"④的结构相似。大纲放弃了对文学研究会和创造社的讨论介绍,将原来第六章"创造社及其他"中的"蒋光慈"一节单列为一章,又新加入三章内容,

---

① 这些原则包括:"中国现代文学的历史是从五四文学革命开始的,是新民主主义革命的有力的一翼。""现代文学的主流——就现代文学的历史要求及所反映的社会关系说来,它的主流是革命民主主义与社会主义的文学。""中国现代文学是中国文学史的一个新的发展部分。""现代文学在发展中接受了外国进步文学的积极影响。"现代文学"向着社会主义现实主义的方向不断前进"。参见中华人民共和国高等教育部审定:《中国文学史教学大纲》,高等教育出版社1957年版,第236-237页。

② 山东大学编:《山东大学中国现代文学史教学大纲(初稿)》,山东大学出版社1959年版,第1页。

③ 这一编的授课时间由约十周半压缩至八周(共24学时,其中讲授18学时,课堂讨论6学时)。

④ "1957版教学大纲"的第一阶段包括第二章至第六章的内容。

包括第二章"本时期概况"、第三章"工农诗歌"、第四章"李大钊和瞿秋白（上）"。鲁迅在大纲中的地位下降，且讲授时间也被压缩至一周半（安排了4学时，山东大学规定每周3学时）。

第二编①有十二章，新加入五章，包括第二章"苏区群众文艺"②、第三章"革命领袖的作品"、第四章"中国左翼作家联盟的成立和文艺战线上的两条路线的斗争"、第五章"本期诗歌"，以及第十一章"中国无常阶级文学与革命先驱的血"。其中第三章收录了毛泽东的诗词和方志敏的《可爱的中国》、《狱中纪实》。在编者看来，"毛主席的诗词，方志敏的作品，无论从政治性或艺术性来说，都是极为优秀的，过去没有放到文学史上来，是一种错误，现在必须给他们一个重要地位"③。而且"毛泽东的诗词是革命现实主义与革命浪漫主义相结合的典范"④。其余十二章是对"1957版教学大纲"⑤内容的重新组合，瞿秋白因其特殊身份获得单列一章的待遇，而丁玲和萧军的小说则因政治原因被编者排除在外。

第三编⑥分为九章，第一、二章与"1957版教学大纲"⑦第十二章"抗战前期的文艺活动"基本一致，第三章"解放区的创作"和第六章"国统区的创作"是由"1957版教学大纲"第十三章"抗战前期创作的主要面貌"分解而来的。新加入第四章"革命将领的诗歌"和第五章"田间、柯仲平、何其芳"，其中第四章收录朱德、周恩来、陈毅、叶挺以及其他抗日将领的诗，这在之前的教学大纲和文学史（仅限1949—1958年出版的现代文学史）中均未有论述。

第四编包含七章，内容基本是对"1957版教学大纲"第四阶段（第十四章至第十七章）的重新编排，其中解放区文学按作品题材分类，分为"解放区的诗歌"、"解放区的戏剧"和"解放区的小说及报告文学"。这一编原来仅安排约6周时间讲授，"1959版教学大纲"增加到约10周（共34学时，其中讲授25学时，课堂讨论9学时）。

---

① 这一编的授课时间与原来的基本保持不变（共28学时，其中讲授22学时，课堂讨论6学时）。

② "苏区群众文艺"的第二节"苏区歌谣"罗列了五类：（一）歌颂党和领袖的歌；（二）歌颂红军、拥军参军的歌；（三）反压迫、反剥削、团结斗争的歌；（四）歌颂苏维埃和新生活的歌；（五）革命的情歌。作者以此来突出毛泽东对苏区文艺工作的指导与重视。参见山东大学编：《山东大学中国现代文学史教学大纲（初稿）》，山东大学出版社1959年版，第10页。

③ 山东大学编：《山东大学中国现代文学史教学大纲（初稿）》，山东大学出版社1959年版，第2页。

④ 山东大学编：《山东大学中国现代文学史教学大纲（初稿）》，山东大学出版社1959年版，第11页。

⑤ "1957版教学大纲"的第二阶段包括第七章至第十一章的内容。

⑥ 这一编的授课时间由四周增加至七周（共22学时，其中讲授16学时，课堂讨论6学时）。

⑦ "1957版教学大纲"的第三阶段包括第十二章至第十三章的内容。

"1959版教学大纲"对文艺战线的路线斗争也极其重视,每一编开始都有详细介绍,正如编者在大纲开篇所指出的,"文艺战线上两条道路的斗争,贯串在整个中国现代文学的发展历程上。这种斗争有两种情况:(1)与公开敌人斗争,如新月派,第三种人等。(2)与隐藏在革命文艺阵营内部的敌人斗争,如胡风,冯雪峰等。这在过去的文学史上是分不清楚的,大纲中予以明确的划分出来"[1]。例如在第三编第二章"文学思想战线上的斗争和通俗文艺问题的论辩"中,编者就概括出了斗争的两种情况:一是"对资产阶级反动的虚伪的'纯艺术'和反动的法西斯文艺思想等进行的斗争",包括"对沈从文反对'作家从政'反动论调的斗争。对朱光潜资产阶级腐朽的美学理论的批判。对'战国策'派的斗争"。二是"对隐藏在革命文艺阵营内部的资产阶级修正主义者的斗争",批判"胡风《论民族形式问题》中的反动论调。批判冯雪峰对胡风论'民族形式问题'看法上的修正主义观点"[2]。这样的政治定位,为每一编后面作家作品的选择、评价提供了理论保障,确保了文学史的政治纯度和批判的全面深入。

"1959版教学大纲"在选取作家时也充分考虑了50年代前期的历次政治文艺运动,确立了较高的入史标准,入选作家数量不断被压缩,编者只能选择加入苏区的文艺创作和领袖将领的诗词。对于曾经发表过进步作品但后来被定性为"右派"的作家,如艾青、萧军等,编者选择集中批判,坚持"不能在文学史上给予正面地位,但在批判的同时,指出他们某些作品在当时的进步意义及其成功的原因,从而更加说明他们不进行改造,以致由个人主义发展为右派分子的思想根源,达到从中吸取教训的目的"[3]。对于进步作家的评价力求公允客观,例如"对巴金,应肯定其对黑暗家庭和黑暗社会的揭露,同时,对其虚无主义,个人奋斗等思想也应予以批判"[4]。

总体来看,"1959版教学大纲"在完成国家意志下移的过程中,准确把握了"1957版教学大纲"的思想精华。它紧随时代大环境变化,缩小现代文学史写作范围,突出无产阶级文学的价值,进一步强化了"中国现代文学,是中国人民大众在党的领导下进行新民主主义革命时期密切服务于政治斗争的文学"[5]。

---

[1] 山东大学编:《山东大学中国现代文学史教学大纲(初稿)》,山东大学出版社1959年版,第2页。

[2] 山东大学编:《山东大学中国现代文学史教学大纲(初稿)》,山东大学出版社1959年版,第11页。

[3] 山东大学编:《山东大学中国现代文学史教学大纲(初稿)》,山东大学出版社1959年版,第2页。

[4] 山东大学编:《山东大学中国现代文学史教学大纲(初稿)》,山东大学出版社1959年版,第2页。

[5] 山东大学编:《山东大学中国现代文学史教学大纲(初稿)》,山东大学出版社1959年版,第1页。

四、结语

"1957版教学大纲"出版之后,全国高校中文系基本上都调整了各自原有的"中国现代文学史教学大纲",山东大学"1959版教学大纲"只是其中一个典型个案。通过这一案例,我们可以看到,国家意识形态对现代文学史课程教学的具体化、体制化、一体化规范,历时10年之久才正式完成,历经"尝试规范——指导规范——正式规范——规范落实"等4个阶段。由此看来,"1959版教学大纲"的出现为50年代之后的中国现代文学史教学与撰写提供了一个准确反映意识形态的范例,但它也不可避免地在前者的基础上进一步走向了文学史解构与建构的极端,一味地强调文学的政治功用性,把不符合国家意识形态的文艺思想、作家以及作品都排除在外,抹杀了文学的完整性和艺术性,这也造成了教学大纲从诞生之日起就存在先天缺陷。

(作者单位:南京大学中国新文学研究中心)

启蒙的反向叙事与非虚构文学的突围与困境
——以梁鸿的《中国在梁庄》、《出梁庄记》为考察中心

徐文泰

非虚构文学与其说是再现生活的手段，不如说是谈论事件的方式。它所代表的是借由叙事者观察眼光的调整而带来的叙事策略与价值判断的改变。梁鸿的非虚构创作起始于对启蒙叙事传统所带来的乡土文学创作"同质化"倾向的反思。精英化的观察视角、二元对立的认识模式以及服务于现代性目标所带来的认识偏颇都使得乡土叙述丧失了应有的"真切感"。而知识分子自身携带的知识、文化、权力等"先验意识形态"对乡村大量符号化、编码化的理解更是遮蔽了从整体上理解乡土中国历史变革的可能性，因此迫切需要打破作为概念的"农村"和作为象征的"农民"，恢复乡村生活的实感。这要求作家在观察视点、情感态度、价值立场等方面进行全方位的调整，既能正视个体遭遇的生存发展困境，也能一叶知秋，从而窥视历史演变中的风云变幻。

关于梁鸿"梁庄"系列小说的研究论文早已汗牛充栋，主要可以分为以下三类。第一类是从非虚构这一特殊的文体出发，以梁鸿的创作为范例，探究非虚构文学不同于虚构文学的文体特征，例如洪治纲的《论非虚构文学》、曾于里的《"非虚构"的真实性与思想性问题》、张莉的《非虚构写作与想象乡土中国的方法——以〈妇女闲聊录〉、〈中国在梁庄〉为例》等。第二类是运用社会学的方法以小见大，揭示转型中乡土的裂变以及随之而来的经济、政治、文化等矛盾，例如张丽军的《新世纪乡土中国现代性蜕变的痛苦灵魂——论梁鸿的〈中国在梁庄〉和〈出梁庄记〉》、申艳霞的《"梁庄"与中国想象》、李云雷的《从"乡土中国"到"城镇中国"——读梁鸿的〈出梁庄记〉》等。第三类是从叙述学的角度出发，探究梁鸿的非虚构文学如何看、如何叙述的问题，例如贺仲明的《如何让乡村说出自己的声音——读梁鸿〈中国在梁庄〉〈出梁庄记〉有感》、陈桃霞的《单向度的叙述——论〈中国在梁庄〉兼及叙事伦理》、叶君的《非虚构以及

"看与被看"——论"梁庄系列"的叙述策略》等。以上的研究成果极大地拓展了我们对于梁鸿非虚构文学创作的认识,但却忽略了将其放置在中国乡土文学悠久的启蒙叙事传统中来考察,因而也就不能从知识谱系学的角度来评估这种思维结构和叙事手法的创新意义。"如果说这是一部乡村调查的话,毋宁说这是一个归乡者对故乡的再次进入,不是一个启蒙者的眼光。"① 梁鸿是以"梁庄女儿"的身份和视角重新进入乡土的,这种叙事身份使得她以理解之同情而非俯瞰式的价值批判来感知乡土,她更关心的是现代化理念与乡土对接后产生的复杂化合作用。女儿的身份将梁鸿置于和乡民平等的地位,她放弃了知识分子为乡土"代言"的方式,让乡民自己开口说话,在彼此颉颃的复调叙事中直击每一个灵魂深处的复杂矛盾。观察眼光的调整也直接促使了作家对认识方式的检讨。梁鸿的非虚构文学力图拆解启蒙叙事预设的二元对立的认知方式以及价值观上的独断论,重估被批判价值的现实意义以及启蒙理想在乡土转型中所呈现的"黑洞"效应。这样的评估不是价值立场上的简单翻转,而是寄希望于读者思考一个问题:"'投身于历史进程'这个对于每个人都存在的选择,究竟包含了什么样的思想可能性?进而,在历史进程中不可避免的'时代错误',对于每一个个体而言,究竟具有什么样的思想意义?"②

一、视角的调整与叙事方法的尝试与困境

非虚构文学以其叙事者、隐含的作者、作者三者合而为一,叙事事件确有其事,叙事对象确有其人而著称。因此,以什么样的视角进入乡土直接决定了作者的叙事方式和价值立场。贺仲明认为,既有的启蒙视角下的乡土书写存在两种严重的制约。"首先,从乡村的主体——农民的角度来说,由于文化水平、表达能力的局限,更由于社会提供给他们的发言场所和机会的限制,他们很难开口直接说话……另一方面,也是更重要的,在20世纪的中国,以城市为中心的现代文化占据绝对的优势,在其视野里,乡村文化被蒙上了传统和落伍的衣衫,处于待启蒙和待拯救的边缘位置。"③ 梁鸿对启蒙理念造成的遮蔽有着自觉的警惕与反省。她在"梁庄"系列的非虚构创作中以自下而上的视角切入乡村,女儿身份所带来的熟悉的生活经验使得梁鸿既是叙事者也是梁庄生活的一部分。这种叙事者和叙事对象的互相审视有助于叙述者从叙事的自恋中解放出来,抑制局外人

---

① 梁鸿:《中国在梁庄》,江苏人民出版社2011年版,第4页。
② [日]竹内好:《近代的超克》,李冬木、赵京华、孙歌译,生活·新知·三联书店2005年版,第13页。
③ 贺仲明:《如何让乡村说出自己的声音——读梁鸿〈中国在梁庄〉〈出梁庄记〉有感》,《文艺争鸣》2013年第7期。

身份可能带来的叙事霸权。与此相关联的是叙事策略的调整。梁鸿以社会关注的热点话题统摄文本，然而她却并不试图替乡民说话，而是在叙述主体流动中，让观察对象自己说话，彼此形成对照。复调叙事的引入有助于梁鸿进入乡民灵魂深处，还原社会转型期农民精神上的深层不安。当然，我们也必须警惕女儿身份所带来的视角遮蔽以及女儿想象可能带来的溢美之词。复调叙事也可能因为非虚构主体的介入、选择、评价而终结。因此，视角的调整和叙述方法上的创新也面临着无法回避的困境。

启蒙叙事视野下的乡土文学服务于现代化的整体目标，即要求实现国家层面的富裕强大和个人层面的自由、平等。然而这种叙事模式却在相当程度上忽略了何以现代是否有不同的路径以及启蒙的上层观念与下层接受之间是否存在矛盾。而改造国民性的基本宗旨赋予了叙事主体审判乡土价值的权力，却忽视了"启蒙首先是每个个体自我心灵的启蒙，是去掉一切虚妄而是自我认清自我"①。梁鸿以梁庄女儿的身份进入乡土，很好地规避了言辞激烈的价值审判，她试图以一个陈述者和感受者的角色去深度还原转型过程中农民丰富的痛苦。"这样的姿态和视线适宜去发现生活褶皱里的微小讯息，和被遮蔽的沉默风景。"② 因此，她对于真相的探求不仅仅具有政治、经济学意味，同时还具有文化学的色彩。这使得梁鸿能够破除对于现代性的简单批判或认同，进入具有悖论的深度思考。梁鸿进入村庄的肌理后发现了一个奇怪的现象。一方面是农村一座座崭新的楼房显示出经济现代性的蓬勃发展，农民正在由温饱逐渐进入小康。然而她并没有止步于走马观花式的观察，而是进一步触及每一个微小的机体。这些蓬勃外壳下的组成部分却呈现出衰弱和颓败的局面，"就内部结构而言，村庄不再是一个有机的生命体，或者，她的生命，如果它曾经有过的话，也已经到了老年，正在逐渐失去生命力活力"③。女儿的视角使她不是以单纯的现代化指标而是以有机体的活力来评估乡土社会的变迁，由此深刻反思在城市现代化急剧加速的背后，乡土所付出的无法弥补的代价。另一方面，顺着她曾经走过的乡间小路和池塘树林，农村正在以机器化和空心化取代生活的实体感和青春感，那是一种有意味的生活形式，一种基于生态的乐观健康的蓬勃生机。因此当她儿时经历的"晴空下，往远处望，那绿色的原野覆盖着一层淡淡的雾。一切都充满令人欣悦的生命力，一种阔大的自然之美所产生的愉悦"④ 消失时，她会由衷地感叹，如果一个国家把属于人与自然的和谐生命力给丧失了，那就要真的大难临头了。当然，类似的思考并非仅仅是对田园牧歌丧失的感叹，也不是简单的绿水青山似的生态学思考。梁鸿立足于

---

① 张光芒：《中国当代启蒙文学思潮论》，生活·读书·新知三联书店2006年版，第339页。
② 乐绍池：《以"乡愁"为方法——读梁鸿的〈出梁庄记〉》，《当代作家评论》2015年第6期。
③ 梁鸿：《中国在梁庄》，江苏人民出版社2011年版，第2页。
④ 梁鸿：《中国在梁庄》，江苏人民出版社2011年版，第39页。

人与大地的关系，重新思考了城市化对人与大地诗意栖居关系的撕裂。"乡土的生态被破坏，内在的机体被损伤并没有纳入建设前决策者考虑的范围。高速公路，犹如一道巨大的伤疤，在原野的阳光下，散发出强烈的柏油味和金属味。"① 作为有机体的乡土在现代化的进程中被割裂为斑驳的碎片。这不仅意味着物质实体的丧失，也意味着精神的异化。在这里，梁鸿提出了一个巨大的现代性质疑，当整个社会呈现出单一化的发展模式，农民由大地的主人逐渐沦为被遗忘的客体，由土地的耕作者变为被抛弃的他者时，到底是小农意识的保守性阻碍了他们向现代价值观的迈进，还是我们单纯依赖工业文明的增长指数的这一路径本身出了问题。当主人异化为发展的陌生存在者，我们是否还拥有诗意栖居的能力和维系乡情的纽带？当然，女儿的视角一方面意味着被遮蔽的再发现，但另一方面也导致了她暧昧的态度。女儿意味着与农村不可分割的血脉，意味着一份浓浓的归乡情。而当这种乡愁被用作一种创作方法时，却对她呈现真实的可靠性和批判的锐利性产生了伤害。因此，梁鸿的文本中经常出现类似的表述："我又能说什么呢？当面对我的族人亲切和善的笑脸，当倾听他们的艰难人生和悲欢离合时，我又怎能告诉他们，这已死的、肮脏的坑塘，也应该是他们生活的一部分？"② 可以说，正是女儿身份赋予了她理解之同情的态度，而这也使得梁鸿对于农村的态度相当暧昧，没有提炼出对问题鞭辟入里的剖析。顾影自怜的哀伤削弱了异质性眼光所具有的洞察力，文本也呈现出宽阔有余而力度不足。

顺着这样的呈现方式，梁鸿还进一步发现了现代化生存条件和前现代生存理念之间的脱节，这使得乡土现代化呈现出"畸形"的复制品状态。随着户籍制度的放开和城乡劳动力自由流动，外出打工者在经济条件上大为改观，经济的富足是物质现代化的契机。在梁庄，"堂叔家的房子盖好不到两年，非常豪华"③。然而当我们的视角随着作者进入这些"豪宅"内部，就会显而易见地发现这些经不起推敲的现代化的本质尴尬。"卫生间的外观是城市化的，但人们的使用思维却仍然是乡村式的"④，这种物质外壳的蓬勃发展和思维理念的老化过时使得乡土物质现代化显得有些不伦不类，甚至带有了某种后现代的黑色幽默。与这种吊诡的文化呈现相类似的还有梁庄文化凝聚力的丧失。80年代，梁庄的经济水平还相当落后，但"梁庄的学风还是很旺的。20世纪80年代中期，哪怕是个傻子，只要还能走路，都把他叫到学校"⑤。90年代，梁庄居民的生活水平都有了

---

① 梁鸿：《中国在梁庄》，江苏人民出版社2011年版，第6页。
② 梁鸿：《中国在梁庄》，江苏人民出版社2011年版，第33页。
③ 梁鸿：《中国在梁庄》，江苏人民出版社2011年版，第57页。
④ 梁鸿：《中国在梁庄》，江苏人民出版社2011年版，第58页。
⑤ 梁鸿：《中国在梁庄》，江苏人民出版社2011年版，第70页。

显著的提高,然而"'读书无用论'越来越被人们所认同。在我的少年时代,只有因为贫穷孩子才可能无法上学,没有家长不愿意让孩子上学的,而现在,则是家长看不到孩子上学的希望"①。梁鸿凭借敏锐的感知,发现了经济现代化与文化现代化之间的深层悖论。城市经济与乡村经济的巨大差距促使乡村中的年轻人背井离乡,这在客观上造就了乡土教育的缺位。而这种缺位所带来的文化落后又进一步加剧了城市与乡村的差距,并形成了恶性循环。可以说,梁鸿的非虚构创作之所以显得丰富而独特,得益于她并不是将批判的锋芒单一地指向"乡土"或"现代化",而是剖析这两者形成的复杂化合作用。因此,她就能够既以整体的比较视野审视乡土在"现代价值"和"都市范本"的理念参照下遭遇的现实困境,又突入内部,通过细节呈现乡土繁荣背后的荒芜和无根状态。

在《中国在梁庄》中,作为梁庄的女儿,曾经的生活经历使她具有了"经验自我"的特征,这是那时候的"我"。另一方面,作为作者,她逐步脱离了梁庄女儿的生存环境而以知识分子温良的立场进行撰写,这又形成了"叙述自我",这是现在的"我"。这两个"我"拥有不同的经历、不同的视角、不同的角色功能。因此,当梁鸿扮演一个知识分子再次归乡的角色时,就形成了经验自我和叙述自我相互审视的态势。一方面,它具有后发经验对先前经验的再次审视,因而有深化和反思的作用;另一方面,叙事自我由于身份角色的改变,本身就面临着它是否具有再次进入经验自我的可能,即使进入,也面临着改写和增删的可能,因此它对于非虚构的真实性诉求本身就是一种变相的削弱。这一点梁鸿也真切地意识到了。"必须承认,当有回忆加入的时候,当岁月、时间一起来塑造我的回忆时,我有'溢美'的嫌疑。但是,如果当你看到今天村庄的坑塘,你就明白,这种'溢美'是因为它今天的'死亡',彻底的'死亡',毫无拯救的可能。"② 叙述自我对经验自我的删减、溢美甚至是臆想,使得梁鸿走向了追求的反面。本来经济的现代化和生态的可持续化是一个问题的两个方面,既相互牵扯又相互促进。然而梁鸿对于过去优雅恬静的田园生态的过度溢美和对当前生态恶化的持续放大,使她忽略了农民在向温饱挣扎过程中所付出的艰辛努力。因而失去了经济和生态互相反观的可能,也丧失了透视其中种种暧昧而吊诡关系的契机。可以说,正是这样一种增删的过程,使得梁鸿陷入了与她批判的对立面相同的逻辑,也使得她的非虚构文学关于真相的深度和力度大打折扣。

梁鸿的非虚构文学复调叙事主要体现在对于同一个事件提供多重不同的解读,作者并不干预每一个主体自我发声,以原汁原味的方式呈现话语主体所体现的价值观念,并

---

① 梁鸿:《中国在梁庄》,江苏人民出版社2011年版,第75页。
② 梁鸿:《中国在梁庄》,江苏人民出版社2011年版,第32页。

在多维视野的对冲中探寻事件的本质和真相的可能。"只有在内部对话的情境中，我的话语才能一方面与他人话语发生紧密的联系，另一方面又不与它融合、不吞没它、不把它的重要性在自身中溶解掉，就是说充分维护它作为话语的独立性。"① 真相本身随着透视的主体的视角和透视的不同方面呈现出多种色彩，而这种多样性又随着话语主体的遮蔽而显得更为复杂。因此，如何让主体说话，同时又不让这种说话被其他强势话语淹没，在深层的互现中形成具有积极的对话意义，就显得尤为重要。在《中国在梁庄》里，王家少年强奸了一位82岁的老太太。在这起骇人听闻的案件中，梁鸿提供了不同主体对于案件的看法。建昆婶和五奶奶都对这起案件持道德的态度——"要是我是他妈，就直接让公安局把他枪毙了，要他干啥，太坏了，太残忍了"②。这是乡土老人秉承着一命换一命的原始正义做出的回应。而王家少年对于自己这件事的供述则显示出冰冷的毫无情感色彩的语调——"我就用锄头砸了好几下，怕老婆儿不死，就跑到外边鸡笼边拿一块石头，进屋照老婆儿头那个位置砸有四五下"③。冰冷的叙述方式折射的是缺少童年关爱和必要的性启蒙的生存状态。原始的性冲动由于没有得到合理的关心和引导，最终以罪恶的方式产生了悲剧的恶果。而梁鸿则对这件事有自己不同的看法："没有人提到父母的缺失，爱的缺失，寂寞的生活对王家少年的潜在影响，这些原因在乡村是极其幼稚且站不住脚的。"④ 梁鸿是站在现代知识分子的立场上，不仅追问恶的形式，还力图发掘恶产生的根源。一件事情，三种看法。这里有古老的乡村道德杀人偿命、天经地义的信念；有童年心理创伤带来的道德冷漠和人格扭曲；也有人道主义关怀下对孩童寂寞难以排遣的观照和无奈。作者并不是简单地肯定或否定某种叙述，而是在它们的对话中，看到了秉承着不同价值观、生活在不同状态中的乡民对于同一事件的不同关注点。因此也就能够在对话中历史地、多面地理解社会转型中人的境况。

非虚构文学的书写者往往具有强烈的主体批判姿态。这既是知识分子对自我良知的拷问，也是作家的道义所在。因此，相对于虚构文学，非虚构文学的叙述主体常常是外显的而不是内隐的。作者，既是文本的叙述者，也是参与其中的在场者和主人公，它具有组织话语和进行价值判断的双重责任。要贯彻彻底的复调叙事，"他人意识不能作为客体，作为物体被观察、分析和确定，只能跟它们进行对话交流"⑤。非虚构文学的主体介

---

① [苏]米哈伊尔·巴赫金：《陀思妥耶夫斯基诗学问题》，刘虎译，中央编译出版社2011年版，第3页。
② 梁鸿：《中国在梁庄》，江苏人民出版社2011年版，第55页。
③ 梁鸿：《中国在梁庄》，江苏人民出版社2011年版，第54页。
④ 梁鸿：《中国在梁庄》，江苏人民出版社2011年版，第55页。
⑤ [苏]米哈伊尔·巴赫金：《陀思妥耶夫斯基诗学问题》，刘虎译，中央编译出版社2011年版，第76页。

入以及将他人的叙事话语进行价值评判本身就是把相互对话的主体降格成为他者和客体，因此也就间接形成了对复调叙事的终结。在《出梁庄记》中，梁鸿记载了这样一个事例："站在交警队门口，大家都举着手，喊着'还我车子''还我天理'。声音不大，稀稀拉拉的，但也是口号。我差点哭了，想起了我在军队里喊过的口号。最后我对大家说：'今天这个事。我老大一人承担，天塌下来我顶着。'"① 很显然，这是对尊严被践踏的不甘，对权利被侵犯的愤怒。梁庄农民工们用一次现代意义上的示威游行完成了一次平权运动的缩影。城市，让生活更美好。然而这种发展成果却并没有惠及农民工。梁鸿借底层的叙述事实叩问现代化究竟属于谁？它如何满足不同群体的利益诉求？然而问题的另一面也出现了。当陕西电视台要采访这些农民工时，二哥却说："管那些闲事干啥？不是咱们这儿的事，不要管那些事。"② 小农意识的封闭心态和各自为战的策略，使得农民工们的努力其实只是一次对既得利益的捍卫，而不具备人的尊严和价值这一更高层面的追求，因此这种弱者反抗的不彻底性也显而易见。与此同时，梁鸿还呈现了官方对这件事的定性——"即使发生交通事故，三轮车夫也仗着人多势众，漫天要价，恐吓威胁汽车的另一方高价赔偿"③，这一则司空见惯的报道呈现了截然不同于农民工的叙述，它将进城务工的三轮车夫贴上了黑社会流氓团伙的标签，被认为具有"团体化，谍报化，暴力化"的特征。这样的报道和极具羞辱性的呈现方式剥夺了农民工仅有的尊严，也最终完成了对进城务工人员形象的有意识的虚构。两个群体，两种叙述，冲突的背后是不同的诉求和利益博弈。梁鸿虽然呈现了政府和民间、城市居民和农民工两种截然不同的生态，却以无法克制的评价姿态强势介入了文本，"它忽略了活生生的社会现状，忽略了那些随机的、还没能达到所谓'现代'和'文明'的存在和生活。现代的城市每推进一步，那些混沌、卑微而又充满温度的生命和生活就不得不退后一步，甚至是无数步"④。这当然是问题的一方面。但是，梁鸿以民间立场反对官方立场而做出的评价，却忽略了无证三轮车上路所带来的安全隐患以及随意破坏规则对现代理念的破坏。因为弱者天然具有的道义光环而对其无限同情，使得本来具有多维语义的复调叙事呈现出问题的封闭性、单一性和片面性。归根到底，非虚构文学中作者和主人公合而为一的角色配置决定了这个无法解开的悖论。一方面是全知全能的叙事者站在上帝的姿态对各种不公正的社会问题进行审判，另一方面又是主人公与其他人物之间进行平等的对话，在相互诘辩中发现彼此语义逻辑背后的观念。这两者之间的裂痕在复调叙事中被天然地放大，也成了彼此解

---

① 梁鸿：《出梁庄记》，花城出版社2013年版，第33页。
② 梁鸿：《出梁庄记》，花城出版社2013年版，第42页。
③ 梁鸿：《出梁庄记》，花城出版社2013年版，第41页。
④ 梁鸿：《中国在梁庄》，江苏人民出版社2011年版，第57页。

构的原因。可以说这是中国非虚构文学面临的共同症候。如何在叙事过程中既保持叙事主体的相对克制,又在多元价值的辩论中不丧失铁肩担道义的责任感,这是梁鸿必须直面的问题。

二、重审"迷信"与"愚昧"

聚焦以及叙事模式的突破往往并不是随意为之,它受到某种内在的原因和目的驱使。梁鸿之所以选择以女儿身份而非启蒙立场进入乡土,源于她对启蒙视角的反省。启蒙在发展的过程中形成了"以追求技术和工具理性所产生的对科学的迷信,以及由此而派生的线性的发展观、历史观"①。这种二元论与独断论的认知方式在等级序列上预设了先进与落后,因而在改革过程中,乡土的负面价值被无限放大,而积极效应却被视而不见。而当这些"负面"价值被象征、隐喻的标签附着时,认识也逐渐丧失了活力。梁鸿的非虚构文学不是对东西方文化做一个逻辑颠倒式的置换,而是一方面以现代思维正视传统中遗留的毒素,另一方面却又透过"愚昧"、"迷信"这一类被固化的认识去窥视带有"隐喻"色彩的词汇背后的文化意义、精神追求以及消极的表象背后可能孕育的不甘与抗争,由此展现裂变中的乡土更为矛盾的文化特征。

长期以来,迷信被认为是精神现代化的阻碍性因素。它与鬼神、宗教、皇权息息相关,是启蒙立人的对立面。"五四"以来,新文化运动巨匠在"民主"与"科学"的大旗下对封建制度衍生出的"瞒和骗"进行了彻底的批判。这既包括对皇权、夫权、族权等奴役人权的外在力量的批判,也包括对以三纲五常为代表的封建伦理的内在剖析。然而,激进的时代氛围和急躁的现代化心态使得新文化运动的领导者们不可能有从容的心态梳理这些带有"隐喻"色彩的词汇背后所具有的复杂意义。"五四"以来的启蒙视角"以自上而下的,启蒙的方式移植的时候,既缺乏产生这些思想的社会经济基础,又切断了与产生这些思想的文化传统的整体性的联系,就必然、不可避免地形成这种意识形态"②。而梁鸿却反其道而行之,试图在这个问题上重新续接民族文化之根。她以自下而上的方式直面每一个个体的精神状况,由此获得了与高空俯视截然不同的文化图景。"不是直接地否定和放弃,而是努力去开掘新的、但又不脱离自我的生存之道。他们在努力以自己的形象去建构一种生活方式,实际上,也是在建构自己的文明方式。"③ 外出打工

---

① 哈佛燕京学社:《启蒙的反思》,江苏教育出版社2005年版,第19页。
② [日]伊藤虎丸:《鲁迅、创造社与日本文学——中日近现代比较文学初探》,孙猛、徐江、李冬木等译,北京大学出版社2005年版,第95页。
③ 梁鸿:《出梁庄记》,花城出版社2013年版,第313页。

的贤义在外扮演了一个算命者的角色,"一个黑瘦的、戴着黑色瓜皮帽的、双手像枯柴一样的带着不祥巫气的老头儿形象,一个古老的、民间的、几乎被现代生活完全否定的形象和职业"①。村庄里的人谈论到他时都略带不屑,认为这是封建迷信,唬人的玩意儿,因此也不让自己的孩子接近他。在《出梁庄记》中,贤义家有两副对联,一幅是:"预测生命运程,科学起名改名。神秘开光放置,测字泽好问事。演算和婚宜忌,观测阴阳宅地。"② 另一幅是:"因心是恩知恩留恩莫要忘恩。人言为信诚信守信不能失信。阿弥陀佛。"③ 一面是传统的算命改头换面并借助科学的外衣进行伪装欺骗,另一面是守信感恩的传统美德鼓励人坚守基本的道德良知。封建糟粕与传统美德并存于一处,呈现了乡民在城市中诡异的生存方式。然而就是这样一个被贴上迷信标签的边缘人,"他的语气非常平和,眉宇间有某种安静、超脱的气质"④。不同于其他居住于城中村的居民思想阻滞、视野狭隘,这种古老文化带有的丰盈和充沛感却让贤义这个最让人鄙视的角色拥有了"一重空间,一重光亮的、开阔的空间"⑤。而他儿子拥有的健康温暖的心态和开阔敞亮的视野也是这种文化所带来的自然衍生物。梁鸿在她的叙述中呈现了迷信可能不仅仅带来启蒙视野中的瞒与骗,在后现代人的本质被抽空的状态下,它却吊诡地拥有了转化成正能量的可能。

"被'伪士'们视作迷信的东西,实际是人类不安于物质生活,抱着对神秘的大自然虔诚的敬意,向上追求而表现出来的某种积极的精神。"⑥ 因此,必须破除对迷信的科学主义式的误读,将精神和信仰从历史的虚无中拯救出来。梁鸿的非虚构文学,就从对贤义的观察中,发现了迷信的背后所拥有的直率心态,不安于物质的精神追求,因此也看见了迷信背后所拥有的传统文化孕育新的现代性的可能。作者不禁感叹道:"这或者也是如贤义这样的传统者所必须面对的:如何能够自持,并且不被视作现代化的'笑话'和'阻碍'存在,如何能够在历史的洪流中真正理解'传统'并重获价值和尊严?"⑦ 梁鸿循着启蒙的背面进入,也得到了不同的体会和认识。当然,问题的另一面也同样存在。迷信作为一种文化因素,固然拥有不安于现状的寄托。然而当它被用作对于苦难的粉饰甚至是灵魂的自我欺骗时,却又同时拥有了精神鸦片的性质。它非但不能促进人的

---

① 梁鸿:《出梁庄记》,花城出版社2013年版,第77页。
② 梁鸿:《出梁庄记》,花城出版社2013年版,第77页。
③ 梁鸿:《出梁庄记》,花城出版社2013年版,第77页。
④ 梁鸿:《出梁庄记》,花城出版社2013年版,第81页。
⑤ 梁鸿:《出梁庄记》,花城出版社2013年版,第82页。
⑥ [日]伊藤虎丸:《鲁迅、创造社与日本文学——中日近现代比较文学初探》,孙猛、徐江、李冬木等译,北京大学出版2005年版,第82页。
⑦ 梁鸿:《出梁庄记》,花城出版社2013年版,第85页。

精神现代化，反而会形成对自我超越的阻碍，尤其是"它与体制和普遍社会观念所产生的复杂化合作用，有可能再次成为传统自我嬗变的阻碍"①。因此，这就形成了一个吊诡的悖论。这样一种精神追求孕育了对苦难的回避和欺骗。它既具有促进现代化的因子，也具有麻痹心灵，使人退化为宗教奴隶的可能。梁鸿也不得不在最后感叹道："如此想来，贤义的形象和他混搭的家还是有着无限悲哀的。不管贤义如何努力去理解人生，其内在的荒谬性还是一眼可见。"② 在对贤义的叙述中，梁鸿一方面放下了知识分子的姿态，以一个感受者的角色去把握乡民内心的复杂；另一方面，她又重拾了知识分子的批判性，拒绝对传统进行无条件的讴歌。两种身份的两种态度使得梁鸿收获了更为丰富的内心体验。

愚昧这个概念与常识相对立，它表明人没有基本的辨别是非的能力和完整的人格结构。慕容雪村在《中国，少了一味药》中认为，常识"它既不深刻也不晦涩，更没有什么过人的见解，却把许多人从梦中摇醒，让它们开始正视自身也正视世界"③。的确，对于一个曾经饱受迷信之痛、愚昧之苦的国度来说，这当然是持平之论。然而，这样简单的二元对立的基本立足点只是"是什么"，缺乏对"为什么"的深刻追问。正确与错误本身不能基于简单的事实标准，而应当在多元化的价值理念的烛照下进行深度思考，"不仅仅是对自下自发的尊重（对自上而下的强加的权威的拒斥），而且还意味着对所谓'正确的东西'本身加以拒斥和否定，就是从'基于单值理论的极端主义'向'基于多值理论的宽容'发展，这正是近代思想的一个基本倾向"④。因此，重要的不是在愚昧与常识之间画一道简单的隔离线，以对一方的批判宣告另一方的胜利，而是在愚昧这个贬义词周围挖掘产生愚昧的文化土壤，由此反观扭曲的灵魂背后真实的欲望和痛苦的挣扎。因此，梁鸿的非虚构文学不是要泯灭基本的是非判断和善恶区分，而是要透过它的表层去触及它的生产性通道，在扭曲、滑稽、非理性的背后探究属于底层的合理诉求。

慕容雪村的《中国，少了一味药》和梁鸿的《出梁庄记》都直面了"传销"这一疯狂而惨烈的社会现象。不同的是，慕容雪村以启蒙理性居高临下的视角，将传销者受骗归因于缺乏基本的常识，因而呼唤"让常识在阳光下行走，让贫弱者从苦难中脱身，让邪恶远离每一颗善良的心"⑤。当然，在诱惑面前保持基本的价值判断，这是拒绝谎言的最好心理防线。然而将上当受骗简单地归因于常识的缺乏却忽略了对农民主体被欺骗根

---

① 梁鸿：《出梁庄记》，花城出版社2013年版，第85页。
② 梁鸿：《出梁庄记》，花城出版社2013年版，第85页。
③ 慕容雪村：《中国，你少了一味药》，中国和平出版社2010年版，第7页。
④ ［日］伊藤虎丸：《鲁迅、创造社与日本文学——中日近现代比较文学初探》，孙猛、徐江、李冬木等译，北京大学出版2005年版，第89页。
⑤ 慕容雪村：《中国，你少了一味药》，中国和平出版社2010年版，第7页。

源的探析。因此，在慕容雪村的文本中充斥着类似"一群无知而狂热的人，用最愚蠢的方式追求最可鄙的生活。不会思考是可耻的，而更可耻的是，这群不会思考的人正在教我如何思考"①的表述。很显然，这样预设立场、非此即彼的结论无助于我们深究这样一个屡禁不止却又愈演愈烈的社会难题。

《出梁庄记》以历史和现实相结合的眼光来审视这个奇怪的问题。梁鸿不仅关注传销的现实危害，更关注这一问题产生的现实希冀和文化根源。梁鸿的堂姐夫文哥在叙述自己的传销经历时感叹说："那天，你让我想一下传销吸引人的内在逻辑。确实是啊，这次接触的传销让我特别有启发，我有点心动了。原因是啥？这几天我总结了一下，可能有几点：1. 成功……2. 实现价值……3. 家的感觉……4. 平等……"② 文哥被骗，从表面上看的确是基本常识欠缺所导致的，然而梁鸿通过文哥的自我反省却发现了这个表层不合法性背后合情的心理依据。"在这样一个越来越难通过努力成为人上人的社会里，传销为普通民众获得金钱、权力和尊重提供了一个很有诱惑性的通道。"③ 传销，正是以发财为泡沫外壳拥有了颠倒黑白的能力，这是孕育传销的现实温床。"他们面前展开的是无边无际的金钱梦，不只是愚昧和无知，不只是贪婪和妄想。它承载着贫苦人的发财梦。"④ 长期以来，小农经济下的农民常常处在生存和温饱的边缘，饥不择食、食不果腹常常是基本的生存状态，因此贫穷下的发财梦就拥有了更为坚实的文化土壤。在古老的文化渊源中孕育的现实梦想就以传销这种扭曲而滑稽的现象出现，并且屡禁不止。当然，梁鸿并不是要泯灭基本的良知，而是要拆除善与恶、对与错的绝对界限，跳出二元对立的思维模式，由此在更深层次上探究乡民多样的追求和丰富的动因。慕容雪村和梁鸿对于传销问题的不同呈现其实是这一现代化问题的同体异面：一者是知识分子良知式话语的激愤体现，干脆有余而深度不足；一者是以相对冷静客观的态度呈现乡土中国的深层景象，立场温和却锋芒不足。梁鸿借由传销向我们传达了一个认识乡土中国的基本立场，"乡土中国在文化、情感、生活方式与心理结构方面的变化是一个巨大的矛盾存在，难以用简单的是非对错来衡量"⑤。

三、启蒙理想的祛魅

百年中国的启蒙思潮始终与国家富强、个人独立息息相关。作为被动卷入现代化的

---

① 慕容雪村：《中国，你少了一味药》，中国和平出版社2010年版，第45页。
② 梁鸿：《出梁庄记》，花城出版社2013年版，第95-96页。
③ 梁鸿：《出梁庄记》，花城出版社2013年版，第98页。
④ 梁鸿：《出梁庄记》，花城出版社2013年版，第98页。
⑤ 梁鸿：《中国在梁庄》，江苏人民出版社2011年版，第4页。

后发国家，新文化运动的先驱一方面把现代性直接定义在国家富强上，认为富国强民是现代化的必由之路；另一方面，他们将现代化与人格独立挂钩，宣扬天赋人权、人人平等。然而，启蒙的理想在与现实对接之后却出现了诡异的转化。国家的强盛并不必然带来个体生存空间的增长，相反它可能倾轧个人的存在。个体权利的伸张在功利主义的催化下也有沦为极端个人主义的危险。梁鸿的非虚构文学正是面向启蒙价值的隐忧而展开的建设性探讨。她试图追问：当启蒙思潮失却了当时条件下的合理性，我们如何看待这些基本价值观？当启蒙从概念拉向现实，从现代走向当代，它究竟会给我们中国当代社会和个人带来什么样的后果？

启蒙理想意味着发展中国家在国家现代化和人的现代化这两个维度有重大的发展。它不仅意味着生产密集化、资本集中化带来的国家财富积累和物质生活水平提高，同时也意味着个人以新的经验、新的思维模式来创造新的可能性。归根到底，这是一种以社会变迁带来人本质的改变，同时又以人的无限生气推动社会现代化的良性循环。然而，这只是一种理想化的假设。意识形态有组织的偏见，大工业时代人的商品化贬值以及囿于短视思维而形成的自我奴役都使得浮华的盛世与卑微的个人之间呈现出鲜明的不协调。一方面是大国崛起所带来的国力的空前强大和生产制造前所未有的加速，另一方面则是结构性固化和个人上升通道的逐渐窄化。"我们最难以判断的，是'盛世'在普通人的眼里究竟意味着什么。人们对于生活正向何种方向发生变化，是变好还是变坏，是变得更安全还是更不安全等问题的态度，同我们期待在经济发展时会发生的情况，可能大相径庭。"① 梁鸿非虚构文学对于盛世"光与影"的呈现，使我们不仅要关注生气勃勃的社会现实，更要触摸富强背后每一个奋斗个体的挣扎与辛酸，由此探究盛世之光与个人之影的复杂关系。

英格尔斯认为，"现代人的这种效能感会表现于他对自己能力的信心上，他觉得自己有能力独自或同别人合作去组织他的生活，能够对付和控制生活给他带来的挑战，无论这些挑战是来自个人、人与人之间、团体、国家乃至国际"②。然而事实的情况却正好相反。随着技术向高精尖的领域不断开掘，资本在全球范围内的流动，权力与制度形成的隐性同谋加剧了阶层固化的节奏，可能性对于进城的农民工正在逐渐关上大门。他们贡献着最卑微的劳动，撑起了城市的钢筋铁骨，却在巨大的繁荣中逐渐被城市所抛弃。盛世对于他们而言好似一个美丽的泡沫，尴尬的却是梦醒之后，发现现实无路可走。梁家

---

① ［美］孔飞力：《叫魂——1768年中国妖术大恐慌》，陈兼、刘昶译，生活·读书·新知三联书店2014年版，第42页。

② ［美］阿历克斯·英格尔斯：《人的现代化》，殷陆君译，四川人民出版社1985年版，第27页。

正林在接受梁鸿的采访时说:"怎么说呢? 用一句话来总结: 有一份体面的职业, 却过不上一个体面的生活。出去坐飞机飞来飞去……下班回来却是蜗居在城中村的小破房里。"① 这正是北漂百万蚁族的真实写照。大城市拥有更多的机会, 却也蕴含着资源匮乏的危机。农村户口使他们无法获得城市应有的住房公积金, 更无法享受城市身份带来的衣食住行全方位的便利。这样一种匍匐于生存却无法向有质量的生活迈进的情况剥夺了他们无限的可能甚至是基本的安全感和归宿感。因此, 正林说:"感觉社会不稳定。坐公交车莫名其妙的在想, 这一车人要是出事咋办? 我现在, 每天在国贸那里倒车, 看着人来人往, 头晕、胸闷, 莫名其妙地就觉得恐惧, 感觉空气都是恐惧的。"② 梁鸿的叙述呈现了梁庄青年的双重尴尬。一方面, 田园荒芜无法返回; 另一方面, 城市也并非久居之处。梁庄青年在经历了巨大的失落感后, 被抽空, 被撕裂, 最终被城市的巨大阴影吞没。正如张丽军在评论中的发问:"新一代的'农民工'的出路在哪里? 未来又在哪里? 来到城市寻找新生的'出梁庄人', 依然是城市化迷途的羔羊。"③ 不仅如此, 梁鸿还透视了城市化进程中伴随的隐性制度歧视。梁建升在北京做保安, 并且评上了"优秀保安员", 他说"想着拿这个优秀证应该可以了, 模模糊糊觉得应该可以纳入到正式职业里面。结果都是假的, 最根本是不想给外地打工者机会, 都是糊弄你"④。固化粉碎了他天真的幻想和依靠自身努力改变处境的可能。流动被固化取代, 城市的等级特权取消了奋斗的意义。农民工与城市机遇之间正在形成一道无限放大的鸿沟。法律文本中的"权利与平等", 启蒙理想的"自由与希望", 落实到现实中只能是无法言说的一地鸡毛。

梁鸿反思启蒙理想的另一个切入点是青年人权利的伸张却吊诡地剥夺了老年人独立生存的条件,"父母身份与孝道的世俗化"正是这些老年人遭遇结构性困境的根源。从新文化运动开始, 反对以父权、族权为代表的封建伦理, 倡导自由平等的伦理关系成为一个社会的共识。因此, 以血缘为基础建立起来的神圣权威便不再拥有绝对的统治力。与此相反, 实用理性和交换理性逐渐成为代际之间公平交易的"砝码"。然而, 国家一方面倡导平等的人际关系, 一方面在落到微观的养老机制时, 却又依赖传统的养老方式。因此, 父母的养老相当程度上是以子女的赡养为基础。"没有退休金, 又没有社会保障, 你现在不给'人家'养孩子, 不努力干活, 将来'万一那一天'到来的时候是会有你好看的。"⑤ 然而这并不是一次平等的交换, 因为在农村子女相对较多的情况下"都是'比

---

① 梁鸿:《出梁庄记》, 花城出版社 2013 年版, 第 142 页。
② 梁鸿:《出梁庄记》, 花城出版社 2013 年版, 第 143 页。
③ 张丽军:《新世纪乡土中国现代性蜕变的痛苦灵魂——论梁鸿的〈中国在梁庄〉和〈出梁庄记〉》,《文学评论》2016 年第 3 期。
④ 梁鸿:《出梁庄记》, 花城出版社 2013 年版, 第 177 页。
⑤ 梁鸿:《中国在梁庄》, 江苏人民出版社 2011 年版, 第 201 页。

着留',因为你不留,你就吃亏了"①。这就进入了一个恶性循环。一方面帮助子女赡养孩子是父母获得被赡养的前提条件,然而另一方面,赡养更多子女的孩子却将父母的生活积蓄剥夺得干干净净。这一不可逆的进程的开始就意味着父母通输的结局。子女往往在伸张权利时理直气壮,拒绝义务时也是干干脆脆。因此,"在现代观念里,这种分配方式似乎有点不可思议,因为在此过程中,父母的权利被完全剥夺了。但在乡村,这是再正常不过的情况"②。英格尔斯也发出这样的追问:"如果现代化真会使老年人的生活这样凄凉,这样无情地为亲人和后代所抛弃,不仅老年人有理由敌视现代化,大多数人都会不寒而栗地想到,我们所竭尽全力地去追求实现的现代化,若付出这样高昂的代价去牺牲老年人的幸福与尊严,那值得吗?"③ 当然,在理性的感知之外,梁鸿还试图从感性的角度去触摸这些老人的情感动因。她说:"非常奇怪的是,从赵嫂、芝婶一些抱怨性的对话中,却仍然可以感受到掩藏在背后的爱与宽容,对儿女,对他们在外面的艰难生活,对身边这一个个让他们年老还不得安生的孙子,仍然有一种非常细腻的感情。"这一叙述进一步呈现了老人举动的丰富内涵,其中既有老而无养的担忧,又有传统文化爱与宽容熏陶下无私的付出。梁鸿的女儿身份使得她能够天然地接近乡土老人的情感逻辑,透视矛盾的表现背后复杂的理性的考量以及感性的逻辑。她不是以启蒙批判的视角对老人大加鞭挞,而是深度还原这一无望的努力的深刻社会根源,由此呼吁双赢的解决途径。

(作者单位:武汉大学文学院)

---

① 梁鸿:《中国在梁庄》,江苏人民出版社 2011 年版,第 202 页。
② 梁鸿:《中国在梁庄》,江苏人民出版社 2011 年版,第 203 页。
③ [美]阿历克斯·英格尔斯:《人的现代化》,殷陆君译,四川人民出版社 1985 年版,第 65 页。

共和国文学研究

降解政治的尝试与阐释①
——论李凖前后期叙事性作品中"国"、"家"主题之嬗变

李 阳

"起了个大早,赶了个晚集",这句话用来形容后世对李凖长达一个甲子的接受史来说可能是再恰切不过的了。

1953年李凖在《河南日报》上发表处女作《不能走那条路》,瞬间轰动全国,甚至因触及"土改"后农村贫富分化现象的时事热点而得到了最高领袖的垂青,文艺界普遍视李凖为共和国羽翼下的第一代"天才作家"。李凖的成名之途在今天看来,无非是政治有意识地引导文艺走向的又一典例。而尝到了讴歌政策之甜头的李凖,热忱地"金针度人"道:"我感到学透了政策,特别是对你所描写的阶级人物有了认识,就像有了一架望眼镜和显微镜一样,既可'远瞻千里',又可'明察秋毫'。"② 不料"成也政策,败也政策",时过境迁之后李凖作品的魅力和地位一落千丈,这对一个"把目标定位为:文学是诺贝尔,电影是奥斯卡"③ 的伏枥老骥而言无疑是莫大的冲击。

失去了政策支撑点的李凖在晚年从重释旧作和再谱新篇两方面左右开弓,双管齐下,试图对批评界做出回应。20世纪80年代初,李凖将《李双双小传》编入其在新时期的首本小说集。对这篇誉尽毁来的小说何以入选,李凖辩解说,"写李双双和喜旺这两个人物,是写两种道德观的斗争,即什么是'老好人',什么是'新好人'。同时也是写中国

---

① 本文系华东师范大学国家社会科学基金项目"中原文化与20世纪河南文学"(10CZW061)的研究成果。
② 李凖:《我怎样写"不能走那条路"》,《春笋集》,河南人民出版社1962年版,第533页。
③ 孙荪、余非、李凖:《百泉三日谈——李凖思想创作探视录》,《李凖新论》,北京十月文艺出版社1988年版,第268页。

农村妇女参加社会的第一步时的觉醒",且再三呼吁不能把它只看作是"宣传办食堂的"①。所谓"两种道德观的斗争"、"农村妇女的觉醒",因为迎合了时下对第三世界国家旧邦新造的农村社会鼎革之想象(尤其是后者往往被女性主义批评引为同调),确实对李凖作品的再解读产生了一定的作用力。然而真正让我们感到不解的还是一个关于"真实性"的老问题。《李双双小传》改编成电影《李双双》后,赵树理曾当面问道:"《李双双》红遍全国,你真的在农村见过这种人吗?"② 李凖难以回答。顺着赵树理之问,李双双对女性社会地位、功能、权利的定位、伸张和索取究竟是社会主义新女性的现实需求还是意识形态优越性的廉价宣传?

随着政治气候的根本改善,原本附加于文艺的紧箍圈被取下,李凖迅速调整了写作姿态,并分别于 1979 年末、1985 年初推出了上、下两卷本的《黄河东流去》(以下简称《黄河》)。在大多数文坛宿将甚至一些新秀当中,李凖这部长篇处女作回归乡土本色的转向很可能是最彻底的,中间长达 6 年的下卷书写和上卷修订足以反映李凖涂改十七年文学趣味的诚意。《黄河》的出版确乎让文艺界兴奋了一阵子,进而还拔得第二届茅盾文学奖(1985)的头筹。但很快,人们发现李凖的作品数量在《黄河》之后急剧下降,连电影剧本也需要改编他人原作(江郎才尽?),更严重的还在于,论者对《黄河》藕断丝连的"党史化"写作余痕也颇有微词。与同届茅盾文学奖获奖作品《沉重的翅膀》(张洁)、《钟鼓楼》(刘心武)早已被经典化不同,《黄河》在当代文学史上的地位每况愈下,甚至沦为脚注式的存在③,成了一具乏人问津的文学史残骸。

"起了个大早,赶了个晚集。"无论"十七年",抑或"新时期",皆是如此。那么,当我们今天重提李凖时,我们能谈些什么?

一、李凖"再解读"的可能性

在大多数学者看来,翻开李凖的作品一查,每页上都工工整整地写着"文艺是革命的螺丝钉"几个字,仔细看了半天,才从字缝里看出字来,满本都写着两个字"紧跟"!以这样的"期待视野"观照李凖新时期的叙事性作品,必然会产生相应的偏差,最明显的例证来自《黄河》里头春义与凤英的爱情悲欢。结合于洪水泛滥之际、流落于他乡街

---

① 李凖:《李凖小说选·前言》,四川人民出版社 1981 年版,第 4 页。
② 孙荪:《风中之树:对一个杰出作家的探访》,人民文学出版社 2002 年版,第 253 页。
③ 如有学者指出:"《黄河东流去》在 20 世纪 90 年代之后出现的各种版本的当代文学史教材中已经很少被人关注。"刘新锁:《史诗的沉浮——漫谈〈黄河东流去〉兼及"茅盾文学奖"评奖》,《新文学评论》2012 年第 3 期。

头之间的患难夫妻,终因二人对城市商业文明形态接受度上的龃龉而以仳离告终。论者提取凤英在商业经营(开饭馆)上的游刃有余,敏锐地将其与如火如荼的商品经济改革浪潮挂钩。赞之者称:"作家具有代表时代先进水平的新的社会价值观念,是推动现实主义深化的根本因素。"① 弹之者则视其为"紧跟"文学的"余孽",故事虽精彩,气象却有限,拙文研思,终归蛩鄙。其实对于春义、凤英二人,作者的态度和价值评断是相当暧昧的,既批评春义的小农保守心态(如"忠贞")、揄扬凤英的商业进取精神,也为前者的乡土美德(如"恩报")、后者的金钱至上留下褒贬的余地。相较而言,刘增杰的持论显得更中正一点,他将春义、凤英的分手提升到"固有中原文明在新的文明撞击下蜕化、裂变"②的象征维度。从文化碰撞的角度阐述固无不可,但它实际上也是基于对凤英"市场经济弄潮儿"的判断之上得出的结论,本质上依然属于"紧跟论"的深化。

倘若我们一定要采用"紧跟"这样的字眼,那么此时李準的"紧跟"与过去的"紧跟"迥乎不同。细读春义、凤英走向陌路的过程,不难发现这其实是作者电影剧本中写爱侣吵嘴的惯用招数。李準十七年时期的作品从整体上看,大概是出于电影受众的考虑,改编自己小说的剧本往往比原作更富人情味,尤其是夫妻之间感情戏的分量明显增加了,这就形成了其叙事性作品当中极为有趣的小说文本与电影剧本的"诗庄词媚"之妙。春义、凤英的前身,正是来自《李双双》③中的双双和喜旺。双双与金樵因工分问题屡次发生矛盾,素来力劝双双"低调"的喜旺忍无可忍,终于"离家出走"。多年后这一经典模式复现于春义和凤英之间。他们逃荒至咸阳,尔后开了一家饭铺,因种种原因二人经常闹气(与喜旺对双双的不满相对应,春义对凤英的走向社会、抛头露面也不能接受),最后春义亦是撇下凤英,独自前往西安。问题在于,喜旺离家的小插曲只是最终的"小团圆"的一道裂缝,它必将得到弥合,而对于春义、凤英而言,则发展成永久的鸿沟。小说中的办食堂也好,电影里的记工分也罢,无论如何改动,前期李準的作品在政治化文艺力量左右下只能为某一特定政策摇旗呐喊,它是意识形态宣传机器依靠文学作品向下灌输某种观念、规训民众行为以推进现代化运动的产物。大办食堂或记工分,彼时已被证明为失败之举,但政策成败与否并不重要,重要的是要让人们相信政策一定会成功,而且这种成功正在发生。对于作家而言,所谓真实/现实,非仅指已然之事,更是指未然而必然之事。文艺的根本问题就在于如何表达政策的说服力。

---

① 孙荪、余非:《从〈大河奔流〉到〈黄河东流去〉——论转折时期李準的创作》,《李準新论》,北京十月文艺出版社1988年版,第14页。
② 刘增杰:《中原文化圈与20世纪河南文学(代序)》,刘增杰、王文金主编《精神中原:20世纪河南文学》,河南大学出版社2002年版,第7页。
③ 《李双双》,上海电影制片厂摄制于1962年的电影,李準担任编剧,改编自本人发表于1960年的短篇小说《李双双小传》。

—— 降解政治的尝试与阐释 ——

　　文艺界的这种倾向显然胎息自中国新民主主义革命的经验：先是引进马列主义的思想，设计并传播中国革命的未来途径，吸引知识精英和工农大众，最终实现之。中国作为"外铄型"国家，其现代化转型诚如曹锦清所言，"始于观念，中于政治制度的变革，然后通过政权力量自上而下推动现代化过程"①。观念产生行动，文艺作为政策的宣传机，必须确保政策的深入人心，然后才能发挥作用。从这个层面上看，喜旺的出走与返回正是人民在明晰的现代化目标指引下由迷惘走向坚定的象征。质言之，"浪子回头"的设计其实是对政策最高也是最终的颂扬，即"先进思想一定能战胜落后思想，农民会跟着党的路线走的"②。喜旺对双双的单方面和解正是"先进思想"、"党的路线"无声规约下的表达。反观春义和凤英，后者的经营追求虽说是改革开放新政策的影射，但二者劳燕分飞的结局简直是在故意拆政策的台，政策的说服力因没有完成对前者的收编而大为削弱，联想到作者对凤英为达目的不择手段的批评（"金钱是个魔鬼"③），未尝不能理解为李準罕见地暗示了市场经济时代的政策的局限。

　　将春义、凤英的爱情视作李準对时代新主题的讴歌，还有一个明显的问题，即忽视了《黄河》对其前身《大河奔流》（1977，电影剧本，以下简称《大河》）中春义、凤英由散到聚的颠倒性改写之意图，而这恰是作者思想陡变所留下的痕迹。李準在一次对话中曾如此解释小说的创作主题："它（指民族精神）永远可以凭借自己内在的活力战胜一切困难而生存下去，繁衍下去，强盛下去。"④ 以此形容小说第九章的水上婚礼再熨帖不过了。洪荒肆虐之时，自顾不暇的村民们却戮力同心，完成了春义、凤英简单素朴却毫不草率的婚礼。从某种程度上讲，水上婚礼不妨视作逃荒前的必要仪式，它本身蕴涵了繁殖的需求，在大灾大难面前，这是一种下意识的祈盼。让这场浓墨重彩的婚礼走到尽头或许并非作者的本意，而更像是其在新时期迫切想要摘下"紧跟"帽子的激进行为。文变染乎世情，李準文学思想的丕变始于电影《大河奔流》上映后的如潮恶评："我写东西到现在还没有听到人家骂我，大都是感动啊，受教育之类的。《大河奔流》我收到不下十封骂我的信，人家说你这个作家不行，你干脆回家啃红薯吧！"⑤ 可见观众、读者口味变化所导致的《大河》的折戟沉沙对李準的打击和觉醒力度之大、之猛。他痛

---

① 曹锦清：《黄河边的中国——一个学者对中国乡村社会的观察与思考》（下），上海文艺出版社2013年版，第712页。
② 李準：《我怎样写"不能走那条路"》，《春笋集》，河南人民出版社1962年版，第534页。
③ 李準：《黄河东流去》，百花洲文艺出版社1999年版，第445页。
④ 李準、孙荪、余非：《百泉三日谈——李準思想创作探视录》，《李準新论》，北京十月文艺出版社1988年版，第247页。
⑤ 李準：《文艺和政治的关系及其他》，《李準谈创作》，中国文艺联合出版社1983年版，第74页。

定思痛道："我是从政治与艺术的关系问题上压根儿觉悟的。"① 李準在下卷《黄河》即将收篇之际斫断春义、凤英的情缘，根植于 70 年代末以来作者对"政策万能"的书写陋习之厌弃，仿佛某种自毁装置，杜绝迎合政策的隐患。这突显了李準政治祛魅的决心。

事实上，自上卷《黄河》出版以降，几乎其所有的文字都在竭力消隐、压制意识形态的冲动。《黄河》煌煌 50 万字，撇开对革命合法性的"歌德"，新四军的存在和阶级景观的措置几成远山淡痕。概乎言之，70 年代末以后降解政治的尝试和实验使得李準前后期叙事性作品出现了"国"退位、"家"升座的巨变。

二、"家国"对立与"忠孝"表达

李準的早期写作，"家"是以"国"的对立面出现的。在《不能走那条路》中，宋老定殚精竭虑地为儿子买地，而长子东山作为党员坚决反对，这就已经初现后代人主动站在"国"的立场上反对前代人的家国伦理纠葛。其后，"家"、"国"冲突愈演愈烈，从温和疏导到断然阻止、从说服到揭发，附丽于人身上的政治戾气越来越重，正常人的伦理知觉几乎处于无感的状态，以至于桂英称其母"就是小见识，我最恨她"②、天喜提起"落后的"岳母即大为不满"我就讨厌那个老家伙"③ 时显得那么自然，毫无悖逆伦常的负罪感。

应该指出的是，李準不是孤立地描摹单个家庭的存在风貌，由"家"生长出来的完全有可能是整个宗族、乡村在意识形态规约下的异化状况。他笔下的"国"和"家"背后还拖着一条二元对立的概念链。简言之，不妨概括为："国"取代"家"、集体取代宗族、阶级划分取代雇佣关系、政治乌托邦取代乡村共同体、意识形态取代人情伦理⋯⋯在这样一种情境下，不单是家庭成员内部，整个基于血缘姻亲联结的乡村人际关系都出现了巨大的危机。《李双双小传》里，双双和桂英挖到了孙有父子埋在坑里的水车，预感大事不妙的孙有半夜来找喜旺，整个对话被双双"偷听"了十之七八：

孙有又低声下气地说："喜旺，你看咱都是一个孙字掰不开⋯⋯"只听见喜旺说："⋯⋯我对你说，咱们两个根本不是一条道，你赶快给我走！往后你姓你的孙，

---

① 李準、孙苏、余非：《百泉三日谈——李準思想创作探视录》，《李準新论》，北京十月文艺出版社 1988 年版，第 275 页。
② 李準：《李双双》，《春笋集》，河南人民出版社 1962 年版，第 466 页。
③ 李準：《小康人家》，《春笋集》，河南人民出版社 1978 年版，第 475 页。

我姓我的孙,你别在这儿拉我后腿了!"①

李準的中短篇,经常会出现"偷听"这样一种程式化的故事讲述方式。一般而言,"偷听"模式都呈现出两种特征:其一,偷听者往往是"好人"(如双双、剧本《龙马精神》中的二夯、小说《春笋》中的刘永义),被偷听者其中之一可能是"好人"(如《春笋》中的耿良),亦可能是受"好人"影响的"中间人物"(如喜旺、《龙马精神》中的蔡秀真),而另一个则往往是"坏人"(如孙有、《龙马精神》中的刘翠香、《春笋》中的耿学贵),故"偷听"具有洞悉阴谋的作用;其二,两个被偷听者往往被作者赋予某种宗族、姻亲层面的血缘联系(如孙喜旺与孙有、耿良与耿学贵,蔡秀真与刘翠香则是表姐妹),但"好人"或"中间人物"的一方定会坚拒另一方,或出于策略的考虑虚与委蛇,转头便向偷听者所代表的正义力量举报"坏人",此时偷听者将作证说前者所言非虚,无论何种情形,偷听者都将了然被偷听的"好人"或"中间人物"的阶级觉悟是否达标,故"偷听"具有考验忠诚的意味。"偷听"俨然成了一枚插在"家"、"国"之间的楔子,看似联结,实则阻隔。孙有欲借传统的宗族之谊向喜旺求情,却被喜旺严词拒绝,原有的乡村宗族在新兴但有国家权力支撑的阶级共同体面前显得如此委琐和不堪一击。对于新生的人民共和国而言,家族的存在显然妨碍到政权对广大乡村的控制,为巩固工农联盟的国家基础,高度一体化的社会思想改造工程注定是箭在弦上,不得不发了。而其内理即"把个人从家庭、世系的私人网络中抽离出来,嵌入党和国家的公共范畴,以此铸造社会主义新型主体"②。

对"国"的亲近和"家"的疏远是延安文艺座谈会之后以革命政策的形式确定下来的作家们的集体姿态,李準当然无力挣脱这种束缚,然而作者时不时也流露出在中国革命语境中挪用传统中原忠孝文化的表达需求。岳飞是李準极为敬仰的乡贤,建于明武宗正德七年(1521)的"精忠坊",作为汤阴"宋岳忠武王庙"的头门,依旧屹立在五百年后的今天。"精忠坊两侧间壁,分别嵌有'忠'、'孝'石刻大字。'忠'是维系古代政治秩序的根本原则,'孝'是维系古代家族社会秩序的根本原则。"③ 帝制时代,君国一体,家国同构,忠君即爱国,而欲求忠臣必于孝子之门。李準前期的电影剧本《吉鸿昌传》(1963)就将吉氏视为岳飞的近代转世。后者的公忠体国和移孝作忠可以看作是中原文化伦理道德的制高点:"岳飞"已经超出了作为一个凡人的限度,而成为凝结于中

---

① 李準:《李双双小传》,《李準小说选》,四川人民出版社1981年版,第306页。
② 李丹梦:《文学"乡土"的地方精神》,北京大学出版社2014年版,第225页。
③ 曹锦清:《黄河边的中国——一个学者对中国乡村社会的观察与思考》(下),上海文艺出版社2013年版,第396页。

原人民基本心理构造中一块坚硬的结晶。

申言之，从整体上重塑乡村社会心理结构的力量，不能仅是单一的官方意识形态，借重、转化民间伦理信仰的某些方面（"忠"），驯服原有的宗法社会形态（"孝"），显得极有必要。国家政权的现代化意志对身处中原乡下的人们来说太空泛、太遥远，真正契合自身处境的其实还是乡村固有的价值观。而领会当政者的意图，通过民间化的表达方式完美传递来自国家政权的规训要求，正是李凖的看家本领。他笔下的家庭和宗族往往是阶级的突出，即亲缘人际关系的阶级化；而在另一方面，作者又竭力将政策（意识形态）的发布者（党乃至最高领袖）伦理化，其本质是对"孝"的"忠"化。剧本《李双双》中，双双劝告喜旺"有心里话就要向党说，谁是咱们亲人，党就是咱的亲人"①的言语便是该逻辑的体现，这背后既隐现着天子爱民如子以及百姓颂扬父母官的传统观念，更为普罗大众触碰遥不可及的政权缔造者提供了可感的温度。祖国是母亲，党是亲人，毛主席是再生父母（《三月里的春风》，1959），对象愈具体，情感的抒发就愈集中，"忠"的心声也愈纯粹、炽热。而且，原有的"孝"、"忠"与"家"、"国"有着明晰的一一对应关系，但在阶级国家的新图景里，孝也好，忠也罢，统统指向了国家、党、政权、领袖、意识形态等。正是在挪用中原文化的忠孝构造中，政策的合理性、行为的正当性、思想的正确性及其接受才有了着落。

三、"无家"设定与"寻母"隐喻

对"家"、"国"主题关系的反思，首先出现在《黄河》里的一句微妙的评价："在中国，只了解家不了解国是近视患者，只了解国不了解家则是瞎子。"② 乍看起来似乎是将两种片面观点各打了五十大板，但"瞎子"比"近视患者"无疑要严重得多。相应地，对伦理的重视亦占据了原先意识形态的位置："伦理是道德的基础，道德是民族精神的基础，本身也是一种精神。封建时代讲正人伦，牵扯到人与人之间的根本的秩序问题。"③ "基础"、"根本"的定位也很能反映李凖关注重心的逆转。

或许是此前"家"所受的压抑委实过大，《黄河》中对"家"之丧失的密集书写给人留下了极为深刻的印象。李麦为累死的父亲向地主海福元讨要棺木，最后被海家赶出简陋的住所——磨坊。作者写道：

---

① 李凖：《李双双》，《春笋集》，河南人民出版社1962年版，第478页。
② 李凖：《黄河东流去》，百花洲文艺出版社1999年版，第87页。
③ 孙荪、余非、李凖：《百泉三日谈——李凖思想创作探视录》，《李凖新论》，北京十月文艺出版社1988年版，第247页。

―― 降解政治的尝试与阐释 ――

"我没有家了！"李麦心里想着，呆呆地看着地上的东西。夕阳把她修长的影子投在地上，她有生以来第一次感到了孤单①。

而花园口决堤、"以水代军"发生以后，赤杨岗遭了黄水劫，村庄被摧毁殆尽，所有人都承受了失乐园之痛：

> 那破房顶下曾经有过他们的温暖和笑声，有过他们的纺车和牛圈。现在都吞没在水里了，他们开始感到"无家可归"的孤单②。

从一个人的个体"孤单"到全村庄的群体"孤单"，一股强烈的、命定的无助感如洪水般袭来，"无家可归"在这里具备了超出人祸天灾本身的抽象意味，它也曲折传达了作者早期写作中对"家"的轻率态度的自省。而从《黄河》本身出发，这种"无家"的恐惧亦是整个文本的前奏和基调，小说中主要人物对现实的反应和应对皆导源于此。当天亮第一次对梁晴脱口而出"咱妈"二字时，梁晴"兴奋得浑身发颤"，因为"她从这两个字中，找到了一个'家'，又找到了一个'妈'"③。梁晴的感觉绝非偶然，也绝非其独有的体验。纵观小说，我们会惊异地发现《黄河》人物角色的出身有着家族性的相似之处：尚未成年时双亲便皆亡或亡其一。李麦4岁时母亲因豫东大饥荒亡故，天亮、嫦娥兄妹幼时丧父，蓝五少失怙恃而从小跟随响器班子拍小钹，宋敏14岁丧母，春义没有爹娘，凤英从小没娘，至于梁晴，更是两岁便早早失去了母爱……"母亲"的缺席是文本中最为普遍的现象。如此大面积、单一化的身世设定恐怕很难用巧合来解释，而更可能是作者特地营造的一种"无母"的氛围。这种氛围与洪水来临时赤杨岗的毁灭形成了意味深长的互文：正如主人公们十之八九都失去了母亲一样，他们也注定要失去挚爱的家园。可见，"无家"的恐惧自始至终都以"无母"的预设存在着。

而既然"家"与"妈"具有同构性，则对"家"的寻觅必然落实到"寻母"的象征动作上。小说第十章，蜂拥而至的难民逃荒至寻母口。寻母口其实并不是当时的正式称呼。据传，两晋之际五胡乱华，陶侃的母亲流落至阳夏兴隆镇，俟东晋政权初安，功成名就的陶侃曾到此寻母，后人为纪念这位名将，遂易兴隆镇为寻母口，继而演变为逊母口，一直沿用至今。李準启用这个暗示性明显的地名古称，未尝没有唤醒一段可与当

---

① 李準：《黄河东流去》，百花洲文艺出版社1999年版，第32页。
② 李準：《黄河东流去》，百花洲文艺出版社1999年版，第89页。
③ 李準：《黄河东流去》，百花洲文艺出版社1999年版，第135页。

下情境相映照的民间记忆之考量,这些包括赤杨岗村民在内的流离失所的难民们不正如陶侃寻母一样在此处寻求属于自己的"家"吗?寻母口"地处黄河东岸,是日本鬼子的占领区,河西是朱桥镇,是国民党统治区。由于国民党和日本鬼子勾结的默契,这里成了东西货物的走私转运站"①。这里虽是以审判的口吻对历史事件做出了明确的裁定,但也反映出寻母口鱼龙混杂的面貌。难民们梦寐以求的"家"既不可能寄托在国民党身上,更不可能指望日本人,而李麦等人离开寻母口的动因又为汉奸队对流民、国民党、日本占领者三方势力动态平衡的破坏。"汉奸"的身份认定带有一种"认贼作父"的意味,它阻碍也刺激了"寻母"的渴望。新四军水东地区游击队的降临似乎使难民的上下求索出现了转机。若沿着十七年文艺的思维,游击队必然以救世主之姿,拯人民于水火之中。李準也没有太偏离这种模式化的描写,但耐人寻味之处在于,新四军的游击性质并没有真正保护到群众的切身利益和人身安全,其为难民抢夺、发放的粮食也大都得而复失。在这里,作者对党履行家长职能提出了小心翼翼的质疑。在否定了所有政治上的可能性之后,作者清楚地提醒我们,难民们的"寻家/寻母"之路从来就没有离开过乡土,唯有重返原初之地才能最终抚平流浪的焦躁。离开寻母口,并非寻母无果的徒劳之举,而恰是对故土主体性的再确认。

视故乡为母亲,或许平庸、矫情,乃至在一些论者眼中,恋乡恋土"烙有着中原文化小农观念的印迹"②。然而联系到此前李準以国为家的大隐喻构造,重新析离二者,无疑有着农村生活书写去意识形态化的意义。李準称《黄河》是一个"解放的产物"③,着眼点即在于意识形态视角的弱化。他后来在茅盾文学奖授奖大会上如此解释自己的创作意图:"我是在写现实:黄水是场浩劫,'文化大革命'也是场浩劫……但……中国没有完。由此,我感到我们民族的智慧,道德和力量,也想到造成这些劫数的根源,即我们这个古老民族的伟大生命力和她因袭的沉重包袱,所以,我把我的人物,放到那个极端险恶的环境中……写我们民族的魂。"④ 重要的不是故事讲述的时代,而是讲述故事的时代(福柯语)。发生于抗战期间的那场浩劫,河南是最主要的罹难省份,正如"文化大革命"时河南再次成为重灾区一样。二者并提,为的是说明《黄河》跳脱时间设置以反思当下的用意。作者笔下"民族的智慧,道德和力量",其承担者不再为某个党派所垄断,而泛化、积淀在农民、乡土、伦理当中。不过,对于"劫数的根源",《黄河》其

---

① 李準:《黄河东流去》,百花洲文艺出版社 1999 年版,第 41 页。
② 刘增杰:《中原文化圈与 20 世纪河南文学(代序)》,刘增杰、王文金主编《精神中原:20 世纪河南文学》,河南大学出版社 2002 年版,第 6 页。
③ 孙荪、余非、李準:《百泉三日谈——李準思想创作探视录》,《李準新论》,北京十月文艺出版社 1988 年版,第 277 页。
④ 李準:《抒写民族之魂》,《文艺报》1985 年 12 月 21 日。

实并没有多么深刻地揭示,李凖的处理率皆囫囵吞枣,将天灾人祸以"苦难"的抽象概念提取出来,不切实际地作泛泛之论。灾难,只是作为被战胜、跨越的对象得到塑造和把握。考虑到李凖其时的身份地位以及《黄河》在写作过程中受到的关注度,绕道而行较之正面突破或许更具可行性罢。

四、"弃儿"意识与"岳飞"记忆

李麦、徐秋斋、长松、春义们的回家是历险的终结,是婴儿重返子宫的复归神话,亦是自我保护的本能反应。"回家"的姿态还是"寻母"的回应与结果,在这个漫长的过程中,所有人都停留在"无家/无母"的状态之中,也使得李凖后期文本弥漫着挥之不去的"弃儿"意识,这当中其实还镌刻着岳飞的民间传说和历史记忆。与许多英雄人物一样,岳飞的出生也被赋予了传奇、神秘的色彩。岳珂记载称:"未满月,黄河内决,大水暴至,飞母抱飞坐在瓮中,随水冲激,及至岸边,子母无事,人皆异之。"(《鄂国金陀粹编》)这种说法在后来影响甚大的《说岳全传》里得到了进一步的演绎发挥。《说岳全传》描述称,岳飞出生时啼哭不止,母亲姚氏极为苦恼,父亲岳和记起陈抟老祖曾谓"三日内倘有甚惊恐,却叫安人抱出去,坐在花缸内方保无事"①,便让姚氏依计而行,姚氏抱岳飞坐于缸内甫定,与大鹏(岳飞前身)有前世怨缘的黄河铁背虬龙便大兴波澜吞没岳家庄,一村人俱葬身鱼腹,母子虽无恙漂流至异乡,父亲却殁于此厄。在民间传说中,岳飞的诞生看起来属于洪水神话系统,更主要的其实还是"弃子"母题的再现②。赤杨岗村民的遭遇亦可作如是解。洪水只是流浪的契机,它以一种极端的生存状态呈现了"弃儿"的无助感。

李凖晚年曾与两位到访的研究者进行过百泉对谈,并三次说到自己的"少作"——他强调这比《不能走那条路》"早得多"③ ——描绘岳飞之死的《金牌》。岳飞一直是李凖念兹在兹的中原英雄,如此频繁地提及练笔的少作,可见岳飞一定触发了他的某种思考。有趣的是,李凖在这三个地方解释得一次比一次详细,唯恐对话者不能领会他的意思。"我写的第一篇小说是《金牌》"——"根据文征明的《满江红》,加上我对旧小说的体会写出来的"——"我看了文征明的《满江红》,认为杀岳飞者非秦桧而是赵构。

---

① 钱彩:《说岳全传》,北京十月文艺出版社1996年版,第9页。
② 李琳:《中国古代英雄诞生故事与民间叙事传统——以岳飞出身、出生故事为例》,《郑州大学学报(哲学社会科学版)》2006年第5期。
③ 孙荪、余非、李凖:《百泉三日谈——李凖思想创作探视录》,《李凖新论》,北京十月文艺出版社1988年版,第290页。

按这个看法用新编历史小说的形式写了一篇叫《金牌》的小说"①。到这里，我们看到了李凖的聚焦点：是赵构为了坐稳龙椅，诏杀岳飞，"慨当初，倚飞何重，后来何酷"。若从传统君国体制视角观察，"朕即国家"，皇帝杀忠臣也就形同国家对岳飞的遗弃。《说岳全传》中岳飞刚一出生生身父亲便死于大水，后来虽得到养父周侗的言传身教，然而养父的过早去世又使其再次陷入"无父"境地，他对皇帝的愚忠实则为"孝"的移情，通过这种方式以求摆脱"无父"的命运。岳飞失去了父亲（岳和），岳飞找到了父亲（周侗），岳飞再次失去父亲，岳飞又找到父亲（国家/皇帝），最后像一枚无用的棋子被"父亲"丢弃。以"弃儿"始，以"弃儿"终，这是岳飞"寻父"悲剧的循环和死结。李凖敏感地捕捉到了这种身份隐喻，《黄河》中"寻母"的结构设置未尝不是对《说岳全传》反其道而行之的改写。

就李凖个人的遭际而言，祖父家庭的地主成分如同沉重的十字架，每到运动的风口浪尖便压得他喘不过气来。14岁的流民体验，乃至"文化大革命"期间的流放生涯，深刻影响了作家的生命漂泊感（其晚年有一篇风格迥异于前的小说《飘来的生命》，题目本身就暗示了这种无家感和流浪性）。而从中心的天才作家滑至边缘的"反动权威"，不正是骄子一落千丈为"弃儿"的现实写照么？在公社生活期间，忠厚老实的李凖甚至博得了当地农民的同情："老李哥写过十几个电影，给国家挣的钱三间房子都盛不下，现在还批判人家，真是没良心！"② 这种质朴的义愤就仿佛家天下时代老百姓为忠贞的谪臣叫屈一般。岳飞、李凖、赤杨岗一众，他们于文本内外的镜像叠加在一起，构成了浓烈的"弃儿"气息。

李丹梦指出，自南宋以来，中原文化的淡出中心便"奠基着一个无声的文化失范结构"，它如巨大的"孔洞"，因历史由盛转衰的变革而出现文明的崩塌与倾圮，河南文化的孔洞是"一种符号化的象征造型"，"可大致以中心与边缘的翻转、原本一体的'中原'与'中国'的错位间离，来表示"③。李凖声名最为如日中天之时，不仅是其政策书写与意识形态的蜜月期，更是南宋以降"中原"与"中国"结合得最为紧密的年头。从中华人民共和国成立后的历次政治运动中河南过于踊跃的表现便可略窥端倪。大跃进的"第一颗亩产卫星"是遂平县卫星农业社放出来的；不久后全国第一个人民公社"嵖岈山卫星人民公社"也是在中原大地上出现，赢得最高领袖一句"还是办人民公社好"的盛赞；"文化大革命"时河南枪械武斗、"抛头颅洒热血"的造反势头更是举国瞩目。

---

① 孙荪、余非、李凖：《百泉三日谈——李凖思想创作探视录》，《李凖新论》，北京十月文艺出版社1988年版，第264、290、298页。
② 董冰：《老家旧事：李凖夫人自述》，学林出版社2005年版，第221页。
③ 李丹梦：《文学"乡土"的地方精神》，北京大学出版社2014年版，第98页。

"中原"还从未如此深得"中国"之心,一种"同步感"的幻觉油然而生。只有当一切尘埃落定之际,"中原"才沮丧地发现自己被当作不光彩的一页再一次被"中国"抛在了历史的门外,那如一场大病的"中心/中兴"之梦,也不过是月亮徒劳地追逐太阳的影子而已。

可以说,李準贯索犯文昌的个人窘境、河南不断迎合却"赔光血本"(王富仁语)的当代坎坷以及更为深层的中原失鹿的历史性瓠落共同铸就了"弃儿"的梦魇。而"弃儿"和"寻根"是相辅相成的概念,从岳飞式的"寻父"转向赤杨岗民众的集体"寻母",便导源于"弃儿"面对心理创伤的反应机制,而这种转向本身也蕴含了作者"看破"政治的内省。

五、结语

当然,李準的"看破"还只是一个有着裹足不前倾向的进步。对于政治,他采取的基本态度是"避开",以"家"(乡土伦理)的话语覆盖"国"(意识形态)的话语,即便直接批评,也往往是定黑白于中央文件。李準的意义总体而言还在于他的过渡性:他带动了当代小说由阶级向伦理的叙事类型转变。也正是"过渡"的局限,造成李準前期文学观念的残渣羼杂到晚年的写作中。但无论如何,李準仍堪称"中国当代文学史上最具贯穿性的作家"①,从延安文艺一直迈向新时期文学,他一生的政治文艺实践鲜明地呈现出前后两个大体迥异又"藕断丝连"的阶段,即从"图解政策"的意识形态化写作转向"皈依乡土伦理"的寻根写作范式。此种衰年变法的姿态彰显出一位建国作家在后革命语境的书写转型努力。成败且勿论,其遗憾本身,对考察当代文坛写作模式之更迭,以及时代变迁下文人心态之波动,无疑都有着弥足珍贵的参考价值和标本意义。

(作者单位:华东师范大学中国语言文学系)

---

① 孙荪:《风中之树:对一个杰出作家的探访》,人民文学出版社2002年版,第6页。

共和国文学研究

1986年的莫言与2018年的莫言①
——从小说《红高粱家族》到戏曲文学剧本《高粱酒》

朱文久

1986年,31岁的莫言血气方刚,在《人民文学》第3期上发表了中篇小说《红高粱》。他以一股初生牛犊不怕虎的蛮力,将恣意另类的英雄豪杰形象和狂放不羁的响马精神肆意挥洒,震撼文坛。之后,莫言又写了《高粱酒》、《高粱殡》、《狗道》、《奇死》四个中篇,与《红高粱》合在一起构成长篇小说《红高粱家族》。张艺谋根据其中《红高粱》、《高粱酒》两个中篇的素材拍了电影《红高粱》,并荣获西柏林国际电影节金熊奖,这更是让莫言饮誉海内外,以至于人们一提起莫言,首先想到的就是《红高粱》。2018年,莫言又在《人民文学》第5期上发表了根据当年小说改编的戏曲文学剧本《高粱酒》,这是在原作基础上的一次新的创造,并非简单的"旧瓶装新酒",其改编幅度之大,内涵容量之新,引发了文坛的广泛关注。认真比照莫言这两部相隔近32年的作品,我们发现:较之前作,后来的改编有了更多的人性提纯意味,且在人物和情节上都有极大的转移,并在某种程度上对当年的"革命样板戏"作了遥远的变相呼应。其改编过程中的经验与教训,其改编成品的得与失,其改编探索的智慧与勇气,都值得我们慎思深究,以便能为将来的创造及改编活动提供一点建议和启发。

一、一种提纯:多色调人性的高度纯化

丰富而复杂的多色调人性,是莫言小说中的一道耀目风景。从《红高粱家族》中余

---

① 本文系国家社会科学基金重大项目"中国当代文艺审美共同体研究"(18ZDA277)的阶段性研究成果。

占鳌与戴凤莲身上绽放的民间伟力与民族大义,到《丰乳肥臀》中上官鲁氏对传统母亲形象的颠覆与重构,再到《檀香刑》中刽子手赵甲与受刑者孙丙的相互"成全",乃至《蛙》中姑姑"送子娘娘"与"杀人妖魔"的反向嬗变,莫不如此。这种对多色调人性的浓墨重彩式的抒写,在《红高粱家族》中体现得淋漓尽致,很具代表性;而在改编后的戏曲文学剧本《高粱酒》中,那种多色调的人性内涵得到了高度纯化,狂放出格的因素减少了,合法合理的修正增多了,从而显示出一种别样的单纯戏剧冲击效果。

小说《红高粱家族》的一个显明特色,就是有意识地赋予了小说人物以极其丰富复杂的人性内涵,这尤其体现在"我爷爷"余占鳌和"我奶奶"戴凤莲身上。1985年深秋,正在解放军艺术学院文学系学习的莫言,为了纪念抗日战争胜利40周年,也为了证明"即便没有经历过战争的人,也可以写战争"①,而决心写一部不一样的战争小说,那就是后来的《红高粱家族》。他并没有回避"高密东北乡"丰富驳杂、美丑并存的情状,而是直面逼视——"高密东北乡无疑是地球上最美丽最丑陋、最超脱最世俗、最圣洁最龌龊、最英雄好汉最王八蛋、最能喝酒最能爱的地方"②。小说中,"我爷爷"余占鳌有着双重身份、双重形象,性格里既有绿林好汉的一面,也有抗日英雄的一面,可谓功罪参半,集美丑善恶于一身。作为绿林好汉,余占鳌粗野、狂暴,富有原始正义感和生命激情,同时也不无缺点——他疾恶如仇,16岁时刺死与母亲通奸的和尚,远走他乡;他出于正义感、怜悯心以及原始的本能野性,率众打死蛤蟆坑的劫路人,又在"我奶奶"回门的时候,把她抢至高粱地深处纵情野合,后来又干脆杀了单廷秀、单扁郎父子,"霸占"了"我奶奶";他为了报复花脖子绑票"我奶奶"之事,苦练"七点梅花枪",打死土匪花脖子;他后来又爱上了"我奶奶"雇来的恋儿姑娘,愤然抛弃"我奶奶"另村去住,却又在恋儿的弱点里发现了"我奶奶"的优点;他加入铁板会,为了敛财,靠枪杆子强制发行货币,对老百姓无情盘剥,为出"我奶奶"的大殡,耗费了巨大钱财。而作为抗日英雄,余占鳌又展现出崇高壮烈的民族大义,他挺起刚强的民族脊梁,桀骜不驯,英勇抗日——不管是为维护队伍的纪律、大义灭亲枪毙了奸淫玲子姑娘的亲叔叔余大牙,还是为罗汉报仇、在墨水河旁的胶平公路伏击日本鬼子的汽车队,抑或是面对数百日本鬼子和伪军包围村庄时与之展开悲壮战斗,还是和胶高大队、冷支队等中国武装暂停内斗、一致对外,都反映出余占鳌大义至上、精忠报国的一面。"谁是土匪?谁不是土匪?能打日本就是中国的大英雄。"③ 在余占鳌身上,闪耀着一种中华民族久被压抑的原始野

---

① 莫言:《〈红高粱家族〉的命运》,《莫言散文新编》,北京文化艺术出版社2010年版,第153页。
② 莫言:《红高粱家族》,浙江文艺出版社2017年版,第4页。
③ 莫言:《红高粱家族》,浙江文艺出版社2017年版,第26页。

性和生命活力,大开大合、大悲大喜、大善大恶都融合灌注于一身,从而赋予了人性斑斓驳杂的色调与内涵。"我奶奶"戴凤莲也是如此。她是一个敢爱敢恨、机智强悍、蔑视传统伦理道德的女中豪杰。当贪财的父亲将她嫁给患有麻风病的单扁郎时,她敢于寻机反抗、追求自由空气,与余占鳌在高粱地里相亲相爱;当单家父子被杀、巨变当前,她临危虽惧但终能咬牙挺住,急中生智认曹县长为干爹,并重整烧酒生意使之焕然一新;当余占鳌移情别恋爱上恋儿姑娘买房邻村另住时,她就在家放浪形骸与铁板会头子黑眼厮混以示报复;当日本鬼子烧杀抢掠、害死罗汉时,她力主报仇雪恨并献计献策,在为队员们送拤饼的时候被敌人机枪打中而玉殒高粱地。从某种程度上来说,"我奶奶"既是个性解放的先驱、妇女自立的典范,又是抗日的先锋、民族的英雄,她"大行不拘细谨,大礼不辞小让"①,焕发着蓬勃多姿的原始抗争伟力和生命魅力。她中弹牺牲前的自白与呐喊,更是那种蔑视人间法规与道德的不羁心灵的传神写照:

> 什么叫贞洁?什么叫正道?什么叫善良?什么叫邪恶?你一直没告诉过我,我只有按着自己的想法去办,我爱幸福,我爱力量,我爱美,我的身体是我的,我为自己做主,我不怕罪,不怕罚,我不怕进你的十八层地狱。我该做的都做了,该干的都干了,我什么都不怕。但我不想死,我要活,我要多看几眼这个世界,我的天哪……②

质言之,小说《红高粱家族》通过高扬"我爷爷"和"我奶奶"斑斓驳杂的人性彩旗,表现出对高拔健迈的原始野性抗力与久被压抑的民族生命活力的推崇与礼赞,也反观逼视了子孙后代们的孱弱,"使我们这些活着的不肖子孙相形见绌,在进步的同时,我真切地感到种的退化"③。当然,这种丰富、复杂的多色调人性的抒写,与陈思和先生所说的"民间文化形态"④ 相契,也与莫言自觉的创新意识息息相关。他后来回忆写《红高粱》时的心境:"想当初,我真狂,天马行空,猴子敢称王。为创新格破'五老',硬头皮,撞钟响。"⑤ "五老"是指老故事、老思想、老人物、老语言、老套路。可见,1986年初出茅庐的莫言,以复杂多彩的人性抒写叩响文坛,从而带给人们以极大的情感和思想的冲击力。

---

① 莫言:《红高粱家族》,浙江文艺出版社2017年版,第125页。
② 莫言:《红高粱家族》,浙江文艺出版社2017年版,第69页。
③ 莫言:《红高粱家族》,浙江文艺出版社2017年版,第4页。
④ 陈思和:《中国当代文学史教程·前言》,复旦大学出版社2006年版,第12页。
⑤ 莫言:《红高粱家族》,浙江文艺出版社2017年版,卷首作者题词。

而莫言于2018年发表的戏曲文学剧本《高粱酒》则在人性刻画方面作了高度提纯。由于考虑到戏曲文学的舞台观赏性、直接教化性以及戏曲剧本形制的制约等因素，人物身上越出基本道德伦理和法律法规的部分被做了"纯化"处理，突出了"爱国主义"、"英雄主义"等国家民族层面的人性追求。以余占鳌为例，虽然在"人物表"的定位中，他仍是"身体强壮，性格鲁莽，无视法规，不惧生死"，但在具体的人性展台上却对其作了一定程度的合法化的规约。第三、四场中，余占鳌"原本要大闹洞房把人抢"，却被凤仙在酒中下了迷药，"没想到一觉睡到大天光"，虽然"这事越想越窝囊"，但这也避免了余占鳌直接犯罪；第五场中，余占鳌原本手持利刃打算杀死单扁郎，却在对话中故意以"我跟九儿在高粱地里——盖着天，铺着地，哥哥妹妹，成就好事"来激怒单扁郎，导致单扁郎吐血仆地气死。如此一来，原本在小说中余占鳌的杀人之罪，到戏曲文学剧本中则被改编成了"气死单扁郎"，由于"杀了人要偿命，气死人不偿命"，余占鳌身上违悖法规的部分就得到了妥善处理，并将矛盾的核心引向反抗侵略、精忠报国的层面，比如他抔死日本军曹龟尾，比如他以酒作雷伏击敌人。再说戴凤莲，她的"心有灵窍，能随机应变"在戏曲文学剧本中作了较多的铺陈，但对她的"敢爱敢恨，性如烈酒"却作了一定限度的"纯化"——在戏曲文学剧本《高粱酒》的设定中，她与余占鳌本就是青梅竹马、两情相悦，甚至余占鳌曾托媒婆前去提亲，因而，他们在高粱地里的野合反而被附加上了合乎"爱情"的色彩，戴凤莲的人性内涵从而被"纯化"了。当然，这种"纯化"在某种程度上也削弱了小说里那种昂扬的抗争伟力和生命魅力。然而，莫言在戏曲文学剧本中对原小说作这样的"提纯"化处理也有其合理性。首先就在于两者的文学样式不同：小说阅读往往是私人化、个体化的，且主要依靠间接的想象，因而可以容纳很多复杂乃至"出格"的因素；而戏曲文学剧本则是公开化、大众化的，必须考虑舞台的观赏性与直接的教化性，顾及戏曲场景对观众的直接视觉冲击力与道德感染力，因而很多不符合基本道德法律规范的行为便需要回避或"提纯"。正如莫言自己所说，小说改编成舞台剧必须要回避正面人物的犯罪行为，因为"不管是什么朝代，无论你是什么理由，不管是什么法律，都不会允许跑到人家洞房里杀人。所以在这个剧本中，我非常明白地处理了这个问题。人，不是余占鳌杀的，他也根本没有想去杀人，他只是想把九儿抢走。洞房里去抢人家的新娘，也不是光彩的事，但有爱情的旗帜遮掩着，勉强也算合理吧"①。另外，这跟两者的形制也有关系。小说《红高粱家族》体量庞大，可容纳更多的丰富内涵，而戏曲文学剧本《高粱酒》形制较小，只能择其要者而突出，于是便把核心矛盾引向了爱国主义和英雄主义的齐心抗敌。从小说《红高粱家族》

---

① 莫言：《〈高粱酒〉改编后记》，《人民文学》2018年第5期。

到戏曲文学剧本《高粱酒》，多色调的人性经过"提纯"化处理之后，更凸显了国家民族大义层面的教育意义，自有一种单纯的戏剧冲击力，有助于国家民族心理共同体的凝聚与建构。

二、一种转移人物和情节的侧翼滑翔

从小说《红高粱家族》到戏曲文学剧本《高粱酒》，莫言不仅在多色调人性方面作了高度提纯，而且在人物形象和情节设置方面也作了较大的变动与转移，这些变动与转移，有必要而且成功的部分，但也有值得进一步商榷的地方。

首先是人物设置方面的转移。一是，主角的光环由余占鳌、戴凤莲逐渐转移到刘罗汉、凤仙身上：前半段闪耀的是余占鳌和戴凤莲的生命反抗，后半段迸发的则是刘罗汉与凤仙的人性光辉。我们知道，在小说《红高粱家族》中，"我爷爷"余占鳌和"我奶奶"戴凤莲是贯彻全书的主线人物与核心灵魂，统摄着全书的气脉与精魂；刘罗汉年纪较大，在辈分上"像我的曾祖父一样"且并非主要人物；凤仙则根本没有出现。而在戏曲文学剧本《高粱酒》中，莫言设置了一个新人物凤仙，且凤仙与九儿（戴凤莲）、余占鳌、刘罗汉等是青梅竹马的少年伙伴，年龄相仿。凤仙嫁给聚缘酒坊掌柜单扁郎的儿子，后寡居，暗恋刘罗汉。而刘罗汉却暗恋九儿，且在性格上有了巨大的变化：在戏曲文学剧本《高粱酒》的后半段，在民族大义面前，刘罗汉脱胎换骨、凤凰涅槃，由一个忠厚老实的懦夫，一变而为顶天立地的男子汉、宁死不屈的民族英雄，显示出一种无畏的牺牲精神和灿烂的人性光辉。而凤仙最后面对日本鬼子的来袭，手提酒坛冲敌阵，也壮烈牺牲。刘罗汉和凤仙在戏曲文学剧本后半段所显示出的人性光辉，远远超过了余占鳌和戴凤莲，从舞台的边角走向了中心。正如莫言自言，在戏曲文学剧本《高粱酒》中，"我增添了凤仙这个人物，减少了九儿的戏份，又大大增加了刘罗汉的戏份，使他成为主角，而让余占鳌成了配角"①。值得注意的是，这种"历时性主角更替"人物设置是一种新的技法尝试，不同于我们之前常见的"共时性主角并存"人物设置法。一般来说，我们常见的是一部作品可以共时性地存在两个或三个核心主人公，双线或三线并置交错发展，比如古典文学《三国演义》中的曹操、刘备、孙权，现代文学茅盾《三人行》中的许、云、惠，巴金《家》中觉新、觉民、觉慧，当代文学路遥《平凡的世界》中的少安、少平，陈忠实《白鹿原》中的白嘉轩与鹿子霖，等等。但莫言在新作中，新创造了"历时性主角更替"人物设置法，前半段的主角余占鳌到了后半段则被更替为刘

---

① 莫言：《〈高粱酒〉改编后记》，《人民文学》2018年第5期。

罗汉，优点在于暗寓了"每个普通中国民众都可以成为英雄"这样一种民族心理共同体，强调了中华民族每个生命个体对于民族国家的独特价值，也彰显了爱国情怀和民族脊梁广泛存在的普遍意义；但缺点是在某种程度上打破了艺术作品中原核心人物的连贯性和完整性，在一定程度上削弱了原核心人物的戏份和光芒，让原核心人物给受众一种"头重脚轻"的感觉。当然，这仍不失为一种值得鼓励和赞赏的创新之举。此外，人物设置方面的转移还突出地表现在单扁郎身上。在小说《红高粱家族》中，酒坊掌柜是单廷秀，其子单扁郎尚且年轻；而在戏曲文学剧本《高粱酒》中，酒坊掌柜是单扁郎，而且年纪较大，单扁郎的儿子死后，为传宗接代，自己要娶九儿为妻，人物关系变动颇大。在人物关系方面作这样的变动，主要是为了强化对单扁郎这个人物形象道德上的谴责与责难，以凸显九儿反抗行为的合理性。这一点通过剧本中人物之口多次指明，如九儿所唱"单扁郎比我爹还大三岁"、"单扁郎啊，你花心老牛想吃嫩草"，如凤仙所唱"老公公不服老娶来九儿，梦想着为单家接代传宗"，如余占鳌所唱"有钱能使鬼推磨，老头能娶大闺女"，等等。同时，在剧本《高粱酒》中，莫言将单扁郎的麻风病改成了肺病，这主要是出于舞台观赏性方面的考虑，"小说中九儿嫁给麻风病人这个重要的情节，在小说中可以存在，但出现在舞台上，就让人感到心里不舒服。麻风病在过去的乡村，是个巨大的禁忌，我的小说中多次写到过麻风病人和与他们有关的故事。这些故事都是令人痛苦不已或扼腕叹息的，这是人类社会中一个伤疤，至今还在隐隐作痛"①。众所周知，麻风病是一种慢性传染病，主要侵犯皮肤和周围神经，重者会导致眼、手、足的畸形，很不雅观，放在舞台上演出显然不合适，而改为肺病在视觉上则要雅观得多。更重要的是，莫言将这个在小说中像影子一样的单扁郎，改成了一个有台词、有唱段、有性格的人物，从幕后走向了前台。在戏曲文学剧本《高粱酒》中，单扁郎的心机缜密、保守好色、财大胆壮等方面得到了充分表现。比如，单扁郎有意成全青梅竹马的凤仙和刘罗汉，并表示愿意将万贯家产分一份给他们，既是在笼络人心，也体现出某种通达（他愿意将儿媳妇凤仙重新许配与人）。再如，儿子死后，单扁郎为了传宗接代，不顾自己年事已高仍强娶九儿为妻，"老夫要发少年狂"、"咱老夫少妻共赴巫山"，体现了他思想保守与好色的一面。还如，面对手持利刃的余占鳌，单扁郎冷静以对，说"有钱有势是我自挣的，我娶妻生子碍你何事"，体现了他的财大胆壮。但听了余占鳌所言高粱地之事，单扁郎还是气血攻心，愤怒而死。如此一来，原本在小说中几乎隐在幕后的单扁郎，在戏曲文学剧本中则走到了舞台的前面，也展露和表现了自己的性格特征，因而显得生动、直观起来，有效构成了剧中的一个重要人物，揽结矛盾中心，推动故事发展。

---

① 莫言：《〈高粱酒〉改编后记》，《人民文学》2018年第5期。

其次，是情节设置方面的转移。戏曲文学剧本《高粱酒》对小说《红高粱家族》中的一些重要情节作了大的改动。比如，小说中余占鳌等人抬轿至蛤蟆坑遇到劫路人，到了剧本中则修改为余占鳌等人抬轿到鬼子炮楼附近遭遇日本军曹龟尾。小说中写蛤蟆坑遇到劫路人这个情节，主要是提供了"我爷爷"余占鳌与"我奶奶"戴凤莲心意相通、相决的契机，"奶奶用亢奋的眼睛，看着余占鳌"，余占鳌则拼死一搏走向劫路者，将之踢翻在地，发现劫路者使用的是"假枪"，然后轿夫吹鼓手们一拥而上将劫路者打死，在此凸显的是民间伟力与生命抗力。而戏曲文学剧本中余占鳌和九儿本就相熟，遭遇日本军曹龟尾时，龟尾对九儿欲行不轨，余占鳌将龟尾扑倒抹死，为接下来日本鬼子前来报仇埋下线索，凸显的则是民族伟力与家国情怀，更强调民族大义层面的反抗价值。再如，在小说《红高粱家族》中，刘罗汉用铁锹铲伤骡蹄马腿，被日军捉获，日军命令杀猪匠孙五将刘罗汉剥皮零割示众，孙五被迫从命，事后孙五精神失常。而在戏曲文学剧本《高粱酒》中，情节被修改为：日本鬼子突袭抓人，为了掩护九儿、凤仙、余占鳌等人撤退，刘罗汉在危急关头挺身而出，击毙一个鬼子，却因手枪哑火被抓，但临危不惧宁死不屈大骂鬼子，鬼子命令孙虎剥刘罗汉的皮，孙虎却猛地将刘罗汉刺死，然后持刀向日军官扑去，乱枪齐发，孙虎倒地牺牲。从"剥皮"到"刺死"的情节转移，考虑到了戏曲舞台的观赏性和民族感情的容忍度；而从孙五的畏畏缩缩到孙虎的凛然不屈，则彰显了中国普通民众的爱国热情和民族大义。还比如戴凤莲的结局，在小说中戴凤莲是在给队员们送饭的时候被日本鬼子机枪打中牺牲，而在剧本中戴凤莲只是腿部中弹，拖着酒坛向前爬行，凤仙则冲到九儿身边，夺过酒坛，向前冲去，轰然爆炸，火光冲天。从某种程度上来说，凤仙是凤莲的化身，她代替凤莲去牺牲，凤莲则活了下来，多少有点"大团圆"的意味，主要是考虑到中国戏曲观众追求"完美"的心理补偿效应，给人们内心深处留下了继续反抗和永葆希望的光芒。

当然，从小说《红高粱家族》到戏曲文学剧本《高粱酒》，还有一个重要因素得到了更诗意化的转移与渲染，那就是红高粱与高粱酒。高密东北乡的红高粱怎样变成了香气馥郁、饮后有蜂蜜一样的甘饴回味、醉后不损伤大脑细胞的高粱酒？在小说中，莫言表达了对红高粱的深情礼赞，"它们（高粱）是活生生的灵物。它们扎根黑土，受日精月华，得雨露滋润，上知天文下知地理"①，而且"我家的高粱酒之所以独具特色，是因为我爷爷往酒篓里撒了一泡尿"②。在小说中这样写恶作剧般的加尿高粱酒，是可以理解的，因为这有助于张扬作品中人物身上的那种个性精神与原始生命力。然而我们知道，

---

① 莫言：《红高粱家族》，浙江文艺出版社 2017 年版，第 9 页。
② 莫言：《红高粱家族》，浙江文艺出版社 2017 年版，第 81 页。

加尿高粱酒在现实生活中并无科学根据,且过于粗鄙,显然不适合搬上戏剧舞台。所以,在剧本《高粱酒》中莫言对之作了转移与修改——"那是因为我家的酒曲,是童男童女用鲜花汁液浸泡过的小脚丫儿踩成",并用童声数板的形式加以重复和强调:

> 五月端午,洗脚踩曲。谁来踩曲,童男童女。小麦是肉,大麦是骨,菊花为皮,玫瑰为肤。
> 踩曲踩曲,唱歌跳舞。踩曲踩曲,你追我逐。踩曲踩曲,敲锣打鼓。踩曲踩曲,平安幸福……①

如此一来,以儿童的天真无邪与植物鲜花的芬芳,赋予了高粱酒诗意化、纯洁化、祥和化的纯正香息,使红高粱与高粱酒的境界由俗入雅,由野入正,让我们感受到了来自高密东北乡的高洁美好与清新爽朗,并在与最后以酒作雷伏击敌人的强烈对比中,体会到主人公们的天地浩气与侠骨柔肠。

三、一种呼应:"革命样板戏"的变相回声

与多色调人性提纯、人物及情节转移两个层面同时,我们还可见出莫言新作戏曲文学剧本《高粱酒》对当年"革命样板戏"的遥相呼应,当然,这呼应中也有新变。

众所周知,莫言出生于1955年,青少年时期适值"文化大革命",受到"革命样板戏"的熏陶与浸染是很自然的事,莫言曾提及自己心里埋藏着的素材,其中就有地方戏猫腔,"我是听这个戏长大的,革命样板戏,《红灯记》啊,《沙家浜》啊,都被改编成猫腔。我也演过猫腔,演匪兵甲什么的"②。通读莫言新作戏曲文学剧本《高粱酒》,我们发现隐隐有"革命样板戏"的影子闪烁其中,可能是因为莫言有意或无意地受其影响。因而,在某种程度上,我们也可将莫言戏曲文学剧本《高粱酒》看作是对当年"革命样板戏"(比如京剧《红灯记》)的一种遥远回应。这种回应,具体体现在三个方面。一是类型化的人物。有论者曾指出"革命样板戏"的人物主要有四类:伟大的英雄,相助的群众,软骨的叛徒,狠毒的敌人③。而莫言戏曲文学剧本《高粱酒》中也刚好有对应的人物角色:余占鳌和刘罗汉对应着伟大的英雄,孙虎对应着相助的群众,伪军老贾对应着软骨的叛徒,日军曹龟尾和日军官则对应着狠毒的敌人。这种人物设置方法,明

---

① 莫言:《高粱酒》,《人民文学》2018年第5期。
② 莫言:《说不尽的鲁迅》,《莫言对话新录》,北京文化艺术出版社2010年版,第198–199页。
③ 胡牧:《革命样板戏:叙事的符号化》,《长江师范学院学报》2008年第2期。

显有着"革命样板戏"的痕迹与影响。二是类似的情节桥段与语言。这尤其体现在临战前的慷慨豪壮与就义前的大义凛然。比如剧本《高粱酒》中九儿所唱"临战喝一碗高粱酒，胸中发热豪气增"与《红灯记》中李玉和所唱"临行喝妈一碗酒，浑身是胆雄赳赳"①几乎是一致的。再比如，剧本《高粱酒》中刘罗汉就义前的唱白"咬牙关忍剧痛挺起胸膛——不弯腰，不下跪，男儿流血不流泪。老虎凳，辣椒水，皮鞭抽打皮肉碎，宁死不降我骂奸贼……小鬼子，四万万中国人，都是你们的敌人，你们是秋后的蚂蚱，蹦跶不了几天了"，与《红灯记》中李玉和所唱也非常神似："休看我，戴铁镣，裹铁链，锁住我双脚和双手，锁不住我雄心壮志冲云天！……贼鸠山要密件毒刑用遍，筋骨断体肤裂心如铁坚。赴刑场气昂昂抬头远看：我看到革命的红旗高举起，抗日的烽火已燎原。日寇，看你横行霸道能有几天！"②这是抗日题材作品中革命情节和革命话语的再一次"复活"，有遥相致敬之意。三是浓郁的革命浪漫主义豪情。这种豪情有时会通过一个核心意象来传达，在《红灯记》中是"红灯"："红灯高举闪闪亮，照我爹爹打豺狼。祖祖孙孙打下去，打不尽豺狼决不下战场！"③而在《高粱酒》中则是"高粱酒"："高粱酒是好汉魂，高粱酒是英雄胆，引爆高粱酒腾起烈焰，与鬼子同归于尽殉河山。""高粱酒"接过"红灯"的精神与光芒，将浓郁的革命浪漫主义豪情再次淋漓尽致地宣抒释放——"红红的高粱酒啊，高粱酒红红。点上一把火啊，为小鬼子来送终……热血洒遍自由路，熊熊烈火烧野牛"。

但是，莫言新作《高粱酒》并非一味模仿"革命样板戏"，而是在遥相致敬的同时，也有自己的新变。一是在人物设置方面。众所周知，"革命样板戏"中的人物性格往往都是单一化、脸谱化的，也就是我们常说的"扁平人物"。而莫言新作《高粱酒》中的人物性格则不全是单一化、脸谱化的，有些人物形象是有所变化和发展的，比如剧本的前半段余占鳌是主角，但到了后半段刘罗汉则大放光芒，从忠厚委屈的懦夫一变而为刚强硬气的英雄，凸显出一个普通中国民众在民族大义面前的脱胎换骨式的变化。在此，主配角人物有一个更替、调换的流动过程，这与"革命样板戏"所推崇的"三突出"、"三陪衬"等静态人物设置迥然不同。二是在情节模式上。有研究者曾指出，"革命样板戏"的情节模式主要有三大类，分别是任务完成模式、救助群众模式、成长模式④。而莫言新作《高粱酒》并不从属于"革命样板戏"中常见的三大模式，虽然后半段有相似的情节桥段与语言，那也只是出于相同题材的个别借鉴，并不能涵盖整个剧本的情节结

---

① 李辉主编：《八大样板戏·红灯记》，光明日报出版社1995年版，第94页。
② 李辉主编：《八大样板戏·红灯记》，光明日报出版社1995年版，第114页。
③ 李辉主编：《八大样板戏·红灯记》，光明日报出版社1995年版，第99页。
④ 彭琳：《"革命样板戏"叙事策略》，云南师范大学2018年硕士学位论文，第32页。

构。实际上,《高粱酒》的情节结构由两部分组成,前半部分主要围绕余占鳌、戴凤莲的个性解放,后半部分则把焦点凝聚在刘罗汉、凤仙的民族抗争上,将个人的解放与民族的解放交织在一起,奏响的是民间与民族的双重旋律与乐章,其内涵的丰富性、复杂性要远远大于一般的"革命样板戏"。三是在话语语言上。"革命样板戏"中的话语往往局限在阶级话语之中,缺失家庭亲情及爱情话语,所以剧中人物多是"孤家寡人",老人几乎都没有老伴,年轻男英雄几乎都是光棍,年轻女英雄几乎都是不需要丈夫和家庭的女强人,"即使是有丈夫的柯湘,也被塑造成丧夫的隐忍光辉形象;而《沙家浜》中阿庆嫂虽有丈夫,但是却是长久分离,丈夫阿庆根本不在文本中出现,这和无夫并没有多大区别"①。而莫言新作《高粱酒》中的话语语言则要丰富得多,不仅有抗日的阶级话语,还有民间话语(比如余占鳌与单扁郎)、爱情话语(比如余占鳌与九儿,刘罗汉与凤仙),以及友情话语(比如余占鳌与刘罗汉,九儿与凤仙),话语语言的丰富性让莫言新作《高粱酒》有了更多的包容性,展现的是更为广阔的社会生活与战争生活。因而,莫言新作《高粱酒》虽有当年"革命样板戏"的影子与痕迹,但对"革命样板戏"毕竟只是点缀式借鉴,其内涵的丰富性并非"革命样板戏"所能笼罩和囊括,从而伸拓出更为宽广、更为纵深的艺术境界。

四、余论:可贵的文学探索与实验

2000年10月,莫言在接受《中华读书报》记者舒晋瑜采访时曾说:"至于今后,我的创作风格肯定还是要变化,不断地求变,是我二十年的奋斗轨迹。"② 其实,而今看来,何止"二十年",莫言至今仍在求新求变的道路上奋勇跋涉。自获得诺贝尔文学奖近五载之后,莫言自2017年以来在《人民文学》、《收获》、《十月》、《花城》等刊物上连续发表了多篇小说、戏曲剧本、诗歌以及散文,戏曲文学剧本《高粱酒》就是其中之一。虽然之前根据小说《红高粱家族》改编的剧种已有很多,比如豫剧、舞剧、晋剧、评剧、茂腔等等,但莫言还是"亲自捉刀",将小说改编为戏曲文学剧本。

我们知道,小说与戏曲文学剧本是两种不同的文学形式,由小说改变为剧本的过程,往往也是一个再创造的过程,其最终成品与原著往往有较大不同,这其实也正是改编的魅力及其独特价值之所在。不管是林奕华的"四大名著系列"、孟京辉的《活着》,还是莫言的《高粱酒》,都是如此。从小说《红高粱家族》到戏曲文学剧本《高粱酒》,莫言

---

① 彭琳:《"革命样板戏"叙事策略》,云南师范大学2018年硕士学位论文,第62页。
② 莫言:《我认为我是必要的》,《莫言对话新录》,北京文化艺术出版社2010年版,第439页。

通过人性提纯、人物和情节转移、借鉴呼应既有资源等,努力进行了一系列的革新与创造,为我们作了一次良好的示范,虽然不是"尽善尽美",但仍是一次难能可贵的文学探索与实验,值得肯定。当然,如果我们更深一步地追问:"为何会有'如此'之变?"这就会触及文坛一个很有意思的话题和现象,那就是"边缘—中心"现象,亦即作家境遇的改变对其创作产生的明显影响。莫言自己对此曾有过精辟的论述:"一般情况下,刚开始的写作都是比较民间的,但是成名之后,就很难再保持民间的特质。刚开始的写作,如果要被人注意,大概都要有些出奇之处,要让人感到新意,无论是他讲述的故事还是他使用的语言,都应该与流行的东西有明显的区别。也就是说,'文学的突破总是在边缘地带突破',但一旦突破之后,边缘就会变为中心,支流就会变为主流,庙外的野鬼就会变为庙里的正神。尽管这似乎是一个难以逃避的过程,但有警惕比没有警惕好,有警惕就有可能较长时间地保持你的个性,保持你的民间心态,保持你的老百姓的立场和方法。"① 实际上,从小说《红高粱家族》到戏曲文学剧本《高粱酒》,莫言的创作已透射出这种"边缘—中心"现象的印痕以及努力调和民间文化与主流文化的艰难姿态,因而,莫言的这次改编具有了某种程度上的"调和性"、"过渡性"、"多义性"与"悖论性",有了其独特的存在价值和意义。不管怎么说,艺术的生命和魅力就在于不断地创新,虽然并不是每一次的创新都完美无瑕,但每一次严肃认真的探索与尝试都是一次证实或证伪的过程,可为后继者提供足资范例或值得反思的宝贵经验。

(作者单位:西北大学文学院)

---

① 莫言:《文学创作的民间资源》,《莫言研究资料》,山东文艺出版社2006年版,第41页。

著述·综述

华文文学研究批评话语的建构[①]
——以《全球化与新移民叙事》为中心的考察

刘雪娥

时至今日,华文文学的发展已逾百年,但其作为一种学科意识的确立却只有30余年。在这30余年里,由于华文文学本身发展的流动性和衍变性,其诠释、命名、理论话语、诗学建构也一直处于游移不定的变动之中。从"离散文学"、"海外华文文学"、"世界华文文学"、"华语语系文学"、"汉语新文学"等学科命名的争议,到"离散"、"流散"、"飞散"、"华散"等理论话语的流变,再到"文化中国"(杜维明)、"在地中国性"(王赓武)、"游走中国性"(李欧梵)、"协商中国"(周蕾)、"多元中国"(洪美恩)、"宅兹中国"(葛兆光)、"中国故事"及"华文离散解放论"(黄锦树)等围绕"中国性"与"去中国性"的话语博弈,一直处于流变和重构的动态探讨和辨析中。这一方面是学科建设和发展不可避免要经历的学术之路,另一方面也是全球化时代世界各地华人学者在其所在的位置、空间、文化视点上的话语交锋。如刘俊曾在评价王德威的"华语语系文学"的提法时认为,"从某种意义上说,'华语语系文学'与其说是'势'的诗学,不如说是个文学和意识形态交锋的话语'场'"[②]。这个判断,也同样适用于华文文学批评话语的建构现状。华文文学研究批评话语的建构,与其说是一个文学场,不如说是一个弥漫着权力角逐和意识形态硝烟的话语场。问题在于,华文文学的研究能否跳出意识形态的争夺,或单一话语的自说自语,而在一个更宽广、更宏阔的视野中被审

[①] 本文系中央高校基本科研业务费专项资金项目(2017TS078)成果。
[②] 刘俊:《"华语语系文学"的生成、发展与批判——以史书美、王德威为中心》,《文艺研究》2015年第11期。

视呢？或许，程国君教授的近著《全球化与新移民叙事》中"全球化"、"全球性诗学"的提法会带给我们一些新的启示。

一、"众声喧哗"的华文文学批评场

除却关于命名的争议，目前华文文学批评有影响的理论话语大体可梳理为两组：一是"离散诗学"，也包括它的变体，如"流散"、"飞散"和"华散"等；二是"中国性诗学"，如"文化中国"、"在地中国性"、"游走中国性"、"协商中国"、"多元中国"、"宅兹中国"、"中国故事"及"华文离散解放论"等。这两组批评话语的分类所涉及的问题时有交叉，并非是界限分明、各自发展的两条路线，但却清晰显示了华文文学批评现场"众声喧哗"的状态。需要我们仔细辨析。

（一）"离散诗学"及其变体

"离散"是西方学界对族群迁徙、驱逐、漂泊各地现象的表述。从词源上说，diaspora 来自希腊词汇 diasperien，意为"散播或散播种子"。"离散叙述"可追溯于"两希"文明，《圣经》中亚当和夏娃因偷吃禁果而被驱逐出伊甸园是最早的离散故事。不过，在西方文学中，"离散"一词主要指犹太人亡国后，被驱逐出故土，漂泊在世界各地的现象。如《圣经·旧约》和《伯罗奔尼撒史》中叙述的以色列人的"出埃及"和埃伊纳人的被驱逐，都是关于犹太人的离散经历。从 15 世纪起，也指因罪恶的奴隶贸易而使非洲黑人被迫远离故土、流散到美洲地区的现象。到了 18 世纪，离散族群扩大，流散到世界各地的华人及南亚人也成为离散的范例。可以说，"离散"在相当长的历史时间内，都指的是族裔由于宗教、战争、奴隶制等原因被驱逐出故土，流落在他乡的生存境遇。

到 20 世纪末，"离散"的学术化研究议题逐渐确立，"从历史上的'驱逐、奴隶制、种族主义、战争'等动因探讨，转入对国族政治、文化心理关系的关注"[①]。如沃特维克（Vertovec）对离散四种内涵的指认，罗宾·科恩（Robin Cohen）对离散九种特点的概括[②]，1991 年加拿大多伦多大学《离散：跨国研究学刊》的创办等，都是"离散"逐渐进入学术研究议题的表征。也正是在这个时候，"离散"成为一个重要的概念进入华文

[①] 杨俊蕾：《"中心—边缘"双梦记：海外华语语系文学研究中的流散/离散叙述》，《中国比较文学》2010 年第 4 期。

[②] 四种内涵和九种特点，详见云玲：《裘帕·拉希莉作品的离散叙事研究》，北京理工大学出版社 2016 年版，第 34 页。

文学的研究视野。较早运用该术语的是北美学者周蕾。她的《离散书写：当代文化研究的介入策略》（1993）虽然未对"离散"概念作专门的论述，但在对香港文学的重新解读中阐述了身处离散之中的写作者的位置优势与局限，这成为了华文文学"离散"研究的重要援引。后经北美学者王德威、史书美，台湾学者黄素卿、张锦忠，大陆学者饶芃子、刘登翰、黎湘萍等的阐释和建构，"离散叙述"及"离散诗学"被赋予了新的文化内涵和表现形式，成为华文文学批评的重要理论视域。尽管"离散诗学"是华文文学研究极为有效的话语，但是敏锐的学者也逐渐发现了"离散"视域的一些不足：一方面，由于该术语自诞生起携带的"驱逐"、"流亡"等被迫离开的内涵和悲凉无助的情绪，使它很难完全概括今天华文文学的书写现象；另一方面，"离散"理论渊源的"西方性"，使其理论诉求的"潜在参照系都是犹太人、黑人等的文化诗学体系。因此，在话语改造中，同样难以祛除这些理论的显在影响"①。

鉴于这种理论困境，学者也试图通过对"disapora"一词汉译的重新斟酌，来让它更适合华人移民现状、情感动态和文化位移的描述。童明认为，应该以"飞散"代替"离散"，既能淡化"背井离乡的悲凉"，又能"成为一种新概念、新视角"，赋予其新的文化内涵②。王宁认为，"Diaspora 这个词在英文中最初具有贬义的特征，专指犹太人的移民和散居现象，后来它逐步泛泛地用来指涉所有的移民族群，但却很少被人用来指涉欧美国家的移民族群"③，因此，应该将该词翻译为"流散"而非"离散"，既能祛除其"贬义"或"种族歧视"的意味，也能包括全球化潮流下那些主动跨国或移民的现象。相对于"飞散"的"只此一家，再无分号"的寂寥，"流散"之说倒是有不少学者在使用，如"李果正、乐黛云、张子清、孟昭毅、王宁、饶芃子、吴冰、钱超英、黎跃进等"④，甚至有学者从"历史时间上的延续性、地理文化空间上的延展性"⑤两个方面概括该译词在学理上的优势。

至于"流散"和"离散"之间的区别，颜敏认为，"在多数学者那里，流散相对应的是首字母大写的 Diaspora，而离散对应的是首字母小写的 diaspora，这种大小写的自觉

---

① 颜敏：《"离散"的意义"流散"——兼论我国内地海外华文文学研究的独特理论话语》，《汕头大学学报（人文社会科学版）》2007 年第 2 期。
② 童明：《飞散》，《外国文学》2004 年第 4 期。
③ 王宁：《流散写作与中华文化的全球性特征》，《中国比较文学》2004 年第 4 期。
④ 杨中举：《"Diaspora"的汉译问题及流散诗学话语建构》，《山东师范大学学报》（人文社会科学版）2016 年第 2 期。
⑤ 杨中举：《"Diaspora"的汉译问题及流散诗学话语建构》，《山东师范大学学报》（人文社会科学版）2016 年第 2 期。

区分，似乎暗示了一种归属关系，即离散归属于流散"①。但董雯婷认为，"'离散'与'流散'中文释义的差异不应简化为一个两者皆可的翻译问题，其背后是两个完全不同的作家群体及创作活动，彼此间有着深层次的鸿沟，不应混淆"②。不过，根据董雯婷对比的两类作家（哈金、严歌苓、白先勇等和赵健秀、汤亭亭、谭恩美等）可知，董雯婷分类的标准是否有在中国生活的经历，有中国生活经历的属于"离散"作家，而没有的则属于"流散"作家。董雯婷用"是否在中国生活"这一条标准来为作家分类本身并没有问题，问题是她并没有注意到"离散"、"流散"两个术语的流变过程及内涵滑动。如前所述，"离散"思想理论资源的西方性和本身携带的悲凉、无助的被驱逐感，都无法与被董雯婷判定为"离散"作家的严歌苓等的创作相契合。因此，这样将作家群体与批评术语配对的做法不免将问题简单化了。

另外，武文茹则创造了"华散"一词，或称"散华"（Chinese Diaspora），专门"特指大陆、台湾、港澳等中国本土以外的华人汉语写作者"③。在她看来，"流散"既然是指某个民族散居的现象，那么，"华散"就指华人散居的现象。"华散"从逻辑上似乎是成立的，但是依照这种从"类"到"属"的造名法，我们是不是可以根据不同流散族群而生发出诸多命名，如"黑散"、"犹散"、"英散"、"美散"？而且，"华散"更像是一种华人迁徙、移民、散居现象的描述，而丧失了"离散"、"流散"作为一种批评概念的理论内涵。所以，从"离散"到"流散"、"飞散"、"华散"，理论话语的流变，一方面体现了学者不断调适和阐释理论视域以适应文学批评的努力，另一方面也说明了这些批评话语自身的缺陷和不足，它并不能为驳杂、流动的文本现象提供普适性的观照视点。

（二）"中国性诗学"的诸种表述

以"中国性"为基础性范畴形成的诸种理论表述是华文文学批评话语建构的一个有意义的方向。如：杜维明的"文化中国"、王赓武的"在地中国性"、李欧梵的"游走中国性"、周蕾的"协商中国"、洪美恩的"多元中国"、葛剑雄的"宅兹中国"、黄锦树的"华文离散解放论"及"中国故事"……华文文学的"中国性"研究在学界极为兴盛，不断掀起论争和话题，甚至长期地左右着华文文学的研究。对于这一范式和路径，姑且将其称之为华文文学的"中国性诗学"。对于华文文学的理论建设而言，反思多年来围绕"中国性"的诸种表述的意义、贡献和限度，也是华文文学理论体系建设的重要工作。

---

① 颜敏：《"离散"的意义"流散"——兼论我国内地海外华文文学研究的独特理论话语》，《汕头大学学报（人文社会科学版）》2007年第2期。
② 董雯婷：《Diaspora：流散还是离散？》，《华文文学》2018年第2期。
③ 武文茹：《"华散"作家与文学史叙述》，《世界华文文学论坛》2013年第1期。

王德威在《华语语系文学：花果飘零　灵根自植》①中梳理了学界关于"中国性"相关问题的不同思考，大致可分为表述和批判两种声音。表述，即如何表述"中国"、"中国文明"及"中国性"。对此，不同的学者有不同的衍生和阐释。具体有四种立场：杜维明的"文化中国"，即以"文化中国"作为一个认知、情感的最大公约数，来涵盖和维持从海内到海外心向中国的中国人和外国人，形成一个庞大的、想象的、文化的意义世界；王赓武的"地方/实践的中国性"，则认为华人具体的生活经历和所在地多重变项影响其"中国性"，这是一个在地的、并在不断与客观因素协商的实践性概念；李欧梵的"游走的中国性"则强调主体的位移与"中国性"的显现问题，"中国性"是作为个体的华人遭遇世界、并与之形成对话关系的一种策略性方式；王灵智则持坚守与融入的两面策略，认为离散华人既应该保持自己的"中国性"，又要积极融入所处环境，提出了双重统合结构的观点。除了这四种不同立场的"中国性"认识之外，王德威还指出了一系列对"中国性"持批判和反思的声音，如洪恩美"多元中国"的强调，哈金英文写作与中国发声的思辨，葛兆光"宅兹中国"的历史性描述和文化表征，周蕾"反血缘中国性"的观点，史书美"反离散"的华语语系表述，黄锦树脱离中国现实主义转向现代主义的急切宣言等。

王德威对诸多学者"中国性"相关论述的梳理，是将其作为华语语系表述的话语语境，是为了说明在诸多论述中，"史书美提出华语语系多重论述，首开华语语系研究新局"②。既然如此，我们对史书美、王德威的华语语系提法也需放在"中国性"的问题框架中审视，因为它不仅仅是学科命名的问题，其实质同样涉及对"中国性"的认知和判断。史书美根据"英语语系"、"法语语系"的构词法构造了"华语语系"一词，以此来指称中国以外世界各个地区的汉语创作。她之所以提出这样一个新的命名，是对长期存在于学界的"离散"、"离散文学"、"离散中国人"命名不满。因为在她看来，"所谓'中国人'与'中国性'这一类概括式名词的问题，乃在于这类名词皆是由于中国与境外国家接触、以及与境内他者的对抗而产生"③。那么，在此基础上的"离散中国人"研究其实是将其"理解为'中华民族'（ethnic Chinese）在全球分散的概念"④，其中隐含着汉族中心主义的倾向。而她提出"华语语系"的概念正是希望去除中国大陆的中心地

---

① 王德威：《华语语系文学：花果飘零　灵根自植》，《文艺报》2015年7月24日，第3版。
② 王德威：《华语语系文学：花果飘零　灵根自植》，《文艺报》2015年7月24日，第3版。
③ 史书美：《视觉与认同——跨太平洋华语语系表述·呈现》，杨华庆译，联经出版事业股份有限公司2013年版，第48页。
④ 史书美：《视觉与认同——跨太平洋华语语系表述·呈现》，杨华庆译，联经出版事业股份有限公司2013年版，第48页。

位,实现对作为中心和起源的中国的反抗和解构。因其明显的意识形态痕迹和"中国之外"的后殖民逻辑漏洞,使"华语语系"自诞生之日就受到多方批评,甚至被称为"西奴风"。史书美只是"华语语系"的提出者,而真正倡导和推广"华语语系"的是王德威。他在对史书美"华语语系"提法的首创之功予以肯定的同时,也对"华语语系"的内涵和外延作了修正。最明显的是,王德威将中国大陆的汉语文学纳入了华语语系的体系之内,从理论、概念辨析到文学现象、作家作品的分析两方面对此概念进行了阐释,"在既反史书美,也反中国大陆学界的基础上,把'华语语系文学'视为破除国别疆界、整合世界范围内华文文学论述的一个话语/理论平台"①。

近年来中国学界对"中国故事"的倡导与此也有关联。"中国故事"是习近平于2013年8月19日对新闻传播领域提出的重要表述,即"要精心做好对外宣传工作,创新对外宣传方式,着力打造融通中外的新概念新范畴新表述,讲好中国故事,传播好中国声音"②。这里,一个政策性的期许和表述却让"中国故事"犹如神助,迅速席卷了文艺界,并引发广泛的讨论。2013年11月16—17日召开的"第一届全国青年文艺论坛"就设置了"青年与中国故事"专题讨论组。随后,对"中国故事"概念、范畴的辨析研究和当代文学与中国故事的对接性研究相继展开。很快,学界对"中国故事"的研究就从中国内地作家转移到海外移民作家身上,诸如"新移民作家如何更好地讲述'中国故事'"的议题也如火如荼地兴起。

以上就是这些年来有关"中国性诗学"的诸多论述,不管是承认还是质疑,强调还是削弱,其围绕的核心都是"中国性"。至于是"去中国性"还是强调"中国性",这又是一个问题的两个方向。杜维明、王赓武、李欧梵、王灵智在承认华人离散现状及其"中国性"的同时,也试图以协商的、实践的、对话的方式融入新的文化系统。批判质疑者,如洪恩美、周蕾、史书美、黄锦树则以激烈的态度,试图割断与"中国性"的血脉联系,寻求本土的、在地的文化生根,反抗笼罩在"中国性"之上的文化霸权和中心主义。"断奶说"、"要想寻根还不如植树"③ 就是他们"解构'中国'(血缘、语言、书

---

① 刘俊:《"华语语系文学"的生成、发展与批判——以史书美、王德威为中心》,《文艺研究》2015年第11期。
② 徐京跃、华春雨:《习近平:着力打造融通中外的新概念新范畴新表述》,《新华网》2013年8月21日。http://www.bookdao.com/article/67358/。
③ 周蕾借用斯皮瓦克的一句话"要想寻根不如种树"来表达她对"中国性"和"香港性"两者关系的态度。

写、主权）作为实践或想象共同体的合理合法性"① 的决绝姿态。至于"中国故事"，则是由中国领导人倡议，再由大陆学者生发、阐释的概念，中国本位主义的色彩很浓重。如李云雷解读"中国故事"的关键词——"宏观视野"、"中国立场"、"中国经验"、"中国形式"② 等，无一不是对"中国性"的强调。事实上，不管是承认、质疑，还是如"中国故事"的强化，都是不同学者根据其涉身性体验③，站在不同的文化立场和价值观念上做出的理解和阐释。可以说，自诞生之日起，这些术语就附带着很多意识形态的东西，弥漫着权力的角逐和意义的建构。这便使得这些批评话语充满了争议，也使华文文学的研究总是无法摆脱意识形态的争夺，更使华文文学理论话语的建构处于百家争鸣的混杂状态，这也为进一步的研究留下了许多空间。

二、"全球性诗学"话语及其理论旨趣

《全球化与新移民叙事》是程国君教授国家社科基金项目"《美华文学》与北美新移民文学研究"的成果专著。该著最鲜明的特色是建构了"全球性诗学"的批评话语，并以此理论视角对《美华文学》杂志及其北美新移民文学进行了研究，重新阐释了新移民文学的主题内涵。

关于"全球化"，自 20 世纪 80 年代至今一直是学界的研究热点，大多数研究集中在社会学、经济学、政治学、文化学等领域。随着全球化实践的深入、全球化现象的凸现，"全球化已经成为了我们所处时代的知识语境，是当代知识分子认识、观照和介入现实的新工具"④。文学领域也不例外，其探讨的主要话题是全球化视野（语境）下现代汉语文学的发展，引申出来的话题有全球化与民族化等。相关的表述还有全球性与本土性、人类性与民族性、世界性与中国性等。而在新移民文学的研究中，诸多学者也认识到了新移民文学或世界华文文学的"全球化"背景。很常见的一种论述逻辑是将其作为一种文学发生发展的社会文化背景，表述为"在现代化全球化的进程中"、"在全球化的语境

---

① 王德威：《"根"的政治，"势"的诗学——华语论述与中国文学》，《扬子江评论》2014 年第 1 期。
② 李云雷：《何谓"中国故事"》，《人民日报》2014 年 1 月 24 日。
③ 笔者认为，关于"中国性"的不同论述与学者的涉身性体验有关。如王赓武"地方/实践中国性"的提出与他在印度尼西亚、马来亚、英国、新加坡、澳洲、中国内地及香港的人生经历相关。还有史书美反离散的华语语系表述、洪恩美"多元中国"的认识，其实都受到其复杂、流散的生命体验的影响。
④ 薛晓源：《全球化时代：我们何为？（序言）》，李惠斌主编《全球化与现代性批判》，广西师范大学出版社 2003 年版，第 1 页。

下"、"全球视野中的华文文学"等等。如一些论文、专著的标题《全球化背景下的华文文学——关于"世界文学"的思考》、《中国性·本土性·人类性——论全球化语境下的东南亚华文文学》、《寻找身份——全球视野中的新移民文学研究》等,就彰显的是这种逻辑。以《寻找身份》为例,吴亦锜和陈涵平梳理了全球化理论的代表性观点,论述了经济全球化与文化全球化的内涵及关联,将经济全球化和文化全球化作为新移民文学发生的背景,认为新移民文学发生的时代背景是全球化及其移民潮。这些研究对新移民文学"全球化"背景的发现是富有价值的。而程国君教授也正是在此基础上,将"全球化"与新移民文学的研究向前推进了一步,认为全球化及移民潮不仅仅是新移民文学生成的时代动因,还是新移民文学重要的表现内容,是其显著区别于国别文学的独特之处。

在该著中,程国君教授认为,"新移民文学的发展与全球性议题的凸显密切相关","置身全球性语境、关注全球议题,是华文文学作家面临的首要问题。关注此类议题,也使北美新移民文学有了其独特的诗学内涵与诗学特性"①,因此他把全球化思潮与叙事理论放到一起,提出了"全球性诗学"的概念。虽然"全球性"是一个借鉴的理论话语,也不是第一次被用来阐释新移民文学,但当程国君教授将全球性的理论思想贯通全著,提出"全球性诗学"的概念,并将北美新移民叙事独特的诗学内涵与诗学特性指认为"全球性诗学"时,他的目的也就不单纯是"借他山之石以攻玉",而是试图"借他山之石"来构建自己的"攻玉之石"。也就是说,程国君教授试图去建构适合于新移民文学研究的批评话语。

而在"众声喧哗"、"百家争鸣"的华文文学批评场,程国君教授"全球性诗学"话语建构最富有价值的贡献,则是对新移民文学对全球性主题的表现这一文学主题学范畴的特别关注。对于"全球性主题"是什么的问题,程国君教授借用罗兰·罗伯森的"全球场模式图"进行了辨析。他认为新移民文学作为全球化的产物,无疑对于罗兰·罗伯森所谓的诸多全球性议题作了不同的深入的反映和表现,新移民文学由此拓展了世界华文文学的表现范围和表现主题。这也是华文文学发展和深入的表现。他所谓"全球性主题",即关乎民族社会基础上的国家情感、爱国主义等,关乎个人或自我基础之上的人权、自由等,关乎民族国家关系的国际主义、世界主义等,以及总体意义上的人类或全人类性的主题范畴。依据全球性议题的范畴,他又提出了华文文学的全球性母题的范畴,认为华文文学的独特性也许就在这里。并且,他还挑选了新移民文学七家——严歌苓、张翎、沙石、吕红、刘荒田、一平、陈瑞琳,对其文学创作中的"全球性主题"进行了

---

① 程国君:《全球化与新移民叙事——〈美华文学〉与北美新移民文学研究》,科学出版社2017年版,第16页。

深入的阐发。以严歌苓的创作为例,程国君教授从叙事和主题两个方面揭示了严歌苓创作的艺术价值。他认为,"严歌苓的小说创作之所以给当今整个华文写作定出了一个新的艺术标杆,不仅在于她的小说有经典叙事学的'好故事'和叙事艺术,最主要的在于其在多方面深化了全球性议题的范围,也拓展了华文文学的主题内涵"①。在此基础上,他深入阐发了严歌苓新移民叙事的全球性视野,以及"从女性主义叙事立场对族裔、性别、战争和革命等全球性现代议题的书写",并认为她在文学史上的意义恰恰是对"全球性主题和人类性主题的创造及表现"②。从严歌苓、张翎、沙石、吕红到刘荒田、一平,从小说到散文、诗歌,可以说,对新移民叙事作品中"全球性主题"的揭示和阐释是程国君教授不遗余力的重头戏。这正是他建构"全球性诗学"批评话语最重要的目的所在。

其次,在该著中,程国君教授将"建立在中西文化坐标体系之上"的世界华文文学的精神本质指认为"离散诗学"、"跨国诗学"或"全球性诗学"。这样的表述,表明他尽管有建构新的批评话语的自觉,却并未将"全球性诗学"作为一种对抗性的话语去解构和瓦解目前已存在的批评话语,而是将它作为一种与目前的批评话语相协商、相调适的可能性路径。如笔者在第一部分所论述的那样,"离散诗学"的有效性尽管存在,但适用性已被质疑。鉴于此,程国君在提出"全球性诗学"概念的同时,还借用了一个补充性的概念,即"跨国诗学"。"跨国诗学"是杰汉·拉马扎尼的诗歌研究著作《跨国诗学》中的概念,用来解析诗歌创作中的跨国、跨文化现象,探究"错位与混血、体裁和风格的杂糅、跨文化性质和形式的共享、后民族主义的怀疑论和沉积地理学等"③ 被民族主义分割而易忽略的漏洞。程国君教授"拿来"此概念,目的是试图深入华文文学"语言、意识形态、文化、族裔、国籍及其结构诸如此类复杂的领域"④,以此来有效地阐释华文文学叙事文本的一些诗学特质。并且,他认为,"跨国诗学、离散诗学和全球化文学,是一体三面,内涵接近的,在空间和主题层面是相互指称的"⑤,共同构成目前阐释华文文学的重要话语。这种将诗学话语"一体三面"的建构,一方面说明了他对"离

---

① 程国君:《全球化与新移民叙事——〈美华文学〉与北美新移民文学研究》,科学出版社2017年版,第139页。

② 程国君:《全球化与新移民叙事——〈美华文学〉与北美新移民文学研究》,科学出版社2017年版,第140–141页。

③ [美]杰汉·拉马扎尼:《跨国诗学》,周航译,张清华主编《大诗论:中国当代诗歌批评年编(2014—2015版)》,东方出版社2016年版,第104页。

④ 程国君:《全球化与新移民叙事——〈美华文学〉与北美新移民文学研究》,科学出版社2017年版,第116页。

⑤ 程国君:《全球化与新移民叙事——〈美华文学〉与北美新移民文学研究》,科学出版社2017年版,第116页。

散诗学"有效性的认可和不足性的洞见,另一方面也表明了他对"全球性诗学"适用限度的自觉,并未将其看作凌驾于其他理论话语之上的普适性存在,而是将其作为一种可能的面向,一种调适和补充的路径。

最后,程国君教授将"全球化"和"现代化"这两个理论话语放在一个框架中来论述,建立了他所认定的新移民文学与中国现当代文学之间的内在学理联系。对于新移民文学与中国现当代文学的学理性联系,有很多学者从新移民文学发生学的角度入手,指出它是"改革开放以来中国现代性追求在海外的延伸过程"①,然而,这种认识却没有深入下去,像新移民移民动机的"现代性"追寻、新移民文学中的"现代性"主题内涵等等问题,就鲜有人论及。程国君教授《全球化与新移民叙事》的突破却由此开始。

在程国君教授看来,新移民文学的现代性体现在三个方面:首先,正是中国现代化发展的历史机遇为新移民作家移居国外提供了契机。20世纪70年代末、80年代初,一大批在国内受过良好教育的知识青年移居欧洲、美洲、澳洲等,并在居住国开始华语创作,开启了新移民的文学时代。这样的社会文化语境使新移民文学自发生之日起就携带了跨文化的双重属性。其次,就华人移民的历史动因来看,对"美国梦"的追寻,对"现代化"生活方式的追求是诱发他们移民的重要原因。正如程国君教授在文中分析的,北美在政治、经济、文化、教育、城市、社会保障、生活方式等诸多方面的现代化是吸引移民移居的重要因素,即"北美高度发达的现代文明是移民潮流形成的主要原因之一";同时,华人追求现代化和现代生活方式的主观愿望又促进了移民潮的发生,"华人移居北美是北美国家和华人移民积极共谋的结果"②。可以说,"现代性"机遇与"现代性诱惑"是促成新移民空间大转移的首要原因。最后,新移民文学中蕴含着丰富的"现代性"主旨,如寻找实现自身价值的机会、换一种活法、追求更好的生活方式以及对新文明的寻求等。他认为吕红的《美国情人》、张翎的《金山》、黄运基的《巨浪》等,都有对移民动机、北美现代化进程、现代文明的追寻等"现代性"内涵的反映和探讨。如他认为吕红《美国情人》"对现代新移民移民动因的揭示与展示,对旧金山这个现代移民城市'城市之光'的展现","使我们看到现代移民聚集北美等现代城市的根本动因"③。因为这样的现代性追求与新文学的先驱远赴重洋、寻求新文明的火种何其相似,

---

① 邓伟:《后殖民视域下的新移民文学批评》,《长江学术》2012年第2期。
② 程国君:《全球化与新移民叙事——〈美华文学〉与北美新移民文学研究》,科学出版社2017年版,第89页。
③ 程国君:《全球化与新移民叙事——〈美华文学〉与北美新移民文学研究》,科学出版社2017年版,第93页。

其本质上都是一种文明对另一种文明好奇、渴慕与被吸引，只不过此时不再背负救亡图存的民族重任，更多的是个体自我对现代化生活、现代性价值理念的追求。"现代性"是百年现代中国文学追求的延续，也是新移民身在西方所遭遇到的现代性体验。因此，"现代性"是新移民文学研究绕不开的重要视点，也是程国君教授对新移民文学发生语境、表现内容上的学理性发现。有学者认为，"现代性"是"20世纪中国文学的主潮"①，是现代文学的本质特征，是中国现当代文学研究中极其重要的议题之一。如果以此判断来看，就能发现新移民文学与中国现当代文学之间本质的学理性联系，即新移民文学与中国现当代文学的渊源不仅在于"民族—心理"结构上的文化同源，还在于文学生成、文学创作、审美追求上的"现代性"追求。而且，这种"现代性"追求，既有对中国现代化之路的反观和反思，也有对欧美各国的现代化实践的深刻思考，尤其是新移民文学中的"美国梦"书写，更是如此。

三、效度与限度："全球性诗学"与华文文学批评话语的建构

刘登翰在与龙扬志的对话中曾指出，华文文学要想实现学科化独立发展的诉求，就要"建构具有自洽性的华文文学批评理论体系和话语"。"所谓自洽性，不仅指批评理论的完整性和系统性，而且它必须和华文文学相契合，理论从华文文学自身实践中升华出来，不仅能够诠释具体的文学现象，还能对其他学科有启示意义。"②那么，程国君教授的"全球性诗学"是否是一种具有自洽性的理论话语？它能否与华文文学研究相契合，能否对具体的文学现象做出新的阐释，能否成为华文文学整体性研究中的有效话语？其效度和限度具体体现在哪里？对这些问题的检视和反思，还需放在如何建构具有自洽性的华文文学批评理论体系的问题域中进行考察。

其一，"全球化主题"、"全球性诗学"是一种注重华文文学"势"的文化属性研究的批评话语。文化是华文文学批评需要关注的首要问题，建立中西、全球的文化坐标是华文文学诗学建构必须考虑的问题之一。从对前述各种华文文学批评诗学的梳理中可以看出，无论是"离散诗学"、"中国性诗学"还是"全球性诗学"、"跨国诗学"，学者们切入并建构批评话语的路径基本都是从文化入手。"中国性诗学"尽管是对多种论述的概括，尽管每位论者对待中华文化的姿态和立场不同，但都不能否认中华文化与全球各

---

① 杨联芬：《晚清至五四：中国文学现代性的发生》，北京大学出版社2003年版，第1页。
② 龙扬志：《华文文学的文化视野与学科建设——刘登翰研究员访谈录》，《文艺研究》2018年第3期。

地华人及其写作之间千丝万缕的联系。杜维明关于"文化中国"三重意义世界的建构,甚至将极易招致批评和质疑的非华裔汉学家都包括在内,其目的就是建构一个"具有超越性、批判性、对话性、兼容性、全球性和想象性"① 的文化概念,在一个更广义和多元的文化系统中审视海外华人及汉学家在情感认知、心灵归属上的文化印记。"全球性诗学"、"跨国诗学"也是一样,关注的也是文化发展的形态。与"中国性诗学"侧重于对海外华人民族源流文化的追溯、强调、确认,抑或反抗和拒绝不同,"全球性诗学"描绘的是华人移民文学现在和未来发展中不断涌现的新的变化和新的姿态,并探究其中蕴含的倾向性力量。这种描述也与经济全球化、文化全球化的世界大趋势是一致的。而且,未来华人移民文学的发展将与全球化的关联更为密切,对其主题和内容的表现也会更为深刻。因此,"全球性诗学"、"跨国诗学"是一种"势"的文化诗学,它更倾向于在全球化的时代大趋势、大潮流中把控文学、文化发展的脉搏和位点,更倾向于关注异质文化的融入为华文文学带来的思想观念、文化价值上的影响,并将此作为审视华文文学文化特质的视点。

不过,需要警惕"全球性诗学"的提法中"文化全球化"对文化差异性的忽略和漠视。华文文学在作家构成、主题意蕴、审美追求、文化观念等方面均存在多元性和异质性,其中夹杂着从边缘到中心、从中国性到在地性、从东方到西方、从历史到现实、从政治到文化等多重脉络。这些意义单元是由许多不同的因素造成的,随着情势的变化、秩序的改变,因素的重新组合又会形成不同的意义序列。其中的驳杂、多变是很难"一言以蔽之"的。而爱国主义、国家情感、人权、自由、国际主义、世界主义等代表着人类性、世界性的总体性命题却是一些宏大且抽象的概念,很容易被普遍化而忽略更深入的分析,也很容易空洞化而沦为大而无当的口号和宣言。"全球化"不能成为解释华文文学现象的万用神器,"多元化"也不能涵盖华文文学的多样性和复杂性。因此,若使用"全球化"、"全球性诗学"等批评话语,就要注意其与研究对象衔接的准确性和精确性,充分考虑文本在何种意义上成为全球化的表征,在何种程度上体现着"全球性诗学"的内涵。其中的"差别"和"异质"更是需要给予特别的关注,因为这才是一种文学现象独立存在的关键所在。

其二,程国君教授的"全球性诗学"打通了文学研究的内部和外部,将文学研究和文化研究相结合。就目前来说,学界对华文文学审美层面的研究相对不足。这一方面是因为华文文学的创作水平良莠不齐,这为同一个水平层面的文学性的研究增加了一定的

---

① 沈庆利:《论"海外"语境下的"文化中国"》,《天津师范大学学报(社会科学版)》2014 年第 5 期。

难度；另一方面是华文文学现象是一个涉及人类学、经济学、政治学、社会学、历史学、文化学等多学科、多问题域的写作行为，研究者的关注目光也容易被带到文化研究的层面，将其作为一种文化现象、政治实践、社会影响等方面的文本范例，而忽略从纯粹的文学审美的角度看待写作本身。但是，"文学所研究的，应是人的生命运动与人性所渗透的轨迹，是人类心灵与历史的审美化"①。因此，华文文学的研究也应该回到文学自身，揭示其中所蕴含的关于人的心灵的审美化呈现。自19世纪80年代起，华人"下南洋"、"上金山"，不断地将自己的足迹留在了世界的各个角落，并在此过程中，形成了书写自身生命轨迹和生活经历的文学。其中，所经历的屈辱的种族歧视、异常艰难的生存境遇、异地漂泊的凋零命运、无法排解的乡愁苦闷、无法融入的文化隔阂、落地生根的开拓之旅等等，都在华文文学中有所展现和描绘。正如庄伟杰所言，"从某种意义上说，海外华文书写中那些反映华人散居域外所呈现的心灵秩序、命运历程和现实境遇等相互交织构成的历史图景，是我们无法回避的最为真实的文学问题"②。因此，华文文学批评话语的建构，在注重文化研究问题性的同时，也应该关注文学研究审美性的揭示。这一点程国君教授的《全球化与新移民叙事》做得比较好。"全球性诗学"与文化全球化的天然联系，决定了它是一种文化诗学，侧重对文学的文化阐释，容易滑向文化研究。不过，让人欣慰的是，程国君教授却从主题学和叙事学的角度，将文学研究的内外部进行了有效的平衡。既关注新移民文学中"全球性议题"的呈现，如移民生存图景的展现、"美国梦"的另类书写、新移民全新的价值追求、多元的文化旨趣等，也发掘新移民叙事的叙事探索，从叙事声音、叙事结构、叙事视角、叙事修辞、叙事文体等角度对具体作家作品进行了叙事阐释。

其三，"全球性诗学"注重从整合性视野来建立华文文学批评的大视野、大场域，以包容、开放的姿态理解华文文学的写作现象和文化意义。不管是文化研究还是文学研究，都需要整体的视野，并对华文文学做整体性观照和整合性研究。由于华人流散的区域性，华文文学也呈现区域性特征，表现为一种区域文学。东南亚华文文学、欧洲华文文学、美洲华文文学、澳洲华文文学、台港澳华文文学等不同区域的华文文学，由于受到的文化影响不同而呈现出不同的文学面貌。但是，作为一种有共同祖源、共同文化源流、共同语言表达的文学现象，需要一种"整体的眼光，探究不同国家和地区华人共同

---

① 庄伟杰：《流动的边缘》，北京昆仑出版社2013年版，第108页。
② 庄伟杰：《华文文学研究、学科理念及其诗学建构之思》，《山西大同大学学报（社会科学版）》2014年第4期。

拥有的语言和文化背景,同时也要能深入这些空间和背景,这是我们与异质文化对话的前提"①。其实,华文文学研究的30余年里,一直都在试图建构一个更具包容性和整合性的理论体系。从杜维明的"文化中国"到周宁的"文学中华",从"刘登翰的'分流与整合'阐释模式到饶芃子、费勇的华文文学整体观和'美学中国'概念,从陈辽、曹惠民的'百年中华文学一体论'到黄万华'20世纪世界华文文学史'的构想"②,从史书美、王德威的"华语语系文学"到朱寿桐的"汉语新文学"……华文文学的整合性研究从未曾停歇,但遗憾的是,这种带有"大同"性质的文学构想由于中西方学者文化立场和学术观点的不同,一直处在争论和喧哗的"路上",未曾有一种获得普遍性的认可。"全球性诗学"也是整合性研究的一种,它试图在一个大的文化视野和文化场域里来理解新移民文学。与"文化中国"、"文学中华"、"美学中国"、"华语语系文学"、"汉语新文学"等整合性概念不同的是,它不再执着于从"中国性"、"中华性"、"华人性"等民族/种族/语种的文化流脉和文学书写质素的角度来整合性地建构理论体系,而是从世界社会经济、历史文化的全球化发展趋势的角度来整合目前华文文学的发展方向。

  不过,程国君教授的"全球性诗学"研究显然是针对北美新移民文学而言的,而非对华文文学整体研究对象的整合。北美新移民文学只是华文文学特定地区、特定时间段的一部分,并不能代表华文文学创作的整体面貌。一方面,从时间上来看,全球化的历史逻辑起点是15世纪末的航海大发现,华文文学的发生、发展也囊括在该时间段内,可是我们能否将华文文学都放置在历史延伸的全球化中进行审视?能否将历史上出于各种原因的移民潮都看作全球化的影响结果?这似乎有点过于牵强。正如吴弈锜指出的,"我们在谈论全球化的历史发展进程时,还有必要将其与真正现代意义上的学术探讨,以及后来成为一个无法回避的世界性课题的不同阶段分别开来"③。另一方面,从空间上来看,欧美作为我们普遍认知中的西方,是世界强势文化的代表,欧美澳等的新移民的华文创作也更能体现全球化视野。但是,东南亚的华文文学创作呢?似乎并不能涵括进来。东南亚华文创作的繁盛期不是在全球化影响日益深入的今天,而是战争频繁的动乱年代,造成这种现象的原因更多的是社会政治等历史性因素,而非全球化的趋势。当下,华文文学的创作重镇也从东南亚转移到了欧美澳地区,东南亚华文文学的颓势已成不争的事

---

  ① 龙扬志:《华文文学的文化视野与学科建设——刘登翰研究员访谈录》,《文艺研究》2018年第3期。
  ② 刘小新:《在大同诗学与地方知识之间》,《对话与阐释:刘小新选集》,花城出版社2016年版,第29页。
  ③ 吴弈锜、陈涵平:《寻找身份:全球视野中的新移民文学研究》,中国社会科学出版社2012年版,第12页。

实。吴弈锜、陈涵平的《寻找身份——全球视野中的新移民文学研究》是对世界各个地区新移民文学的研究，有北美新移民文学、欧洲新移民文学、澳洲新移民文学、东北亚新移民文学，唯独没有东南亚新移民文学。这说明了两个问题：一是东南亚华文文学在当今呈现衰败之势；二是东南亚现阶段的华文创作与全球化视野并无紧密的关联，无法从全球化的角度予以解读。所以，从华文文学批评话语建构的整合性角度来说，"全球性诗学"尽管有其作为批评话语的大视野、大场域，但是无法涵盖所有华文文学的研究对象。

可以说，"全球性诗学"作为一种倾向性文化的整合概念，有其现实依据和学理依据，也为阐释华文文学提出了一种走出理论困境的可能性构想、一种突破目前学术研究路径的学术增长点，但其限度也是十分明显的。其原因不外乎以下两点：一方面，面对华文文学这样一个文化多样、文本驳杂的批评场域，很难存在某种批评话语"独占鳌头"的可能；另一方面，任何的理论话语都有其作用界限和生成语境，"全球性诗学"也不例外。它有其特定的批评对象和研究范畴，并非一个"放之四海而皆准"的理论话语。这就提醒我们，华文文学批评话语的建构是一项任重而道远的学术任务，如何在既重视华文文学的文化属性研究的同时，又能打通其研究的内部和外部资源，整合性地建立华文文学批评的大视野、大场域，更好地包容和理解华文文学的写作现象和文化意义，是华文文学研究必须理性思考、长期努力的议题。

（作者单位：陕西师范大学文学院）

| 著述·综述 |

中国文学海外传播：困境、策略与前景[①]
——兼评"中国文学海外传播研究书系"[②]

曹 霞

随着中国经济的崛起和在世界格局中位置的变化，中国文学和文化也日益受到推广和关注。"中国文学海外传播"在国内已成为交叉学科的讨论热点，不少高校成立了研究中心，致力于跨文化、多层次的文学文化的交流和传播工作。从目前状况来看，由于"中国"与"世界"之间的关系处于不断的游移、变迁和发展之中，"中国文学海外传播"这一命题自身携带的信息已不能覆盖其生产过程中不断涌现的驳杂与丰富："中国文学的海外传播，无论是就传播的主体、客体、中介，还是就传播的环境、机制、动力而言，都会存在着一种极其复杂微妙的、多层多向互动的转化过程。"[③] 尤其是在后冷战、全球化、现代性和后殖民等观念的冲击下，这一问题所涉及的"中国—世界"的对话关系呈现出了更为广阔和多元化的探索空间。

有鉴于此，从2009年开始，北京师范大学"中国文学海外传播研究中心"开展了一系列文化传播项目和交流工作：举办国际学术研讨会，出版英文学术期刊《今日中国文学》，翻译海外文情报告和国内学者论文集等。2012—2015年出版的"中国文学海外传

[①] 本文为中央高校基本科研业务费专项资金资助项目"当代中国文化生产与世界文化的关系研究"（543-91922170）的阶段性成果。

[②] "中国文学海外传播研究书系"由北京师范大学"中国文学海外传播研究中心"编撰，包括六部著作：张清华《中国当代文学中的历史叙事：海德堡讲稿》，张清华编《他者眼光与海外视角》、《当代文学的世界语境及评价》、《中国当代作家海外演讲》，张柠、董外平编《思想的时差：海外学者论中国当代文学》，刘江凯《认同与"延异"：中国当代文学的海外接受》。北京大学出版社2012年至2015年出版。

[③] 张健：《"中国文学海外传播研究书系"总序》，北京大学出版社2013年版，第5页。

播研究书系"(下文简称"书系")便是其中之一。它展现了海内外学者的研究、访谈、演讲等多方面的成果,呈现出了多国别意识和跨文化观点的交流与交锋,为营造良性的文化生态提供了对话的场域。

一、中国文学"走出去"的困境

作为当代文化建设的重要工程,"中国文学海外传播"这一工作是从 1949 年开始的,在 20 世纪五六十年代被纳入中华人民共和国的政府和意识形态行为,《中国文学》(*Chinese Literature*)的创办和"熊猫丛书"的出版即为例子,它们和外文出版社等国家机构成为当时主要的对外交流窗口。可以说,一直到 20 世纪 70 年代,中国文学都是作为"动态经典"(dynamic canons),即"具有较高意识形态利用价值"而得到译介和传播①。在蔡梅曦(Meishi Tsai)编的《当代中国长篇和短篇小说(一九四九——一九七四)》(*Contemporary Chinese Novels and Short Stories, 1949—1974*)中,收入浩然的作品多达 13 部(篇),远远超过老舍、丁玲、巴金、赵树理等人。编者称,He has been one of the most important proletarian writers since the Cultural Revolution.②(他是"文化大革命"以来最重要的无产阶级作家之一。)可见浩然在海外传播中的地位和价值。有研究者指出,由政府组织对浩然这样的作家进行译介,"可以向异文化移植作者在原语社会中新时期代表性作家的地位,以取代先前进入异文化的'30 年代作家'和'十七年作家'的位置"③,这种取代不仅仅指文学史位置,还包括中国对外输出的"社会主义"、"无产阶级"、"文化大革命"等意识形态价值观。

在今天的中国,基于意识形态宣传的海外传播已不再是主流,但政治化的影响并不那么容易消除。1989 年,弗朗西斯·福山发表了《历史的终结》(*The End of History*),阐述西方的自由民主制度作为政体在全世界涌现的合法性,认为它战胜了与其相竞争的世袭君主制、法西斯主义和共产主义等不同政体,是"人类意识形态发展的终点"和最后的"统治形式"④。"终结论"在全世界引起了很大争议。但是,历史证明,后冷战时

---

① 查明建:《文化操纵与利用:意识形态与翻译文学经典的建构——以 20 世纪五六十年代中国的翻译文学为研究中心》,《中国比较文学》2004 年第 2 期。

② Meishi Tsai: *Contemporary Chinese Novels and Short Stories, 1949—1974*, Harvard University Press, 1979, p. 94.

③ 马士奎:《中国当代文学翻译研究(1966-1976)》,中央民族大学出版社 2007 年版,第 199 页。

④ [美]弗朗西斯·福山:《历史的终结及最后之人·代序》,黄胜强、许铭原译,中国社会科学出版社 2003 年版,第 1 页。

期的意识形态对峙并未结束,表现为海外学者和汉学家倾向于根据政治立场对中国作家作品进行甄别。葛浩文曾明确地说:"美国人对讽刺的、批评政府的、唱反调的作品特别感兴趣。"① 中国作家并非不"唱反调",区别在于目的性不同。如果是出于人道主义和人文情怀,对所见所闻的社会不公平、制度不合理、政治不民主等现象持否定和批评态度,这是合理的不平之音。但汉学家和翻译家钟情的"反调"并非如此,他们以"政治歧见"和"异见人士"代替文学标准,倾向于选择为了反政治而不惜夸张到失真的作品。有中国学者指出翻译家之所以如此偏狭固执,原因是中国经济的快速发展使"欧美中心论"产生了挫折感,"这种价值观的冲突有时候便延绵到对异识作品的故意挑选上,这种故意挑选构成了对这种挫折感的宽慰和转移"②。事实上,这种微妙复杂的心理可能会带来更为严重的遮蔽和贬抑。

"走出去"的困境还在于,中国文学即使进入了海外传播通道,也会因为政治原因而被有意识地过滤和删改。在苏童《红粉》的法译本中,一些中性叙事带上了政治色彩,如鸨母"离开本地"译成"离开大陆",小萼的劳改编号"八号"译成"没用的东西"。这种改动与原文相去甚远,可以说是译者根据人物身份的想当然尔。在莫言的《红高粱》中,有这么一句话:"我曾经对高密东北乡极端热爱,曾经对高密东北乡极端仇恨,长大后努力学习马克思主义,我终于悟到……"法译者删去了"长大后努力学习马克思主义"。实际上,莫言这句话已偏离其本义,是对他们那代人所处政治环境的一种反讽,一种悖离。法译者的有意删除恰好显示了他们"从本国主流社会价值观和意识形态出发对原文进行阐释"的态度,"这种阐释倾向导致了译者对原作理解的狭隘化,即人为强化了原作的社会批判性和意识形态的指向性,忽略了作品的超越性和普世性"③。在政治化的选择和改写中,可以看到从社会主义时期以来世界对于中国的意识形态偏见并未消失。

中国文学"走出去"的困境还体现在跨文化交流的障碍上。从接受美学来讲,阅读的障碍取决于原文化语境与接受国的"期待视域"是否一致。如果一致,就能"立即将读者的期待视域对象化,使理解迅速完成",否则会产生陌生化冲突④。从目前状况来看,有一些作家在国内被公认达到了艺术高峰,但海外传播状况却难以与其文学成就相

---

① [美]葛浩文:《美国人喜欢唱反调的作品》,《新世纪周刊》2008年第10期。
② 程光炜:《当代文学海外传播的几个问题》,张清华编《当代文学的世界语境及评价》,北京大学出版社2015年版,第23页。
③ 杭零、许钧:《翻译与中国当代文学的接受——从两部苏童小说法译本谈起》,《文艺争鸣》2010年第6期。
④ 姚斯:《文学史作为文学理论的挑战》,[德]H. R. 姚斯、[美]R. C. 霍拉勃《接受美学与接受理论》,周宁、金元浦译,辽宁人民出版社1987年版,第29页。

匹配，比如格非。国内学者认为他的"江南三部曲"(《人面桃花》、《山河入梦》、《春尽江南》)是对中国传统美学的创造性再现，在精神探索和历史书写上展现了新的格局①。作品获得第九届茅盾文学奖也可视为主流文学的认同。然而，在某种程度上，为作家带来成功的"情调与气韵上的古典性"恰好阻滞了其海外传播的进程，因为它们"不仅为其小说的翻译造成了很大的困难，也为缺少东方文化背景的西方读者和研究者接受这些作品设立了难以逾越的障碍"②。这是否意味着中国作家在美学上越是具有传统性，离"世界"的"承认"就越遥远呢？

意识形态化、译介标准、跨文化障碍等等，构成了中国文学"走出去"的困境。中国学者如何看待这些困境？对此，"书系"展现了多方的观点。可以看出，国内学者并没有停留于对西方偏狭和"盲视"的批评，而更多地返向自身，对创作现状进行反省与思考。陈晓明从中国乡土美学出发，认为中国有着与西方截然不同的文学起源与文学经验。因此，当中国的历史叙事达到汉语文学的艺术成熟境界时，也是其与世界"渐行渐远"之时。对此，陈晓明是乐观的。张清华近年来一直关注中国文学的现代性和世界性问题，他将这些问题置于国内外文化的双向交流中，看到了中国当代文学的身份困境和价值迷局。他认为造成这种结局既有西方意识形态的甄别和选择，更重要的是中国作家作为人文知识分子的职能，即他们能够向世界提供什么样的人文价值和意义③。对于中国文学"走出去"的问题，"书系"展现了广阔的维度和视野，有助于我们从自己的"根"、从文化的"根"上去看待这些困境。

作为研究者，不仅要清楚中国文学海外传播的困境，更需要对问题进行厘清和判断，这集中体现在刘江凯的专著《认同与"延展"：中国当代文学的海外接受》中。该著既涉及中国文学翻译与出版的总体情况、海外期刊中的中国当代文学研究，也不乏作为个案的海外著述与学人研究、莫言和余华等作家作品传播的研究。作者通过客观扎实的数据和分析指出，中国当代文学的海外传播虽有政治等因素的干扰，但还有可开拓的空间。他将中国文学海外传播现状概括为"多样性中的'差异与认同'"，认为国内外学界以具

---

① 相关文章有张清华《春梦，革命，以及永恒的失败与虚无——从精神分析的方向论格非》，《当代作家评论》2012年第2期；南帆《历史的主角与局外人——阅读格非长篇小说三部曲〈人面桃花〉、〈山河入梦〉、〈春尽江南〉》，《东吴学术》2012年第5期；洪治纲《乌托邦的凭吊——论格非的长篇小说〈春尽江南〉》，《南方文坛》2012年第2期；孟繁华、刘虹利《这个时代的精神裂变——评格非的长篇小说〈春尽江南〉》，《小说评论》2012年第4期；张学昕《格非〈人面桃花〉的诗学》，《当代作家评论》2005年第2期。论者甚多，此处不一一列举。

② 褚云侠：《在"重构"与"创设"中走向世界——格非小说的海外传播与接受》，《当代作家评论》2015年第5期。

③ 本段涉及文章参见张清华编：《当代文学的世界语境及评价》(辑一·中国文学如何走向世界)，北京大学出版社2015年版。

有"延展性"和"同一性"的研究共同构成了参差多态的格局①。顾彬指出,该著"不仅帮助中国了解中国当代文学在海外的传播,也帮助德国了解欧洲之外的汉学,更帮助美国了解欧洲的汉学情况"②。它从研究对象中衍生出了诸多具有生长性和"继续进行时"的问题,提供了新的学术增长点。

"书系"在展现中国文学"走出去"的困境时,对这一问题的周边子命题进行了详细梳理。可以看到,国内学者目前已取得了普遍共识,即认为在全球化的语境下,"中国文学海外传播"不再是单纯的文学问题,而是与国家文化软实力、文化战略、中国影响力等密切相关的一系列宏大问题。这些问题携带着强烈的文化诉求,突显了中国在世界格局中作为崛起中的族群价值观的考量。

二、策略:在与"他者"的互动中建构"自我"

如何在日益复杂的全球化语境中推进中国文学的海外传播,使文学能够充分发挥跨越国别、种族、政治的功能和作用,是近年来学界一直在探讨的问题。北京师范大学文学院院长张健在"书系"的"总序"中,提出了总体性的指导原则,展现出了具有整合性的研究视野。他将"中国的文学、对于中国文学的研究、中国文学的海外传播、对于中国文学海外传播的研究"视为四者一体,指出它们分别以"外化"和"内化"的格局共同构成了中国文学海外传播的重要体系:"外化和内化应该是国际化问题当中相互依存、交相互动、密不可分的两个方面。"③ 这意味着,中国文学要想"走出去",既要"知己",对本土文学有清晰的自我认知与定位;也要"知彼",了解汉学家和海外学者的传播观念、艺术理念和价值判断,借助他们的视角和思路再返回来看待中国的问题。

"知己"和"知彼"的关系也可以理解为"自我"与"他者"的问题。长久以来,中国都被当作剥离主体性的客体化角色,被西方纳入文化生产和想象领域,即萨义德所说的"东方主义"。同时,作为后发国家,中国在经济、文化、技术等方面又不得不追随西方。"自我"与"他者"之间的种种错位使得"中国"在"走出去"的过程中遭遇了不少扭曲性的误读。

"书系"既以"中国文学海外传播研究"为要务,必然会对这一不均衡的态势做出

---

① 刘江凯:《认同与"延异":中国当代文学的海外接受·导论》,北京大学出版社2012年版,第9页。
② 顾彬:《认同与"延异":中国当代文学的海外接受·序》,北京大学出版社2012年版,第2页。
③ 张健:《"中国文学海外传播研究书系"总序》,北京大学出版社2013年版,第3-4页。

评价。"书系"要解决的重要问题是：如何理解"他者"，如何接收"他者"的解读并反观"自我"，重塑"中国"在全球化总体图景中的形象。在此，需要明确的是，对于"自我"而言，"他者"并非单纯的外在和拒斥，矛盾和否定带来的也并非都是消极对抗。有时候，正是"他者"与"自我"之间不断冲突和互补的关系才促进了对话与沟通："每一种文化的发展与维护都需要一种与其相异质并且与其相竞争的另一个自我（alter ego）的存在……每一个时代和社会都重新创造自己的'他者'。"① "他者"的介入可能会激发本土性"自我"重估自身价值，使文化传统和心理结构不断得到优化。

因此，辨析性地接受"他者"的观看，接受差异，从中寻觅"自我"形塑的路径，不失为具有包容性的策略。"他者"的态度有时是否定性和批判性的，比如顾彬在2006年和2007年连续抛出了关于中国当代文学"垃圾说"、"外语说"、"二锅头说"，在媒体、公众、学界中引发了强烈的反响。面对"他者"的误读，"书系"展现了不同的观点。除收入顾彬的多篇访谈和论文外，还收入了国内外学者围绕其观点引发的争论。这些争论没有滞留于顾彬观点的对错，也并非针尖对麦芒的偏激，更多的是学理性的思考。有研究者将争论引向"'本土经验'的合法性与中国当代文学的评价角度"的探讨，有的在对顾彬观点的条分缕析中辨认出了本土化"自我"的"真"问题，有的则返回到20世纪八九十年代的文学，分析它们在文体创造、描摹社会和心灵生活方面取得的成就，以反驳顾彬对中国文坛的悲观看法②。这些多元化的讨论建构起了"自我"与"他者"的互动场域，将"他者"的"傲慢与偏见"转换为了促进本土化"自我"进行深度认知的良好契机。

顾彬事件局部地折射出了国人在"世界/中国"、"中心/边缘"、"他者/自我"、"强势/弱势"等二元关系之间滑动的焦虑。这个例子可能是极端和偏颇的，因为顾彬对中国当代文学的理解并不准确，其主要观点也并非从大量的阅读和实证中得出③，显示出明显的西方中心主义的自负。有意思的是，顾彬的观点在其他汉学家那里并未得到回应，相反，否定和疑虑者不少。柯雷、高立希对他的"德国"标准和"凭空"立论颇有微

---

① ［美］萨义德：《东方学》，王宇根译，生活·读书·新知三联书店1999年版，第426页。
② 张清华：《在世界性与本土经验之间——关于中国当代文学走向及评价纷争问题》；王彬彬：《漫议顾彬》；孟繁华：《"憎恨学派"的"眼球批评"》。见张清华编《当代文学的世界语境及其评价》，北京大学出版社2015年版。
③ 据顾彬自己受访时说，他对中国当代文学的观点来源主要有四：刘小枫、肖鹰、他的中国妻子、波恩大学的陶泽德教授（Rolf Trauzettel），肖鹰曾明确地告诉他"1949年以后的文学都是垃圾"。顾彬、刘江凯：《关于中国文学研究与中国当代文学——顾彬教授访谈录之一》，张清华编《他者眼光与海外视角》，北京大学出版社2015年版，第293页。

辞，认为"太狭隘"①。这说明即使是在"他者"的内部，也充满了对中国的不同看法，这些差异对于"自我"的观照和建构提供了更为丰富的理解。

在介绍海外学者的研究成果和方法时，"书系"在国别和级别上的考量是相对均衡的：既重视美国、德国、加拿大、斯洛伐克、日本等汉学研究成就颇丰的国家，也不忽略荷兰、丹麦、越南、瑞士等新近关注中国的国家，力图为中国文学研究提供新的启示。佛克马对1956—1960年中国在苏联影响下形成的"清规戒律"的研究，金介甫对1949—1999年中国文学英译本出版情况的述评，都有助于我们了解汉学家的"中国观"和海外传播状况。

从研究方法来看，海外学者由于没有受到中国政治状况的拘囿，也少有"吾国吾民"的在地化牵绊，往往能越过中国本土的观念之障，以独特的视角照亮那些被忽略和屏蔽的现象。以李欧梵为例，"书系"收入了他研究中国20世纪现实主义的文章《论中国现代小说的继承与变革》。关于这个论题，国内学者大都绕不开"社会主义现实主义"和"十七年"、"文化大革命"等时间节点。李欧梵越过政治性的界标，通过从丁玲、老舍、沈从文、萧红到浩然再到韩少功、莫言、余华文本的分析，指出现实主义贯通于中国的20世纪，并在不同阶段以不同的"改造"形式出现。他认为，无论是"五四"时期的"个人"诉求、30年代以中国乡村或村镇为背景的现实主义，抑或是80年代以诗化语言剥离社会主义政治化外壳而构建的"现实"，还是莫言和余华笔下的家族史、模糊的"公社式"空间，都表明"抒情与史诗的形式两者都可以与'现实'的要求相结合"②。这种整体性思路为"现实主义"在20世纪中国的嬗变提供了具有说服力的阐释。

在"书系"中可以看到，海外学者不仅有着与中国本土不同的视角，还能从"不见"中生出洞见，在定论中读到新质，有效地组合成了新的研究维度。在对《年青的一代》、《青春之歌》、《青春万岁》与穆旦、张贤亮、残雪、莫言等作家作品的分析中，海外学者注意到，在文学文本与国族精神、修辞美学、精神气质、文学传统的联结中，存在着一些难以为本土化"自我"觉察的中间视域，它们可能是意识形态的，也可能是审美的、语言的、精神的，由此推演出以下命题：文学语言和时代精神之间的矛盾，国族主体意识的嬗变，历史发展中的文化错位等。王德威以"语言"为轴心，将莫言的《生死疲劳》和朱天文的《巫言》进行对比，在"狂言与莫言，流言与巫言"的交织中寻觅

---

① [荷]柯雷、张清华：《动荡中的前行——关于中国当代先锋诗歌访谈柯雷》，张清华编《他者眼光与海外视角》，北京大学出版社2015年版，第276页；《汉学家高立希：顾彬说中国当代文学是垃圾太狭隘》，张清华编《当代文学的世界语境及评价》，北京大学出版社2015年版，第196页。

② [美]李欧梵：《论中国现代小说的继承与变革》，张柠、董外平编《思想的时差：海外学者论中国当代文学》，北京大学出版社2013年版，第95–114页。

中国当代小说的发展逻辑；宋明炜在"青春书写"的共和国精神范式中，将《青春万岁》与《青春之歌》放在一起研究，认为一个是被意识形态"规训"，一个是在"逾越规范"中"狂欢"；唐小兵通过分析《年青的一代》中的家庭结构和日常生活，解读出了社会主义新中国难以克服的焦虑及抒情性的贯彻①。海外学者以独特的知识结构、开放的理论思维和丰富的学术资源，参与着中国本土化"自我"的塑造。

此外，"书系"还收入了不少国内学者对海外学者的访谈、对话和研究，称得上是由内而外的观察，这与海外学者的研究共同构成了解读"中国"的双重镜像。苗绿在对王德威的访谈中，展开了对中国文学史写作的历史、方法和路径的对话。赵坤与瑞士苏黎士大学东亚系洪安瑞一起交流了关于王安忆、毕飞宇、过士行的观点，引出了一些有意思的概念和话题，如"生态分析"、"古老的京剧文化与现代的艺术世界的碰撞"、"当代文学和艺术里的'鬼'"。这些话题虽然没有展开，但具有相当程度的启发性。吴锦华与何墨桐分析了荷兰刊物《文火》关于中国文学的传播状况，认为传播过程就像是"微缓不绝的异样'文火'"，不曾狂热但从未间断。冯强研读了柯雷的《粉碎的语言：中国当代诗歌与多多》，指出柯雷对多多诗歌进行了"再中国化"和"再政治化"的赋形赋意，肯定其论著纠正了欧洲读者用政治化方式理解大陆当代诗歌的一贯做法②。这些年轻的国内学者均为文学博士，有丰富的研究经验和海外求学经历，因此在方法和视角上都有独到之处。

"书系"着力于建构对话的平台，使"自我"与"他者"之间能够积极地进行交流。需要注意的是，两者之间的关系并非是固化的，其内涵、所指和边界都具有一定的流动性，"不是对抗关系，而是共生的关系，不是互相取消的关系，而是互相发明的关系"③。这提醒我们：应当时时警醒"自我"的桎梏与密封圈，以更为开放、灵活、多元的文化心态看待"中国"的发展，推动中国文学海外传播的进程。

三、前景：本土性与普世性

在中国文学的海外传播中，本土性是一个重要的维度，也可以将之理解为地方性、

---

① 本段涉及文章参见张柠、董外平编《思想的时差：海外学者论中国当代文学》，北京大学出版社2013年版。

② 王德威、苗绿：《重写中国文学史——王德威访谈录之一》；洪安瑞、赵坤：《研究些又美丽又艺术的——洪安瑞访谈录》；吴锦华、何墨桐：《微缓不绝的异样"文火"》；冯强：《再中国化和再政治化——论柯雷对多多诗歌的解读》。见张清华编《他者眼光与海外视角》，北京大学出版社2015年版。

③ 李洱：《文学的本土性与交流》，《东吴学术》2014年第1期。

国族性。这个问题自不待言,对每一个国家和民族而言,本土性是文化和文明的基石,是立足的根本,"不仅表明了强大的文化根系,表明一种温暖而且熟悉的自然环境;同时,作为一个文化圈的标志,这个概念抗御种种文化杂质,维护文化的纯正血统"①。就具体情况而言,本土性又并非铁板一块。在历史的每一个转型期,它都面临着解构的困境,其内涵和边界会在新一轮的国族形态生成后重新建立起来。

如果说20世纪五六十年代中国文学的本土性大多表现为政治化和意识形态化的话,那么,这种局面在新时期得到了调整和改写,尤其是在90年代以来的环境下,"本土的自觉便不再仅仅是一个题材和内容意义上的,而变成了文化与美学上的彻悟与缅想,变成了一个沧海桑田式的文化怀旧"②。莫言的《丰乳肥臀》、《酒国》、《檀香刑》,陈忠实的《白鹿原》,王安忆的《长恨歌》,余华的《活着》、《许三观卖血记》,李锐的《旧址》,张承志的《心灵史》,张炜的《九月寓言》,贾平凹的《废都》,阿来的《尘埃落定》,格非的"江南三部曲"等,都堪称当代文学的重要收获。它们以对汉语灿烂结实的延续性转化和"中国气韵"的诗性衍生完成了古老美学的复现,留下了一个国家、一个民族的沧桑记忆,达到了本土性艺术与美学的高峰。

"本土性"如何走向"世界性",这个问题需要进一步辨析。从文化美学来看,像古诗词、《红楼梦》与张爱玲、沈从文这些作家作品,包含的东西是很"中国"的,"比如对时间的感悟,伤感与悲悯,人与人之间特别特别细微的情感"③,它们可以激活中国人的传统文化记忆和集体美学经验,却不太容易为外国读者所理解和接受,在翻译的过程中可能遭到改写或被冷落。这里固然有中国经验的复杂性的原因,但不能忽略的是,西方在启蒙主义和工业文明发展之后,将世界分为了"强势/弱势"、"发达/落后"等二元对立格局,海外尤其是欧美读者在文化上有优越感和"中心主义"的偏执,这导致他们缺乏了解第三世界文学的兴趣,遑论认同。

要解决这些偏见不能一蹴而就,需要漫长的调整过程。有学者指出,中国文学不要焦虑于是否能够与西方"接轨",而是要坚持本土性、中国性、传统性,继续在艺术和美学上探索精进:"文学性首先是基于民族性而不是国际性……好的民族文学并没有外来背景,但同样也可以有国际性。"④ 在这个问题上,一些汉学家有着清醒和客观的认识。洪安瑞提出,西方无法治愈东方,"全球性的利益将自己包裹上盲目的、自以为是的、合

---

① 南帆:《本土的歧义》,《文艺理论研究》1997年第3期。
② 张清华:《"中国身份":当代文学的二次焦虑与自觉》,《文艺争鸣》2014年第1期。
③ 邓如冰、格非:《对话格非:走向世界的当代汉语写作——关于"爱荷华国际写作计划"和当代汉语写作"国际化"》,《江汉大学学报(人文科学版)》2012年第6期。
④ 张清华、柯雷:《他者眼光与海外视角》,北京大学出版社2015年版,第276页。

理的外衣,强迫性地把自己的文化密码——就是自己的、带来福音的治疗方式——转嫁到被宣告为下等的、实际上却并不理解也不想理解的本土文化身上"①。可以说,中国文学海外传播内在的驱动力不是"海外",而依然要倚重于本土化和民族化的美学经验,通过独特的"中国故事"向海外读者展现出一个无法替代、无法复刻的文学世界,这才是中国文学"走出去"的最佳途径。

如果我们将"本土性"视为中国文学海外传播的根基的话,另外一个重要维度是"普世性"(universal,也译为"普适性")。在世界主义和全球化话语的设想中,"所有的人都分享一些超越了特定的民族或国家的基本的伦理道德和权利。在当前的大背景下,这样一种社群应该得到培育,以便它能代表一种为全人类都认可的普世的伦理价值"②。归根结底,在各民族和国家相互了解的过程中,必须持有某些共同、共通的价值观。

丹穆若什在解释什么是"世界文学"时,指出针对外语文本的回应当包括以下三个层面:

> 我们在纯粹的新奇中感觉到的强烈"差异";在文本中找到或者投射进去的令人愉快的"相似性";以及二者之间一系列的"似是而非"——这种关联最有可能对我们本身的感知和实践造成有效的变化③。

这意味着不同国族和文化之间实际上存在着相似点,这些相似之处就是"普世性"价值。我们很难想象,一个处于野蛮时代的国家能够与一个现代化的文明国家对话。"普世性"这个维度表明,中国文学是朝向世界敞开的,它具有的人文主义和现代精神符合普遍主义的伦理和原则。事实上,中国现代文学一开始就是在世界文学的范畴之内发展起来的。从19世纪末西方"坚船利炮"烙下的国族创伤,到"五四"文化精英提倡的白话文运动、现代文学的主题和形式、"民主、科学"观念、个性解放和自由主义,都是"世界"在现代中国的辐射,是"西方"指涉的"现代"、"文明"、"进步"在中国的衍生——"它们之间既是'整体与个别'的关系,某种程度上也是'母体与派生物的关系'"④。恰恰是受到了拉美魔幻现实主义、西方现代主义、后现代主义等思潮

---

① 洪安瑞、赵坤:《研究些又美丽又艺术的——洪安瑞访谈录》,张清华编《他者眼光与海外视角》,北京大学出版社2015年版,第251页。
② 王宁:《世界主义、世界文学以及中国文学的世界性》,《中国比较文学》2014年第1期。
③ [美]大卫·丹穆若什:《什么是世界文学?》,查明建、宋明炜等译,北京大学出版社2014年版,第14页。
④ 张清华:《身份困境与价值迷局:中国当代文学的世界处境》,张清华编《当代文学的世界语境及其评价》,北京大学出版社2015年版,第61页。

的影响，20世纪80年代的中国文学才开始了文本的实验和创新。90年代莫言、余华、王安忆、格非等人的创作一方面有着本土性和及物性，同时也符合人类普遍的人文性和精神性："当一个民族的优秀作家们……能够明确地知道如何用人类的价值去感知自己的经验、传达本土的现实的时候，才意味着它们的文学真正'处在最好的时候'。"① 这说明，在"本土性"与"普世性"交叉叠合的地带，往往能够迸发出文学的耀眼光华。

这种叙事成就在中国当代文学中不乏证明，比如新历史主义。"书系"收入了张清华的《中国当代文学中的历史叙事：海德堡讲稿》（下文简称"讲稿"）一书，这是他2000年受邀到海德堡大学讲授"新历史主义与中国当代文学"课程的讲义。他认为新历史主义既是中国本土在对官方和主流历史、旧意识形态的拆解中不自觉形成的文化实践，也受到了西方现代文化理论如存在主义、精神分析学、结构主义、解构主义、海登·怀特的"元史学"的影响。他通过对作家作品的分析，指出这些本土化文本中有着西方文化和精神资源的折射：余华的"存在主义的历史主义"、苏童的新历史主义、格非的"文化心理结构的历史宿命论"、莫言的"狂欢的历史诗学"、王安忆的"女性主义的历史主义"、第三代诗歌的"解构历史主义"、王朔具有解构性的语言等，都包含了普世性人文价值和丰富的历史主义反思，称得上是"历史领域的一种真正的'人本主义'和'民主化思想'的体现"②。这种解释是相当有力量的，它从"本土"的此岸出发，抵达了"世界"的彼岸，有效地消解了我们每每匍匐在西方文明"高峰"下的怯弱和不自信。

"书系"还收入了《中国当代作家海外演讲》③，主要包括中国当代著名作家在重要的国际会议、国际书展等场合的演讲。比如，莫言关于"土行孙和安泰"文学启示的阐释，铁凝在巴黎首届中法文学论坛上提出的"好的文学有资格成为桥"，阎连科对"文学与亚洲'新生存困境'"的界定，李洱对于中国小说中知识分子形象的讲解，阿来提出要将汉语塑造为"多元共建的公共语言"的建议等，都充分地展现出中国作家的语言和文化自信。在这种姿态里，一种向着未来的希望和气度油然而生。

"书系"的编者和作者通过多方努力，收集和呈现出了中国文学海外传播的诸多成果，建立起了多元互动和多国沟通的场域，使之如同"桥梁"和"窗口"，发挥着交流和沟通的重要功能。这将有利于跨文化机构和研究者对现有状况进行调整，最终实现既包含"中国经验"又整合了世界主义的精神和文化图景。

---

① 张清华：《人文主义与本土经验——如何评价中国当代文学，从肖鹰对陈晓明的批评谈起》，《文艺争鸣》2010年第2期。
② 张清华：《中国当代文学中的历史叙事：海德堡讲稿》，北京大学出版社2012年版，第3页。
③ 张清华编：《中国当代作家海外演讲》，北京大学出版社2012年版。

我们应辩证地认识到,中国文学海外传播存在着一些问题,也包孕着发展的契机。首先,从"困境"来看,目前主要是政治化的译介标准和跨文化障碍这两个问题。我们相信,随着中国经济和文化实力的增强以及中外文化交流日益频繁,世界会越来越深入地了解中国。困境可以逐步得到解决,误解和误读也将会逐步减少。其次,从"策略"来看,中国文学要想"走出去",必须"知己知彼",也就是解决好前文所述的"自我"与"他者"之间的关系问题。"书系"在这方面做出了有借鉴意义的示范。在出版的六部著作中,既有中国学者立足于本土的研究,以及他们在异国他乡对中国"自我"的回望,也有年轻的中国博士们对于汉学家的深入访谈和研究。今后,国内学界需要进一步拓展国际化的视野和思维,强化"自我"和"他者"之间的文学文化往来,展现出正在发展中的中国文学的丰富图景,让中国文学海外传播更加广泛、准确、有效。最后,从"前景"来看,我们是可以持乐观态度的。因为国内越来越多的学者和作家具有留学背景,有着较为完备的跨文化意识和知识谱系。而且,在莫言获得诺贝尔文学奖之后,中国文学引起了世界的关注。一些知名的国外出版社陆续向中国作家伸出了橄榄枝,各国的读者表露出了对于中国文学的兴趣。种种现象都具备了强劲的发展潜力,相信这一切能够结实地支撑起中国文学海外传播的美好前景。

(作者单位:南开大学汉语言文化学院)

著述·综述

在当代文学研究的学理性道路上
——读《陈美兰文集》

文 宽

中国当代文学学科发展至今，经过几代学人的努力，已逐渐成为一个在成长中壮大并渐至规范的学科。生于20世纪30年代的陈美兰老师，不仅是1949年后当代中国社会发展的亲历者与建设者，也是中国当代文学学科创建与发展的参与者与创始人。1979年，陈美兰老师作为湖北作家协会代表团成员，参加了第四次全国文代会，亲自感受了"二为"方针的提出给与会者带来的兴奋。也就在这一年，她参与了教育部统编教材《中国当代文学史初稿》的撰写工作，为当代文学的历史化注入了自己的力量，也开启了她的当代文学研究之路。而1982年，陈美兰老师应邀参加中国作家协会举办的首届"茅盾文学奖"的评选工作，则确定了她未来学术研究的主要方向，即中国当代长篇小说研究。随后，她相继出版了《中国当代长篇小说创作论》、《文学思潮与当代小说》等论著，特别是《中国当代长篇小说创作论》一书，通过对中国当代长篇小说的整体性把握与学理性分析，对中国当代长篇小说的发展历程与创作问题做出了规律性总结与启发性思考，在学术界与创作界引发了强烈的反响。该著不仅开创了中国当代长篇小说研究的新范式，被誉为中国当代长篇小说研究的标志性成果，也奠定了陈美兰老师在中国当代长篇小说研究中的大家地位。此后，陈美兰老师在当代长篇小说批评、当代作家评论及文学思潮等方面三管齐下，发表了多篇颇有影响的学术论文，如《对历史意义的追问与承担——从〈圣天门口〉的创作引发的思考》、《"文学新时期"的意味——对行进中的中国文学几个问题的思考》、《创作主体的精神转换——考察中国新时期文学的一种思路》、《行走的斜线——论90年代长篇小说精神探索与艺术探索的不平衡现象》、《新古典主义的成熟与现代性的遗忘——对"十七年文学"的一种阐释》等，将她对中国当代文学发展中的问题与思考进一步呈现在人们面前,也给学界带来了睿智而厚重的学术成果。也正因此,为庆贺陈美兰老师80华诞,武汉大学出版社出版了三卷本的《陈美兰文集》(武汉大学出版社2019年版)。这既是对陈美兰老师学术生涯的全面总结,也是留给我们后学的一份宝贵精神财富。

一、史与思:陈美兰老师的长篇小说整体研究

首届"茅盾文学奖"的评选经历,使陈美兰老师与长篇小说结下了不解之缘,她也在长篇小说研究上注入了大量的心血。《陈美兰文集》(以下简称"《文集》")卷一便收录了她在此领域的两部代表性论著:《中国当代长篇小说创作论》(以下简称"《创作论》")和《近百年长篇小说的现代演进》(以下简称"《现代演进》")。前者写作于20世纪80年代后期,1991年由上海文艺出版社出版,主要探讨的是1949年后至20世纪80年代长篇小说的创作流变,其中的宏阔视野与鞭辟入里的分析令人折服。后者则从"现代性"的角度,对百年来中国长篇小说的现代演进做了细致的梳理与探讨。这两部专著都是对长篇小说的整体性研究,体现了陈美兰老师在"史"的考察中,对历史的认知与体悟。这主要表现在:

1. 史中有识,即在对史实梳理探求的基础上予以理性的探讨。具体言之,陈美兰老师在进行整体性研究时,立足于文学创作的自在生态,把文学放置在具体的社会历史空间中,考察它与社会经济、文化、思想等诸要素的关系,结合纵横面的多向剖析,总结出令人信服的结论与合乎文学发展的规律认识。在《创作论》中,我们可以看到,陈美兰老师研究的出发点是从当代长篇小说的发展动态去探寻其创作态势的内外因,由"从创作所呈现的若干个重要侧面去考察内在的构成及形成这种艺术构成的驱使力量……以期获致对这一壮丽的文学景观及其审美价值、历史价值的切实的认识"①。其中对"十七年长篇小说"的把握与分析是本书的重点,也是亮点。在这里,陈美兰老师一方面把"十七年长篇小说"置于深广多维的历史空间中去探析它繁荣的原因,分别考察创作主体的酝酿过程、社会生活的历史现状、文艺界的思想状态以及苏联文艺的影响等众多因素,具体而微地展现了促成此次小说热潮的多层因由。另一方面,陈美兰老师基于长篇小说特有的文体特征,从"折射力的寻求"、"形象世界"和"理性王国"三个层面分别探讨了当代长篇小说与社会生活整体的关系、人物塑造及思想价值,体现出陈美兰老师

---

① 陈美兰:《陈美兰文集》(第1卷),武汉大学出版社2019年版,第15页。以下引文皆出自此书,只标明页码,不再另注。

高超的史识眼光。

"折射方式"是陈美兰老师在《创作论》第二章用以探寻小说与生活关系的主要视角。陈老师用"折射"一词，旨在突出生活与作品间的复杂关系。她在对"十七年长篇小说"广泛考察的基础上，逐步概括出三类具有代表性的折射方式，即"以家庭为纽带"、"以人物命运为线索"、"以事件为轴线"的折射方式。通过对这三类折射方式的分析，我们看到了"十七年长篇小说"创作在艺术方式上的某种凝固性。基于此，她进一步从具体历史语境中的哲学意识、艺术观念以及创作者的思维结构中去把握其中支配创作变化的关键性因素。她从五六十年代的"典型环境"理论入手，提炼出当时长篇小说存在的"一体三极"的矛盾支架形式，认为对"典型环境"的片面理解和写"本质关系"的创作理念是造成这些矛盾支架模式化的重要原因；从"历史潮流与人物命运相互的映照关系"这一角度，寻找到了创作者在作品中体现出的思维症结，这就是直观性的思维方式以及"中国传统思维中一阴一阳、阴阳对立的'一体两面'的概括事物的方式"（第68页）。陈美兰老师认为这些思维方式之所以获得强化，是因为"近半个世纪来，我国流行的哲学思潮十分强调对实践的绝对的依赖性，强调生活矛盾的普遍性、持衡性"（第68页），中国传统的思维方式在此找到了它的契合点。这种潜在的支配力量，使得长篇小说步入新时期后，显得举步维艰。这一总结体现出了论者的洞察力，改变了我们对"十七年小说"表面化的认识。过去我们通常把这种模式化的塑造方式归结为"左"倾文艺思潮或者极左政治思想的影响，从而忽视了对背后潜在的传统思维习惯力量的考察。同时，也为我们理解20世纪80年代初新旧思想交替之际，长篇小说创作表现出的艰难蜕变提供了一个认识路径。

在解析"形象世界"时，陈美兰老师为了更好地探讨人物形象的塑造，提出了"性格承受体"这一术语。它的具体内涵是指"性格展开的承受体，在叙事作品中一般是由某种事件、某种活动场面或者某种人际关系所构成，它是展现人物的基础"（第87页）。陈老师同样从表象入手总结人物塑造的模式，进而深入内部分析其产生的缘由。她认为，十七年的长篇小说在整体上呈现出两种性格承受体的设置方式，一种是以周大勇（《保卫延安》）、杨子荣（《林海雪原》）为代表的平面式，所有的性格承受体都指向一类性格的塑造，性格塑造在一个平面上滑行；另一类是纵横交叉式，主要以朱老忠（《红旗谱》）、梁生宝（《创业史》）为代表，从历史的纵发线与当下生活的交锋中来展现人物形象。这两类方式各有优劣，它们也是当代长篇小说家塑造人物时惯用的两种选择。陈老师认为前一类会让人物鲜明有余而厚度不足；后一类则"虽有厚度却缺乏深度和多色泽"，但由于创作者没有意识到这类承受体的潜能，错失了应有的艺术契机（第89页）。

陈老师在追溯造成这些表象的内在因由时,从创作者对待创作对象的态度上,深挖其内在的意识根源。她认为,这些创作者总是用仰视的角度去对待创作对象,渗入了浓厚的情感因素,缺少一种平视、客观的写作态度。创作者的姿态导致了其对作品中人物塑造的盲视,这一揭示对我们理解"十七年小说"人物塑造单一化倾向的成因有了进一步的认识,也对未来的文艺创作具有很好的指导意义。

从这些由表入里的层层分析,可以看到陈美兰老师通过对多维的历史空间的具体剖析进而对"识"的总结与把握。

在探讨"理性王国"时,陈美兰老师集中从历史意识、人性意识和悲剧意识三个方面去把握数十年来长篇小说创作意识内涵的变化特点及问题。其中,"历史意识"这一节的分析令人印象深刻。陈老师在此节中以《红旗谱》(梁斌)与《古船》(张炜)为例,从历史主角的选择、历史动因的揭示以及历史哲学表达三个层面对比了两者间的差异。她认为:在历史主角的选择上,《红旗谱》的选择明确且坚定,即农民阶级;《古船》则表现出了一种反拨,小说中的"农民'家族'已经走完了它的历史道路,并已经演化成它自己的对立物,成为阻碍历史前进的腐朽力量,毁灭了人类文明的破坏力量"(第133页),代表振兴洼狸镇经济的隋氏家族则成了未来历史发展的方向,小说对赵氏所代表的农民阶级局限性的揭示具有其独特意义,但对农民阶级历史意义的彻底否定则体现了创作者在价值判断与历史识见方面的偏颇。在历史动因上,《红旗谱》强调阶级斗争的历史推动意义;而《古船》突出对暴力的谴责,不过,小说过于注重谴责与批判,以致淹没了创作者的历史理智,不再区分暴力的正义与否,使创作者陷入了一种历史迷惘中,无法揭示出历史进步或倒退的动因。在历史哲学层面,《红旗谱》的思想意义与事件意义是等值的;《古船》则通过意象、象征等艺术手段,对人类生存状况及未来发展做出了一系列的思考,使得作品具有了丰富的哲学内涵。总而言之,陈美兰老师在此通过对典型文本的对比分析,抽丝剥茧式地剖析了"历史意识"在两个不同文学时期内涵上的变迁,更在这种对比阅读中,让我们体会了如何在整体性研究中进行微观深入的实证分析,避免空论泛议。

2. 史中有辨,即在对史重新梳理分析的基础上,对各种不同的理论观点进行辨析并逐渐形成自己的学理判断。这一点主要表现在《现代演进》中。陈美兰老师用"现代性"的理论视角来梳理、考察近百年中国长篇小说演变的基本立场。她首先提出了自己对"现代性"的理解。陈老师把"现代性"的本源归结为科学的发展,认为19世纪末20世纪初的一系列科学新发现提高了人类的认知水平,进而促成了人类精神领域的变化,其中突出的一点便是对理性精神的崇尚,由此引起了一些深层性的变化。于是,她立足于中国长篇小说的创作实际,选择现代演进过程中的几个关键点,分别从理性精神、文化视野以及艺术思维三方面探讨了中国长篇小说现代素质的生成过程。

首先,如何认识现代文学开端的问题,在学界一直是一个有争议的话题。海外汉学家认为可以上溯到晚清,因为晚清小说已经体现出了"多重的现代性";部分国内学者从传统与现代的区分着眼,强调清末民初的文学已具备文学现代性的基本特征等。面对这些争议,陈美兰老师在第一章中,针对"如何定位晚清小说在现代演进中的位置"这一问题,对明清的社会思潮以及小说观念进行了梳理,肯定了晚清小说显现出的思想新质,不过总体仍旧脆弱;而在对晚清小说文本的具体解析中,她则指出了晚清作家在精神立场上对传统封建思想的妥协性与矛盾性,仍旧没有摆脱传统小说的精神内核。因此,它们"正处在一个告别传统的过渡期",并没有实现真正的现代跨越(第195页)。

其次,关于民初长篇小说的"哀情"的认识。陈美兰老师在深入细读苏曼殊《断鸿零雁记》的基础上,辨析了其中的精神特质,肯定了小说中由叙事自我化与主观性带来的个人性特征。尽管这部小说是用文言书写的,但在艺术神韵上它区别于晚清小说,"为中国现代小说的成长,拉开了序幕"(第202页)。

最后,陈美兰老师抓住现代长篇小说演进过程中的奠基性创造、多面向发展以及演进路向的迂回性特征等几个关键点,辨析、总结了近百年中国长篇小说现代精神的萌生与多向发展。小说现代艺术的生成与创造、演进之路的迂回与新机遇,为现代长篇小说的发展建立了一个清晰的现代演进史坐标,对我们把握现代长篇小说的现代素质提供了很好的启示。

总之,在陈美兰老师的长篇小说整体研究中,对文学创作的历史现状以及与文学相关的周边关系的考察,是她研究展开的基础;在研究过程中,通过对"史"的剖析,思考并提炼、总结出具有普遍性的结论与规律,则是其整体性研究呈现出的重要追求。史与思的结合与相得益彰,使得陈美兰老师的长篇小说整体研究,不仅奠定了中国现当代长篇小说研究的基础,还具有极高的学术范式意义。

二、变与辨:陈美兰老师的当代文学思潮研究

如何认识与把握文学发展过程中出现的文学现象,对我们理解特定时期的文学创作至关重要。因此,对文学思潮的研究也就成了陈美兰老师文学研究的重要组成部分。而中国当代文学这一拥有"前沿性"特征的学科,本身处于发展动态的过程中,又使得如何理性分析当下的文学思潮成为一个难点。陈美兰老师在这方面的研究实践可以说给我

们提供了重要的参考意义。

　　面对处于行进中的当代文学思潮，理论主张与创作实践的辩证结合，是陈美兰老师研究文学思潮的基本立场。文学思潮的研究往往会牵扯到对理论主张的观念辨析，而观念对文学的影响又并非单向的决定关系。作家的创作倾向和创作观念也是文学思潮极为重要的一翼。正如陈美兰老师所言，"思潮的演变是在理论主张与创作实践两个轨道上进行的。这两条轨道固然有其共同的走向和交汇，但其发展有时并非完全同步。其实从根本上来说，体现思潮的特征，最终还是那种不为人的主观意识左右或强行呼唤的创作原生态"（第297页）。《"文学新时期"的意味——对行进中的中国文学几个问题的思考》一文，就是陈美兰老师对八九十年代之交文坛各种关于"新时期"讨论的回应。她在这篇文章中，抓住"多元格局"、"现实主义"、"价值基准"等几个核心问题，在理论上阐明了文学多元格局存在的意义以及多元格局在共同影响发展过程中蕴含新整合的可能性；从创作实践中则看到了现实主义文学的发展在现代主义与后现代主义文学夹缝中面临着新的机遇；最后，作者结合理论与创作倾向呈现的价值追求，辨析了创作者们在新时期文学实践中体现出的自我价值调整以及困惑，强调在转型期的当代社会语境中，建立合理价值标尺的重要性与艰巨性。陈美兰老师在这里对"文学新时期"内涵的阐释，可以说较为全面地剖析了当代文学在新历史语境下的机遇与挑战。与此同时，陈美兰老师还十分注重对文学思潮中通变关系的考察。面对不断发展的当代文学思潮，需要在贯通古今与融汇中外的历史空间中去定位、把握新出现的文学现象，不仅要透过现象看到它在文学思潮史中与过去相通、继承的一面，还要把握住它与外国文学的关联，以及在新语境中变化的一面。《创作主体的精神性转换——考察中国新时期文学的一种思路》与《新古典主义的成熟与现代性的遗忘——对"十七年文学"的一种阐释》两篇文章，就注意到了文学现代性与作家精神内质这两个重要因素。陈美兰老师认为，"文学的现代性可以说是20世纪文学的世纪性追求"（第336页），而作家的价值观念与思维方式是文学创作中极为重要的因素。因此，在考察新时期文学与"十七年文学"时，她通过历史发展的线索去把握它们的通与变。前者结合中国作家对现代性精神追求的历史，梳理了新时期以来创作主体精神的变化历程，认为七八十年代文学新貌的出现，正是作家精神转换实践的结果，不过，随着新时期的发展以及西方文艺思潮的涌入，创作主体在价值权衡上也出现过理智精神的不彻底与思维上绝对极端化的现象；而90年代，文学多元格局形成，作家的精神转换则随着现代精神的发展而不断丰富，衍化成了"文化守成"与"后现代"两种思潮，它们都对文学现代性的展开具有积极意义。同时也提醒部分创作者应对现代性的精神转换持一种自觉的态度，才能在社会历史转型的过程中有所建树。

陈美兰老师从"创作主体精神转换"这个角度来把握新时期以来的文学创作现象,可以看出她注重深入作家的精神内质去把握文学现象的特点,也可以体会到她面对新近文学现象时所拥有的冷静、沉稳以及深邃的思辨能力。后者则把"十七年文学"放置在整个20世纪文学的发展中来考察。陈美兰老师提出用"新古典主义"一词来概括其内在的精神特质,具体体现在"面对现实的态度上,理智化的退隐,理想化成为主导基调";艺术运思方式上,"二元对立的思维惯性重新得到了强化,直线、单一的艺术思路排斥了艺术的多重视角和不确定性效果";感知方式与美感特征方面,则是"重直觉而轻想象,欢乐感取代苍凉感"(第338-339页)。这些素质的形成与中国传统的农业社会的精神特征有密切的联系,如顺应自然、天人合一的天命观形成的艺术谐和感以及对宇宙世界阴阳两极固有观念的认识而形成的二元对立、极向化的艺术思维方式等等(第339页)。关键是"新"所包含的指向。陈美兰老师认为,中国进入现代社会后,文学的生存环境与文学主体已经发生了新的变化。同时,"中国农民在创建现代民族国家的历史进程中,自身也获得了一种'新兴'的可能性,而其文学所呈现的古典色彩,又因为注入了新的历史精神,从而显示了新的素质"(第340页),进而在文学上,形成了这个时期特有的精神素质与美学特征。最后,她在总结"十七年文学"在20世纪文学进程中的历史意义时,从新时期长篇小说创作实际来分析,肯定了新古典主义文学可取的一面,认为当今一些表现主旋律的小说,仍旧保存着新古典主义的一些基因。"这些基因,经过了一些'现代调整',注入了现代精神素质,完全可以为今天时代所接受,成为今天时代文学中的一种体现形式。"(第344页)陈美兰老师对"十七年文学"做出新古典主义的概括,确认了"十七年文学"自身的精神素质,也进一步廓清了"十七年文学"与极"左"思潮的关系;而将"十七年文学"置于20世纪文学发展脉络中来定位,注意到了中国文学在现代发展中的历史传承性与特殊性,也看到了它在现代演进过程中的位置,避免陷入"以西律中"的认识窠臼中。

从上述的这些分析,我们可以看出,陈美兰老师在文学思潮研究中注重对理论主张与创作实践的关联,避免了思潮研究"空对空"的毛病,也注意到了创作倾向本身所具有的理论价值;而在思潮研究中对通变关系的注重,既能对新出现的文学现象有一个客观科学的史学定位,同时也具有方法论的意义。

三、力与度:陈美兰老师的作家作品批评

《文集》卷二收入了陈美兰老师大部分当代作家作品的批评文章,这也是她用力甚

勤的另一领域。陈美兰老师连续三届参与了"茅盾文学奖"的评奖活动。大量连续性的关注与阅读，不仅使她对当代长篇小说拥有了鲜活直观的阅读体验，更让她对当代长篇小说发展的全貌有了一个更为扎实的文本积累。同时，她在文学批评中善于挖掘作品价值意义与关注创作者成长的情怀，使得她的这部分文字读起来充满了力度与温度。

陈美兰老师的作家作品批评注重对作品的深度阅读，善于把作品中的问题提升到普遍层面上来考察与思考。读陈美兰老师的文学批评文章，在语言上给人一种温和、朴实的感觉，在分析上贴近作品、丝丝入扣，不拔高也不低看，在平和的分析中，逐步探讨作品中的闪光点或存在的问题。比如她对刘醒龙的《圣天门口》的评论就是如此。这是一部革命历史题材小说，陈美兰老师关注的却是这部小说的寓言性。她倾向于把它看成一部关于人类各种暴力的历史寓言，其中暴力带来的"是对人类生命可怕的残害，是对历史自然生态无尽的破坏，连人类最美好、最高贵的'爱'的情感，最终也被践踏得体无完肤，飘然而逝"（第 424 页）。但从现实主义的角度来看，她对小说中反映历史的真实性与全面性持一种怀疑态度。由此，她把这个问题概括为"作者如何处理寓言化与史实化的关系"，进而深入到创作主体的精神世界来认识。她认为这两者关系的处置不当，反映了创作者在创作时的矛盾心态。创作者"一方面想将自己切实的生存体验，将自己所了解的历史上的种种暴力行为对人的生命造成的摧残，通过'寓言化'来表达，另一方面，又想使作品成为展现 20 世纪的世纪性的'史诗'"（第 425 页）。文章便从这里引出了对当前长篇小说创作中"如何对待历史追问与承担历史意义"的讨论。这样的分析是有深度性的，它不仅指出了单个作品的症结所在，还试图从中抽象出一个普遍问题来认识，这样的文学批评就已经超越了对单个作品的评析，而具有了某种理论价值。而对向本贵的《凤凰台》的阅读，作者则是从自己阅读时体验到的"陌生感"入手，肯定了小说对故事环境的选择以及细节描写上的逼真。同时，她从中也引出了一个"如何对待历史记忆与历史理解"的普遍性问题，这个问题与小说中人物命运的处理密切相关。她指出了小说在人物命运设置方面所出现的历史理解方面的问题。小说把"凤凰台"家园的破坏归结为当权者的"以权谋私"，很大程度上忽略了社会转型这一现实趋势，无疑影响到了这部小说的思想价值。这种贴着作品、深入内质的发问与分析，既指出了作品的价值与不足，也显示了作为批评家的陈美兰老师的批评力度。

阅读陈美兰老师的作家作品批评，读者还会发现其评论的对象并不全是当代文学中有影响力的作品。陈美兰老师也极少在文章中夸耀某个作品如何了不起，她总是因人而异地指出作品可取的地方，同时实事求是地提到它的不足之处。无论是成熟的作家还是初出茅庐的新手，我们都可以在她的文章中感受到她对作家的爱护与平等交流的情怀。

如她与湖北作家王建琳关于《风骚的唐白河》的写作交流便是一例。王建琳当初拿着初稿来找她，她甚为感动，认真阅读了这部近60万字的长篇，并与创作者交流了对作品的看法。小说出版后，陈美兰老师又热情地写评论肯定了小说中塑造的新型基层干部形象。这对重新执笔创作的作家而言，无疑是一种巨大的鼓励。对于这种批评的温度，陈美兰老师在《感受拆解尺度——谈谈我对小说鉴赏与批评的个人体验》一文中（第526-534页），表达了她对批评"尺度"的看法。她认为不应把"尺子"变成"刀子"，要允许有不同的度量衡去衡量同一部作品，同时也提醒批评家应以帮助创作者成长为目的，提出有助于创作者成长的意见，使文学批评实践与文学创作形成良好的对话关系。这些提法对当下文坛的发展具有很大的启发意义。陈美兰老师也是以此来实践自己的文学批评的。正是在陈美兰老师读中有析、析中有爱的批评实践中，我们看到了一个研究者的学术理性与人文情怀。

（作者单位：四川大学文学与新闻学院）

编后语

段从学

　　自 2005 年初创刊以来，本刊就有意识地把基础史料工作当作刊物的重要内容和特色栏目来对待。连续 15 年坚持下来，积累了相当数量的有效成果，积极参与了所谓现代文学研究的"史料学转向"。但随着数字化技术的迅速发展，大量开放式数字文献资源纷纷投入使用，曾经被寄予厚望的"史料学转向"工作，也开始明显地受到了数字技术及其相关成果的挑战。如何避免碎片化和繁琐化？如何充分利用而不是简单依赖，甚至反过来受制于相关资源？如何减少人工智能技术给研究带来的"机器味"（陈平原语）而最大限度保持人类智能的"人文味"？诸如此类的问题，引起了越来越多的关注和思考。在这个意义上，《〈新新新闻〉中的"看电影"》和《日本文人眼中的近代成都》或许能够超越文章本身，给我们带来方法和思路上的启示。

　　直接从材料和对象中发现问题、提炼概念之外，研究者经常遭遇的问题，就是学科领域的知识困扰和纠缠。作为知识生产和观念生产链条上的"历史中间物"，我们只能在真实和虚假、真理和错误、意义和无意义交织而成的历史语境中，展开自己"可能的生活"。和既有的知识、感觉、观念展开搏斗，肃清历史中的混乱，也就成了必不可少的学术生产活动之一。但对手也可能限制了我们，甚至有可能最终把我们的肃清，也变成了混乱的历史中"有毒害的一环"（穆旦《出发》）。

　　本集几篇《哈佛新编中国现代文学史》特稿，无形中回应了这个问题。"特稿"有明确的辩驳对象，那就是作为中国近代知识生产和观念生产重要工具的文学史。其所谓的"新"，不仅仅是具体对象和观点的"新"，更是针对文学史这种生产形式本身的"新"。但愿其潜含的知识生产和观念生产形式之"新"，能够以依赖于文学史的方式挣脱文学史的限制，让其"新编"的学术抱负，真正释放出强大的现实生产能力。